옴부즈맨과 인권

하권
법원, 변호사, 그리고 군대

Ombudsman and Human Rights II
Court, the Bar and Military

옴부즈맨과 인권

하권
법원, 변호사, 그리고 군대

Ombudsman and Human Rights II
Court, the Bar and Military

문성호 著

Moon Sung Ho

한국학술정보(주)

닐스-올로프
베그렌, 스웨덴 옴부즈맨

매츠 맬린,
스웨덴 제1옴부즈맨

세실리아
노덴펠트, 스웨덴 옴부즈맨

커스틴 안드레,
스웨덴 옴부즈맨

핀란드 수석옴부즈맨
리타-리나 파우니오 여사

핀란드 차석옴부즈맨
주카 린드스테드

핀란드 차석옴부즈맨
페트리 자스켈래넨

이브 꼬테,
캐나다 군사옴부즈맨

라인홀드 로베,
독일 군사옴부즈맨

국가인권위원회   국가청렴위원회   국민고충처리위원회   진실화해위원회
안경환 위원장   정성진 위원장   송철호 위원장   송기인 위원장

알투스 운영진(2005 연차보고서)

(위 왼쪽부터 크리스토퍼 스톤, 글로리아 오비오마 엑부지, 펨케 호프테드 반 데어 뮬렌, 모니카 토오톤, 크리스토퍼 엔지, 프란시스코 프라도, 에밀린 마톤, 라이누카 다가르, 아래 왼쪽부터 니비오 나시멘토, 이반 코마리츠키)

▌책머리에▐

세 계 각 대륙의 경찰과 사법 개혁을 위한 6개 연구소가 모여서 만든 국제 NGO 단체인 알투스(Altus Global Alliance) 측과 필자가 소장으로 있는 한국자치경찰연구소는 제1회 국제 경찰서 방문 평가주간 행사(2006. 10. 29.~11. 4.)를 진행한 바 있다. 당시 경찰서의 민주성과 투명성을 평가하는 문항 중에 경찰측이 민원인들이나 온갖 형태의 경찰서 방문객들에게 바로 이 경찰옴부즈맨에 대한 설명과 전화번호를 제대로 안내하고 있는가 하는 항목도 들어있었다. 마치 수사 과정에서 미란다 원칙을 고지하는 것처럼 경찰과 검찰 측은 고객들에게 우리들이 임무 수행 중에 잘못을 범한다면 사법절차가 아닌, 경찰과 검찰 외부에서 독립적으로 운영되는 수사와 조사 기관인 경찰과 검찰 옴부즈맨을 통하여 구제받을 수 있으며 그 연락처는 이러이러하다 하는 고지를 제대로 하는지, 그리고 각종 팸플릿과 안내문을 통해서도 홍보를 잘 하고 있는지를 평가하게 되어 있었다. 물론 우리나라에는 경찰옴부즈맨 제도 자체가 없으니 이 항목에 관한 한 0점 처리해야 맞았다. 그럼에도 불구하고 만점 처리한 방문평가단원들이 적지 않았다. 경찰외부의 독립적인 경찰옴부즈맨 개념 자체에 대한 이해가 부족한 탓으로 보인다.

어쨌든 정부는 2007년부터 국민고충처리위원회에서 '경찰옴부즈맨' 제도를 시행한다고 한다. 그럼에도 불구하고 우리나라에는 경찰옴부즈맨 제도가 없다. 국민고충처리위원회 내의 경찰고충처리소위원회라고 하는 부서는 경찰로부터 독립된 기관이라는 원래 의미의 경찰옴부즈맨이 아니며 그마나 법률적 근거도 가지고 있지 못하다. 지금도 국민고충처리위원회 홈페이지는 수사 중인 사안은 법에 따라 고충민원으로 처리할 수 없다고 적시하여 안내하고 있다. 현직경찰이 이 경찰옴부즈맨(?)에 파견근무하면서, 소속조사관들이 경찰청 수사보안연수소로부터 교육을 받는 등 이해하기 힘든 일들이 벌어지고 있다. 따라서 우리나라에는 경검옴부즈맨도 경찰옴부즈맨도 존재하지 않는다. 물론 개혁과 혁신의 무풍지대로 남아있는 법원과 변호사 업계 역시 옴부즈맨 도입에 신경을 쓰지 않고 있다.

한편, 여기서 경찰옴부즈맨 아닌 경검옴부즈맨이라고 한 것은 우리나라 검찰은 예산과 인력의 85% 정도를 다른 나라에서는 사실상 경찰이 수행하는 수사업무를 처리하는 데 배정하고 있으며 우리나라에서는 검찰도 경찰수사 지휘권이라는 이름으로 경찰과 함께 수사하거나 검찰 자체적인 수사 영역을 가지고 있어서 많은 나라가 운영하는 경찰옴부즈맨에 대하여 우리나라에서는 경검옴부즈맨이라고 불러야 맞다고 보기 때문이다. 우리나라 검찰이 수사권을 독점하고 있는 상황에서 우리나라에서 개념상 당연히 수사권을 가지고 있어야 하는 경찰이라는 이름은 '경찰과 검찰', 즉 '경검'으로 바꿔 부르는 것이 맞다. 검찰이 기소하기 전까지는 검찰 역시 경검옴부즈맨의 관할로 삼는 것이 맞다. 많은 나라가 운영하는 경찰옴부즈맨 제도는 우리나라의 현재 제도 상황에서 본다면 그들 나라의 경찰(즉 우리나라의 경검) 업무나 수사 중 벌어지는 비리나 비위민원에 대한 것도 다루고 있으므로 당연히 경검옴부즈맨을 가리키는 것이라고 보아야 한다.

그리고 우리나라 경찰은 세계적으로 유례없이 강력한 감찰제도를 운영하고 있다. 검찰도 마찬가지이다. 그럼에도 불구하고 경검이 자기 식구의 비리나 비위에 대해 제대로 수사하지 않는 것을 두고 국민들은 이들의 자기 식구 감싸기가 도가 지나쳤다고 본다. 2007년 봄 김승연 한화회장의 보복 폭행에 대한 경찰의 은폐 늑장 수사를 둘러싸고 청장이 검찰에 수사의뢰를 하는 풍경이 벌어졌으나 원래 경검은 초록이 동색인 관계로 그 결과는 짐작한 대로였다. 그래서 경검 외부에 고위공직자 비리수사처 혹은 경검옴부즈맨 제도를 도입해야 한다는 주장이 제기된 것이다. 여기서 핵심은 경찰과 검찰 외부의 독립기관으로 경검옴부즈맨을 설립하고 현직 경찰과 검찰 수사관은 경검옴부즈맨 임직원으로 임용하지 못하도록 해야 한다는 점이다. 그래야 객관적이며 독립적으로 경찰과 검찰 비리나 비위를 제대로 수사할 수 있으며 거꾸로 그렇게 해야 경찰과 검찰에 대한 국민들의 신뢰도를 제고할 수 있다고 보기 때문이다. 우리나라 검찰의 경우 자신의 수사와 기소 독점이라는 기득권을 결코 포기하지 않고 있으며 제대로 된 경검옴부즈맨도 고위공직자비리수사처도 완강하게 거부하고 있다.

금년부터 시행되는 '국민고충처리위원회 경찰고충민원처리소위원회'라는 '경찰옴부즈맨'은 경검이 수사 중인 사건에 대하여 경찰과 검찰의 비위나 비리에 대해 수사할 수 있는 법적 근거가 없을 뿐만 아니라, 상당수 현직 경찰까지 파견을 받아 수사와 조사 업무를 담당케 하고 있다는 점에서 본래 의미의 경찰옴부즈맨은 아니다. 소위 '한국형 옴부즈맨'을 운운하기도 하나, 그렇다면 국민고충처리위원회로 대표되는 우리나라 옴부즈맨 제도 그 자체는 해당 부처 공무원을 파견 받아 조사와 수사 업무를 수행토록 한다는 점에서 정부 해당 각 부처나 외청에 소속한 자체 감찰기관의 옥상옥에 불과한 성격이 짙다. 물론 국가인권위원회가 이미 별도 법적 근거를 가지고 경찰의 인권침해 분야에 대해 실질적인 경찰옴부즈맨 기능을 수행하고 있다는 점에서도 국민고충처리위원회 경찰고충소위원회는 '옥상옥'에 불과하다. 어쨌든 수사나 사법기관의 성격이 있는 경찰과 검찰에 대해서는 오히려 그 독립성이 더 크게 요구되므로 기존하는 일반 옴부즈맨과는 아예 별도로 경검옴부즈맨 기관을 만들며 현직 경찰과 검찰직원은 경검옴부즈맨 임직원이 되지 못하도록 해야 한다는, 그래야 경검옴부즈맨 본연의 임무를 제대로 수행할 수 있다는 가장 기초적인 독립성과 객관성 그리고 중립성의 원칙을 우리나라는 그저 간단하게 무시하고 있다. 군사옴부즈맨 즉 국민고충처리위원회의 군사고충민원처리소위원회도 마찬가지로 허구적인 것이다.

최근 전국 8백여 개소의 경찰지구대가 새로 생겨난 바 있으며 그보다 더 몇 년 전 경찰 측은 경정급 청문감사관제도를 도입한 바 있다. 그러나 이는 둘 다 졸업 후 곧바로 경위특채라는 과다한 경찰간부 배출통로가 되어 경찰 내부에 심각한 역기능을 초래하는 경찰대학에 부여하는 위헌적 특혜 시비를 불러일으켜온 경찰대학 출신들을 배려하기 위한 정책적 측면을 담고 있었다. 정부는 시행령 개정만으로 '국민고충처리위원회'에 '경찰고충민원처리소위원회'를 추가하면서 세계적으로 유례없이 강력한 우리나라 경찰내부감찰제도의 핵심부서인 바로 이 경찰 청문감사관제도의 신뢰성이나 중립성, 객관성이 문제된다는 점을 그 이유로 내세운 바 있다. 그렇다면 정부는 경찰 내부의 감시 감찰제도인 청문감사관제도의 잘못을 지적하면서 향후 청문감사관실 제도 자체의 잘못을 시정할 수 있는 정책 방향을 함께 제시했어야 했다. 그럼에도 불구하고 이에 대한 아무런 대책도, 시정방안이나 시정일정조차도 잡지 않고 있다. 국민고충처리위원회법상 청문감사관제도의 잘못을 시정하는 것은 경찰옴부즈맨 부서가 만들어지기 전의 국민고충처리위원회로서도 충분히 시정 권고를 요구할 수 있는 사항이었다. 하지만 그러기는 커녕 '경찰−국민고충처리위원회간 야합'을 통해 오히려 현직 경찰을 이른바 '경찰옴부즈맨'에 파견 받는 일이 벌어졌다는 의혹이 일고 있으며 아무도 이를 제지하거나 잘못을 지적하지 않고 있는 실정이다.

따라서 이 국민고충처리위원회의 '경찰옴부즈맨'에 대해 그 성공의 시금석이 될 만한 다음과 같은 사건처리를 제안해보는 것은 전혀 무의미한 일이 될지 모른다. 그래도 우리나라 경찰옴부즈맨의 미래를 위해서는 2005년 여의도 농민시위 2명 사망사건, 2006년 하중근 사망사건, 임산부 유산 사건 등과 같이 경찰이 시위진압 과정에서 우발적인 폭행으로 발생했을 개연성이 큰 이 사건들에서 실제 폭행한 경찰을 특정해 내는 조사와 수사(현재까지 경검 모두 진상규명을 거부 혹은 실패(?)하고 있는 상태임)를 제대로 조사 및 수사를 진행하여 경찰옴부즈맨의 존재를 시민사회에 대하여 제대로 알릴 수만 있다면, 그나마 경찰옴부즈맨 출범의 의미를 어느 정도 찾을 수 있다고 본다. 물론 이 역시 민원제기가 없으니까, 혹은 이미 국가인권위원회가 처리하고 있으니까, 혹은 경검 측이 수사 중이거나 수사 완료한 사건이니까 등의 핑계나 양 기관 간의 양해각서(MOU)나 현행 국민고충처리위원회 내부 규정상 등의 이유로 전혀 손댈 수 없다는 입장을 밝힐 가능성이 크다. 얼마 전 TI 측이 조사 발표한 내용 중에 정부의 반부패정책에 대한 국민들 불신이 매우 높다는 내용은 바로 이 경찰옴부즈맨 제도 도입에 있어서도 마찬가지임을 보여주는 것이라고 해도 과언이 아니다.

이 책은 이제라도 우리나라가 제대로 된 경검옴부즈맨 제도를 도입하여 시민들이 경검을 접하거나 수사를 받게 될 때 되도록 경찰과 검찰에 대한 각종 민원과 불만 등에 대하여 제대로 된 해명과 조사 및 수사를 받을 수 있도록 함은 물론, 전반적으로 공정한 수사를 받으며 인권침해를 당하지 않게 해줄 뿐만 아니라 한 걸음 더 나아가 경검에 대한 신뢰도를 높여나갈 수 있기를 바라는 염원을 가지고 쓰였다.

한편, 개혁의 사각지대인 법원의 경우 32년 전 '사법살인'으로 형장의 이슬로 보낸 사형수들에게 무죄가 선고된 인혁당 사건이 있었는가 하면, 김명호 전 성균관대 수학과 교수의 재임용 소송에서 사법비리를 규명해보려 하다가 이른바 '석궁오발' 사건 등이 발생하기도 하였다. 이와 관련하여 스웨덴, 핀란드, 스페인, 폴란드 등 각국의 옴부즈맨이 겸하여 담당하고 있는 법원옴부즈맨 및 미국과 영국 등 일부 국가에서 시행하는 법조옴부즈맨 혹은 법원옴부즈맨에 대해서도 살펴보고자 한다. 그래서 우리나라 실정에 맞는 법조옴부즈맨 제도를 모색하는 바탕을 마련했으면 한다. 법원옴부즈맨이 사법심판을 대신하는 것은 아니지만 일정 부분 법원절차에서 문제로 제기되는 것들을 시정하는 기능을 수행함으로써 법원의 대국민 신뢰도를 제고할 수 있다. 경검이든 법원이든 옴부즈맨 도입에 있어 주체는 경검이나 법원 아닌 시민사회 내지는 외부기관일 수밖에 없다. 물론 이것이 별도 독립적인 정부기관 형태를 띠어야 하는 것은 두말할 필요가 없다. 어쨌든 경검옴부즈맨이든 법원옴부즈맨이든 물론 이 모두가 시민과 시민사회의 주도적이며 적극적인 참여가 없다면 실제로 실효성 있는 경찰옴부즈맨 혹은 법원옴부즈맨의 도입과 운영은 불가능에 가깝다.

그리고 2007년 10월 22일~28일 일주일 동안 실시예정인 제2회 국제경찰서 방문평가주간 행사를 하게 될 때쯤 가서는 우리나라에서도 제대로 된 경검옴부즈맨과 법원옴부즈맨 제도의 도입과 운영 논의만이라도 활기 있게 진행되었으면 하는 것은 단지 저자만의 바람에 지나지 않을지 모른다. 대통령 선거 등을 비롯하여 항상 시민사회가 주목해야 하는 다른 이슈들이 많기 때문이다. 그러나 경찰민주화의 중요한 척도인 자치경찰은커녕 국가경찰위원회나 경찰옴부즈맨 하나 제대로 도입 운영하고 있지 못하면서도 우리나라가 과연 성숙한 민주주의 국가라고 하기에는 크게 부족하며 따라서 부끄러울 수밖에 없다는 인식이 보다 더 많은 독자들에게 확산되었으면 하는 바람 또한 간절하다.

국민고충처리위원회는 이른바 한국형 "행정" 옴부즈맨(?)이라고 자부하고 있다. 그러나 과연 그런가? 과거 박정희 정권 당시 '한국적 민주주의'가 유신독재로 변질된 것을 어떻게 해석해야 하는가? 우리나라에서 옴부즈맨 제도를 정착시키기 위해서는 지금 세계적으로 유례를 찾기 힘든, 의회 옴부즈맨 아닌 행정 옴부즈맨 그것도 독립성이 제대로 보장되어 있지 않은 현행 국민고충처리위원회라는 제도를 어떻게 개혁할 것인가가 관건이다.

우리나라에서 정부나 국회나 학계나 언론을 막론하고 그간 외면으로 일관해 온 옴부즈맨 분야 특히 경찰, 검찰, 법원, 변호사 옴부즈맨에 대하여 부족하나마 저서를 내게 되어 감개무량함을 금할 수 없다. 실제로 "옴부즈맨"이 책제목으로 들어간 도서는 서점에서 전혀 찾아볼 수 없는 실정이다. 그러나 저자가 그간 외롭고 힘들게 이 문제에 천착해 온 것을 후회하지는 않는다. 앞으로 이 책이 밑거름이 되어 우리나라 경찰 검찰 법원 등에 대해서 진정 우리나라 시민들 힘으로 민주화를 이룩하는 업그레이드가 이루어지길 바라마지 않는다. 이미 국민고충처리위원회(영문명 The Ombudsman of Korea), 국가인권위원회, 국가청렴위원회 등이 있으니까 우리나라도 옴부즈맨을 성공적으로 잘 운영하고 있다고 말할지 모른다. 그러나 이중 삼중으로 만들어놓은 이들 기관이 옴부즈맨으로서 진정한 기능을 다하지 못한다면 그 원인과 대책을 다시 처음부터 차분하게 짚어볼 필요가 있다고 생각한다. 이 책이 우리나라 경찰 검찰 법원 등의 사법제도는 말할 것도 없고 이들 옴부즈맨 제도에 대해 그 민주화 수준을 제대로 가늠하여 사법의 국민주권이 실현되지 않고 있는 현실을 시정하는 출발점이 되길 바란다.

저자는 이 책을 일제관헌에 의해 숱한 고문과 폭력에 치를 떨어야 했던 민족주의와 사회주의 독립운동가들, 해방공간과 한국전쟁에서 경찰 등 국가폭력으로 숨져간 이들, 제주 4·3 민중항쟁 당시 숨져간 수많은 양민들, 3·15 부정선거를 규탄하다 숨져간 김주열 열사, 4·19 혁명 당시 거룩한 민주주의 열사들, 남영동 경찰 보안분실에서 물고문으로 숨져간 박종철 열사, 부천 성고문 사건으로 인고의 세월을 보내야 했던 권인숙 교수, 그리고 이한열과 강경대 등의 학생열사들, 찬바람 내몰아치는 여의도 광장에서 전의경 손에 죽어간 두 농민, '유전무죄 무전유죄' '유권무죄 무권유죄' '전관예우' 등으로 인하여 부당하게 사법절차를 통하여 억울한 피해자로 내몰린 이들, 그리고 경찰폭력 내지는 국가폭력에 희생당하거나 이러저러한 상처를 당한 이름 없는 수많은 이들 영전에 바치고 싶다.

그리고 이 책을 쓰는 동안 자료 등을 통해 도움을 준 진실화해위원회, 국가청렴위원회, 국가인권위원회, 국민고충처리위원회 및 관련 학자와 전문가 분들에게 고마움을 전하고 싶다. 북아일랜드 경찰옴부즈맨 누알라 올로운 여사, 영국 경찰옴부즈맨 닉 하드윅 위원장, 뉴욕시 경찰옴부즈맨 CCRB 위원, 유럽연합 옴부즈맨 니키포로스 다이아만두로스, 미국경찰옴부즈맨연합회, 포르투갈 경찰옴부즈맨, 스웨덴과 핀란드 옴부즈맨, 그리고 각국의 사법개혁운동연구소가 모인 국제 NGO인 '알투스' 등이 저자에게 발표문이나 홈페이지 컨텐츠 등을 소개할 수 있도록 허락하여 주신 점에 대해서도 심심한 감사의 말씀을 전한다.

무궁화클럽을 비롯한 경찰네티즌과 경찰개혁을 염원하는 일반 시민들에게도 따뜻한 감사의 마음을 전한다. 특히 2006년 10~11월, 알투스 국제 경찰서 방문평가주간 당시 참여한 여러 시민단체와 일반 시민, 대학생 여러분들에게 뜨거운 감사의 말씀을 드리고자 한다. 이들은 직접 자원봉사를 통하여 경찰 업그레이드 및 살아있는 경찰옴부즈맨 활동을 실천해 주신 분들이다. 앞으로 시민사회의 이런 방문평가 활동이 경찰뿐 아니라 검찰과 법원에 대해서도 이루어지기를 희망한다. 또한 필자가 경찰대학 문제에 대해 비판적으로 입장을 표현하는 것이 못마땅하거나 아쉬운 경찰대학 출신들에 대해서, 이 분들이 역설적으로 어떻게 하든지 경찰대학 문제를 풀어내지 못하면 우리나라 경찰의 진정한 업그레이드는 불가능하다는 점을 더욱더 명확하게 각인시켜 주었다는 점에서 저자는 이들에게도 특별히 고맙게 생각한다. 그리고 집사람 이영미와 일평이 일재에게도 좀 더 많은 시간을 같이 보내지 못한 점에 대해 용서를 구하고 싶다.

북한산 자락 연구소에서 저자 씀

▌목 차▐

▌상세목차▌

제 1 부
민주주의와 경찰

제1장 민주주의 · 인권 · 옴부즈맨

아래 신문 기사는 민주주의와 인권이 압살되었던 박정희 유신독재시대 이야기이다.

1974년 4월 중순 한양대 법정대 2학년이던 이상익(54 · 한국도로공사 감사) 씨는 서울 광화문 근처의 '초월다방'을 찾아갔다. 공대 심기화 씨와 법정대 이우회 씨 등 동료 학생 10여 명과 만나 곧 다가올 중간고사를 거부하고 시험장에서 '박정희 독재정권 타도'를 주장하는 유인물을 나눠주려는 계획을 점검하기 위해서였다. 학교 안에서는 감시가 너무 심해 시내 다방에서 만나기로 약속한 것이다. 이 씨가 다방 문을 열고 들어서자 낯익은 얼굴이 보였다. 학교에서 자주 마주치던 40대 중반의 교수였다. "교수님, 안녕하세요?" 학교도 아닌 시내 다방에서 교수를 만난 이 씨는 반갑게 인사했다. 그런데 교수의 옷차림이 이상했다. 학교에서 보던 말쑥한 양복차림이 아니라 점퍼와 흰색 운동화 차림이었다. "이상익, 꼼짝 마라! 김 형사, 붙어!" '교수'의 명령과 동시에 20여 명의 건장한 사내들이 이 씨와 그의 동료들을 둘러쌌다.

트럭에 올라타자 형사들은 "입 여는 놈은 죽여 버린다"고 소리쳤다. 이 씨는 무릎 사이에 얼굴을 처박아야 했다. 3층 조사실로 끌려간 이 씨를 형사 대여섯 명이 두들겨 패기 시작했다. 우선 기를 죽이려는 것이 목적인 것 같았다. 흠씬 때리고 난 뒤 옷을 모두 벗겼다. 주머니와 옷 솔기 따위를 샅샅이 뒤지더니 구두 밑창까지 뜯어냈다. 도대체 뭘 찾겠다는 건지 이해할 수 없었다. 형사들은 번갈아가며 조사실로 들어와 배후를 캐물었다. 아무도 없다고 대답하면 또 다른 형사가 들어와 똑같은 질문을 계속했다. 며칠이 지나자 계급이 좀 높아 보이는 형사가 들어왔다. 얼굴을 바싹 들이댄 그가 부드러운 목소리로 속삭였다. "야, 상익이, 너는 나가야 할 것 아니야? 어머니도 연로하신데……. 이건 비밀로 해 줄 테니까 배후를 말해." 끝까지 외부 조종자가 없다고 말하자

부드럽던 표정이 돌변했다. "너 김일성 새끼지? 김일성이 시킨 것 아니냐?" 그는 고함을 지르며 구둣발로 이 씨를 마구 짓밟았다. 열흘이 지나도록 누구의 이름도 대지 않았다.

그러던 어느 날 형사들이 그림을 가지고 들어왔다. 간첩단 사건 보도 같은 데 등장하는 '조직도'였다. 거기엔 지난겨울에 만났던 학교 안팎의 친구들 얼굴과 이름이 선으로 얽혀 있었다. '나를 간첩으로 만들려고 하는구나!' 이 씨는 온 몸에 소름이 돋았다. 그제야 구두 밑창에서 그들이 찾으려던 것이 암호문이나 지령서 따위였다는 것을 알 수 있었다. 공산정권 수립을 목표로 전국민주청년학생총연맹이라는 불법단체를 결성했다는 혐의로 무려 180명이 구속 기소된 '민청학련' 사건은 그렇게 만들어져갔다. 5월 초 군 검찰에 송치됐다. 소령 계급장을 단 검찰관은 쏟아져 들어오는 정치범을 상대하느라 지친 기색이 역력했다. 소령이 신경질적으로 물었다. "어린 학생 놈이 공부는 안 하고 뭘 안다고 까불어?" 이 씨는 "학생이기 이전에 국민"이라고 항변했다가 따귀를 맞았다. 8월 중순 비상보통군법회의에서 징역 7년이 선고됐다. 붙잡힌 지 넉 달 만에 수사와 재판이 일사천리로 이뤄졌다.

9월에 항소심 공판이 열렸다. 육군 대장이 재판장이었다. 이 씨는 최후진술에서 당당히 외쳤다. "우리는 반정부 사범일 수는 있지만 반국가 사범은 아니다. 그 차이를 재판관인 당신은 모르겠는가!" 가족들과 학교 동료들 30여 명이 들어선 재판정이 술렁이었다. 함께 재판을 받던 피고인들 6명이 동시에 일어나 애국가를 부르기 시작했다. 총을 메고 재판정을 지키던 헌병이 뛰어와 피고인들을 넘어뜨리고 입을 막으려 했다. 어깨에 번쩍이는 별을 단 재판관들은 당황한 표정으로 선고도 하지 않은 채 도망치듯 재판정을 빠져나갔다. 며칠 뒤 구치소로 송달된 선고문에는 '징역 7년'이라고 적혀 있었다.[1]

---

1) 유신재 기자 노현웅 수습기자, "형사가 들이민 '조직도'엔 나와 친구들이…… [긴조 재구성] -하- 교수라고 알았는데 형사!", 한겨레신문, 2007년 2월 10일.

이런 사법에 의한 기본권과 인권 유린 상황은 당시에 국한되지 않고 '유전무죄 무전유죄' '유권무죄 무권유죄' 등의 형태로 그리고 전관예우와 학연과 지연으로 얼룩진 오늘날 우리나라 사법에서도 여전히 드러나고 있으며 그것도 뿌리 깊게 남아 있다고 보아야 한다. 정녕 우리나라 사법부는 누구에게 책임지고 있는가? 오로지 법과 자신의 양심에만 책임지는 게 민주주의 원리에 합당한 것인가?

서장에서 사법의 민주적 책임과 옴부즈맨 제도는 직접 연관되어 있다고 보아 옴부즈맨 제도를 경찰과 사법기관의 민주적 책임 문제라는 관점에서 살펴보기로 한다.

옴부즈맨 제도의 확산

옴부즈맨 제도를 시행하는 대다수 국가는 헌법과 법률에 그 근거 규정을 두고 있다. 옴부즈맨은 국가권력을 동반하는 강제력은 없으므로 옴부즈맨의 영향력 원천은 결국 별도로 여론에 대한 개방성과 인권이나 자유 침해 사실에 대한 공표행위 그 자체에 두고 있으며 이 제도의 실효성은 이를 수용하는 그 사회의 민주주의 수준에 달려 있다고 보아야 한다.

옴부즈맨의 고전적 모델인 스웨덴 옴부즈맨은 원래 왕이 세워놓은 국가법무관에 맞서 균형을 맞추기 위해 의회가 옴부즈맨을 선출하여 행정부와 법원에 대해 통제력을 행사하던 제도였다. 이 스웨덴 옴부즈맨은 오늘날까지도 막강한 권한이 부여되어 있다. 즉, 옴부즈맨 제도는 무제한적인 자료 접근권, 입법부가 주도권을 장악한다는 점, 조사나 수사를 거부하거나 방해하는 경우 징계 내지 처벌권을 갖는다는 점, 배임 공직자 기소를 담당하는 특별검사의 역할까지 겸하고 있다.

세계 최초의 이 스웨덴 의회옴부즈맨은 1809년 스웨덴에서 공직자

행위의 적법성을 체크하기 위해 만들어졌던 것이다. 역설적으로 집행부, 즉 행정부의 독립성을 보장하기 위한 의도를 갖고 있다. 전통적으로 옴부즈맨은 선출직이 수행해 오고 있다. 옴부즈맨의 최대 강점은 해당 정부기관 외부에서 민원을 접수받아 처리한다는 점에 있다. 하지만 옴부즈맨 적임자 선정이나 해당 정부기관의 협조가 있어야 한다는 등의 어려움으로 인하여 스칸디나비아 국가 외에는 세계적으로 이 옴부즈맨 제도가 생각보다 그리 큰 성과를 보여주지는 못하고 있는 것 또한 사실이다.

최근 우리나라에서도 크게 확산되고 있는 온갖 '조직옴부즈맨' (Organizational ombudsman)이란 하나의 정부기관으로서 옴부즈맨이라는 원래 의미의 옴부즈맨이 아닌, 해당 기관이나 조직 내에서 자체적으로만 통용되는 옴부즈맨을 가리킨다. 이는 1960년대 이후 미국의 기업, 대학, 정부기관 등지에서 크게 확산되었으며 스웨덴에서도 바로 이 유형에 속하는 신문과 방송 옴부즈맨도 활성화되어 있다. 예컨대 우리나라 검찰이 운영하는 시민옴부즈맨이나 법원 측이 추진하려는 이른바 판결옴부즈맨 등은 모두 법 제도인 원래 의미의 (정부)옴부즈맨과는 무관하며 일종의 조직옴부즈맨이라고 보아야 한다. 우리나라에서 마치 유행처럼 확산되고 있는 기업이나 신문 방송이나 온갖 조직에서 시행하는 옴부즈맨도 모두 마찬가지이다. 심지어 우리나라 법제도상의 옴부즈맨을 대표하는 국민고충처리위원회나 최근 시행하기 시작한 경찰옴부즈맨이나 군사옴부즈맨조차도 여기에 포함시켜야 할 만큼 말 그대로 옴부즈맨이라는 이름만 빌어다 쓰고 있는 실정이다.

어쨌든 역사적으로 스웨덴에 이어 세계 두 번째 옴부즈맨 국가는 핀란드이다. 1919년 핀란드가 도입한 옴부즈맨은 스웨덴과 유사하여 옴부즈맨에게 형사소추권이 부여되었다. 특히 국가법무관의 혐의에 대하여 옴부즈맨은 특별검사 역할을 상시적으로 수행하고 있는 것이다. 핀란드가 옴부즈맨을 도입한 지 33년 후인 1952년 노르웨이가 옴부즈맨을 도입했는데 노르웨이는 처음엔 옴부즈맨이 군에 대해서만 관할하도록 했으며 실제로 1962년이 되어서야 비로소 공직자 전반으로 옴부즈맨의 관할을 확대하기에 이르렀다.

그래서 세계 세 번째로 옴부즈맨을 도입한 국가는 1955년 덴마크가 차지하게 되었다. 덴마크 옴부즈맨은 위법한 공직자에 대한 형사상 기소권 및 법원 감독권이 없다는 점에서 앞의 스웨덴과 핀란드 옴부즈맨 모델과 차이점을 보여주고 있다. 덴마크 옴부즈맨 제도는 내각책임제 속에서도 옴부즈맨 제도가 운영될 수 있음을 입증한 최초의 사례로 기록되었다. 1953년에 시행에 들어간 덴마크 옴부즈맨은 옴부즈맨의 전 세계 확산에서 일대 전환점을 마련하였다. 왜냐하면 덴마크 법제도는 로마-게르만법과 앵글로-색슨법 양자의 법 전통이 혼합되어 있는 터라, 덴마크가 옴부즈맨을 도입함에 따라 전 세계로 옴부즈맨이 크게 확산되는 계기가 되었기 때문이다. 덴마크 옴부즈맨은 스웨덴 모델보다 그 권한이 축소되긴 했으나 대성공을 거두게 되었다. 덴마크 옴부즈맨이 이렇게 성공을 거둔 이유는 덴마크는 내각책임제가 확고하게 정착되어 있는 나라였으며 스웨덴과 핀란드와는 달리 덴마크 사법은 행정을 통제하고 있었기 때문이다. 이후 옴부즈맨은 유럽, 미주, 아시아, 아프리카 등지로 확산되기 시작했다.

옴부즈맨 제도가 전 세계에 확산된 첫 번째 파도는 1960년대와 1970년대였다. 이때 유서 깊은 민주주의 국가들, 즉 노르웨이, 뉴질랜드, 영국, 프랑스 등이 제2차 세계대전 이후 사회복지국가로서 비대해진 행정부에서 발생하는 문제들에 대해 시민을 보호하기 위한 제도로써 옴부즈맨을 도입하였다.

1967년 옴부즈맨을 도입한 영국 정부는 기왕에 의회에 책임을 지고 있었으므로 스웨덴 같은 '강력한 옴부즈맨' 제도가 아닌 '약화된 옴부즈맨' 제도를 도입했다. 영국 옴부즈맨 제도는 거수기화, 우체통화, 관료화 되어 그 활용이 극히 제한적이며 일반 시민들은 통상 지역구 국회의원이나 법원 등을 이용하고 있는 실정이다. 시민들은 의원을 통해서만 옴부즈맨에게 접근할 수 있다. 어찌 보면 영국 옴부즈맨은 여과기 기능에 불과한 정도라고 볼 수 있다. 1967년 캐나다의 여러 주에서도 옴부즈맨을 도입하였다.

미국에서도 옴부즈맨에 대한 관심은 크게 고조되긴 했으나 유럽만 못하였다. 미국은 이미 사법제도가 매우 큰 힘을 발휘하고 역할을 하고 있었기 때문이다. 그러나 1969년 하와이 주, 1971년 네브라스카 주, 1972년 아이오와 주 등과 같이 개별 주들 수준에서 옴부즈맨이 도입되었다. 이렇게 다른 나라와 달리 미국에서는 연방정부 아닌, 각 주, 카운티, 도시 등의 단위에서 옴부즈맨을 도입 운영하고 있다. 요컨대 미국의 경우 연방 수준에서는 옴부즈맨 제도가 없으며 일부 주에서만 제한적으로 활용되고 있는 정도이다.

옴부즈맨이 전 세계로 확산된 두 번째 파도는 신생국가들이 인권존중 및 민주주의 진작을 위해 우후죽순 격으로 옴부즈맨을 설립한 것을 가리킨다. 즉 1970년대 중반 이후 탈권위주의 시대에 접어든 그리스, 스페인, 포르투갈 및 여러 라틴아메리카 등에서 옴부즈맨을 도입한 것이다. 1979년 호주의 여러 주에서 옴부즈맨을 도입하였으며 호주, 벨기에, 이스라엘, 인도, 이탈리아, 키프로스, 멕시코, 네덜란드, 프랑스, 뉴질랜드, 독일, 스위스 등지에서도 각기 다른 모델들이 도입되었다.

1976년에는 포르투갈에서, 1981년에는 스페인에서 옴부즈맨이 도입되었다. 스페인의 경우 프랑코 총통 사후 가장 성공을 거둔 법제도가 바로 이 옴부즈맨 제도일 정도였다. 스페인은 스웨덴의 '강력한 옴부즈맨 모델'을 도입하였으며 스페인의 각 주별로 도입된 옴부즈맨은 중앙의 옴부즈맨과는 완전히 독립적으로 기능하고 있다. 스페인의 경우 중앙정부와 지방의 옴부즈맨은 서로 관할조정이나 조정 원칙만 있으며 이것도 쌍무적으로 동등한 위치에서 조정하고 있다. 예컨대 중앙 옴부즈맨과 카탈루냐 지방 옴부즈맨 관계에서 이 점이 확연히 드러난다.

1973년 프랑스에서 도입한 옴부즈맨(명칭: 중재자 Mediator) 모델은, 프랑스 행정부가 강력한 국가인 탓에 다른 나라 의회옴부즈맨과는 달리 예외적으로 내각이 옴부즈맨을 임명하게 되어 있다. 게다가 프랑스 모델에서는 영국처럼 시민이 직접 옴부즈맨에 접근할 수 없으며 의원을 경유해서만 접근할 수 있게 되어 있다.

1989년 공산주의 붕괴 후 민주화된 동유럽과 중부유럽 국가들도 옴부즈맨 도입에 합류. 당시 유럽연합 이사회 측은 여기에 일조하였다. 동시에 옴부즈맨 확산의 첫 번째와 두 번째 파도는 이때 보다 큰 동력을 갖게 되었으며 전 세계적으로 옴부즈맨이 확산되는 결과를 낳았다. 특히 EU 국가들 중 국가 차원의 옴부즈맨이 있는 국가가 마스트리히트 조약 때만 해도 총 12개 회원국가 중 7개국이었으나, 2005년에 이르면 총 25개 회원국가 중 23개 국가 및 4개 후보국가(불가리아, 크로아티아, 루마니아, 터키) 모두가 옴부즈맨을 설립 운영하기에 이르렀다.

공산권 붕괴 이후 옴부즈맨이 급속히 확산된 것은 1988년 동유럽에서는 최초로 옴부즈맨을 도입한 폴란드 옴부즈맨을 통해서였다. 당시 이 폴란드 옴부즈맨은 큰 성공을 거두었으며 여러 가지 개혁조치의 원동력이 되었다. 성공 요인은 옴부즈맨이 이데올로기적 중립성, 정치적 중립성, 법치주의와 인권 지향 등의 특성을 갖고 있으며 폴란드가 스웨덴과 유사한 '강력한 옴부즈맨' 모델을 도입했기 때문이다. 즉 폴란드 옴부즈맨은 징계권, 행정소송 제기권, 민형사상 기소권(공공기소자의 같음) 등을 갖고 있다.

이후 동유럽 여러 나라가 폴란드형 옴부즈맨을 도입하게 되었다. 즉 1989년 헝가리, 1990년대 조지아, 리투아니아, 라트비아, 몰도바, 러시아, 루마니아, 우즈베키스탄 등, 1998년 우크라이나 등이 뒤를 이었다.

옴부즈맨의 명칭도 매우 다양하다. 스웨덴, 핀란드, 덴마크 등에서는 원조 국가답게 명칭이 옴부즈맨(Ombudsman)으로 되어 있으나, 우크라이나는 '인권 커미셔너'(Parliament Commissioner for Human Rights), 남아프리카는 '인민수호관'(Guardian of the People), 폴란드는 '민권보호 커미셔너'(Commissioner for Civil Rights Protection), 프랑스는 '중재위원장'(Intermediary of the French Republic), 라트비아는 '통제관'(Controller of the Seym), 그리스는 '시민수호관'(Guardian of Citizens), 몰다비아는 '의회법무관'(Parliamentary Attorney) 등으로 되어 있다. 우리나라의 경우 국가인권위원회가 이 책에서 논의하는 옴부즈맨이나 경찰옴부즈맨 검찰옴부즈맨 등에 가장 근접해 있으나 오히려 명칭은 국민고충처리위원회(The Ombudsman of Korea)가 영문으로 옴부즈맨이라는 명칭을 쓰고 있는 실정이다. 옴부즈맨(ombudsman) 대신, 성차별 언어를 피하기 위해 ombuds officers, ombudsperson, ombudspeople, ombuds, ombudswoman 등을 쓰기도 한다.

민주주의와 법의 지배 원칙

그럼 이런 급속한 옴부즈맨의 확산을 어떻게 설명할 것인가?

먼저 옴부즈맨의 운영과 역량에 큰 영향을 미치는 요인은 민주주의와 법의 지배 원칙 두 가지를 꼽아 볼 수 있다. 민주주의와 법의 지배 원칙은 불가분의 한 짝이면서도 분석적으로는 구별해 볼 수 있다. 법의 지배 원칙이란 모든 사회구성원들이 법을 따라야 하며 누구도 법 바깥이나 법 외부에서 움직여서는 안 되는 것을 가리킨다. 그 역사적 기원은 유럽의 중세 봉건제도에 있으며 구체적으로는 오랜 세월 동안 영주와 농노의 계약관계에 유래를 두고 발전해 온 상호 의무와 권리의 견고한 축에 그 바탕을 두고 있다. 이런 상태는 모든 사람은 법을 따라야 하며 예외나 초법적인 것을 불허하는 것이었다. 개념상 법의 지배 원칙은 아무런 제약이 없으며 따라서 자의적인 권력행사는 용납하지 않았다. 이때 별도의 법원의 역할이 법의 지배 원칙을 지키는 근거이자 발전에 있어서 매우 중요했다. 마침내 법의 지배 원칙은 지배자와 피지배자가 직접적으로 지배-피지배 관계를 맺는 대신, 법적 승인과 위임을 통하여 그리고 구조와 제도나 기관에 의해 매개되도록 하면서도 지배자의 권한에 대한 견제나 제약을 실효성 있게 가하는 관계로 발전해 나아갔다. 이것이 곧 몽테스키외가『법의 정신』에서 극찬한 바의 것이기도 하다.

　이상과 같은 법의 지배 원칙과 비교하여 보다 더 최근의 현상인 민주주의라고 하는 것은 18세기 후반에 시작되어 20세기까지 지속된 유럽대륙과 아메리카 식민지의 정치적 사회경제적 격동기들과 결부되어 있다. 민주주의는 보통선거권을 통해 수많은 신민들을 시민으로 바꿨으며 현재는 유럽과 전 세계에서 민주주의란 이론의 여지가 없는 정당성을 부여받기에 이르렀다. 민주주의를 정의하는 것은 복잡하지만 최소한 다음 세 가지를 기초로 하고 있다고 볼 수 있다.

　첫째, 공정한 선거를 치를 수 있는 역량이다. 여기에는 물론 언론과 결사의 자유와 같은 표현의 자유 등과 같은 고전적 의미의 정치적 자유가 포함된다.

　둘째, 첫 번째 정치적 자유로부터 나오는 것으로써 선거에서 자유롭게 정권 교체를 꾀하는 합법적 정당이 2개 이상 존재해야 한다.

셋째, 국민들이 선택한 정부를 전복하는 '비토그룹'이 없어야 한다. 전통적인 비토그룹으로, 합법적이며 최종적인 선거 결과를 인정하지 않는 왕, 군대나 다른 국가기구 등이 있다.

요컨대 민주주의란 의회제도나 선거실시로만 등치시킬 수 없다. 세계 각국이 선거는 하지만 공정성, 자유경쟁, 비토그룹 부재 등의 요건에 맞지 않는 경우가 허다하다. 이 경우 단순한 '선거체제'에 불과하지 민주주의는 아니다.

민주주의 원리와 관련하여 계몽주의 시대의 지적 유산인 자유와 정치적 혁명기의 지적 유산인 평등이야말로 현대 민주주의의 견고한 토대가 되고 있으며 양자의 균형 관계가 각국의 헌법에서 어떻게 반영되며 또 제도나 기관으로는 어떻게 표현되는가 하는 점이야말로 현대 민주주의 두 조류를 구별해 주는 지점이 된다.

첫째 조류는 프랑스대혁명의 자코뱅주의 유산으로서 평등을 민주주의의 가장 근본적인 조직 원리로 삼는다. 이 민주주의 개념은 단순함에 그 특징이 있다. 즉 주권자인 국민이야말로 권력의 유일한 원천이며 그 유일한 제도적 표현은 의회(통상 단원제 의회)라고 본다. 단일 정당 내각을 만드는 다수결제도에서 의회의 다수를 차지한 정당이 주권을 구성하며 주권자인 국민을 대신하여 권력의 전권을 행사하면 된다고 본다. 이 민주주의 조류의 가장 큰 결함은 평등을 가장 중요한 조직원리로 보면서 다양성을 무시한 동질성만을 추구하는 '일차원적' 논리에 빠져있다는 점이다. 이 논리를 극단화하면 동질성을 너무 강조하여 '수평적 평등주의'로 나아가게 되며 결국 법의 지배 원칙을 무너뜨리는 심각한 사태나 인권 같은 개인의 기본권을 무시하는 쪽으로 나아간다는 점이다.

두 번째 조류는 평등과 자유의 여러 가지 형태로 결합한 제도를 모색하는 특성을 갖는다. 이념형으로 보건대 이는 다원주의 논리가 되며 평등과 자유를 표현하는 제도들 간의 최적의 균형 상태를 찾아내는 것을 가장 우선시한다. 여기서는 기관과 제도들 간의 견제와 균형 혹은 평형추를 만들어 내는 것이야말로 법의 지배 원칙의 준수 및 고품격 민주주의 등에 훨씬 좋은 조건이 된다고 본다.

이상과 같은 점에서 보았을 때 다원주의에 가장 근접해 있는 민주주의 국가에서야말로 법의 지배 원칙의 수원지나 다름없는 사법부의 역할이 가장 크게 발전하고 존중받았으며 옴부즈맨 제도야말로 사법적이지 않은 기관이나 제도의 평형추로서 가장 전형적이며 가장 큰 정당성을 획득하기에 이르게 되었던 것은 전혀 우연이 아니라고 보아야 한다.

법원과 옴부즈맨의 구별과 비교

법원과 옴부즈맨은 상호 보완적인 기능은 하나 서로 구별된다는 점을 인식해야 한다. 법의 지배 원칙을 지키고 이를 진작해야 두 제도의 토대가 마련되며 행정부 외부에서 행정부를 통제하며 행정부의 민주적 책임을 확보하는 독립기관으로 활동할 수 있는 기초가 된다. 그러나 이 두 제도는 다음과 같은 점에서 서로 다르다.

첫째 옴부즈맨은 법적 구속력을 갖는 결정을 내리지 않는다.

법원은 법해석 권한을 가진 유일한 기관이며 법적 구속력을 갖는 판결을 내리고 제재를 가한다. 반면 옴부즈맨은 해당 기관에 대해 법원의 판결과 판례에 따라 단지 잘못을 지적하며 시정권고를 할 따름이다. 이는 옴부즈맨이란 실효성의 토대를 윤리적 권위, 판단의 설득력, 공개적 활동 원칙 및 여론을 설득해 내는 능력과 힘 등에 두고 있음을

뜻한다. 다원주의에서 보면 이는 옴부즈맨의 시정권고를 따르며 이행
하는 데 있어서 효과적인 인센티브를 제공하는 것이 된다. 미국 헌법
을 기초한 사람 중 하나인 알렉산더 해밀턴은 사법부야말로 '가장 위
험성이 덜한' 기관이라고 지적하였다. 그런데 옴부즈맨은 법적 구속력
을 갖는 지시를 전혀 할 수 없으므로 오히려 사법부보다도 더 덜 위험
하다고 보아야 한다. 요컨대 옴부즈맨은 사건처리절차 및 사건접수기
준 등에서 법원보다 훨씬 더 유연하게 대처할 수 있게 되는 것이다.
여러 국가들의 옴부즈맨이 중요한 사전예방적인 기능을 다하고 있다.
특히 제도적인 문제점들을 주도적으로 대처하며 행정의 질을 제고시키
고 있다. 그런데 이것은 역설적으로 옴부즈맨이 법적 구속력이 없기
때문에 가능한 일인 것이다.

둘째, 불법(illegality)과 행정잘못(maladministration)은 중첩되나 동일하진 않다

법원의 주요 관심은 국가와 시민에 대해 적법성을 고수토록 하는 데
두고 있는 반면, 옴부즈맨은 양질의 행정을 진작하거나 행정잘못을 피
하도록 하는 데 두고 있다. 법의 지배 원칙과 민주주의가 잘 정착되어
있는 거의 모든 국가들의 판례가 보여주는 바와 같이 불법과 행정잘못
은 중복된다. 그러나 행정잘못이란 조정이 가능함을 뜻하며 이는 어느
한 공공기관이 구속력 있는 규정이나 원칙을 따르지 않았으며 적법성
을 벗어났음을 가리킨다. 다시 말하면, 공공행정은 시민들을 위해 존재
하며 일상적 업무에서 공공기관은 시민들이 올바른 처우를 받으며 자
신의 권리를 충분히 누릴 수 있도록 해 주어야 한다는 원칙을 지켜야
하는데 그렇지 못함을 가리킨다. 요컨대 양질의 행정이란 단지 법을
어기지 않는 것 이상으로 오히려 그보다는 보다 더 공적인 행정이 되
도록 해야 함을 뜻한다. 불법은 반드시 행정잘못을 포함하지만 그렇다

고 행정잘못을 적발했다고 해서 자동적으로 이것이 곧 불법을 수반한
것은 아닌 것이다.

**셋째, 법원과 옴부즈맨 중 어느 것을 선택할 것인가 하는 것은 잘못
을 복구하려는 시민들 몫이다.**

이상은 두 제도의 공존이 반드시 중복을 뜻하진 않으며 오히려 시민
들과 공공서비스 이용자에게 복구를 위한 자신들의 기본권을 어떻게
행사할 것인가 할 때 명확한 선택폭을 제공해 준다는 점을 잘 보여 준
다. 시민들은 상황에 따라 적합한 분쟁해결수단을 선택할 수 있다. 법
적 구속력을 갖는 판결을 원하는 경우 법원에 가면 되며 대신 옴부즈
맨을 통하여 비용을 절감하며 보다 더 신속한 결과를 구하고 좀 더 융
통성이 많은 처리절차를 밟으며 적법성 이상으로 더 폭넓은 심사기준
을 적용받을 수 있게 된다. 이렇게 선택폭을 넓혀 주는 것은 민주주의
의 다원주의 조류의 특성에 속한다. 거꾸로 이는 민주주의가 시민들에
게 제공하는 성과물을 풍부하게 해 주며 그 질적 수준도 높여주는 데
기여하는 것이 된다.

인권과 유럽연합 옴부즈맨

유럽연합 옴부즈맨은 마스트리히트 조약에 따라 설립되었으며 사무
소는 프랑스 스트라스부르에 있고, 초대 유럽연합 옴부즈맨은 1995년
유럽연합 의회가 선출하였다. 초대 유럽연합 옴부즈맨은 제이콥 소더
만(Jacob Soderman, 1995~2003)이며 그는 핀란드 헬싱키 출신으로서
헬싱키대학 법학과 졸업, 사회법 선임강사, 노동부와 사회보건부 장관,
우시마 주 지사, 핀란드 의회옴부즈맨(1989~95) 등의 경력이 있었다.
2007년 현재 유럽연합 옴부즈맨은 니키포로스 다이아만두로스(P.
Nikiforos Diamandouros)가 맡고 있다. 그는 그리스 아테네 출신으로

그리스 초대 옴부즈맨(1998~2003), 아테네대학 정치학과 교수(비교정
치전공, 1993~), 그리스 국립사회과학연구원장(1995~98), 그리스 정
치학회장(1992~98) 등의 경력을 가지고 있으며 미국 인디애나대학 석
사, 미국 콜롬비아대학 박사 등의 학위를 받았다.

원래 유럽연합 옴부즈맨의 기능은 극히 제한적이었으나 암스테르담
조약에 따라 유럽연합 '제3의 지주'(경찰과 유로폴 및 법원) 등이 유럽
연합 옴부즈맨의 감독을 받도록 바뀌었다. 니키포로스 유럽연합 옴부즈
맨은 정치학자로서 그중에서도 민주주의론 전공학자로서 그리고 유럽
연합 옴부즈맨으로서 옴부즈맨에 대해 폭넓은 접근법을 취하고 있다.

유럽연합에서 인권과 옴부즈맨의 관계를 보도록 하자. 그런데 인권
이란 유럽연합만이 아닌 인류 전체의 문제여서 범위를 축소하는 것 자
체가 패러독스에 속한다. '도대체 구제받을 수 없는 권리란 온갖 선언
이니 뭐니 하여 도대체 종이 위에 써놓을 만한 가치조차 없다.' 바꿔
말해 인권보호 문제에 대해서는 구체적인 구제방안을 언급해야 하며
유럽 옴부즈맨 직책에 있는 니키포로스 다이아만두로스는 인권에 대해
다음과 같이 지적하고 있다.[2]

유럽연합과 인권

EC가 1950년대 창설될 때 이미 유럽인권조약이 성립해 있는 상황이
었으며 개별 국가별로 인권보호를 하기로 되어 있어서 별도로 규정할
필요가 없었다. 그러나 EC가 여느 국제조직 이상의 존재로 발전하게
되면서 상황이 달라졌다. 초국적 입법권 및 집행권을 규정한 조약이

---

2) Nikiforos Diamandouros, "Human rights and non-judicial remedies - The European Ombudsman's perspective"(The European Ombudsman Speech), London School of Economics and Political Science, London, 30 November 2005.

맺어져 개인에게까지 의무를 부과하기에 이르렀으며 유럽연합의 법제가 국내법보다 우위를 점하고 기본권에 관한 개별 국가 헌법규정보다 우위에 서게 되는 상황에까지 왔다. 유럽연합 법제가 개인의 기본권을 승인하며 보호해야만 했다. 각종 조약은 기본권에 대해 침묵하고 있어서 이 문제는 유럽연합 법원이 감당해야 했다. 1960년대 후반부터 유럽연합 법원 측은 기본권은 EC 법제의 일반원칙이며 따라서 각종 유럽기구와 모든 회원국가의 각종 기관에 대해 구속력을 가진다고 입장을 정했다. 유럽연합 법원 측은 이 기본권을 확인하기 위해 각국의 헌법과 각종 국제조약(유럽인권조약, 스트라스부르 유럽연합인권법원 판례 등) 등을 검토하였다. 그러나 1996년 유럽연합 법원 측은, EC 측은 EC 조약 내에 승계를 위한 충분한 법적 근거를 담고 있지 않다고 주장하면서, EC가 유럽인권조약을 비준해야 한다는 방안에 대해 지지하기를 거부하는 입장을 밝히기에 이르렀다. 이에 따라 특히 과거 공산권에 속하던 국가의 시민들에게 기본권 준수 여부에 대하여 국제적으로 감독하는 것을 정당화하기가 매우 어려운 지경에 빠지고 말았다. 이에 따라 1999년 7월 유럽연합 이사회(꼴로냐) 측은 '유럽연합 기본권헌장'의 초안 마련에 착수해야 했다. 이 헌장은 각국 정부대표, 유럽의회, 각국 의회 등이 참여했으며 유럽 옴부즈맨은 여기에 공식 옵서버로 참여하여 '양질의 행정'에 대한 권리 조항도 담아야 한다고 제안하여 실제로 그렇게 하는 데 성공을 거두었다. 헌장 초안은 유럽법원의 각종 판례, 유럽인권조약의 각종 문서, 유럽연합 이사회의 사회헌장, 노동자의 사회기본권에 관한 유럽공동체 헌장, 시민의 권리에 관한 EC조약 관련 조항 등을 종합하였다. 따라서 헌장은 고전적인 시민권과 정치적 권리, 사회경제적 권리(건강권, 노인권, 가정보호의 권리 등)를 담아냄으로써 유럽인권조약보다 훨씬 더 넓은 문서가 되었다.[3]

헌장 초안 작성 기간 중 헌장의 법적 발효 여부와 시점, 발효방법 등의 문제에 대해서는 논의를 유보하였다. 아직까지도 이 점에 대해 최종 합의를 이뤄내지 못했다. 대신 유럽연합 의장단, 유럽연합 이사회 및 위원회 측은 2000년 12월 니스 정상회담에서 이 헌장을 공동선언한 바 있다. 이때부터 유럽연합 옴부즈맨은 헌장선언은 해당 조문을 존중해야 하며 그렇게 하지 못하면 행정잘못에 빠지게 될 것이라는 입장을 일관되게 밝혀오고 있다.

유럽연합 옴부즈맨 업무에 대하여

옴부즈맨이 과연 어떻게 효과적인 구제대안을 제시하며 개인의 기본권을 보다 더 포괄적으로 강화하도록 도울 수 있는가와 관련하여 유럽연합 옴부즈맨 사례를 들어 보도록 하자.

유럽연합 옴부즈맨인 니키포로스 다이아만두로스는 유럽연합에서 보스니아와 헤르쩨고비나에 파견한 경찰대 소속이던 한 민간전문가가 제기한 민원을 예로 들고 있다. 이 민간전문가는 직권남용을 이유로 해임되었는데 문제가 된 사실관계에 대해 자신의 입장을 밝힐 기회를 전혀 부여받지 못했다는 내용이었다. 그는 유럽연합 이사회에 대해 답변 기회를 거부하거나 이 문제에 대해 아무런 책임도 인정하지 않았다는 이유로 민원을 제기한 것이다.

유럽연합 옴부즈맨은 법적 검토를 마치고 해당하는 유럽연합 경찰대 측이 유럽연합 헌장이 승인한 법의 지배 원칙과 기본권을 존중하도록 유럽연합 이사회 측이 보장해야 할 책임이 있다는 입장을 갖게 되었다.

유럽연합 옴부즈맨은 양질의 행정은 자신의 신변에 불리한 조치가 취

---

3) 1999년의 유럽인권위원회 그 자체가 옴부즈맨에 근접은 했으나, 수사권을 갖지는 못하였다. 이 유럽인권위원회 초대 위원장은 스페인 옴부즈맨을 역임한 알바로 질-로블즈(Alvaro Jil-Robles)였다.

해지기 전에 해명할 권리를 보장해야 하는데 이 경우 양질의 행정 서비스를 받을 이 권리가 보장되지 못했다고 지적했다. 결국 유럽연합 옴부즈맨은 이사회 측에 대하여 유럽연합 경찰대 측이 만일 민원인이 해임되지 않았을 경우 고용계약이 만료되는 시점까지 봉급을 지급하도록 해줄 것을 요청하였으며 그대로 받아들였다. 처리결과는 해당 민원인은 피해를 복구 받게 되었으며 동시에 유럽연합 이사회와 경찰대는 기본권과 법의 지배 원칙에 대한 전반적인 책무에 대해 지도를 받게 되었다.

사실 민원인의 재정적 청구액은 비교적 작았으며 유럽연합 이사회 측과는 아무런 계약관계도 걸머지지 않았다. 해당 경찰대가 '공동외교안보정책' 틀 속에서 설치 운영되었다는 사실과 함께 이상과 같은 측면들로 인하여 법원으로 갔더라면 비용을 절감하는 시정방법을 적용받거나 유럽연합 이사회와 경찰대 간의 전반적인 관계에 대해 천착해 들어가기가 무척이나 힘들었을 것이다. 이 사례는 옴부즈맨이 법원의 역할을 보완하는 방식을 아주 산뜻하게 보여 주고 있는 셈이다.

유럽연합 법제와 회원국 옴부즈맨 제도 및 인권

기본권은 유럽연합 법제에 들어 있으며 그것도 개별 국가 법제보다 우위에 있다. 이는 개별 국가 옴부즈맨들이 유념해야 하는 측면이다. 세 번에 걸친 옴부즈맨 확산의 파도를 돌이켜 보면 두 번째와 세 번째 파도에서 설립된 옴부즈맨의 경우 당연히 기본인권의 보호를 옴부즈맨의 업무로 삼았음을 알 수 있다. 공산주의 붕괴 이후 중앙유럽과 동유럽 국가들에서 설립된 옴부즈맨의 경우 인권보호는 핵심 업무가 되었다. 옴부즈맨이 인권보호를 담당해야 한다는 점에 대해 옴부즈맨 제도의 고향인 북유럽에서는 당연한 것이었으며 핀란드와 노르웨이 옴부즈맨의 법적 업무로 되어 있다. 스웨덴 옴부즈맨 역시 기본권과 시민의

자유에 대한 침해를 예방하는 업무를 담당하고 있으며 유럽인권조약을
직접 적용하도록 하고 있다. 유럽연합 기본권헌장은 25개 유럽연합 국
가가 채택하여 구속력을 갖고 있다. 따라서 각국의 옴부즈맨들은 이
헌장에 비추어 각종 유럽연합 법제들을 적용하여 이행하도록 각종 민
원사건들을 심리하면 된다.

인권과 유럽통합

각국 옴부즈맨의 역할이 특히 중요한 것은 유럽연합의 법제와 각종
정책의 실행은 대개가 회원국 행정부의 몫으로 되어 있기 때문이다.
회원국과 유럽연합 각종 기관들 상호간의 협력이 증대되고 있다. 특히
안보 분야가 그러하다. 2005년 기준 41개에 달하는 유럽연합의 각종
기관 중 상당수가 최근 몇 년 사이에 만들어진 것들이다. 예컨대 유럽
경찰대학, 유럽연합 국경경비청, 유럽 네트워크와 정보 안전청, 유럽
중대범죄와 조직범죄 수사대, 유럽항공안전청 등은 회원국 대표들 입
장이 강하다. 기구 운영에서 네트워크화는 필수적이며 유럽연합 행정
의 모든 수준에서 협력이 이뤄지고 있다. 시민과 거주민의 권리보호
및 효과적인 구제수단제공 등을 위해서는 각 기관의 행정담당자와 옴
부즈맨의 협력이 절실하다.

유럽연합 옴부즈맨 네트워크

유럽연합 옴부즈맨은 회원국 옴부즈맨과 함께 상호 네트워크를 구축
하여 격년제로 세미나를 개최하고 대외담당자 간 정기회의를 가지며
웹사이트와 인터넷을 통한 일일 소식지, 반 연간 소식지 등을 내고 있
다. 여기에는 29개 회원국의 90명 정도에 달하는 옴부즈맨 관계자들이
참여하고 있다.

유럽 각국의 옴부즈맨은 매우 다양하다. 1세대 옴부즈맨에 속하는 북유럽에서조차 스웨덴과 덴마크 옴부즈맨은 서로 크게 다르다. 2세대에 속하는 스페인과 포르투갈 옴부즈맨 및 3세대에 속하는 공산권 붕괴 이후의 동유럽과 중앙유럽 국가들의 옴부즈맨이 등장하였다. 이 다양성은 옴부즈맨 제도 성공의 핵심 요인인 유연성에서 나왔다. 옴부즈맨은 각기 다른 헌법과 법적 전통, 각기 다른 문화와 정치적 환경에 맞게 적용하는 유연성을 갖고 있으며 인권보호와 인권신장에서 법원의 기본적 역할을 보완하는 역할을 다하게 되었다.

류블랴나 결의안

주로 동유럽과 중부 유럽의 옴부즈맨이라는 국가인권기관 대표들은 2001년 11월 12~13일 슬로베니아 수도 류블랴나에 모여 "옴부즈맨과 사법기관의 관계"에 대한 국제회의를 갖고 각국 옴부즈맨이 자기 나라 사법기관과의 관계에 대해 발표하고 서로 입장들을 토론하였다.[4]

민주주의로 이행하는 국가들에서 불안한 법제도, 사법부 독립 역사의 일천함, 지속적으로 추진하던 국가기관 개혁 등으로 인하여 인권보호 및 사법 메커니즘과 옴부즈맨이라는 비사법적 메커니즘 분야에 대한 국가정책에 있어서, 유럽인권법원 외에도 유럽연합 집행위원회가 권고한 옴부즈맨 및 독자적 인권보호신장기관의 설치 측면이 특히 더 중요할 수밖에 없다는 데 당시 각국 대표단은 의견을 같이 하였다. 이에 각국 대표단은 다음과 같은 8개 항에 달하는 결의안을 채택하였다.[5] 국

---

4) 참석 국가는 다음과 같다. 슬로베니아, 알바니아, 오스트리아, 체코, 그리스, 유고슬라비아, 코소보, 마케도니아, 폴란드, 루마니아, 슬로바키아, 스웨덴 등.
5) 이 결의문의 출처는 다음과 같다.
   http://www.varuh-rs.si/fileadmin/user__upload/word/Mednarodna__porocil
   a/Relationship__between__Ombudsmen__and__Judicial__Bodies/Svedska__-

가인권위원회나 국민고충처리위원회, 국가청렴위원회 같은 우리나라 옴
부즈맨 기관도 향후 개선방안을 시사 받을 수 있다고 생각한다.

1. 판사는 업무수행에 있어서 법에 따라 독립적이며 판결은 법에 정
해져 있는 항고 등의 절차 외의 어떠한 영향도 받아서는 안 된다. 집
행부와 입법부 측은 판사의 독립성 및 이를 해칠 수 있는 어떠한 조치
도 취하지 않겠다는 점을 보장해야 한다. 또한 판사는 공익 측면에 있
어서도 독립성을 갖는다는 점을 강조한다.

2. 법원은 다른 어느 국가기관보다도 더 침범에 대해 매우 민감하기
때문에 권력분립의 민주국가 및 신생 민주주의 법치 국가의 경우 사법
부의 독립은 더욱더 중요하다. 그러나 법원의 심리 이외의 운영과 관
련하여 법원의 독립을 충분히 존중하면서도 그 효율성을 증진해야 할
필요가 있는 것 또한 사실이다. 그렇게 하면 사법부에 대한 시민들의
신뢰도가 더욱 제고되며 사법부 권한의 정당성에 더욱 기여하게 된다.
이 측면과 관련하여 사법부 외부에 있는 옴부즈맨 기구의 지원 역시
매우 중요한 역할을 할 수 있다.

3. 법원이 처리하는 사건 수가 급증하는 것은 결국 시민들이 판사
및 법원을 접촉하는 빈도가 증가함을 가리킨다. 그래서 시민들은 판사
의 행동과 판결이 자신들에게 특히 인권보호와 관련하여 지극히 중대
하다는 점을 더욱더 크게 인식하고 있다. 결국 옴부즈맨은 인권문제
인식의 제고에 기여하며 법원행정의 효율성을 제고시켜 준다는 점에서
법원에 대한 튼튼한 동맹세력이다.

4. 따라서 사법부의 권한과 관련되어 있는 옴부즈맨의 권한은 판사

_zadnja_verzija_.doc 각국 옴부즈맨과 법원 간의 관계에 대해 당시 발
표된 글들은 다음 사이트에서 접할 수 있다.
http://www.varuh-rs.si/index.php?id=1220&L=6

의 독립성이나 판결을 내릴 때 요구되는 불편부당함 등을 전혀 위태롭게 하지 않는다. 법원이 다루는 개별 사건에 대해 옴부즈맨이 법이 허용하는 개입을 하는 경우 법원의 독립성을 완벽하게 존중하되 개별 사건처리의 절차적 차원에 대해서 입장을 밝힐 수 있다. 각국 대표단은 일부 국가에서 옴부즈맨이 법원에 출석하여 법정조언자(amicus curiae, 계류 중인 사건의 문제점에 대하여 조언하는 제3자)로서 입장을 밝힐 수 있게 되어 있다는 점을 높이 평가한다.

5. 법적으로 옴부즈맨이 법원에 대하여 아무런 특별 권한도 규정하고 있지 않은 경우에도 옴부즈맨은 통상적인 권한에 따라 법원제도 운영에 대해 견해를 표명할 수 있다.

6. 옴부즈맨은 법원에서 개인을 대리해서는 안 되며 피해를 당한 개인이 먼저 법적 구제 수단을 동원하도록 해야 한다. 그러나 어떤 이유로든 개인이 그와 같은 법적 구제수단을 통해서도 실효성이 없는 경우 옴부즈맨은 인권이 침해되었는지 여부에 대해 확인할 권한을 보유해야 한다. 이것은 상당수 국가에서 헌법상 규정을 해 두고 있는 사항이기도 하다.

7. 유서 깊은 민주국가뿐 아니라 시대에 뒤지며 문제가 많고 서로 조화를 이루지 못한 규제들로 에워싸여 있는 신생 민주국가들의 경우 옴부즈맨은 법질서 발전에도 크게 기여할 수 있다. 바로 이런 이유로 옴부즈맨에게 헌법재판소에 대해 개별 법규의 위헌 여부나 적법성 여부를 심판해 달라는 청구권을 부여하는 것은 매우 중요하다. 옴부즈맨은 이렇게 시민의 인권을 압박하거나 침해하는 법규에 노정되어 있는 제도적 결함을 바로잡는 데 크게 기여할 수 있다.

8. 다른 측면에서도 옴부즈맨의 독립성을 유지 강화해 주는 것은 매우 중요하다. 특히 옴부즈맨의 예산상 독립은 중요하다. 실제로 일부

국가는 옴부즈맨 활동이 예산상 문제로 불가능하기까지 하기 때문이다. 따라서 옴부즈맨에게 옴부즈맨 기관의 예산을 독자적으로 신청하도록 해 주어야 한다. 옴부즈맨 제도의 안정적 운영을 보장하기 위해서는 옴부즈맨의 봉급을 포함하여 예산배정 원칙에 대한 의회 규정은 옴부즈맨 설치법 내에 명확히 규정해 주도록 해야 한다.

2001년 11월 13일 류블랴나

옴부즈맨 제도의 한계

우리나라 국민고충처리위원회(The Ombudsman of Korea)는 1994년 김영삼 정부 때 스웨덴의 옴부즈맨 제도를 벤치마킹하여 설치하였으며, 2005년 10월에는 국민고충처리위원회의 설치 및 운영에 관한 법률을 제정함으로써 대통령 소속의 독립 기관으로 탄생하게 되었다. 11월 1일을 "신문고의 날"로 제정하여 옴부즈맨 대상을 수여하기 시작하였다. 신문고는 조선 태조 때에 설치되어 운영된 바 있는 것이다. 우리나라 국민고충처리위원회는 부당한 행정으로 인한 국민의 불편(권리 침해 등)을 간편하게 해결해 주는 것이 기본 임무로 되어 있다. 법원소송과 다른 점은 절차가 간편하여 60일 이내에 민원을 처리해 주며 그러나 구속력은 없다는 점이다. 구체적으로 국민고충처리위원회의 결정 방식은 다음과 같다. 첫째, 민원 조사를 통해 심의, 의결한 바에 따라 해당 행정 부서에 시정 권고(민원의 약 20%가 채택되고 시정 권고한 건의 95%가 해결되고 있다. 둘째, 감사원에 감사를 의뢰하는 방안이다(감사권 발동 의뢰). 셋째, 만일 행정 부서가 시정 권고를 거부할 경우 조사를 할 수 있다(과태로 부가 기능에 해당). 넷째, 애매한 사항(민원을 들어 주고 싶으나 방법이 없는 경우)에 대해 의견을 표명할 수 있다. 다섯째, 행정 부서 간의 중재회의를 통한 합의 조정 기능을 수행한

다. 여섯째, 법률 개정 권고 등이다. 물론 국민고충처리위원회는 소송
계류 중인 것은 취급하지 못한다.

한편 국민고충처리위원회가 다른 법적 근거 없이 군사 경찰 옴부즈
맨 기능을 추가함으로써 국가인권위원회와 관할이 중복되며 옥상옥이
라는 지적을 받고 있다. 고전적 옴부즈맨 유형에서 경찰과 법원 등을
당연히 관할로 하는 옴부즈맨은 구속력 있는 판결을 내리는 법원까지
도 기본권과 인권보호 차원에서 관할로 삼도록 하는 법적 근거를 가지
고 있는 경우가 많다. 그러나 인권위원회와 옴부즈맨의 구분이 점점
애매해지거나 점점 서로 닮아가는 추세에서 사실상 구별의 의미가 없
어지고 있다고 보는 견해도 있다.[6]

어쨌든 옴부즈맨의 근본적인 한계는 법의 지배 원칙이 취약한 나라
의 경우 비사법적 제도가 법원을 대신하는 효율적 제도로 운영될 수는
없다는 점이다. 이는 법의 지배 원칙과 민주주의가 국가별로 각기 다
르게 조합이 이루어져서 옴부즈맨이 시민의 권리를 옹호하며 행정잘못
을 시정하고 인권을 보호하는 평형추 역할을 제대로 하는 데 각기 다
른 환경을 조성하고 있기 때문이다. 도식적으로 표현하면 각국에서 법
의 지배 원칙과 민주주의가 정착되는 선후관계가 어떠한가를 가지고
설명할 수 있을 것이다.

첫째, 성숙한 민주주의 국가의 경우 역사적으로 법의 지배 원칙이

---

6) 조용환, 국가인권기구의 국제적 발전과 한국의 대안, 1999. 한편 국가행정옴
  부즈맨으로 나름대로 독립성을 확보하기 위한 노력이 있었지만 실현되지 못
  하였다. 이에 대해서는 2004년 11월 30일 개최된 국가행정옴부즈맨과 시민
  옴부즈맨 설치를 골자로 한 법안 공창회 자료집을 보면 된다. 당시 행사에
  는 조영황, 남인순, 여정성, 권해수, 강진석, 김선희, 김형수 김거성, 송창석
  등이 참석하였다. 정부혁신지방분권위원회 국민고충처리위원회 공편, 『옴부
  즈만의 설치 및 운영에 관한 법률안 제정 공청회 자료집』, 2005. 이 자료는
  다음 사이트에서도 볼 수 있다.
  http://www.ombudsman.go.kr

민주주의보다 앞서서 정착되었다. 국가의 조직 원리로서 법의 지배 원칙에 따르며 이는 민주주의 도입에 따른 불가피한 긴장관계, 혼란, 격동 등에 대처하는 데 훨씬 더 용이하게 풀어간다. 법의 지배 원칙과 민주주의가 긍정적으로 결합하게 되면 옴부즈맨이 법원과 구별되면서도 보완관계인 제도로서 훨씬 더 용이하게 출현하며 법의 지배 원칙의 제고 및 인권보호와 맞물려 있는 민주적 책임확보 및 통제라는 효율적인 비사법적 메커니즘으로 기능하게 된다.

다음 이 보완관계는 시민들이 대안적 복구 메커니즘들 중에서 어느 하나를 골라야 할 때, 시민이 자신의 권리를 어떻게 가장 잘 행사할 수 있는가를 정해야 할 때, 그리고 민주주의의 질적 향상에 긍정적으로 기여하도록 하고자 할 때 선택의 폭을 크게 넓혀 준다.

둘째, 첫째와 대응하여 법의 지배 전통이 미미하며 취약하거나 최악의 경우 아예 부재했던 국가들에서 민주주의가 도입되는 경우, 옴부즈맨이 효과적인 민주적 책임 확보 메커니즘으로서 법의 지배 원칙과 민주주의를 더욱더 깊게 만드는 역할을 할 가능성과 전망은 그리 밝지 않다. 민주주의가 법의 지배 원칙에서 유래하는 상호 권리와 의무의 존중 문화 속에 들어 있는 규범과 가치관에 기댈 수 없는 경우, 그리고 그 결과 법원이 기관 간의 견제와 균형 시스템 및 촘촘한 평형추 네트워크 등을 구축하는 초석으로 제대로 역할을 할 수 없는 국가들의 경우, 집행부 권력은 아무런 규제도 받지 않은 채 손쉽게 방임될 가능성이 크다. 개념상 이런 환경은 옴부즈맨 제도가 성공할 가능성이 높지 않으며 존재한다 해도 시민의 권리 보호 업무를 감당할 수 있는 통제와 민주적 책임확보라는 실효성 있는 메커니즘으로 역할을 하도록 하는 데 심각한 장애를 조성하기 쉽다. 이때 옴부즈맨은 주변적인 존재로 전락하거나 그냥 간단히 무시되어 버리기도 한다. 그 결과는 옴부즈맨 제도가 원래 목표를 다하지 못하면서 윤리적 권위가 침식당하며 존재 이유마저 빼앗기게 되면서 옴부즈맨의 정당성이 점차 사라지는 것으로 나타난다. 이와 똑같은 상황은 어떤 비현실적인 기대를 갖고 외국 모델을 무작정 본뜨다가 국내 실정을 무시할 때에도 초래될 수 있다.

동유럽과 남유럽의 신생 민주주의 국가들 옴부즈맨이 여기에 속한다. 이들 나라는 역사적으로 법의 지배 원칙이 전혀 깊은 뿌리를 내리지 못했으며 오토만제국 붕괴 당시부터 20세기 초까지 세습국가(막스 베버의 술탄체제)로 이어져 왔다. 더욱이 오랜 독재와 전체주의시기를 거쳐 오는 동안 민주주의 친근성은 극히 제한적이거나 전무했으며 민주주의 제도의 도입이 실질적으로 법의 지배 원칙 확립 노력과 동시적으로 함께 이루어지기에 이르렀다. 이 경우 옴부즈맨 제도는 무서운 도전에 직면하게 된다. 동유럽과 남유럽 옴부즈맨을 보면 구불구불하며 어려운 길을 거치고 있음을 볼 수 있다.

옴부즈맨 제도는 민주주의와 법의 지배 원칙을 강화시키는 데 크게 기여하며 이는 유럽과 전 세계에 걸쳐 많은 다양한 나라의 헌법, 정치, 법적 환경 속에서 입증되고 있다.

그리고 법의 지배나 민주주의 중 어느 하나나 둘 다를 확립하려는 국가들에서 옴부즈맨 제도 설립을 통하여 인권보호와 인권신장을 기하려는 시도가 상당한 의미가 있음을 인정해야 한다. 다만 어떤 제도를 옴부즈맨이라고 이름 붙여 놓고서는 여기에 형식적으로 법적 근거만을 부여하여 오랜 법의 지배 전통을 갖고 있으면서 민주주의가 잘 운영되어 온 나라들에서와 똑같은 역할을 하기를 기대하려 해서는 안 된다는 점을 유의해야 한다. 예를 들어보자. 일부 남동유럽 국가들의 경우 집행부 권력에 대한 평형추 기능이 미미하며 따라서 옴부즈맨에게 스웨덴과 핀란드 옴부즈맨과 유사한 기소권을 주자는 요구가 분출하고 있다. 그런데 이는 스웨덴과 핀란드에서 옴부즈맨이 등장한 역사적 환경이나 시간적 순서가 매우 다르다는 점을 잘못 이해한 것이다. 그리고 이는 온갖 형태의 규제에 대해 문화적으로 그리고 정치적으로 저항하는 집행부 측에 대해 고삐를 죄기 위하여 신생 민주주의 국가가 정치적 갈등과 투쟁 속에 빠져 옴부즈맨 제도의 생존이 위태로울 수 있다는 점을 제대로 평가하지 못한 것이기도 하다. 우리나라 옴부즈맨 제도의 경우 이 남동유럽 국가들의 옴부즈맨과 크게 다르지 않은 상황에 처해 있다고 해도 과언이 아니다.

제 2 장 경찰민주화와 경찰옴부즈맨

우리는 군대와 더불어 국가공권력을 독점하고 있는 경찰에 대해서도 문민통제 혹은 민주적 통제를 할 수 있도록 해야 한다. 그럼에도 불구하고 우리나라는 일상적으로 경찰을 시민이나 문민 측에서 통제하거나 지휘하는 구조를 가지고 있지 못하다. 경찰청장은 문민은 임명이 될 수 없으며 경찰위원회는 유명무실하고 자치경찰청이나 자치경찰위원회는 아예 구성도 할 계획도 가지고 있지 않은 것이 우리나라의 현재 경찰 현실이다. 그나마 경찰민주화의 나머지 한 축인 경찰옴부즈맨 도입마저도 껍데기 시늉에 그치고 있다고 해도 과언이 아니다.

이와 관련하여 2005년 10월 19~21일, 5개 대륙에 걸친 17개국에서 경찰 및 경찰감시 전문가들이 네덜란드 헤이그에 모여 '경찰의 민주적 책임과 고품질 경찰감시: 각국 맥락에서 본 세계적 동향과 추세'라는 주제로 민주주의 사회에서 경찰의 민주적 책임 수준을 증진하기 위한 목적과 이를 위한 각종 방안들을 모색하며 토론하는 기회를 가진 것은 우리나라에 시사하는 바가 자못 크다.[7] 당시 이 회의는 네덜란드 외무부 장관이 주최하였으며 알투스(Altus Global Alliance)가 후원하였다. 알투스는 국제 NGO 및 연구소 연합체로서 시민사회와 정부가 협력하여 경찰 등의 안전과 사법 서비스를 발전시키며 개혁하기 위해 활

---

7) 당시 회의에서 제기되어 논의된 내용은 다음 글에 잘 정리되어 있다. Christopher Stone, "Police Accountability and the Quality of Oversight: Global Trends in National Context. Conference Summary, the Hague, 19-21 October 2005", in IDC, *Dimensions of Police Accountability in India*, Chandigarh, India, 2005. 이 부분은 크리스토퍼 스톤의 이 글에 크게 의존하였다.

동하는 국제시민단체이다. 당시 참석한 국가들은 대부분 경찰관 1명, 정부기관으로 되어 있는 경찰외부감시기관 대표 1명, 시민사회 인사 (기자, 학자, 어느 한 해당 NGO 대표 등) 1명 등으로 대표단을 구성하여 참석한 바 있다. 당시 전체회의는 모두 4개 언어 동시통역으로 진행되었다. 당시 회의는 국가, 대륙, 문화, 언어, 정치, 직업 등등의 분야에서 온갖 경계들로 인한 협력 부재 상황으로 인한 분열상들을 좁혀 보기 위한 목적을 가지고 있었다.

이 장은 당시 헤이그회의에서 제기된 내용을 중심으로 경찰민주화 시각에서 경찰옴부즈맨의 실태와 운영을 검토하고자 한다. 헤이그회의는 경찰의 민주적 책임 이슈에 대하여 경찰감시업무를 담당하는 정부기관뿐만 아니라 경찰관 자신들을 포함하며 안정된 부자 국가들에서 온 정부 인사들뿐만 아니라 변화과정에 있는 개발도상국들에서 온 경찰과 정부 관리와 시민사회 지도자 등을 포함하여 전 세계적으로 광범위하며 헌신적인 활동들을 여실히 보여주었다. 대략 10년 전인 1990년대 중반 무렵까지만 하더라도 경찰전문가 및 경찰통제와 경찰감시 분야 전문가와 학자들이 바로 이 경찰의 민주적 책임 문제를 드러내놓고 거론한다는 것은 금기시되었다. 그 이유는 이들이 연구대상으로 삼는 분야인 경찰관이나 경찰 공직자들로부터 배척당하거나 소외당하는 것이 너무나도 뻔했으며 이는 연구자로서는 매우 치명적인 문제점일 수밖에 없었기 때문이다. 물론 우리나라는 아직도 그 수준에 머물러있다고 보아야 한다. 하지만 2005년 헤이그회의에서는 로스앤젤레스에서 라고스에 이르기까지 그리고 모스크바에서 멕시코시티에 이르기까지 모든 나라 경찰 공직자들이 경찰의 민주적 책임 이슈에 대한 자신들의 관여와 헌신 및 경찰의 민주적 책임의 질적 수준의 향상을 위하여 어떻게 해야 하는가에 대하여 모두가 서로 대답하며 솔직하게 토론과 논의들을 거듭하였다.

헤이그회의에서 그토록 논쟁적이며 감정적일 수 있는 경찰의 민주적 책임 이슈를 놓고 그토록 다양한 참석자들이 공적이며 정중한 대화와 토론을 벌였다는 것만으로도 대성공이라고 할 수 있다. 언론인, 사회과 학자, 경찰 지휘관, 담당부처 공직자, 인권운동가, 옴부즈맨 기관 종사 자, 기타 경찰감시 업무 종사자 등과 같은 직업상의 차이로만 본다면 그와 같은 토론은 도저히 불가능했을 법했다. 이런 직업상의 차이점과 는 별개로 참석자들이 처해있는 각기 다른 경제상황이나 법적 전통 역 시 극도의 오해와 해석상의 차이들을 노정했을 법했다. 헤이그회의에 참석한 17개국은 남북(선진국과 후진국) 분포 및 법적 전통(보통법과 대륙법 전통) 등에서 대체로 고른 분포를 보여주었다.[8]

대화와 토론은 정중했을 뿐만 아니라 무척 건설적이었다. 회의는 경 찰에 대하여 여러 가지 다양한 복수의 감시기관에 의한 민주적 책임 확보란 민주주의 사회에 존재하는 경찰제도와 경찰활동에 있어서 성가 시며 부담스럽긴 하나 본질적이며 핵심적인 특징에 속한다는 점을 인 정하는 데에서 출발하였다. 헤이그회의는 경찰 내부 감시구조, 경찰 외 부의 경찰감시 국가구조, 각종 시민사회 제도 등과 같이 경찰의 민주 적 책임을 확보하기 위한 여러 가지 다양한 제도들에 대하여 초점을 맞추긴 했으나 이를 정교하게 안배하여 다루진 않았다. 대신 회의 참 석자들은 전체회의 주제로 6개의 질문을 설정했으며 이 6개 주제에 대 하여 여러 가지 다양한 관점에서 탐구 해명코자 하였다. 아래에서는 이를 차례로 살펴보도록 한다.

---

8) 17개 참석 국가들은 다음과 같다. (국가명 알파벳순) 브라질, 캐나다, 칠 레, 그리스, 인도, 케냐, 라트비아, 말레이시아, 멕시코, 네덜란드, 나이지리 아, 포르투갈, 러시아, 남아프리카, 우간다, 영국, 미국 등.

1. 경찰의 민주적 책임

첫 번째 질문은 경찰이 어느 기관에 대해 민주적 책임을 지도록 해야 하는가에 대해서가 아니라 그보다는 오히려 어떠한 규범과 규정에 대하여 경찰이 민주적 책임을 지도록 해야 하는가에 대해서였다. 헤이그회의 참석자들은 모두 이 규범과 규정은 의당 경찰 지휘관의 규범과 규정을 포함하며 경찰 지휘관의 규범과 규정은 틀림없이 일선 경찰관의 생활에 대해 직접적으로 영향을 미친다는 점에 대해 의견의 일치를 보았다.

그러나 이그나시오 카노(Ignacio Cano, 브라질 리오데자네이로 에스타두알 대학 사회학 교수)가 최종 전체회의에서 지적한 대로 경찰 지휘관은 경찰 일선에서 어떤 일들이 벌어지고 있는가를 제대로 아는 데 특별히 어려움을 겪고 있는 것 또한 사실이다. 통상 군대조직은 대규모 군대를 상사가 부하로서 배치하는 반면, 경찰조직은 통상 한두 사람씩 드문드문 경찰관들을 배치하며 이로 인해 경찰의 민주적 책임 측면을 문제성이 가득 찬 것이 되고 마는 경향이 있다.

경찰 지휘관이 부과하는 규범 외에도 민주주의 사회에 존재하는 경찰은 법규범에 대해서도 민주적 책임을 지도록 해야 한다. 원칙적으로 이는 회의 참석자들 사이에 보편적인 합의를 모아내긴 하였으나 참석자들 중 여러 명은 경찰 작전이나 행동이 의도는 매우 좋은 것이지만 법의 지배 원칙을 얼마나 손쉽게 그리고 식은 죽 먹듯이 훼손하며 무시하는가에 대해 지적하기를 주저하지 않았다. 심지어는 일상적인 경찰활동조차도 문민공무원 혹은 민간인들에 대해 경찰 스스로 자신들은 법 위에 군림해도 좋다고 생각하는 인상을 주고 있다는 지적도 나왔다. 예컨대 데니슨 자야소리야(Denison Jayasoria, 말레이시아 왕립경찰위원회 사무총장)는 말레이시아 경찰이 범죄예방법을 악용하여 석방된 피고인들을 다시 체포할 때 법의 원칙을 훼손하고 있다고 지적하였다.

경찰이 법규범에 대해 민주적 책임을 지도록 하는 데 따른 문제점은 중앙정부 그 자체에서 유래하기도 한다. 아요 오브 여사(Ayo Obe, 나이지리아 경찰위원회 위원장)는 나이지리아에서는 국가지도자조차도 "법의 지배 원칙은 한낱 어쩌다 지키는 하찮은 것일 뿐"이라고 설명하기도 한다. 비아치슬라브 코발렌코(Vyachislav Kovalenko, 러시아 세인트 페테르부르그 경찰국장)에 따르면 일선 경찰관들이 한 집단을 다른 집단으로부터 보호해야만 하는 경우 법에서 벗어난 방식들이 동원하게 되는 것에 대하여 양해(이해)할 만하다고 지적하기도 한다.

코쉬 코쉬(Koshi Koshi, 인도 비질라늘레(하리야나) 경찰청장)에 따르면 정확히 말해 바로 그와 같은 현상들이야말로 역설적으로, 법의 지배 원칙이야말로 경찰이 지켜야 할 핵심 규범이라야 하는 그런 상황을 여실히 드러내준다고 지적하였다. 코쉬 코쉬는 인도경찰이 정파투쟁에 공모자로 내몰리는 것을 극력 회피하려는 점이야말로, 법의 지배 원칙을 철두철미 고수해야 하는 절실한 상황에 처해 있음을 반증하는 것이라고 지적한다.

하지만 경찰이 경찰 지휘관이 정한 규정과 규범 및 법규범에 대하여 민주적 책임을 진다고 해도 그것이 끝이거나 문제의 전부인 것만도 아니다. 토미 트샤발랄라(Tommy Tshabalala, 남아프리카 독립적 경찰비리민원처리위원회 수사국장)는 심지어 경찰감시기관에서 경찰이 법규범에 대해 민주적 책임을 지도록 하는 데 성공한다 해도 시민들의 대경찰 신뢰도를 구축하는 데에는 그다지 성공적이지 못한 실정이라고 지적하였다.

로스앤젤레스 레로이 바카 보안관(Sheriff Leroy Baca)은 자신이 선출직이어서인지는 몰라도 경찰이 시민들이 정한 규범에 대해 민주적 책임을 지도록 하는 것이야말로 매우 중요하다는 점을 크게 강조하였다. 그는 "현대 경찰은 전체적으로 보아 쟁점이 되는 시민의 신뢰 문제로부터 태어나게 된 것"이라고 지적하였다. 그는 시민의 신뢰야말로 경찰서비스가 충족시켜야 하는 규범이라고 설명하면서 사례로써 자신의 부하가 어느 한 차량에 대해 도주 중인 살인범으로 오인하고 120발의 총탄을 쏜 사건을 들면서 이 사건이 "정책 실패, 교육 훈련의 실패, 상식의 패배" 등을 여실히 보여준 사례라고 지적했다. 하지만 그는 경찰 스스로 이와 같은 실패를 인정하고 고백하는 바탕 위에서 출발한다면 거꾸로 시민들은 경찰을 신뢰하게 된다고 지적하였다.

시민들에게 민주적 책임을 져야 하는 의무는 비단 선출직인 보안관에게만 국한되는 것은 아니다. 안드레아스 타키스(Andreas Takis, 그리스 아테네 옴부즈맨 부위원장)는 경찰활동이란 모름지기 "더 이상 줄일 수 없는 형태의 재량권"을 수반하며 경찰은 이러한 재량권 행사에 있어서 시민들에게 민주적 책임을 져야 할 의무가 있다고 하는 시각에서 오로지 정치적으로 용인되는 것일 따름이라고 지적하였다.

브라질 벨로 호리존테 경찰청장인 레나토 수자(Renato Souza, 브라질 미나스 제레이스주 군사경찰청장) 역시 이에 동의를 표하였다. 그는 자신이 속한 미나스 제레이스주 경찰은 시민들이 경찰업무를 이해해 주며 경찰의 목적이 공적 서비스라는 점을 이해해 주기를 바란다고 지적하였다.

영국 경찰옴부즈맨 위원장인 닉 하드윅(Nick Hardwick)은 이와 같이 시민들에 대한 열린 자세를 갖는 것이야말로 경찰이 받아들여야 하는 민주적 책임의 가장 견고한 규범과 규정이라는 점을 강조하였다. 그러나 하드윅은 시민들에 대한 열린 자세는 경찰감시기관 스스로는 힘겨운 것일 수도 있다는 점에 대해서도 지적해 마지않았다. 그는 "경찰옴부즈맨 측이 기소담당자 측과 시민들을 위하여 각각 수사하여 만들어낸 결과들 사이에 나타날 수밖에 없는 갭"이라는 문제점에 대하여 주목하는 것을 잊지 않았다.

아지즈 말리프 필로(Aziz Malif Filho, 브라질 리오데자네이로 언론노조 위원장)는 시민들이란 여러 가지 다양한 규범과 기준들을 갖는 부류들로 나뉜다고 보았다. 그는 브라질 빈곤층은 경찰을 기득권층의 억압자에 속해 있다고 보는 반면, 상류층은 경찰이 부패해있다고 본다고 지적하였다. 하즈 이웬디(Haz Iwendi, 나이지리아 경찰청 차장)도 같은 견해를 표명하였다. 그는 경찰이 그토록 서로 다르면서도 경찰에 대해 적대적인 여러 시민들 부류에 대하여 모두 민주적 책임을 지도록 해야 한다는 점에 대해 좌절감을 느끼고 있다는 점을 지적하였다.

경찰이 꼭 충족시켜주어야 하는 명백한 고객은 납세자 부문이다. 이들은 정부 부처, 의회 위원회, 회계 부서, 재정 부서 등의 형식을 띠기도 한다. 그러나 납세자 계층이란 곧 공적인 경찰서비스에 대하여 대가를 지불하는 고객으로 간주되기도 한다. 미하일 체르노소프(Mikhail Chernosov, 라트비아 연방수사안전청장)는 바로 납세자 계층은 공적 경찰서비스에 대해서뿐만 아니라 민간경비 분야에 대해서도 돈을 지출하는 경향이 급증하고 있다는 점을 지적하였다. 그는 경찰이 민간경비 분야에서 일하고 대가를 받는 것과 같은 활동을 하도록 맞추어가면서 이 경쟁을 헤쳐 나가고 있다고 지적하였다. 조지 사타로프(Georgii Satarov, 알투스의 창설멤버인 러시아 인뎀 INDEM 연구재단 이사장)는 이런 상황이 과연 실제로 벌어지고 있는가에 대하여 다음과 같은 커다란 의문을 표하였다. 정말 경찰이 납세자들이 원하는 서비스를 제대로 제공하고 있는가, 경찰이 다양한 서비스 요청을 받을 때 제대로 여기에 부응하는지 아니면 단지 이런 요청을 무시하고 지나가버리는가?

범죄피해자 계층 역시 다른 또 하나의 경찰 고객이다. 경찰이 범죄 피해자에 대한 민주적 책임 규정이나 규범을 정말 제대로 충족시키는 경찰은 거의 없다는 사실에 대해서는 헤이그회의 참석자들 전체적으로 공감대가 형성되었다. 영국 경찰옴부즈맨 닉 하드윅 위원장이 지적한 것처럼 경찰은 통상 여론조사에서 매우 높은 신뢰도를 갖는 기관으로 평가되고는 있지만 정작 실제로 경찰에 범죄 신고를 해본 사람들 계층에서는 신뢰도가 추락하는 것으로 나타나고 있는 실정이며 영국 경찰옴부즈맨 측이 경찰비리민원으로 접수받는 가장 많은 단일 유형도 바로 범죄 신고에 따른 기록과 등록 누락에 관한 것이라고 한다.

용의자 및 체포당한 사람들 계층의 경우 세 번째 고객 범주에 속한다. 일부 경찰기관들은 이 계층에 대해서도 정해진 규범과 규정을 성심성의껏 준수해왔다. 이들은 수사목적의 정지, 수색, 심지어 체포 등의 경우에조차도 이들에 대해 존중과 배려의 수준을 제고시키기 위해 노력하고 있다.

요약하면 경찰은 여러 가지 서로 다른 행동과 활동의 규범과 규정을 지킴으로써 민주적 책임을 다하도록 되어 있다. 넓게 말하여 여기에는 경찰지휘부가 정한 규범과 규정, 법규범, 다양하며 서로 다른 고객 계층 등이 포함된다. 이런 규범과 규정에 대해 제대로 보조를 맞추지 못하면 일선 경찰관들은 좌절감을 맛보며 경찰지휘부와 다양한 경찰외부감시기관들과 갈등을 초래하는 원인이 되고 만다.

2. 성공적인 경찰외부감시활동이란?

두 번째 쟁점은 경찰외부감시활동의 성공 여부를 어떻게 규정하며 정의할 것인가 하는 문제이다. 경찰의 민주적 책임 확보를 위한 양질의 시스템의 성공적인 결과를 과연 어떻게 규정해야 하는가?

헤이그회의에서 여러 발표자들이 시민의 신뢰도 제고에 대해 지적한 바 있다. 그러나 피에트 반 레넨(Piet van Reenen, 네덜란드 우트레히트대학, 인권학부 교수)은 새로운 경찰외부감시 제도에서 경찰비리로 고소 고발된 건들에 대한 실제 수사가 한층 더 나아지지 않는다면 "시민 신뢰도 제고란 한낱 선전거리에 불과하다"는 점을 지적하였다.

데니스 자야수리아는 수사 결론을 내리고 그 신뢰도를 높이는 사건 수가 증가함을 강조하였으며 말레이시아 경찰이 진행한 내부수사가 광범위한 부패, 비효율성, 법적 부당성 등으로 점철되어 왔다고 지적하였다.

패트리쇼 투델라(Patricio Tudela, 칠레 문민경찰청장 보좌관)는 경찰이 기각한 사건 수야말로 경찰내부수사의 질적 수준을 가늠하는 지표가 된다고 주장하였으며 세르게이 스타로스틴(Sergei Starostin, 러시아 내무부 전체 러시아연구과학연구소 부소장)은 여기에 대해 암묵적인 동의를 표하였으며 참석자들에게 경찰비리건에 대해 MVD 측이 기각한 건수를 보고하여 알려주기도 하였다.

하지만 마이크 버코우(Mike Berkow, 미국 로스앤젤레스 경찰청 차장)는 기각이나 기소 건수가 성공적인 결과를 보여주는 올바른 개념이 되기는 어렵다는 의견을 제시하였다. 미국 여러 도시들에서 경찰 관리자로 일해 온 그는 시민들은 기각이나 기소를 숱한 경찰비리사건들의 단지 하나의 성과물로만 여길 뿐이라면서 어떤 하나의 특정 비극이 경찰비리로 초래된 것은 아니라고 결론을 내린 탁월한 수사 성과물에 대해서도 성공기준에서 빠뜨리지 말도록 규정해야 한다고 지적하였다.

이런 주장의 논리가 경찰의 민주적 책임에 대한 토론을 시민 신뢰도 문제로 되돌려버리더라도 각기 다른 여러 발표자들은 시민들이 다른

여러 제도와 기관들에 대하여 신뢰할 수 있어야만 한다고 주장했던 것
만은 명확하다. 로스앤젤레스 보안관경찰국 영역 내에서 활동하는 '독
립심사사무소' 소장인 마이크 제나코(Mike Gennaco, 미국 로스앤젤레
스 독립심사사무소 소장, 수석검사)에 따르면 문제는 시민들이 과연
경찰외부감시기관 그 자체의 독립성에 대하여 신뢰하는가 하는 점이라
고 한다. 그는 그와 같은 독립성 여부에 대한 한 가지 검증방법은 독
립심사사무소 측이 경찰내부수사가 내린 결론이나 경찰 내부 지휘계통
이 내린 징계에 대하여 이의를 제기한 횟수에 달려 있다고 보았다. 토
미 트샤발랄라 역시 경찰외부감시기관의 성공 기준으로 경찰외부감시
기관이 내린 결정과 판결의 객관성이라고 지적하였다.

경찰의 민주적 책임을 확보하는 경찰옴부즈맨 제도에 있어서 경찰외
부감시제도에 대한 시민들의 신뢰도 문제보다도 오히려 경찰에 대한
시민들 신뢰도 제고야말로 헤이그회의 참석자들 사이에서 경찰옴부즈
맨의 존재 목적이라며 보다 더 많은 공감대를 얻었다. 닉 하드윅은 영
국 경찰옴부즈맨의 핵심 목표들 중 하나는 시민들의 대 경찰 신뢰도
제고라고 밝혔으며 토미 트샤발랄라 역시 시민들의 대 경찰 신뢰도 제
고가 남아프리카 '경찰문민외부감시포럼'(Police Civilian Oversight Forum)
의 최우선적인 목표라고 지적하였다.

패트리쇼 투델라는 경찰 스스로 이 점을 수시로 모니터링하고 있으
며 '전례 없이 많은 여러 차례의 서베이조사' 등을 실시하고 있다는 점
을 지적하였다. 필립 곤잘레스(Philippe Gonzales, 칠레 디에고 포르탈
레스 대학 법학부 교수)는 이런 식의 경찰옴부즈맨 성패 여부 판단에
대해 매우 신중해야 한다며 그 이유는 시민들은 경찰에 대하여 어떤
측면은 신뢰하지만 다른 측면은 신뢰하지 않기 때문이라고 밝혔다.

'시민의 대 경찰 신뢰도'라는 말은 과연 정확히 누구의 신뢰가 가장

중요한 것인가 하는 점을 애매모호한 것으로 만들어버릴 수도 있다. 여러 참석자들이 일반 시민들을 가리킨다고 지적했으며 그러나 다른 여러 참석자들은 유권자라고 보았고 여전히 다른 여러 참석자들은 특별히 사회 주변부에 존재하는 빈곤층 등이라고 지적하였다. 하지만 기업투자자들이나 외국정부라고 볼 수 있는 가능성들도 상존한다. 예컨대 켈리프 칼리파(Kelif Khalifa, 케냐 국가인권위원회 위원장)는 케냐 정부는 경찰에 대한 시민들 신뢰도 제고야말로 국가경제에 대한 투자 증가로 이어질 수 있다고 기대하고 있다는 점을 주목한다고 밝혔다. 회의 시작 전 모임에서 네덜란드 경찰위원들은 오늘날 EU 국가들 내부적으로 새로 EU에 가입하는 회원국가들의 경우 경찰에 대한 민주적 책임의 제고는 경찰조직에 대한 시민들 신뢰도를 제고하게 될 것이며 결과적으로 이는 범유럽 경찰들 상호협력의 증대를 촉진할 것으로 기대하고 있다고 지적하였다. 회의 참석자들은 대부분 경찰외부감시기관 및 경찰, 이 양자에 대한 시민들 신뢰도 제고에 초점을 맞추었다. 그러나 제3의 가능성으로서 경찰에 대한 민주적 책임 확보 제도의 성공 여부는 형사사법제도 전반에 대한 시민들 신뢰도 제고 여부로 규정해야 한다는 지적도 제기되었다. 이는 경찰의 민주적 책임 확보를 위한 통합제도에 대해 설명한 프라모드 쿠마(Pramod Kumar, 인도 IDC 대표, 알투스 운영위원)가 주장하였다. 이 접근법은 크게 권장할 만한 것이긴 하나 현재와 같은 느슨하기 짝이 없는 사법제도 분야의 통합 상태로서는 기대하기 어렵다는 문제점을 가지고 있다. 기소에서 교정에 이르기까지 법 집행 및 형사사법 분야에는 수많은 기능들이 있으며 이는 형사사법 분야 전반의 성공 여부에 얼마나 기여하는가에 따라 가장 잘 판정할 수 있다. 그렇지만 아직까지는 이와 같은 통합제도를 실현할 만큼 충분히 조직이 짜여져 있는 나라는 전혀 없는 실정이다.

3. 경찰 내부감시제도와 외부감시제도

　헤이그회의에서 논의된 세 번째의 가장 어려운 문제는 경찰내부감시 부서와 경찰외부감시기관 각각의 기능과 역할에 대한 것이었다. 요컨대 경찰 내부감시와 외부감시 둘을 별도의 기관으로 운영하는 것이 과연 올바른 역할 분담인가. 아니면 옥상옥의 낭비와 중복에 불과한 것인가 하는 점에 대한 것이다. 이노센트 추쿠마(Innocent Chukwuma, 나이지리아 클린연구재단 대표, 알투스 나이지리아 운영위원)가 지적한 바대로 경찰 내부의 내부감찰국이야말로 비위행위 수사의 대부분을 담당하기 마련이다. 이 방식이야말로 업무량을 감당할 수 있을 뿐만 아니라 그렇게 해야 통상 경찰관의 활동이나 업무 실적에 대해 경찰관리부서 및 경찰지휘부의 책임을 뒷받침할 수 있는 것이기도 하다. 마이크 제나코가 제1차 전체회의 세션에서 지적한 대로 이 방식이 갖는 다른 또 하나의 장점은 경찰 내부 해당 부서의 수사관이야말로 사건 전모에 제대로 접근할 수 있다는 점이다. 물론 이렇게 사건 전모에 대하여 완전한 접근을 할 수 있다고 해서 협조를 보장받는다는 것은 아니지만 수사에 있어서 좋은 출발점이 될 수 있는 것이다.

　하지만 불행하게도 경찰내부수사는 흔히 경찰비위행위에 대한 증거 수집에도 실패하고 말거나 시민들 신뢰도 얻지 못하는 경우가 빈번하게 발생하며 이로 인해 경찰외부감시기관이 나서서 경찰내부수사들 중 상당수에 대해 신속하게 맡아 처리해 달라는 요구들이 빗발치고 있는 실정이다. 마이크 버코우가 로스앤젤레스 경찰 내부감찰국이 가장 우수한 수사 실적을 보여주었다고 밝힌 반면, 파트리쇼 투델라는 멕시코 경찰의 내부 경찰비리 수사 중 95%는 아무런 결론도 내리지 못한다고 지적하였다.

경찰내부감시부서와 경찰외부감시기관 간 역할분담이나 중복 문제는 다음과 같이 풀어서 말할 수 있을 것이다. 즉 경찰내부수사가 실패하는 경우가 자주 발생한다면 외부감시기관이 직접 수사업무의 상당 부분을 직접 떠맡아야 하는 것인가, 아니면 경찰외부감시기관은 경찰내부수사의 신뢰도와 질적 수준의 개선을 위하여 다른 수단을 동원토록 해야 하는가?

닉 하드윅이 설명한 것처럼 영국 경찰옴부즈맨이 설립된 것은 과거 경찰 내부의 수사가 시민들 신뢰를 충분히 얻지 못했기 때문에 이런 낮은 신뢰도 문제에 제대로 대처해보기 위해서였다. IPCC라는 새로운 경찰옴부즈맨 기관은 일부 사건에 대해 자체적으로 독자수사를 할 수 있을 뿐만 아니라 나머지 사건들에 대해서는 경찰이 수사토록 하면서 관리 및 감독업무를 담당할 수도 있게 되어 있다. 전적으로 경찰 자체적으로 처리하는 경찰비위 사건에 대해서는 IPCC에서 항소를 제기할 수 있게 되어 있다. 이와 같은 영국의 경찰옴부즈맨 제도는 어느 시점에서 별도의 수사를 진행하도록 할 것인가 하는 정책 판단의 문제를 전적으로 IPCC 자체적으로 떠맡도록 하고 있다.

경찰외부감시기관이 자체적으로 수사를 진행해야 하는 이유들은 실효성이나 독립성이라는 측면 외에도 다른 여러 가지가 있다. 새로운 행동규범을 확립해야 할 필요성도 그와 같은 이유들 중 하나에 속한다. 레슬리 크시누아(Lesley Xinwa, 남아프리카 독립적 경찰비리민원 수사처 국장대리)가 설명한 바대로 남아프리카에서는 흑백인종차별정책인 아파르트헤이드가 종식된 이후 새로 들어선 신정부는 오직 독립기관이야말로 경찰이 새로우면서도 보다 수준 높은 행동규범에 대해 민주적 책임을 지게 할 수 있다고 보았다. 멕시코에서도 마찬가지였다. 페르난도 코로나도(Fernando Coronado, 멕시코 인권위원회 부위원장)

는 멕시코 인권위원회가 수사 경험을 구축해나가고 있을 뿐만 아니라 "새로운 규범을 구축해나가고 있기도 하다"고 설명하였다.

경찰외부기관들이 자체적으로 독자수사를 진행해야 하는 또 다른 이유를 보면 특정 유형의 사건들에 대한 처리 경험을 구축해나가야 하기 때문이기도 하다. 영국에서 매년 경찰의 손에 의해 발생하는 사망사건은 6건 이하인 상황에서 오로지 국가기관인 IPCC만 그와 같은 유형의 사건수사의 전문성과 경험을 쌓아나갈 수 있는 실정에 놓여있다. 이와 마찬가지로 토미 트샤발랄라도 '남아프리카 독립적 경찰비리민원수사처'가 경찰로 하여금 새로 제정된 가정폭력방지법 집행을 제대로 할 수 있도록 경찰수사력을 이 부문에 집중토록 지원했던 과정에 대해 설명하기도 하였다.

사정이 이러함에도 불구하고 경찰외부기관의 자체 수사진행 결정에 대해서는 논란이 빈번하게 발생하고 있는 것도 사실이다. 아요 오브는 나이지리아 경찰위원회 측과 경찰 측이 경찰위원회 자체 수사권 행사를 둘러싸고 서로 간에 '조용한 주도권 쟁탈전'을 벌이고 있는 상황에 대해 설명한 바 있다. 이와 비슷하게 켈레프 칼리파는 케냐 국가인권위원회 측이 법적으로 수사권을 가지고 있음에도 불구하고 경찰지휘부는 국가인권위원회 측의 접근을 방해하고 있으며 그 이유는 경찰 자신들은 법이 아니라 경찰조직의 공식적인 명령하달체계에 따라야 하기 때문이라고 밝히고 있는 상황에 대해 지적하였다.

경찰외부감시기관이 독자수사에 대해 어떠한 결정을 내리더라도 어쨌든 경찰 측의 신뢰를 획득해야만 한다. 조지 사타로프가 지적한 바와 같이 경찰외부감시기관은 모든 제품을 하나로 포장한 일괄포장과 같은 서비스를 제공해야 한다. 아요 오브가 나이지리아 경찰위원회가 행한 것을 설명한 바와 같이 경찰외부감시기관은 시민들의 경찰비리민원을 접수받을 뿐만 아니라 시민들로부터 칭찬도 이끌어내도록 해야 하는 것인지도 모른다. 그와 함께 경찰외부감시기관은 경찰관의 근무 조건 개선과 심지어는 경찰관의 봉급 인상을 위해서도 캠페인을 벌여 주어야 하는 것인지도 모른다. 이것은 토미 트샤발랄라가 설명한 대로 남아프리카 독립적 경찰비리수사처가 했던 바이기도 하다. 코쉬 코쉬 는 경찰외부감시기관이 경찰관의 권리를 보호하는 일도 담당할 수 있 어야 한다고 촉구하는 지적을 하기도 했다. 그리고 조지 사타로프가 마치 총괄적인 결론으로 지적한 것처럼 심지어 경찰외부감시기관은 전 문직으로서 경찰의 지위와 위신을 증진시키는 일도 해 주어야 하는 것 인지도 모른다.

하지만 경찰외부감시기관이 어떠한 지원을 해 줄 수 있다손 치더라 도 결국에 가서 경찰외부감시활동 그 자체는 권한과 권력에 관한 것이 며 경찰조직은 경찰외부감시기관이 경찰 위에서 상당한 권한과 권력을 행사한다는 사실을 변경시킬 수는 없다. 아요 오브는 "경찰외부감시기 관은 권한과 권력에 관한 것이다. 권한과 권력을 가진 사람은 이를 포 기하려 하지 않는다"고 지적하였다. 바카 보안관은 이 점에 대하여 예 외적인 입장을 보여주었다. 그는 헤이그회의에서 자신은 자발적으로 자신의 권한을 경찰내부감시부서에 양도해 준 적이 있으며 경찰외부감 시기관 아닌 다른 어떠한 곳에서도 동일한 권한을 갖고 임해야 한다는 입장을 밝힌 것이다.

경찰외부감시기관의 정확한 역할이 무엇인가 하는 문제와 관련하여 각기 다른 맥락에서 적합한 각기 다른 반응과 답변들이 나올 수밖에 없다. 토미 트샤발랄라가 지적한 바와 같이, 소규모 경찰기관 직원들은 서로에 대해 너무나 잘 알고 있기 때문에 객관적 조사나 수사를 할 수 없다는 점을 잘 알며, 그 때문에 외부 기관인 IDC(인도의 개발커뮤니케이션연구소, 알투스 단체회원)가 진행하는 독자수사를 환영한 반면, 대규모 경찰기관의 경우 동일한 외부 기관의 독자수사에 대하여 필요 없는 개입이거나 효율적이지도 않다고 보았다. 연간 발생사건 수 역시 각기 다른 맥락을 만들어 내기도 한다. 예컨대 닉 하드윅은 로스앤젤레스에서는 중요사건이 너무 많이 발생하기 때문에 마이크 버코우 소속의 수사관들이 자신들 전문성을 발전시키기에 충분할 수 있지만 영국에서는 매년 경찰 손에 의한 사망 사건이 고작 3건 정도에 불과하기 때문에 영국 경찰옴부즈맨 기관인 IPCC만이 그런 종류의 사건 수사 전문성을 갖게 될 수밖에 없다고 밝혔다.

경찰외부감시기관이 사건의 의미 혹은 경찰비리패턴 등에 대하여 해석하고자 할 때 컨텍스트라는 맥락 역시 매우 중요한 요소가 된다. 알레미카 교수(Professor Alemika, 나이지리아 클린연구재단 연구실장)가 지적한 바와 같이 일부 맥락의 경우를 보면 경찰조직 내부 역량의 결여로 인해 경찰비리가 발생하기도 하나 다른 맥락을 보면 동일한 경찰비리가 단지 개인적 과오나 허물인 경우도 있다.

마지막으로 이 맥락을 잘 살펴보면 어떤 종류의 경찰비리 발생이 이슈가 되는지에 대해서도 잘 설명할 수 있으며 경찰비리패턴에 대하여 시스템 차원에서 이해하여 의미를 잘 파악할 수 있게 되기도 한다. 여기서 말하는 맥락이라는 컨텍스트는 소수 계층이나 한계 집단이나 계층에 대한 처우나 지위와도 관련이 있을 수 있다. 예컨대 바카 보안관은 이와 관련하여 모든 경찰관들이 인종차별, 성차별, 유태인 반대, 동성애 혐오증, 편협증 등등에 대하여 소리 높여 반대한다고 말할 수 있어야만 한다는 점이 극히 중요하다고 강조하였다. 이와 유사하게 아지즈 말리프 필로는 브라질 경찰의 비위행위는 군부정권의 근시안적인 경제정책이 초래한 엄청난 대규모의 도시 슬럼화 및 이곳에서 횡행하는 무기밀거래 등과 같은 맥락에서 이해해야 한다고 설명하였다. 주디 카마니(Judy Kamanyi, 남아프리카 키투오 차 카티바 사무총장)는 우 간다의 경찰비리 맥락이란 "전 세계 차원의 범죄, 자원 부족, 취약한 거버넌스 구조 등"이라고 지적하였다. 안드레아스 윌크스(Andreas Wilks, 라트비아 범죄학회 대표)는 라트비아 경찰비리의 맥락은 테러 행위 및 세계화 경제에 적응해야 하는 도전 등이라고 지적하였다.

4. 언론의 역할

언론인과 언론기관들은 경찰외부감시에 있어서 여러 가지 각기 다른 역할을 담당하고 있다. 이와 관련하여 헤이그회의에서 거둔 가장 중요 한 통찰력은 언론이라고 하는 것이 경찰조직 바깥에서 소리 높여 목소 리 내는 것이라기보다는 오히려 경찰의 민주적 책임을 확보하는 민주 주의 구조의 일부로 인식해야 한다는 점이었다.

모든 사회에서 언론은 경찰에 대해 쏟아져 나오는 각종 경쟁적이며 상 충적인 요구사항들을 증폭시키는 역할을 하고 있다. 가브리엘 레기노 가 르시아(Gabriel Regino Garcia, 멕시코 공안부 차관)는 그와 함께 경찰 시 각에서 나오는 효과를 각각의 서로 다른 이익집단들 요구들을 증폭시키 는 "에코 효과음 반향실"(an echo chamber)과 유사하다고 지적하였다.

언론이란 레슬링경기장 매트와 같은 역할을 하기도 한다. 즉 적대적인 NGO들이 시민들 이목을 끌기 위해 경찰과 싸우며 경합하는 곳이 바로 언론이라고 할 수 있다. 파트리쇼 투델라는 경찰 측에 대해 실제 거리 상황에서 어떤 일이 벌어지고 있는지 아랑곳하지 않은 채 홍보에만 매 달리려는 유혹을 이겨내도록 해야 한다고 촉구하였다. 그는 요컨대 투명성과 마케팅이라고 하는 것을 같다고 혼동해서는 안 된다고 경고한다.

뉴스 미디어란 잘만 하면 생생한 외부 감시자 역할을 담당한다. 예컨대 칸와르 산두(Kanwar Sandhu, 인도 힌두스탄 타임즈 외국주재 편집인)가 보도한 기사를 들 수 있는데 이 기사는 경찰이 극히 미미한 금품을 절도한 소년들을 체포해가서는 고문을 가했다는 내용이다. 이 기사가 빛을 보게 된 것은 오로지 경찰서에서 누군가가 핸드폰으로 사진을 찍어 이를 텔레비전에서 방영할 수 있었기 때문이었다.

그러나 이렇게 언론이 외부 감시자가 되기도 하지만 그와 동시에 왜곡을 일삼는 역할도 담당하게 된다. 레이 에크푸(Ray Ekpu)가 설명한 바와 같이 범죄의 어느 부분에 초점을 맞추는가 하는 그 자체가 왜곡될 수 있는 것이다. 미하일 체르노소프는 라트비아에서 정치인과 범죄자 양측 모두 언론사 측에 대해 몇몇 범죄 사항들에 대하여 보도해 주고 이에 대하여 대가를 지불하는 일이 실제로 벌어진다고 설명하였다. 그리고 마르코 클라르 라라(Marco Klarh Lara, 멕시코 오트로멕시코지 기자)는 간혹 범죄사건 보도에 있어서 언론의 사회적 책무가 방기되기도 함을 고백하였다.

마지막으로 주디 카마니는 헤이그회의에서 언론이란 그 자체가 교육기능을 할 수 있으며 실제로 그래야 한다는 점을 상기시켰다. 주디 카마니는 우간다 및 다른 개발도상국의 경우 "경찰의 민주적 책임의 부재란 결국 무지함에 바탕을 두고 창궐하는 것이기 마련"이라고 지적하였다. 그녀는 언론이 마땅히 보도해야 하는 기사를 보도하는 것만으로는 부족하며 경찰외부감시 기능을 진지하게 수행토록 해야 한다고 지적하였다. 언론은 신방방송 보도에 대한 접근 폭을 확대해야 하며 그렇게 함으로써 좀 더 많은 시민과 국민들이 민주주의 책임제도에 있어서 핵심인 정보에 접근하도록 해 주어야 한다.

5. NGO와 경찰옴부즈맨

이렌느 페르난데즈(Irene Fernandez, 말레이시아 테나가니타 대표)
와 수잔나 두라오(Susana Durao, 포르투갈 ISCTE 인류학과 경찰연구
학자)는 헤이그회의에서 다음과 같은 딜레마에 관한 질문을 제기하였
다. 즉 경찰이 처해 있는 사회 그 자체가 여러 가지로 매우 올바르지
못한 상황에서 과연 경찰이 올바르면 전문직업인의 자세로 행동하리라
고 기대할 수 있겠는가? 상당수 국가들의 경우 국가기구가 매우 위태
롭고 누를 끼치는 존재가 되어버린 탓에 경찰에 대해 직업상의 규범을
고수하라고 할 수만도 없는 경우가 있다. 하지만 바로 이런 상황이야
말로 NGO들이 도울 수 있는 영역이 된다. 왜냐하면 각국의 경찰개혁
추진자들이 직면하는 도전이란 바로 그와 같이 올바르지 못한 사회에
서조차도 공정하며 존경받는 경찰상을 구축하는 것이기 때문이다.

위고 프룰링 교수(Prof Hugo Fruhling, 칠레 CESC 연구소 대표, 알
투스 운영위원)는 경찰과 대결관계를 부추기는 NGO들과 때때로 여전
히 비판적이면서도 보다 더 협력적인 전략관계를 추구하는 NGO들을
구분하였다. 헤이그회의에서 이 협력적 접근법을 토론할 때 말하는
NGO란 아요 오브가 GONGO(정부가 만든 NGO, government organized
NGO)라고 부르는 NGO가 아닌, 경찰과 협력적 전략을 추구하면서도
정말 독립적인 시민사회단체를 일컫는다. 경찰청장을 역임한 바 있는
압둘라 시디키(Dr. Abudulah Siddiqui, 인도 IDC 운영위원, 알투스 운
영위원)가 설명한 바와 같이 NGO들이 건설적인 역할을 하려 한다면
NGO들은 경찰 측을 신뢰하는 것이 핵심적인 것이 된다. 가브리엘 레
기노 가르시아도 이런 생각과 판단을 뒷받침해 주었다. 그는 NGO들에
대하여 개별 사건들에 대한 사후적 대응이 아닌, 경찰과 지속적인 상

호대화와 접촉을 발전시키도록 해야 한다고 촉구하였다. 이그나시오 카노는 범죄를 감소시키도록 하는 데 있어서 혁신적이며 올바름과 정의를 추구하고 실효성 있는 전략을 사용해 온 경찰관에게 시상하는 어느 한 NGO의 사례를 들었다. 세인트 페테르부르그 자치경찰청장인 비아치슬라브 코발렌코는 가정폭력사건 분야의 경찰처리절차 개혁에 있어서 지원을 아끼지 않은 NGO의 사례를 들었다. 이 가정폭력사건들은 경찰과 NGO 간 협력관계에 대해 매우 좋은 출발점이 됨을 입증시켜 주고 있다. 프라모드 쿠마는 NGO 측에 대하여 추가로 '참여형 민주적 책임 확보 전략'이라고 부르는 유형의 협력관계를 발전시켜 나가도록 촉구하였다.

이상과 같은 협력관계는 통상적으로는 NGO 대표들이 추진하기 쉽진 않다. 에네스토 로페즈 포틸로(Ernest Lopez Portillo, 멕시코 인사이드 Insyde 대표)는 협력관계를 추구하다가 자율성의 상실로 인해 해당 NGO 내부에서 불안이 증폭될 수 있으며 이는 경찰과 협력관계를 추구할 때 특히 더할 수 있다는 점을 솔직하게 밝혔다.

6. 연구자의 역할

마지막으로 헤이그회의는 토론을 통하여 경찰외부감시기관의 질적 수준을 제고하는 데 있어서 연구자와 연구 분야가 담당할 수 있는 세 가지 역할을 끄집어내었다. 첫째 연구 분야는 문제점들을 기록하며 허구적인 신화들의 정체를 폭로해 낼 수 있다. 둘째 연구 분야는 모든 사람들에게 성공적인 결과를 얻어 내기 위한 진척 혹은 부진한 진척 상황들을 측정할 수 있도록 해 줄 수 있다. 세 번째 마지막으로 연구

분야는 경찰의 민주적 책임 확보의 맥락 및 경찰외부감시의 역동성 등을 올바르게 이해할 수 있게 만들어줄 수 있다.

　어네스트 로페즈 포틸로는 연구자가 어떻게 문제점들을 기록할 수 있는가에 대하여 경찰이 쉽게 부패에 빠지는 현상에 대한 시민들의 인식태도에 대한 국제연구 결과라고 하는 생생한 연구 사례를 제시해 주었다. 이와 유사한 서베이 연구조사는 경찰관들을 대상으로 하여 실시될 수 있으며 그렇게 하면 경찰관들 스스로 경찰외부감시제도에 대해 정말 신뢰하는지 않는지 여부에 대해서도 경험적 데이터를 확보할 수 있다. 경찰로부터 신뢰를 받도록 하는 것이야말로 매우 중요한 것이라고 한다면 이 문제에 대해 단지 일회성 증거를 얻는 것 이상으로 앞으로 더 나아갈 수 있다는 점에 대해 헤이그회의 발표자들은 모두 동의하였다.

　그와 마찬가지로 연구자는 이미 완료된 수사의 질적 수준을 평가하기도 한다. 헤이그회의 참석자들은 모두 시민 신뢰도 제고는 좀 더 많은 사건들이 결론을 내리고 제대로 해결되도록 해야만 제고될 수 있다는 데 합의했으며 그렇게 하기 위해서는 상당수에 달하는 이 분야의 경험적 연구들을 격려토록 해야 할 것이다.

　가브리엘 레기노 가르시아는 특별히 경찰이 비리를 저지르도록 조장하는 정부정책의 근원적인 문제점들에 대하여 경찰 스스로 연구해야 한다는 점을 지적하면서 맥락에 대한 연구의 귀중한 측면들에 대하여 강하게 부각시켰다. 마찬가지로 시민들이 찾아낸 해결책에 대한 연구 역시 매우 귀중한 것이 될 것이다. 아요 오브가 "시민들은 자신들 나라의 역사나 그 역사적 배경에서 벗어나는 것이 가능하다"고 한 말이 맞는 것이라고 한다면 이제 경찰 분야에서 그와 같은 것이 언제 어떻게 가능한 것인지에 대해 연구하도록 해야 할 것이다. 과연 경찰조직이 도대체 어떠한 상황에서, 그리고 어떠한 간섭과 개입 조치들에 대처하여 자신들의 잘못된 행동을 개혁하게 되는 것인가?

연구자는 보다 더 강력한 경찰외부감시활동을 촉진하기 위하여 노력하는 모든 이들을 둘러싸고 있는 다음과 같은 궁극적인 물음에 대한 답변을 끄집어내도록 하는 데 도움을 줄 수 있다. 이 물음을 닉 하드윅은 "안전과 경찰의 민주적 책임, 양자 사이에 정말 아무런 모순도 없는 것인가? 경찰에 대해 좀 더 커다란 민주적 책임을 지도록 하면 추후 언젠가 시민과 국민들 이익의 입장에서 경찰에게 행동하라고 요구하였을 때 경찰이 행동에 나서기를 주저하게 되지는 않을까?"

다행스러운 것은 양자 사이에 모순관계가 없으며 보다 더 커다란 민주적 책임을 경찰에게 요구한다고 해도 경찰은 올바른 일을 하는 데 주저함이 없다고 주장하는 연구기관들이 아직은 그 수가 적긴 하지만 점차 더 증가하고 있다는 점이다. 이를 뒷받침하는 것으로서 미국의 경우 베라사법연구소(the Vera Institute for Justice)가 진행한 피츠버그와 브롱크스 두 지역에 대한 연구 사례가 있다. 이 두 연구 사례는 경찰에 대하여 보다 더 커다란 민주적 책임을 지도록 할 경우 범죄는 감소하며 경찰서비스에 대한 만족도는 증가한다는 사실을 입증시켜주고 있다.

양자는 모순관계가 아니며 보다 더 안전해지고자 하는 욕심에서 경찰에 대한 민주적 책임 수준을 낮추거나 느슨하게 한다면 오히려 더 커다란 화를 자초할 뿐이라고 보아야 한다. 하지만 이 말은 추측일 수 있으며 검증 가능한 하나의 명제에 불과하다. 따라서 실제로 이를 검증해 내는 것이야말로 연구자들이 수행해야 할 가장 커다란 일이 아닐까 싶다.

7. 국제적 동향

러시아 생 페테르부르그에 본부를 둔 '시민감시'라는 NGO의 대표인
보리스 푸스틴스테프(Boris Pustinstev)는 일반 시민들이 도대체 경찰
이라는 게 어떤 일을 하는지 알아야 하며 경찰에 대해 적절한 행동을
하도록 요구할 수 있는 권리를 가지고 있다고 하는 것이 전적으로 낯
설며 전혀 새로운 사고방식이라는 사실을 지적한 바 있다. 그는 "러시
아 시민들은 아직 경찰이 자신들의 공복이라는 좋이며 보호해 주는 일
을 해야 한다는 점을 받아들일 태세를 갖추고 있지 못하고 있어서 민
주주의 경찰로 만들어 나가는 기나긴 여정의 출발점에 서있을 따름이
지요."라고 밝혔다. 그에 따르면 러시아 경찰은 예컨대 경찰의 처리 절
차와 시민의 권리에 대한 도표 등을 일부 경찰서들에서나마 전시하는
등과 같이 민경 간 신뢰 구축을 위하여 노력하고 있으나 이런 민주주
의 경찰을 위한 변화 속도는 매우 느리다.

그의 언급은 2002년 5월 미국 로스앤젤레스에서 개최된 국제경찰옴
부즈맨회의(Global Meeting on Civilian Oversight of Police, 경찰평가
인력센터(PARC), 베라사법연구소, 포드재단 후원)에서 나온 것이다.
참석자는 각국의 경찰, 경찰옴부즈맨, NGO 등이었다. 보리스의 언급은
당시 회의에 참석한 브라질, 체코, 인도, 인도네시아, 케냐, 나이지리아,
페루, 남아프리카, 미국 등에서 온 인사들로부터 공감을 받았다.[9] 시민
들이 경찰에 대해 때로는 보호자로, 때로는 압제자로 보는 태도가 오
락가락 하는 것은 어쩌면 경찰의 영원한 숙명일지도 모른다. 시민과

---

9) 당시 주제는 "경찰옴부즈맨을 통한 시민의 신뢰도 제고"(Building Public
   Confidence in Police Through Civilian Oversight)이었으며 엠마 필립스
   (Emma Phillips, 프로그램 담당)와 제니퍼 트론(Jennifer Trone, 선임작가겸
   편집 담당) 등이 정리하였다. 베라사법연구소 홈페이지에서 참조할 수 있다.

경찰은 모두 상호 신뢰 구축을 위해 끊임없이 노력해야 한다. 전 세계 민주주의 국가와 시민들이 이 어려운 목표를 위해 서로 생각과 경험을 교류하는 것은 전진을 위해 매우 귀중한 일이 아닐 수 없다. 향후 이번 회의를 확대 발전시켜 민주주의 경찰 육성과 발전을 위해 보다 확대된 프로젝트를 진행할 예정이다.

아래는 당시 회의 참석자 명단이다.

브라질: 클라우디오 베아토(Claudio Beato, 벨로 호리존테주 소재 미나스 제라이스 대학 범죄공안연구소장), 엘리자베스 리즈(Elizabeth Leeds, 리오데자네이로 포드재단 프로그램 담당), 줄리타 렘그루버(Julita Lemgruber, 리오데자네이로 공안시민권연구소장), 레이날도 마틴스(Reinaldo Martins, 벨로 호리존테주 미나스 제라이스 군사경찰청장), 무쏘 호세 벨로소(Musso Jose Veloso, 벨로 호리존테주 군사경찰청 소속)

칠레: 위고 프룰링(Hugo Fruhling, 산티아고 칠레대학 개발연구소장)

체코: 파벨 빌렉(Pavel Bilek, 프라하 소재 체코 헬신키위원회 부위원장)

인도: 아닐 바트나갈(Anil Bhatnagar, 찬디가르주 제2경찰청장(정보담당)), 프라모드 쿠말(Pramod Kumar, 찬디가르주 개발커뮤니케이션연구소장), 상칼 센(Sankar Sen, 뉴델리 사회과학연구소 선임펠로우), 브리즈 팔 싱(Brij Pal Singh, 캘커타 웨스트벵골인권위원회 제2위원장)

인도네시아: 아드난 판두프라자(Adnan Pandupraja, 자카르타 시민단체 인도네시아 경찰감시 사무총장), 압둘 라흐만(Abdul Rahman, 사우스 자카르타 경찰청장)

케냐: 조셉 기타리(Joseph Gitari, 나이로비 로드재단 프로그램 담당), 피터 키만티(Peter Kimanthi, 나이로비 경찰청장보), 왐부이 키만티(Wambui Kimanthi, 나이로비 케냐인권위원회 부위원장), 필립 키시

아(Philip Kisia, 나이로비 중앙기업인연합회 회장), 리처드 룸베(Richard Lumbe, 나이로비 중앙기업인연합회 컨설턴트)

나이지리아: 이노센트 추쿠마(Innocent Chukwuma, 라고스 법집행기관종사자교육센터 소장), 칩 사이먼 오케케(Chief Simon Okeke, 아부자 경찰서비스위원회 위원장)

페루: 제너럴 엔리크 예페즈 다발로스(General Enrique Yepez Davalos, 리마 국가경찰 소속), 한스 란돌트(Hans Landolt, 리마 법적변호연구소 소속)

러시아: 커널 레오니드 보그다노프(Colonel Leonid Bogdanov, 생 페테르부르그 경찰청소년국장), 보리스 푸스티스테프(Boris Pustinstev, 생 페테르부르그 시민단체 시민감시 사무총장), 조지 사타로프(Georgy Satarov, 모스크바 인뎀연구재단 대표)

남아프리카: 데이빗 브루스(David Bruce, 요하네스버그 폭력화해연구소 선임 연구원), 카렌 맥켄지(Karen McKenzie, 프레토리아 독립경찰비리민원조사위원회 사무총장), 토미 트샤발랄라(Tommy Tshabalala, 프레토리아 독립경찰비리민원조사위원회 수사국장)

미국: 리 바카(Lee Baca, 로스앤젤레스 보안관), 치트라 바누(Chitra Bhanu, 뉴욕 베라사법연구소 프로그램 선임 조교수), 메릭 보브(Merrick Bobb, 로스앤젤레스 경찰평가인력센터 소장), 프란시스 제임스(Francis James, 뉴욕 베라사법연구소 국제프로그램국장), 조엘 밀러(Joel Miller, 뉴욕 베라사법연구소 프로그램 선임 조교수), 닉 밀러(Nick Miller, 로스앤젤레스 경찰평가인력센터), 엠마 필립스(Emma Phillips, 뉴욕 베라사법연구소 프로그램 담당), 크리스토퍼 스톤(Christopher Stone, 뉴욕 베라사법연구소 소장), 제니퍼 트론(Jennifer Trone, 뉴욕 베라사법연구소 작가겸 편집 담당), 크리스티 웨게너(Christy Wegener, 로스앤젤레

스 경찰평가인력센터 연구원), 카리 자벨(Kari Zabel, 로스앤젤레스 경
찰평가인력센터 연구원)

그다음 2005년 10월 이 장에서 자세히 논의하고 있는 헤이그회의가
열렸다.

한편, 독립성을 가진 경찰감시업무는 고도로 전문화된 분야로서 전
세계적으로 각기 다른 여러 가지 모델과 접근법들이 쓰이고 있다. 영국
의 IPCC는 독립적 경찰감시활동을 발전시키기 위하여 실효성 있는 경
찰감시활동을 앞장서서 옹호하며 각국이 다른 여러 가지 모델과 제도를
어떻게 운영하고 있는가를 통하여 많은 것을 배우도록 하는 데 헌신하
고 있다. 2006년 5월 16일 IPCC는 런던에서 가칭 INIOP('국제 독립적
경찰감시 연합 네트워크' 혹은 '국제경찰옴부즈맨연합', the International
Network for the Independent Oversight of Policing, INIOP)라고 하는
국제 네트워크 설립을 위하여 미국, 캐나다, 호주, 벨기에, 북아일랜드
등지의 경찰감시기관 대표자 회의를 주최하였다. 이후 남아프리카 경찰
에 대한 문민 감시포럼, 호주, 홍콩, 말레이시아, 모리셔스, 슬로베니아
대표 등과도 INIOP 창립을 위한 논의에 들어간 바 있다. 정식으로 이
국제 네트워크가 설립되면 이 기구는 상호 경험 및 우수 업무 사례 등
을 공유하며 국제 수준에서 최소한의 경찰감시 규범을 만들어나가도록
하는 데 기여하는 토론광장이 될 것이다.

이어서 2006년 10월 2~5일 캐나다 밴쿠버에서 열린 CACOLE 연차
총회 마지막 날 INIOP 창립준비 모임을 갖고 2007년 1월 정식 출범하
기로 되어 있다. INIOP 가입 자격은 각국의 경찰권 행사에 대한 감시
업무를 담당하는 기관이 되며 이때 독립성과 사건처리 역량이라는 두
가지 조건을 충족하면 된다. 이때 경찰권의 행사란 경찰이나 어떤 기
관이 수행하는 수색, 체포, 구금 등과 같은 행위를 가리킨다. 경찰감시

외에도 교도소 같은 다른 영역의 감시활동 역시 당연히 INIOP 회원자
격을 갖는다.

그리고 여기서 말하는 독립성이란 감시대상이 되는 기관으로부터의
독립성을 가리킨다. 전직 경찰이나 일시 파견되어 온 경찰관을 고용한
경찰감시기관 역시 회원 자격이 없는 것은 아니다. 단 이때 결론이나
결정을 내리는 위치 혹은 전략 수준의 결정을 내리는 수준에 대해서는
현재 경찰 신분으로서 경찰을 위해 업무를 보는 사람이 관여해서는 안
된다는 조건을 충족해야 한다. 이 점에 비추어보면 우리나라 국민고충
처리위원회 경찰고충민원처리소위원회는 여기에 가입자격이 없다고 볼
수 있으며, 오히려 국가인권위원회가 대신 가입하여 활동하면 될 것으
로 전망된다.

각국의 여러 경찰감시기관들이 독립성을 갖추고는 있으나 아직까지도
정부로부터 예산 지원을 받고 있는 형태로 되어 있는데 이 점 역시 회원
자격의 장애물이 되지는 않도록 하고 있다. 한편 여기서 사건처리 역량
이란 경찰비리민원이나 관심사가 되는 사건에 대한 수사업무를 담당하
든지 아니면 그에 대한 대응조치를 관리하는 업무를 수행하든지 해야 함
을 가리킨다. 따라서 좀 더 일반적인 수준에서 경찰의 업무 실적이나 효
율성을 평가하는 업무만을 수행하는 기관은 INIOP 가입 자격이 없다.

독립적인 경찰감시활동을 직접 수행하지는 않으나 이 INIOP 국제연
합과 같이 하여 아이디어와 우수업무사례 등에 기여하고자 하는 단체
도 있을 수 있다. 현재 INIOP에 대하여 영국의 IPCC 부위원장인 존
와드햄(John Wadham)이 대표직을 맡고 있으며 마크 하인즈(Mark
Hines) 측에서 직원을 보내 인력 지원을 해 주고 있다.

현재 국제 경찰옴부즈맨 분야의 지도적 인물은 더크 라인벨트(Dirk
Ryneveld, CACOLE 위원장 역임, 현재 캐나다 브리티시 콜롬비아주

경찰옴부즈맨)로 되어 있으며 CACOLE이 주최한 2006년 10월 5일 밴쿠버 CACOLE 회의에서 INIOP 회의가 열린 바 있다. 더크 라인벨트는 INIOP에 대해 CACOLE 대표 자격으로 적극 임하고 있다.

그리고 2006년 10월 26일 NACOLE 운영위원회가 개최되었는데 여기서는 현 대표 피어스 머피(Pierce Murphy), 전 대표인 바버라 아타드(Barbara Attard), 차기 대표 에두아르도 디아즈(Eduardo Diaz), 운영위원 필 유레(Phil Eure) 등이 참석하였다. 이 NACOLE 운영위원회에 보고된 내용을 보면, INIOP 창립위원회 측은 북미 측의 과도한 대표성을 애써 피하고자 하고 있으며, NACOLE(미국에 숱한 기관들 있음)은 결국 CACOLE(캐나다에 숱한 기관들 있음), '유럽연합 경찰감시 및 경찰반부패 위원회'(the EU's National Police Monitoring & Inspection Bodies and Anti-Corruption Agencies, 유럽에 있는 숱한 관련 기관들의 연합체로서, 유럽반부패위원회(EPAC, European Partners Against Corruption)도 여기에 포함되어 있음) 등을 합친 셋 중의 하나에 불과한 것으로 제한하고자 추진하고 있는 실정이다. 그 이유는 아프리카, 아시아, 남미 등을 합쳐 국제경찰감시연합회(Civil Oversight of Law Enforcement)를 만들어 매년 3회 국가를 돌아가며 회의를 개최하기 위해서 문호를 열어둔 것이다. 2006년 11월 EPAC 역시 INIOP 설립을 위한 건을 의제로 올려 토론했으며 INIOP 설립 추진을 승인하였다. 현재 캐나다 측에서 INIOP 회원 종류를 어떻게 할 것인지 방안을 만들고 있으며 유럽 측에서 INIOP 정관 초안을 마련 중에 있다.10)

2008년 8월 공식 창립대회가 예정되어 있는 INIOP 발기인 기관 명단은 다음과 같다. 영국 IPCC, 북아일랜드 경찰옴부즈맨, 오스트리아

---

10) 독립심사위원회 직원보고서로서 작성자는 사무총장 에두아르도 I. 디아즈 박사이며 이상 내용의 출처는 다음과 같다. www.ipcc.gov.uk/international, www.miamidade.gov/irp/Library/International%20Report.pdf

연방경찰옴부즈맨, 벨기에 코미떼 뻬, 캐나다 브리티시 콜롬비아주 경
찰옴부즈맨, 아일랜드 경찰옴부즈맨, 남아프리카 경찰옴부즈맨, 미국
산호세시 경찰옴부즈맨, 미국 마이애미 데이드 카운티 경찰옴부즈맨,
케이맨 제도 경찰옴부즈맨, 뉴질랜드 경찰옴부즈맨, 캐나다 뉴브루스윅
경찰옴부즈맨, 미국 아이다호 주에 소재하는 보아즈시 옴부즈맨, 캐나
다 오타와 헌병옴부즈맨, 나미비아 옴부즈맨 등이다. 참고로 우리나라
에서는 국가인권위원회가 여기에 참여하고 있으나, 2006년 뒤늦게 법
적 근거도 없이 이른바 '경찰옴부즈맨'을 자처하며 이 업무를 수행한다
며 인원을 대폭 추가 충원한 바 있는 국민고충처리위원회 측은 여기에
참여하고 있지 않다.

제 2 부
경찰옴부즈맨의 실제

제 1 장 북아일랜드 경찰옴부즈맨

누알라 올로운

임기 7년인 북아일랜드 초대 경찰옴부즈맨에 재임하고 있는 누알라 올로운(Nuala O'Loan) 여사는 다음과 같이 다짐한 바 있다. "우리는 영국에서 이전에는 결코 해 보지 않았던 방법으로 정보를 수집 분석하며 정말 비정상적이라고 해야 마땅한 경찰비리민원들을 야기하고 있는 특정 경찰관, 특정 경찰 관할구역, 특정 경찰장비나 업무처리방식 등을 찾아낼 것입니다."

"우리는 모든 주민들이 가능한 한 최선의 경찰서비스를 받을 수 있도록 기여하도록 하겠습니다." 올로운 여사는 이 과정에서 인권이야말로 최우선적인 업무지표가 될 수밖에 없다고 말했다. "프라이버시를 침해당하지 않을 권리, 가정을 보호할 권리, 공정한 재판을 받을 권리라는 게 있는 법이며 만일 경찰서비스가 어떤 식으로든 이런 인권보호를 저해하는 상황이 발생한다면 조사와 수사를 받게 될 것입니다." "한편 모든 경찰비리민원 제기자들은 자신들이 제기한 경찰비리민원 건들이 제대로 수사 처리되고 있는지에 대해서 진행과정을 알 권리를 가지고 있습니다."

거꾸로 경찰관들도 고발당한 사람으로서 동등한 인권을 가지고 있다는 점을 올로운 여사는 강조한다. 수사과정에서 해당 경찰관에 대하여 아무런 선입견을 갖지 않고 임할 것이며 열린 자세로 조사와 수사를 하고 엄격한 수사과정을 통하여 사실관계를 밝혀겠다고 밝혔다.

영국 북아일랜드 지방정부의 초대 경찰옴부즈맨으로 활동하는 올로운 여사에 대하여 살펴보는 것도 제대로 된 우리나라 경찰옴부즈맨의 도입과 운영 및 경찰비리 대책을 세우는 데 있어 훌륭한 참고가 되며, 실제로 우리나라 국민고충처리위원회 측에서 벨파스트에 다녀온 바 있 기는 하다. 만약 우리나라 정부가 경찰 분야 반부패 대책을 모색한다 면 어떤 분을 그 책임자로 임명할 것인지 판단 결정해야 할 때, 영국 북아일랜드의 누알라 올로운 여사의 이 사례는 좋은 선례가 될 수 있 다고 여겨진다.

실제로 올로운 여사는 지난 30년 동안 내전상태나 다름없는 북아일 랜드 상황에서 아내와 자식들이 불타거나 생명의 위협을 받는 등 이 모두를 온전히 감당해 온 북아일랜드 경찰에 대해서도 커다란 애정과 동정심을 가지고 있다. 하지만 올로운 여사는 그러한 동정심이 경찰비 리를 합리화하는 핑계가 될 수는 없다는 지적도 잊지 않는다. 올로운 여사는 자신의 경찰옴부즈맨 직책이 "지난 10년 이상의 기간 동안 자 신이 해온 활동 중 가장 정점에 이르는 것"이라고 밝혔다.

올로운 여사는 과거 북아일랜드 전력소비자협회 위원장으로서 전력 소비에서 부당함을 당했다고 생각하는 사람들을 강력하게 대변해 왔으 며, 1997년 이후 북아일랜드 경찰을 책임지고 있는 대의기구인 경찰위 원회 위원으로서, 그리고 경찰서 유치장에 대한 공식적인 민간인 방문 제도에 참여한 인권운동가로서 "경찰의 구조, 경찰서비스, 패튼이 제기 한 중대한 경찰관련 이슈들에 대하여 많은 것을 배웠다."[11]

그녀의 아버지는 허버트라는 이름의 더블린 출신 사람으로서 잉글랜 드 허어트포오드셔의 사무변호사 서기였다. 그녀는 8명의 형제자매 중

---

11) 올로운 여사가 7년 동안 '경찰 민간인 방문' 제도의 일원으로 활동을 벌 인 것을 가리킨다. 이 제도는 누구나 참여할 수 있으며 소정의 교육을 거 쳐, 밤낮을 불문하고 불시에 유치장이나 구치소 감방을 방문하여 재소자 나 재소자들과 자유롭게 대화를 나눌 수 있는 제도이다. 이 제도는 북아 일랜드는 물론이고, 영국 전역에서 시행되는 제도로서 영국 인권운동의 산실 역할을 담당하고 있다.

맏이로서 그녀가 13살 때 아버지를 잃었다. 그녀는 수녀원이 운영하는 해로케이트 기숙학교에 다니면서 사람은 각자가 모두 사회에 이바지해야 할 의무가 있다는 이 학교의 학풍을 온전히 몸에 배게 되었다.

그 후 런던 킹스칼리지에 좋은 성적으로 입학하였으며 대학을 다니면서 수학을 전공하던 데클란 올로운이라는 한 북아일랜드 젊은이를 만나 결혼하였다. 남편이 졸업하면서 북아일랜드로 함께 돌아가게 되었으며, 그곳에서 남편은 그라머 스쿨에서 가르쳤고 그녀는 당시 얼스터 폴리테크 대학의 강사를 하게 되었다. 지금도 IRA 활동이 최고조를 이루던 1976년 당시, 그 대학 강사를 할 때 일어났던 비극적 상황을 올로운 여사는 생생히 기억한다. 당시 공개강의 중이었는데 폭탄이 떨어져 건물이 쑥대밭이 되었으며 강의실 천장에서 파편들이 쏟아져 내렸다. 당시 그녀는 임신 3개월째였는데 유산하였다.

"저는 그런 일을 겪으리라고 상상조차 못했었습니다. 지금까지도 저는 잃어버린 내 아이에 대한 생각을 한시도 잊은 적이 없습니다. 지금도 너무도 많은 사람들이 누구도 알지 못할 상처를 이 내전 상황으로 인해 받고 있을 것입니다." 갑작스럽게 가족이 케냐로 이주해야 했던 1980년 당시 그녀는 이미 두 살배기 아들인 데이빗의 엄마가 되어 있었다. 그다음 아들들인 패트릭과 다미안은 케냐에서 태어났다. 그녀의 가족은 3년 후 돌아와 원래 직장에 복직하였다.

1992년 그녀는 EU가 회원국의 각종 연구소들에게 유럽법제를 개발하고 교수하도록 권장하는 방침에 따라 자금을 지원한 얼스터 대학 장모네 대학 교수가 되었다. 올로운 여사가 새로 경찰위원회 위원직을 그만두게 되었을 때, 남편인 데클란은 발리베냐 지역의 SDLP 지방의회 의원이 되어 신교파 유니오니스트들의 반발을 사기도 하였다. 그녀는 이제 경찰옴부즈맨직 수행이 전에 하던 일과는 달리 기가 한풀 꺾

이는 일임을 인정하였다. 그리고 그녀는 여러 가지 분명한 이유들로 인해, 패트 피누칸과 로즈마리 넬슨이라는 두 인권변호사 살해 사건의 논란 속에 휩싸여드는 것을 애써 회피해야만 했다.

그녀는 북아일랜드 경찰법안을 둘러싼 치열한 논쟁의 와중에 있어서도 정파적인 입장 표명을 피해야 했다. 왜냐하면 "저는 (북아일랜드 경찰옴부즈맨으로서) 경찰에 대한 신뢰와 함께 주민들에 대한 신뢰도 함께 확보해야 하는 입장이기 때문"이었다. 현재 북아일랜드 경찰청에서는 매년 약 3천 5백여 건의 경찰비리민원이 접수되고 있으며 그 중 2% 이하에 대해서만 징계처분이나 형사처벌이 이루어지고 있다.

이렇게 올로운 여사는 '1998년의 북아일랜드 경찰법'에 따라 탄생한 북아일랜드 경찰옴부즈맨 기관에 1999년 '북아일랜드 경찰옴부즈맨'으로 임명되었다. 이는 벨파스트 평화협정이 체결되기 2주 전에 경찰옴부즈맨이 설치된 것으로서, 이후 북아일랜드 경찰옴부즈맨은 지금까지도 계속해서 뜨거운 논쟁의 대상이 되고 있다.

2001년 올로운 여사는 1998년 경찰의 오마(Omagh) 폭파사건 처리방식에 대해 조사를 벌였다는 이유로 고소당한 바 있다. 당시 사건으로 태아 2명을 포함하여 31명이 사망한 바 있다. 당시 올로운 여사의 이 사건 조사보고서에 따르면 북아일랜드 경찰청 측이 사건 발생 이전에 이미 이 폭파사건이 일어날 것이라는 점을 알고 있었으며, 올로운 여사는 당시 북아일랜드 경찰청장 로니 플래네이건의 통솔력에 대해 문제가 있었음을 밝혀낸 바 있다.

당시 로니 청장은 자신은 올로운 여사의 조사보고서가 '공정하거나 철저하거나 엄정한 조사'에 의한 것이 아니라고 주장하면서 '자신과 북아일랜드 경찰조직' 명예를 위하여 소송을 제기하겠다고 밝혔다. 그러나 실제로 소송을 제기하진 않았다. 당시 로니 청장은 '보고서가 잘못된 결론을 내렸으며 그저 있을 법한 것만을 제시했고 미리 정해 놓은 잘못된 결론에 맞지 않는 것은 모조리 배제'했다고 주장하였다. 당시 로니 청장은 보고서가 진실이라면 '자신은 사임할 뿐만 아니라 공개적 으로 자살하겠다'고까지 말한 것은 커다란 실수였다.

신교측 비판

2006년 신교측은 경찰옴부즈맨 올로운의 직무수행에 의구심을 갖는 사건들이 벌어졌다고 비난했다.[12] 신교측은 올로운이 전통적인 아일랜 드 남북통일이라는 적극적인 민족주의 성향을 띠고 있다고 지적하고 남편이 벨파스트의 발리메니 선거구의 가톨릭파 정파인 SDLP 소속의 지방의원이며, 막내아들 키란은 경찰에 욕설을 퍼부어 경고를 받았고, 올로운의 지시에 따라 진행된 밸러스트 수사작전 과정에서 한 전직 경 찰관을 체포한 행위 등은 정치적 불편부당함을 견지해야 할 경찰옴부 즈맨직으로서 적합하지 않다고 비판한다.

신교파의 DUP 소속의 지방의원인 이얀 페이즐리는 북아일랜드 경 찰청장에 대해 문제점을 지적하였다. 그는 2006년 7월 발생한 올로운 여사의 막내아들 키란(18)에 대한 경고조치 이후 경찰 측이 적법절차 를 지키지 않았다고 우려를 표명하였다. 그는 당시 사건이 공공기소국 장(PPS, 우리나라에서 기소를 담당하는 검찰에 해당함) 측에게 회부 하여 형사상 기소여부를 결정토록 했어야 한다고 주장했다. 당시 키란 은 발리메나 지역에서 해당 지역경찰이 좀 전적지 기념식(Somme Commemoration)에서 신구교도 양측을 분리시켜놓도록 하는 업무를

---

12) 2006년 9월 2일자 신교측 언론에 게재된 기사 '올로운은 경찰옴부즈맨직 에 적합하지 않다'. *The Burning Bush: A Protestant Witness in a Day of Apostasy*: "Police Ombudsman - is Nuala O'Loan fit for the job?? " http://www.ivanfoster.org/article.asp?date=9/2/2006&seq=2

지원하던 '경찰전술지원팀'에 대해 욕설을 퍼부은 것으로 알려져 있다.

당시 사건은 2006년 7월 1일 토요일 오후 3시 직전 아일랜드 민족주의자들(가톨릭 신자)의 거주지인 윌리엄 스트리트에서 오렌지 퍼레이드 군중들이 모여들면서 일어났다. 경비경찰측은 경찰전술지원팀 소속의 두 명의 경찰관이 커뮤니티 경찰관 1명과 동행하고 있었는데, 당시 그곳에서 퍼레이드가 시작되기 직전 욕설과 종교적 험담 세례를 받게 되었으며, 그 자리에 있던 올로운 여사의 아들에게 잘못된 점에 대해 지적하였다. 북아일랜드 경찰청 측은 사건 발생을 확인하였으며, '청소년 한 명에 대해 7월 1일 윌리엄 스트리트에서 경고한 바 있다'고 밝혔다.

이얀 페이즐리 주니어는 다음과 같이 문제를 지적하였다. "경찰 측이 이 사건에 대해 부적절하게 대응했으며 이를 북아일랜드 경찰청장에게 문제를 제기하겠습니다. 종교적 험담이나 인종차별적 욕설 등은 반드시 공공기소국에 넘겨 형사상 기소여부를 결정하도록 하게 되어 있어요. 따라서 본인은 당시 경찰의 처리 방식은 잘못되었다고 보며 왜 그렇게 했는지 해명해야 합니다. 상황이 정반대였다면 경찰옴부즈맨 측이 이 사건을 조사했겠지만 이 사건의 경우 올로운 경찰옴부즈맨 측이 조사하리라고 볼 수 없잖아요. 만일 신교에 속하는 여성이 경찰옴부즈맨인데 가족 중에 누구 하나가 이번과 같은 사건에 휘말렸다면 아일랜드 공화국파나 민족주의 가톨릭 진영은 틀림없이 사임하라는 요구를 빗발치게 했을 걸요. 하물며 만일 남편까지 신교 측 정당인 DUP 소속 정치인이라면 더 말할 나위가 없었겠지요!"

그리고 전직 북아일랜드경찰을 경찰옴부즈맨 측이 체포한 방식에 대해서도 논란이 분분하다. 경찰옴부즈맨 측 수사관들은 밸러스트 수사 작전의 일환으로 어느 한 전직 북아일랜드 수사경찰들을 조사 신문하였는데 신교 측에서는 아무런 결정적 증거도 없이 그 전직경찰에 대해 공개지명수배령까지 내렸다고 비난하였다.

DUP 소속 신교파의 이얀 페이즐리 지방의원은 경찰옴부즈맨 측이 전직 경찰(경사) 브라운을 벨파스트 국제공항에서 비행기를 내리자마자 그를 구금하고 조사를 벌인 다음 고발도 하지 않고 석방하게 되자마자, 이를 문제 삼아 공격하기 시작한 것이다. 브라운은 밸러스트 수사작전 막바지에 경찰옴부즈맨 측이 사법방해죄 혐의로 조사한 세 명의 전직 경찰관들 중 한 명이었다. 경찰옴부즈맨 측은 이들을 대상으로 하여, 과거 북아일랜드 경찰 측이 레이몬드 맥코드 주니어를 살해한 UVF 소속 살해범들을 추적 수사하던 당시 과정들에 대해 집중 수사를 벌이고 있었다.

북아일랜드 경찰위원회의 한 위원은 다음과 같이 비난하였다. "전직 경찰들을 체포한 것은 국면전환용 쇼에 불과합니다. 특히 비행기에서 내리자마자 체포하거나 다른 전직 경찰을 집에서 체포할 때 언론기자가 현장에 있었다는 사실은 비열한 행위라고 하기에 전혀 부족함이 없어요. 경찰이 저명한 공화국파나 신교파 인사 그리고 다른 범인들을 체포하러 갈 때는 전혀 언론기자가 없습니다. 세 전직경찰을 수사하고도 전혀 고발하지 않았다는 것은 증거가 얼마나 부실한가를 여실히 드러낸 것이지요. 경찰옴부즈맨 측이 만일 수사와 체포를 진행하려면 의당 다른 일반적인 피의자들처럼 그냥 소환장을 보내도록 하는 것으로 그쳐야 했어요." 신교측은 브라운은 휴가를 떠나기 전, 경찰 측에게 휴가 출발을 통보하면서 하시라도 출두하겠노라고 까지 밝힌 바 있지만 이런 그의 제의는 전혀 받아들여지지 않고 말았다고 주장하였다.

한편, 2007년 초 북아일랜드 경찰옴부즈맨이 수사결과를 발표한 밸러스트 수사에서 신교파 무장세력의 경찰정보원들이 저지른 15건 여에 달하는 가톨릭 교도 살해사건에 연루된 경찰관 중 아무도 기소되지 않았다.[13] 북아일랜드 경찰옴부즈맨 소속 수사관들은 3명의 전직 자치경찰청장급, 7명의 총경급 수사경찰관, 2명의 경감급 수사경찰관 등이 UVF가 과연 어떻게 북아일랜드 경찰청 특수부의 비호를 받았으며 UVF 소속의 살해범들 중 아무도 기소되지 않도록 관련 서류와 증거들을 빼돌리며 파기해버렸는가에 대한 조사에 대해 협력하기를 거부하였다. 밸러스트 수사작전 보고서에 따르면, 핵심 경찰정보원인 마크 해도크는 야만적인 살인을 일삼던 10여 년 동안 북아일랜드 경찰 측으로부터 최소한 8만 파운드 이상의 돈을 받았다. 저스틴 펠리스 경찰옴부즈맨 선임수사국장은 핵심 인물은 경찰보호인물인 테러범죄자라고 밝혔다. 보수는 해도크와 연루된 UVF 소속 다른 경찰정보원들에게도 지급되었다. 경찰옴부즈맨 측이 모든 사건수사 서류를 공공기소국에 넘겼지만 전현직 경찰 중에는 증거부족으로 인해 기소대상자가 없을 것이라고 밝혔다.

올로운은 북아일랜드 경찰청 최고위층의 인지 및 뒷받침 없이는 경찰정보원들의 살인행위가 불가능했다는 수사결과를 밝혔다. 올로운은 경찰이 고의로 UVF 테러리스트와 살인공모까지 한 것은 아니라고 강조는 했으나 "북아일랜드 경찰청 특수부의 경우 북아일랜드 경찰 전반을 지배했으며 이 특수부에 대한 아첨의 문화가 주류를 이루었으며 조직상 역기능을 초래했다"고 지적했다. 올로운은 40명의 경찰이 수사에 협조하기를 거부했으며 이들은 상당수가 증인일 뿐 용의자는 아니라고 밝혔다. 당시 이들은 경찰고위직에 있었던 분들로 윤리적으로 마땅히 협조했어야 한다고 지적했다. 북아일랜드 경찰 특수부는 영국본토의

13) Breaking News, "Police escape charges in collusion investigation" 22/01/2007 - 13:17:17
http://breaking.tcm.ie/ireland/?jp=CWSNEYOJKFEY

경찰과는 다른 분위기 속에서 가톨릭파를 살해한 살인범들을 다루었다고 밝혔다. 하지만 그럼에도 불구하고 경찰은 경찰정보원 처리에 관한 영국 전체적인 지침 규정을 지켰어야 했다고 밝혔다. 북아일랜드 경찰 측은 이른바 테러범들과 전쟁을 치르고 있다고 변명하면서 유연성을 발휘했을 따름이라고 주장하나, 당시 북아일랜드 경찰 측은 UVF 경찰정보원들이 가톨릭교도 살해범인 줄 알면서도 계속해서 경찰정보원으로 고용하여 활용했다는 점은 도저히 묵과할 수 없다고 밝혔다.

올로운은 별도의 청문회를 한다 해도 경찰옴부즈맨이 이미 밝혀낸 것 이상으로 추가로 더 밝혀내지는 못할 것이라고 지적했다. 휴 오드(Hugh Orde) 북아일랜드 경찰청장 측에 대해서는 경찰정보원이 저지른 혐의가 있는 살인사건 등을 더 수사해야 한다고 지적했다. 오드 청장은 20개항의 권고사항을 수용했으며 경찰정보원 중 12%에 해당하는 자들이 저지른 중대범죄에 대해 수사해주도록 경찰옴부즈맨 측으로부터 요청을 받았다. 올로운은 경찰정보원에 대해 MI5 측이 업무를 인수하게 되더라도 민주적 통제와 민주적 책임제도를 명확히 지켜야 한다고 주장하였다. 과거 북아일랜드 경찰은 민주적 통제와 책임 제도가 없었지만 지금은 있다면서, 올로운은 경찰옴부즈맨이 정보 접근권을 가지고 있다고 지적했다. 하지만 정보기관에 대한 북아일랜드 경찰옴부즈맨 측의 민주적 통제장치는 당시 시점까지는 아직 마무리되지 않았다고 밝혔다.

북아일랜드 전직경찰연합회 측은 엄청난 위험을 무릅쓰고 임무를 완수한 수많은 멋진 경찰관들이 북아일랜드 경찰옴부즈맨 측으로부터 막대한 피해를 당했다고 비난했다. 이 단체는, 경찰옴부즈맨 측은 미리 고위경찰이 살해범이 형사상 기소되지 않도록 보호하도록 했다고 각본을 짜놓고, 여기에 맞는 진술들만을 강요했다고 주장했다. 이번 수사로 인해 경찰옴부즈맨에 대한 신뢰는 추락했다면서 언론에 미리 이런 내용을 흘려놓고 전직경찰들을 소환하여 짜 맞추었다고 비난했다. 신문 내용이 언론에 보도되는 등 법적 수사절차가 지켜지지 않았다고 비판했다.

반면 신페인당 당수이자 웨스트 벨파스트 선거구의 하원의원인 게리 아담스는 수사보고서가 경찰 측과 살해범죄조직 간의 야합을 제대로 부각시켰다고 지적했다. 그는 최근 기간에 국한하여 그것도 특정 지역에 국한한 수사였으나마 실은 1970년대까지 거슬러 올라가는 테러의 역사가 있다고 지적했다. 그는 수사보고서는 신교 측에게는 불리한 진실을 드러냈지만, 그렇다고 해서 신페인당이 북아일랜드 경찰을 난관에 빠뜨리려 하진 않을 것이라고 밝혔다. UVF의 가톨릭교도 살해사건에 대해 전직경찰 중 이들 살해범과 야합한 혐의로 고발된 경찰관은 전혀 없다.

북아일랜드 평화와 경찰옴부즈맨

이제 올로운 여사의 경찰옴부즈맨 직책에 대한 도전은 경찰비리 처리제도가 가지고 있는 결점을 하나도 감추지 않고 있는 그대로 받아들여 이를 유럽에서도 가장 커다란 논란에 휩싸여 있는 북아일랜드 경찰에 대한 국민들의 불안과 불만을 제대로 처리할 수 있도록 "우호적이며 쉽게 다가갈 수 있고 강하면서도 공정한" 시스템으로 훌륭하게 바꾸어가고 있다. 이 과정에서 5명의 아들을 둔 올로운 여사는 그중 한 아들인 다미안이 2006년 6월 벨파스트 북부에 있는 올드파크에서 엄청난 폭행을 당했으며 당시 병원에 입원치료를 받아야 했다. 아직까지도 왜 폭행을 당했는지 밝혀지지 않고 있는 실정이다.

우리나라 경찰발전을 위해서도 이와 같은 경찰옴부즈맨 제도를 우리

실정에 맞게 도입하는 방안을 적극 검토할 필요가 있을 것으로 생각한
다. 어느 나라든 경찰발전은 경찰의 힘만으로 이루어지기는 힘들며 국
민들의 관심과 뒷받침이 필요하기 때문이다.

올로운 여사는 북아일랜드 경찰옴부즈맨으로서 찬사와 동시에 비난
을 함께 받고 있다. 올로운 여사는 가톨릭 측인 아일랜드 공화국파의
범죄활동 사건들에 대해서도 신뢰감 있는 중재자가 되고 있다. 이는
북아일랜드 경찰청 측이 정당성과 불편부당함이 결여되어 있다고 보면
서 이들이 벌이는 수사에 대해서는 협력을 거부하고 있기 때문이다.
영국에서는 전체적으로 보아 북아일랜드 경찰옴부즈맨 누알라 올로운
의 헌신과 리더십 및 북아일랜드 경찰옴부즈맨 소속 직원들에 대해 높
이 평가하고 있다. 그러나 북아일랜드 경찰옴부즈맨, 북아일랜드 경찰
청(the Police Service of Northern Ireland, PSNI), 북아일랜드 경찰위
원회 삼자의 협력관계, 북아일랜드 경찰옴부즈맨의 권한과 화해중재
역할 등의 측면에 있어서 개선해야 할 점이 있다는 지적도 없진 않
다.[14] 2005년 영국 본국 하원의 담당 상임위원회는 올로운 여사가 좀
더 막강한 권한을 갖고 활동할 수 있도록 하자고 권고한 바 있다. 하
지만 하원은 그와 동시에 북아일랜드 경찰옴부즈맨 측이 북아일랜드
경찰 측으로부터는 불편부당하지 않다며 불신을 받고 있으므로 이를
불식시키도록 노력해야 한다고 보았다.

2006년 12월 북아일랜드 통계청 측이 여론조사기관에 의뢰하여 실시
한 서베이 조사결과에 따르면 신교와 구교 양측 모두 경찰옴부즈맨을

---

14) House of Commons, *The functions of the Office of the Police Ombudsman
for Northern Ireland: fifth report of session 2004~05 report, together with
formal minutes, oral and written evidence.* House of Commons papers 200
4~05 344. (Corporate Author: Great Britain Parliament House of Com-
mons Northern Ireland Affairs Committee, Author: Mates Michael
chairman), Stationery Office.

지지하고 있는 것으로 나타났다. 즉 조사에 응한 양측 주민들 중 80% 이상이 경찰옴부즈맨이 공정하게 업무처리를 한다고 답변하였다. 그리고 경찰옴부즈맨의 조사를 받은 경찰관들을 대상으로 한 다른 서베이 조사결과를 보면 이들 중 85% 정도는 경찰옴부즈맨이 공정한 조사를 하고 있다고 답변하였다.

하지만 오마 폭파사건 조사와 관련하여 신교파로서 하원의원을 지낸 바 있는 매기니스는 올로운 여사가 '경찰과 지역주민들의 상충하는 이해관계 속에 마치 자살폭탄'처럼 헤집고 다닌다고 비난했으며, 노동당 소속의 피터 만델슨 전의원 역시 오마 폭파사건 조사를 벌인 올로운 여사에 대해 '경험과 신뢰를 결여'했다고 비판하기도 했다.

한편, 앞에서 지적한 것처럼 2006년 여름 올로운 여사의 막내아들인 키란(당시 18세)이 신교도 경찰(북아일랜드 경찰청)에 대해 종교적 욕설을 해댔다는 혐의로 경고처분을 받은 바 있다. 그리고 2006년 10월에는 올로운 여사 자신이 직접 이얀 페이즐리 주니어와 공식석상에서 싸움에 휘말린 적이 있다. 양측은 나중에 '직위에 맞지 않으며 체신 머리 없는' 일이었음을 시인하였다. 당시 사건은 벨파스트의 어느 한 커피숍에서 벌어졌으며, 올로운 여사가 페이즐리 측에게 다가가면서 벌어졌다. 올로운 여사는 자기 아들들에게 페이즐리 측이 몇 마디 안 좋은 말들을 던진 것에 대해 항의하였던 것이다. 페이즐리 측은 올로운 여사가 가톨릭 측 지방의회 의원 남편과 결혼한 것을 가지고 과연 독립적인 경찰옴부즈맨 활동을 할 수 있겠는가 하는 입장을 밝힌 바 있기도 하다.

'미국 경찰옴부즈맨 연맹'(NACOLE) 측은 2003년 연차총회에서 누알라 올로운에게 경찰 민주화 및 민주적 책임 제고에 대해 크게 기여했다며 공로상을 수여한 바 있다.

종교와 평화: 경찰옴부즈맨 직무

북아일랜드 경찰옴부즈맨 대표를 맡고 있는 올로운 여사의 아래 발표문은 2006년 6월 27일 가톨릭 글렌스탈 수도원에서 매년 열리는 교회협의회 제43회 회의에서 "권력인가? 자유인가? 책임인가?: 변화하는 세계 속의 크리스천 입장"(Authority? Freedom? Responsibility?: Listening for Christian Voices in a Changing World)이라는 제목으로 발표된 내용이다. 발표문의 부제는 "민주적 책임 구현: 오늘날 시민사회가 당면한 과제"(Making Accountability Processes Work: The Challenges in Civil Society Today)로 되어 있다.

글렌스탈 수도원은 아일랜드 남서해안 리머릭 카운티에 있는 베네딕트 계열의 수도원이다. 5백 에이커 면적에 달하며 시냇물과 호수, 삼림 등으로 둘러싸인 성으로 이루어져 있다. 요셉과 골롬바 성인을 모시는 이 수도원은 수도사 모임으로 이루어져 있으며 기도와 의식을 거행하며 남자 청소년을 위한 기숙학교, 농장, 게스트 하우스 등으로 이루어져 있다. 수도자들은 매일 5회 교회에 모여 미사를 드린다. 베네딕트 수도원은 아름다움과 하모니를 강조하며 하느님의 현존을 경배하고 수도사들에게 아름다운 존경심을 불러일으키도록 하고 있다. 당시 도널 머레이 주교의 '종교와 사회', 헬레나 오도너휴의 '기독교 전통의 목소리', 고든 와인의 '아일랜드 신학과 사회정의', 가레트 히긴스(zero28 대표)의 '포스트모더니즘' 등이 함께 발표된 바 있다. 아래 발표문을 한국의 독자들에게 번역 소개하도록 허락하여준 누알라 올로운 여사에게 진심으로 감사드린다.[15]

존경하는 형제자매, 그리고 신사숙녀 여러분, 안녕하세요. 저는 "권

---

15) 이 자료의 출처는 www.glenstal.org/ecu/ecu06text03.pdf이다.

위? 자유? 책임?"이라는 주제에 대해 이 회의에서 기조발표를 하게 된 것을 정말 영광으로 생각합니다. 저는 저의 인생 초창기 이래 지금까지 겪어 온 저의 주요 경력들을 반성해 보려는 생각에서 이 발표주제를 고르게 되었습니다. 저는 여러분과 같은 저명인사들 앞에서 제가 어떤 유용한 말씀을 드려야 할지 고민을 거듭하지 않을 수 없었던 것도 사실입니다. 하지만 제가 이 자리에서 말씀드리는 것이 여러분에게 조금이라도 도움이 되기를 바라마지 않습니다.

이 문제에 대해서는 물론 기독교 및 크리스천의 기여라는 맥락에서 논의가 이뤄질 수 있습니다. 가톨릭에서 『사회정의론 개설』이라는 신간서적이 나온 바 있으며 이는 여러 가지 사회적 이슈들에 대하여 전체적으로 가톨릭 입장을 잘 밝혀놓은 매우 요긴한 책입니다. 우리들은 점점 더 자신의 직장이나 일과 종교를 분리시켜야 하며 종교적 신앙은 사적인 문제로 보아야 한다는 그러한 사회 속에서 살아가고 있긴 하지만 이 『사회정의론 개설』은 제가 보는 종교적 신앙관에 보다 더 일치되는 매우 소박한 내용들을 담고 있었습니다. 이 책의 한 대목은 다음과 같습니다. "신자들 체험을 통하여 영적 가치와 요청이 있는 영적 삶과 가정과 일과 사회생활 그리고 공무원의 책임과 문화라는 세속적 삶이라는 별도의 두 삶이 존재할 수는 없는 것입니다."

저는 권한의 행사에 수반되는 책임 문제, 그리고 이런 공직자의 권한과 그와 공적 권한의 지배를 받는 시민들의 권리나 자유 사이의 긴장관계 등에 대하여 말씀드리려 합니다. 북아일랜드 경찰옴부즈맨이라는 제 일과 경험을 바탕으로 말씀드리고자 합니다. 저는 이 자리에서 제가 말씀드리는 내용들이 많은 계층과 영역들 속에 전파되기를 바라마지 않습니다.

아시다시피 저는 북아일랜드 경찰옴부즈맨이라는 공직에 있습니다. 따라서 오늘 제가 말씀드리는 내용은 가톨릭 신자로서 국가의 가장 막강한 권력을 쥔 기관으로서 경찰에 대해 민주적 책임을 묻도록 해야 하는 고위 공직자로서의 소임을 다하고 있는 저의 경험에 바탕을 두고 있습니다. 아시다시피 북아일랜드에서는 가톨릭과 신교 사이에 커다란 차이가 있는 것으로 여겨지고 있습니다. 그런 인식이 엄존하고 있는 것입니다. 제가 보기에 이는 신교 근본주의 측이 교황은 안티 그리스도이며 모든 가톨릭 신자들 역시 안티 그리스도의 피조물이라고 믿는 그런 신앙 속에 이미 내재되어 있는 것이기도 합니다. 이런 이유가 아니라면 제가 흔하디흔하게 '타이그들(Taig 혹은 Teague, 아일랜드 가톨릭 신자들을 비하해서 부르는 말)[16] 모두를 죽여라'는 낙서들을 보며 제가 왕당파(신교도) 지역을 갈 때만도 수도 없이 맞닥뜨리게 되는 "올로운 여사 보시오. 유일하게 선량한 타이그란 타이그 시신이란 말이오"라는 욕설들을 도저히 설명해 낼 수가 없습니다. 이들 주장과 욕설들의 토대

---

16) 타이그(Taig, Teague, Teg and Teig)는 아일랜드에 사는 가톨릭 신자들을 비하해서 부르는 말이다. 영국 이외의 나라에서는 거의 쓰이지 않는 이 말은 아일랜드 가톨릭 신자들을 가장 신랄한 욕설에 해당하며 북아일랜드 유니오니스트가 피비린내 나는 "총이란 쏘기 위해 만들어졌다면 해골은 부수기 위해 있는 것. 타이그보다 총 쏘기 더 좋은 것은 없는 법" "머뭇거리지 말고 타이그란 타이그란 다 죽여 버려" 등과 같은 구호들에서 사용해 오고 있다. 어원은 17세기부터 '갑남을녀의 보통 사람'을 뜻하는 'Tadhg'로 되어 있으나, 비하의 뜻을 갖는 욕설로 쓰이게 되었다. 일제시대 우리나라 혹은 현재 재일교포가 일본인으로부터 '조센징'이라고 불린 것과 유사하다. '빨갱이' '전라도' 문제와도 마찬가지라고 볼 수 있다. '타이그'는 통상 아일랜드 민족주의를 포함하는 용어가 되었으며 기존 법질서에 반하는 아일랜드 가톨릭 신자를 뜻하는 말로 쓰이고 있다. 벨파스트 같은 종파주의가 강한 곳에서 이 말은 가톨릭 신자 일반을 가리키는 말로도 쓰이고 있다. 아일랜드 가톨릭을 비하하면서도 조크나 애수어린 의미가 있는 다른 말들과 달리 타이그는 항상 비방하는 욕설의 의미를 갖고 있다.

를 이루고 있는 신앙 구조는 아일랜드 북부지역에서 매우 강력합니다. 우리들은 목숨을 걸고 이런 주장과 자세들을 물리치고 있습니다. 제가 잠시나마 이런 말씀을 드린다고 해서 적어도 명목상으로나마 가톨릭 신자라고 생각되는 공화국파 분들이 신교파들을 살해하며 폭행한다는 점을 부인하려는 것은 아닙니다. 하지만 제가 활동을 벌이고 있는 현실은 단지 제가 가톨릭 신자라는 사실만으로도 제가 공직을 수행해야 하는 대상인 분들에게는 엄청난 문제가 될 수 있다고 하는 점입니다.

북아일랜드 경찰옴부즈맨으로서 제 업무는 일반 시민들, 경찰을 책임지는 분들, 경찰 거버넌스 구조에 속해 있는 분들이 저에게 제기하는 경찰의 범죄나 직권남용에 관한 고소고발 건들을 독립적 독자적으로 그리고 불편부당하게 엄정 수사하는 일입니다. 이때 북아일랜드 경찰 거버넌스 구조에 속해 있는 분들이란, 영국 국무부 장관, 북아일랜드의 효과적인 실효성 있는 경찰활동 서비스를 담보하도록 되어 있는 경찰위원회, 북아일랜드 경찰책임자인 자치경찰청장 등을 가리킵니다.

북아일랜드 경찰옴부즈맨은 갑작스런 사망 사건에 대한 검시를 진행하는 검시관 측이 회부한 사건을 수사하기도 합니다. 이는 판사와 치안판사 등이 재판을 진행하던 도중 주목을 요하는 사항들과 관련하여, 혹은 영국 형사사건심사위원회(UK Criminal Cases Review Commission) 측이 유죄평결을 받은 사람이 잘못되었다며 동 위원회 측에 항소한 건을 검토하여 재심사해야 하는 경우, 북아일랜드 경찰옴부즈맨 측이 이를 수사해 주도록 넘기는 경우 등이 여기에 속합니다. 형사사건심사위원회 측은 이런 사건들의 경우 가끔씩 어느 경찰관(들)이 최초 수사를 진행하다가 혹은 법원 증언에서 범죄를 저질렀을 가능성을 인지하게 되는 경우가 있습니다. 이런 사건들에 대해 동 위원회 측은 사건을 북아일랜드 경찰옴부즈맨인 저에게 회부합니다. 흔히 이런 사건들은 매우 민감한 사건들입니다. 예컨대 내란시기에 속하는 '재난시대'(Troubles) 동안 종파주의 살해 사건 혐의로 유죄 평결을 받은 어느 한 청년의 사건이 생각납니다. 이 청년은 정말 오랜 세월 동안 억울하게 수형생활을 하다가 형사사건심사위원회에 환송 회부되었으며 결국 항소법원에서 그의 유죄가 파기되어 석방되기에 이르렀습니다. 형사사건심사위원회 측은 이들 사건을 수사하면서 경찰관들이 이 청년에게 자백을 강요함으로써 사법정의를 뒤집었을 가능성을 알게 되었습니다. 당시 제가 이 사건을 회부 받아 수사를 벌여 경찰 측의 중대한 과오의 강력한 증거들을 밝혀내기에 이르렀던 것입니다.

저희 북아일랜드 경찰옴부즈맨은 그 외에도 여러 중대 사건들을 수사했으며 그 결과 경찰관들이 형사법원에서 중대범죄로 유죄평결을 받았으며 수사결과에 따라 해임되거나 사표를 낸 경찰관들이 있습니다. 지금도 저희 북아일랜드 경찰옴부즈맨은 신교도 정파에게 살해된 젊은 아들을 둔 아버지 측이 고발한 사건수사의 마지막 단계를 진행하고 있습니다. 이 아버지의 고발내용을 보면 신교도 측이 자기 아들을 살해하기 전에도 이미 여러 건에 달하는 살해사건들에 연루되어 있으며 동시에 이들이 경찰 정보원으로 활약해 왔다고 되어 있습니다. 고발 취지는 이들 살해범들이 살인사건에 연루되어 있다는 점을 경찰이 이미 알고 있었으며 계속해서 살인을 저지르도록 내버려두었고 그 이유는 이들 살인범들이 군대조직으로 되어 있는 그들의 활동상들에 대한 정보를 경찰 측에 알려주는 매우 유용한 정보원이었기 때문이라고 합니다. 고발인은 국가가 이런 공포의 연쇄살해사건에 대해 아무 일도 하지 않으면서 결과적으로 이 살인범들과 야합했다고 지적하고 있습니다. 이는 정말 극도로 중대한 사건고발이며 국가가 정당하든 않든 이런 잘못을 저질렀다고 고발하고 인식하는 것이야말로 국가 내의 바로 그 경찰 기관에 대한 신뢰를 무너뜨리는 결과를 초래합니다.

제가 앞서 지적한 것처럼 제가 경찰옴부즈맨으로 임명된 것 자체가 여러 가지 이유로 논란에 휘말렸으며 그 한 가지 이유를 든다면 단지 제가 가톨릭 신자라는 점을 공격하고 있습니다. 북아일랜드 가톨릭 공동체에 대한 불신이야말로 북아일랜드 주민들을 분열로 내몰아 더불어 함께 살아갈 수 없게 만드는 데 근본적인 이유가 되고 있습니다. 공화국파의 테러 자행으로 인해 터진 전쟁은 아일랜드 지역을 전복시키고자 하며 무력에 의하여 아일랜드 통일을 달성코자 하는데 이에 대한 비난은 정당한 것입니다. 설령 이런 테러가 주택, 고용, 공직선거 등등에서 가톨릭 신자들을 억압 배제함으로써 초래된 것이라고 할지라도 비난 받아 마땅한 것입니다. 이와 꼭 마찬가지로 보안경찰들이 왕당파 신교도 군사조직과 야합하여 역시 군대조직인 공화국파 가톨릭 신자들과 전투를 벌이는 경우가 많다는 인식도 엄존합니다. 이처럼 무기에 의지하는 것은 가톨릭교회 측이 무장저항이 나름대로 일리가 있다고 인정하는 그런 맥락에 해당하진 않았습니다.

역사상 숱한 사건들이 그런 것처럼 북아일랜드 경찰옴부즈맨이 당면한 문제는 법의 지배를 관철시키려는 국가 측의 정당한 시도들이 부패와 타락에 빠지게 된 것은 많은 경우 군대조직의 공화국파 측과 가톨릭 측을 동의어로, 또 다른 많은 경우 군대조직인 왕당파를 신교파 측과 동의어로 생각하는 가공의 절차가 개재되기 때문이었습니다. 이 점은 명확히 드러나는 경우가 거의 없지만 실제 사태 진행이 그렇습니다. 따라서 제가 가톨릭 신자로서 부닥치는 것들은 한 정치인이 "가톨릭 신자 그 누구도 이 일을 해 낼 수 없으며 그 이유는 이 일이 경찰이라고 하는 국가의 원초적 기관이 저지른 범죄행위에 대하여 수사해야 하기 때문"이라고 명확하게 표현한 것과 같은 마음가짐 혹은 태도들입니다. 정말 오랜 세월 동안 북아일랜드에서는 절대다수 주민들에게 경찰이란 "저들의 것(경찰)"이라고 보는 사고방식을 고착화시켜 왔습니다. 경찰을 비판하는 것은 곧 반란행위나 다름없는 것이 되고 말았습니다. 그러니까 "가톨릭 신자 그 누구도 이 일을 해 낼 수 없다"는 시각이 나오게 된 것입니다. 오늘날까지도 매우 중요한 국면에서 청렴성, 불편부당함, 독립성 등에 중점을 두고 제가 제 역할을 다하는데 대하여 불신하는 분파들이 존재하게 된 것입니다. 최근에도 저는 어느 한 저명한 신교도 인사가 저와 대화를 통하여 제가 이룩한 성과를 축하해 주면서도 저나 저희 북아일랜드 경찰옴부즈맨 직원 등이 가톨릭 신자가 아니었더라면 훨씬 더 용이하게 맡은 바 일들을 더 잘 해 낼 수 있었을 거라고 이야기하는 것을 들은 바 있습니다.

저는 중요한 것은 신앙이란 "너머에 있는 초월적이며 절대적이고 보편적이며 모든 이를 똑같이 구속하는 윤리적 명령"이라는 게 있는 그러한 세계관을 포함한다는 점이라고 봅니다. 요한복음서 23장은 "바로 이 윤리적 명령이야말로 의무와 윤리적 정당성을 부여하는 권위와 힘을 부여하는 것이지, 어떤 독단적인 의지나 권력에 대한 갈망이 그렇게 하는 것은 아니다"라고 되어 있습니다.

"인간의 본질 및 윤리적 가치란 인간이라고 하는 바로 그 진실에서 흘러나온 것이며 인간의 존엄성을 표현하며 보호할 뿐만 아니라 어느 누구도 절대다수의 의사로도 그리고 어느 국가도 결코 만들어 내거나 고치거나 없앨 수 없는 가치 영역에 속한다"는 점에 대하여 권위를 가지고 있는 당국이 이를 승인하도록 해야만 합니다. 이때 권위 있는 당국 측에서는 "그러한 가치 영역은 일시적이며 변화무쌍한 '절대과반수' 여론이나 견해에 바탕을 두지 않으며 단지 인간의 가슴에 새겨져 있는 객관적이며 윤리적인 법칙이자 자연법의 핵심이자 시민법 규범의 준거점 그 자체로써 인정하며 승인하고 보호하도록 해야 한다. 만일 집단의 양심을 비극적으로 흐리게 만들며 혼란에 빠뜨리는 일이 발생하여 윤리적 법칙의 기본원리들마저도 배척당하고 마는 분위기가 조성된다고 한다면 국가의 법적 구조 그 자체는 그 바탕에서부터 무너져 내리고 말며 마침내 국가란 한낱 각기 다른 서로 상충하는 이해관계를 실용주의적으로 규제하거나 조정하는 메커니즘으로 전락하고 말 것이기 때문이다"라고 선언하도록 해야 합니다. 제가 여기서 상정하고자 하는 것은 권력을 휘두르는 분들이 자신들이 가지고 있는 책임감과 마땅히 해야 할 일들을 인정하지 않으며 자신들이 권한을 행사하는 방식에 대하여 책임을 지지 않을 때, 특히 이와 같은 권한 행사가 권한행사의 객체가 되는 이들의 자유와 기본권에 대해 불리하게 작용할 때 과연 어떤 일들이 벌어질 것인가 하는 점입니다.

국가의 거버넌스 구조는 매우 복잡한 과정으로 이루어집니다. 불가피하게 서로 상충하는 권리와 자유의 균형점을 찾아내야 합니다. 이때 자유와 기본권의 상당 부분은 일반적으로 결코 어떠한 방식으로도 수정될 수 없는 절대적인 것으로 인정되고 있습니다. 그중에서도 생명권은 아마도 이 절대적인 권리들 중에서도 명확한 사례라고 할 것입니다. 유럽인권조약을 보면 "모든 인간의 생명은 법에 따라 보호하도록 해야 한다. 법에 규정된 형에 해당하는 범죄의 유죄평결에 따라 법원이 형을 집행하기로 한 경우를 제외하고는 어느 사람의 생명도 의도적으로 박탈해서는 안 된다"라고 규정하고 있습니다. 계속해서 유럽인권조약 제2조는 당국의 치명적 무력사용은 불법폭력으로부터 개인을 보호하는 극히 제한적인 상황에서 절대적으로 필요한 경우에 국한하도록 규정하고 있습니다. 북아일랜드 경찰옴부즈맨은 생명권 외에도 자유권, 안전권, 법의 적정절차, 사생활과 가정생활, 사상과 양심의 자유, 종교와 표현의 자유 등과 같은 기본권을 인정하고 있습니다. 정부 측은 북아일랜드 경찰옴부즈맨 측이 바로 이러한 기본권들을 보호하며 확보하는 활동을 벌이도록 지휘해야 하는 것입니다.

우리는 모두 수백 년 동안에 걸쳐 권력과 권한의 남용이 어떤 결과를 초래하였는가를 목격해 왔습니다. 저희들은 영국의 역사가 액튼 경의 "모든 권력은 부패하며 절대 권력은 절대 부패해지는 경향이 있다"라는 말에 매우 친숙하며 영국에서도 시민들이 그와 같은 부패의 현존을 인정하는 여러 사례들을 찾아볼 수 있습니다. 우리는 누가 누군지 잘 알기 때문에 기소하지 않고 마는 형사사법상의 굴종이나 불법부정행위의 기도 등을 떠올릴 수 있습니다. 저희들은 대기업 측이 정상적인 통치를 뒤집으며 그렇게 해서 바로 그 국가의 기본원칙들을 무너뜨리는 부패권력을 보아왔습니다. 권력을 행사하는 국가뿐만 아니라 권한을 행사하는 교회의 거버넌스 구조 속에도 자신의 과잉 권력보호를 하려거나 권력행사에 따른 개인적 부의 축적 기회들을 너무 의식하는 경향들이 있었습니다. 뿐만 아니라 비밀주의 필요성 및 통치과정의 보호 등을 과장하는 경향 또한 존재해 왔던 것이 사실입니다. 액튼 경이 지적한 것처럼 역사과정에서 문제는 "비밀로 되어 있는 모든 것은 퇴보하거나 타락하게 되어 있다. 심지어 사법까지도 마찬가지이다. 토론과 공론화를 거쳐 견뎌낼 수 있음을 보여주지 않는다면 어떠한 것들도 결코 안전하지 않다"고 하는 점입니다.

　따라서 어떤 형태의 거버넌스(통치) 구조를 막론하고 민주적 책임을 지도록 해야 한다는 것은 명약관화한 사실입니다. 저는 1백여 명 이상의 위원들 회원이 있는 영국령 아일랜드 옴부즈맨연합회(British Irish Ombudsman Association)에 속해 있습니다. 여기 회원 분들은 지방정부와 중앙정부가 제공하는 여러 가지 서비스 업무, 예컨대 보건, 교육, 경찰 등의 분야에서 다양한 형태로 이루어져 있는 민주적 책임 확보 메커니즘들을 담당하고 있습니다. 일단 민주적 책임 확보라는 게 필요하다는 점을 인정한다면 제 생각은 핵심 쟁점은 과연 "실효성 있는 민주적 책임확보를 담당하는 기관의 특성이란 무엇이라야 하는가?"라는 점이며, 그래서 저는 다음과 같은 것들이 민주적 책임 확보 기관의 핵심이라고 봅니다.

○ 직원 임명권
○ 수사진행권 및 연구조사권
○ 수사를 받는 기관이 갖고 있는 모든 문서와 자료에 대한 조건 없는 접근권
○ 비밀보장 제공
○ 일반 사항에 대한 시정조치 권고권, 필요한 상황의 경우 직접조치 시행권 및 징계조치권
○ 교육훈련 실시 시정조치 권고권
○ 보고의 의무가 있으며 경찰옴부즈맨 기관 자체가 적절한 방식으로 시민들에 대하여 민주적 책임을 지도록 함
○ 다른 해당 기관들과 건강하면서도 적극적인 업무협력관계 유지

○ 민감한 자료에 대한 적절한 보호조치
○ 모든 관련자 보호를 위한 적절한 제도적 보장

  그 다음으로 저는 경찰옴부즈맨이 가지고 있어야 하는 이 모든 특성
과 권한들은 단지 경찰옴부즈맨 기구가 부패의 위험 및 총체적 성실성
에 따라 움직여야 한다는 점을 인식할 때, 특히 해당 이슈들을 처리하
는 데 극도의 민감함이 수반되어 그렇게 하기가 가장 어려울 때, 민주
적 책임 확보 메커니즘이 실효성 있게 움직이도록 하기 위한 것일 따
름입니다. 간단히 말해서 제가 어느 한 이슈에 대해 어떻게 생각하는
가 하는 점은 중요하지 않습니다. 어느 한 특정 결과가 정치적으로 어
떤 영향을 미치는가 하는 것도 중요하지 않습니다. 심지어 최고위직에
있는 분들에게 어떤 범죄로 피해가 가해졌는가 하는 것도 중요하지 않
습니다. 정말 중요한 것은 민주적 책임의 확보과정과 절차 그 자체가
열려 있으며 투명하고 불편부당하며 민주적 책임을 지고 증거에 입각
한 것이라야 한다는 점입니다. 이렇게 사건처리가 이루어진다면 민주
적 책임 확보는 이루어진다고 할 수 있습니다. 하지만 이는 매우 어려
운 일이기도 합니다.

  저는 우리들 각자가 모두 하느님이 조각그림 맞추기 할 때의 그 하
나하나의 그림이라고 생각합니다. 우리들 각자는 혼자서는 모든 문제
의 해결에 있어서는 거의 영향을 미칠 수 없으며 우리들은 단지 점차
조금씩 알아갈 수 있을 따름입니다. 하지만 우리들 하나하나는 하느님
을 사랑하며 네 이웃을 사랑하라고 하는 두 가지 위대한 계명에 따라
삶을 살아가야 하며 그렇게 하면서 "주님이 여러분에게 올바르게 행동
하며 부드럽게 사랑하고 겸손하게 걷도록 하라고 말씀하신 바로 그와

같은 내용"이라는 미가서(구약)의 말씀을 듣도록 해야 하는 절대적인 책무가 주어져 있습니다. 그리고 우리는 이런 말씀을 생각하면서 이런 일들을 혼자 하는 것은 아니라는 점을 압니다. 우리는 우리를 만드신 아버지의 권능으로 그렇게 하는 것입니다.

우리들이 성스러움을 청하는 것은 우리 모두를 만들어 주신 아버지에게 돌아가는 길에 어려움에 처해 있는 다른 이들과 함께 사적이며 조그맣고 어두운 곳에서 하는 것이 더 좋습니다. 보다 더 공개적인 무대 위에서 이루어지기도 하나 우리는 언제나 우리의 형제자매인 이들과 함께 하는 것입니다. 그리고 이는 버마딘 추기경(Cardinal Bernardin)이 그의 저서 『평화의 선물』에서 다음과 지적한 바와 같습니다. "크리스천인 우리들이 예수가 사랑한 것처럼 사랑하려면 먼저 고통을 받아들이도록 해야 합니다. 예수처럼 우리는 이웃에게 그저 냉정하며 멀리 떨어져 있을 수 없습니다. 우리가 크리스천으로 살아가는 동안은 이웃들을 위하여 그들과 더불어 고통을 겪는 기간입니다. 예수처럼 우리가 이웃과 다른 이들을 사랑하는 것은 어둠의 계곡을 이들과 함께 걸어갈 때일 뿐입니다. 여기서 어둠의 계곡이란 병과 아픔, 온갖 윤리적 딜레마들, 억압구조 속에서 권리를 박탈당함 등을 가리킵니다."

저는 이상과 같은 점들이 우리가 당면한 진정한 도전이라고 봅니다. 이는 요 며칠 동안 제가 '권한 자유 책임'이라고 하는 커다란 주제를 생각하면서 내린 결론입니다. 아마도 이는 제가 말씀드려야 하는 것들에 대한 어두운 결론이 될지도 모르겠습니다. 하지만 꼭 그렇지만은 않습니다. 미얀마딘 추기경이 다음과 같이 말씀해 주기 때문입니다.

"우리들이 예수님의 고통과 수난, 죽음, 부활 등과 같은 유월절 신비에 참여하는 것은 어느 정도 자유를 가져다줍니다. 우리를 해방시켜 주며 우리들 자신을 살아계신 하느님에게 바치고 우리 자신을 하느님 손에 완전히 내맡기며 결국 하느님이 승리하신다는 것을 압니다. 우리가 우리 자신과 다른 이들에게 매달리면 매달릴수록 삶의 진정한 의미를 더욱더 많이 잃게 되며 쓸모없는 것이 되어 버립니다. 정확히 바로 이렇게 해방하며 주님과 완전한 합일에 들어가고 하느님에게 바칠 때 비로소 우리는 진정한 자신을 찾게 됩니다. 이렇게 포기하는 행위 속에서 속죄를 경험하며 육체적 감정적 영적 수난과 고통 가운데에서 삶과 평화와 기쁨을 찾게 되는 것입니다."

경청해 주셔서 감사합니다.

제 2 장 영 국

이 장은 사법과 경찰개혁을 연구하는 세계 각 대륙별 연구소들의 연합체이자 국제 NGO 단체인 알투스(Altus Global Alliance)가 "경찰의 민주적 책임 및 고품질 경찰외부감시"라는 주제로 2005년 10월 네덜란드 헤이그에서 개최한 국제회의(International Conference on Police Accountability and the Quality of Oversight, The Hague, 19-21 October 2005)에서 영국의 경찰옴부즈맨인 IPCC 위원장 닉 하드윅(Nick Hardwick)의 주제발표 내용을 소개한 것이다. 가장 최근 설립 운영 중인 영국 경찰옴부즈맨의 경험은 우리나라에게 여러 가지 좋은 지침들을 제시해주고 있다. 한국 독자들에게 소개를 허락해준 닉 하드윅에게 감사를 표한다.

안녕하십니까? 제가 다른 분들과 함께 주제발표를 하게 되어 영광입니다. 하지만 이 자리에 계신 많은 분들이 영국 경찰옴부즈맨인 IPCC 설립 과정에서 저에게 귀중한 자문을 해 주셨으며 여러분들의 전문적 노하우를 많이 반영할 수 있었던 점들을 잘 알고 있는 저로서는 감히 이 자리에 서서 주제발표를 하는 것이 약간 위축되기도 함을 고백하지 않을 수 없습니다. 이 자리에서 영국 경찰옴부즈맨이 어떻게 만들어져 운영되고 있는가에 대해 경찰옴부즈맨의 대가들이신 여러분들 앞에서 발표하는 것 자체가 상당히 위험천만한 일 같기도 합니다. 영국의 경우, 경찰옴부즈맨의 앞에는 여러 가지 새로운 장애물들이 있다는 생각은 듭니다. 이 자리에는 영국보다 훨씬 더 많은 경찰옴부즈맨 경험을 가진 분들이 많습니다. 그러나 지금까지 제 경험으로 보건대 이번과 같은 국제회의는 지극히 커다란 도움이 된다는 점을 직감하고 있습니다. 그 이유는 경찰옴부즈맨을 운영하는 나라들마다 법체계가 서로 크게 다르거나 경찰옴부즈맨 기관의 형태가 크게 다르며 경찰활동의 문화적 틀이 크게 다르다고는 할지라도 경찰옴부즈맨이 일상적으로 처리해야 하는 문제와 이슈들이라는 것은 어느 나라를 막론하고 서로 지극히 유사하다는 사실에 대해서는 더 이상 전혀 놀라운 일은 아니기 때문입니다. 제가 여러분 나라의 경험을 경청하는 것만큼이나 영국의 경험을 여러분에게 말씀드려 보는 것도 큰 도움이 되리라고 생각합니다.

1. 견고하기 짝이 없는, 경찰의 민주적 책임 문제

이 사진들(닉 하드윅의 주제발표문 2쪽에 제시한 두 장의 사진. 생략)은 IPCC가 만들어질 당시 영국 시민들에게 가장 친숙한 모습들입니다. 이 사진들은 IPCC 수사관들이 몇 명의 목격자로부터 증언을 채록(채증)하는 모습을 찍은 것입니다. 왼쪽 사진은 두세 달 전 발생한 런던테러 당시 잔 찰즈 드 메네제스가 런던경찰로부터 총격을 받고 사망한 사건에 대하여 목격자 증언을 채록하는 모습입니다. 잘 아시다시피 잔 찰스 드 메네제스는 런던의 버스와 지하철 등과 같은 교통수단에 대해 폭탄장치를 폭발시키려고 하던 자살폭탄조의 한 사람이라는 혐의를 받고 있다가 마침내 2006년 7월 22일 당일 폭발사고를 일으키려는 것이 확실한 것으로 드러났다고 본 영국 경찰이 그에게 총격을 가해 사망에 이르게 했습니다. 이 사건에 대해 제가 언급할 수 있는 데에는 명확한 한계가 있을 수밖에 없습니다. 하지만 저는 이 사건이 경찰의 민주적 책임이라고 하는 견고하기 짝이 없는 몇 가지 문제점들

을 명확하게 제시해 주고 있다고 봅니다. 저는 영국 시민들 중 상당수
는 말은 안 해도 마음속 한 구석에서는 내심 IPCC 같은 곳에서 개입
하여 경찰에 대해 민주적 책임을 요구하는 것은 언젠가 다음번에 혹
실제로 열차에 자살폭탄을 터뜨리려고 하는 순간이 왔을 때 민주적 책
임이라는 이유로 인하여 경찰의 대응이 늦어져 시민들이 엄청난 위험
속에 빠뜨리게 되는 것은 아닐까 하는 그런 끊임없는 우려들을 하고
있다고 봅니다. 과연 시민의 안전과 능동적인 범죄 척결이라고 하는
것과 경찰의 민주적 책임이라고 하는 것, 이 둘 사이에 정말 어떤 모
순이 있는 건 아닐까요?

　또 이 사건은 경찰 행위를 판단하는 기준이란 과연 무엇이어야 하는
가 하는 문제도 제기해 주고 있습니다. 경찰이 다른 일반 시민들에게
법적으로 민주적 책임을 지도록 해야 하는 것과 정말 똑같은 방식으로
어떤 위급한 상황이 발생하는 유사시에도 경찰은 법적으로 민주적 책
임을 지도록 해야 하는 것일까요? 이런 물음들은 바로 이번 사건이 훨
씬 더 첨예한 방식으로 제기하는 문제로서 IPCC를 포함하여 세계 각
국의 여러 경찰옴부즈맨 기관들은 여기에 대해 제대로 응답할 수 있어
야 합니다.

　궁극적으로 경찰옴부즈맨은 스스로 어떻게 평가받고자 하는가 하는
점에 대해 정말 반드시 명확한 기준을 가지고 있어야 합니다. 그리고
아예 처음부터 경찰옴부즈맨은 경찰비리민원처리 및 경찰의 민주적 책
임을 묻는 메커니즘 등에 있어서 시민들의 신뢰도를 제고하게 된다면
이는 반드시 거꾸로 경찰 및 경찰기관 전반에 대한 신뢰 제고로도 이
어지게 되어 있다고 본다는 점을 명확히 지적해 두고자 합니다. 그리
고 다시 이는 범죄를 예방하며 범죄자를 붙잡는 경찰 본연의 임무를
훨씬 더 잘 수행할 수 있도록 하는 데 기여합니다. 결국 이렇게 해서

경찰옴부즈맨에 대한 평가와 판단 기준은 비리 경찰을 얼마나 많이 엄단하였는가 하는 바로 그 머릿수에 있는 것이 아니라 과연 경찰옴부즈맨 기관이라고 하는 게 경찰활동의 실효성과 효율성의 전반적인 제고 측면에 대하여 과연 어떤 기여를 하게 되는가 여부에 달려 있다고 하는 점을 지적해 두고자 합니다. 물론 이때 과연 이것을 어떻게 측정해 낼 것인가, 즉 경찰옴부즈맨이 경찰의 실효성 증진에 대해 어느 정도 영향을 미쳤는가를 과연 어떻게 알아낼 수 있는가 하는 문제가 새롭게 대두되며 하지만 영국 경찰옴부즈맨은 아직 이 점에 대해서까지는 아직 미처 준비해 두고 있진 못합니다.

2. 사법정의, 독립성, 열린 자세 등의 여러 가치들

이제 막 IPCC를 설립 운영하는 저희들로서는 영국에서 경찰옴부즈맨은 백지상태나 다름없는 상황에서 출발한다는 점을 뼈저리게 인식하고 있습니다. 과거 누구도 이런 일을 해본 적이 없기 때문입니다. 영국에는 과거 IPCC와 정말 유사한 기관이 전혀 없었습니다. 영국 이외의 여러 국가들에서 오신 여러분들의 경우에는 경찰옴부즈맨 기관을 설립하셨을 때 조금이라도 유사한 일을 하는 다른 어떤 기관들을 찾아내 눈여겨볼 수라도 있었을 것입니다. 해서 저희들은 이 경찰옴부즈맨을 어떻게 운영해야 하는가에 대한 어떤 거창한 운영지침서를 아예 작성하려고 하질 않았다는 점을 처음부터 말씀드립니다. 대신 IPCC가 시작한 일은 이 기관이 추구해야 하는 핵심적 가치체계로 철저하게 무장하도록 하는 것이었습니다. 그렇게 함으로써 IPCC가 대처해 나가야 하는 여러 문제들에 대하여 어떻게 처리해 나가야 할 것인가를 모색해

나가는 동안 모든 직원들이 바로 그 핵심적 가치들을 일상적으로 부딪치는 업무에 적용해 나갈 수 있게 된 것입니다. 저희들은 IPCC를 위해 일하는 직원들을 대상으로 서베이조사를 실시하였으며 그 결과 다음과 같은 가치들에 대하여 직원들이 모두 서명을 하였으며 그래서 이 가치들을 더욱더 명확히 할 수 있도록 권장할 수 있게 된 것입니다.

○ 사법정의와 인권존중: 정의, 즉 진정한 정의란 비례성의 문제를 포함하고 있으며 이는 죄가 있고 없고 차원과 같은 지극히 단순한 문제는 아닙니다.

○ 독립성: IPCC가 독립성을 갖지 못한다면 도대체 아무런 일도 할 수 없다는 점을 너무도 잘 알고 있습니다. 시민들이 최종적으로 IPCC가 독립성이 없다는 점을 결국 알게 된다면 IPCC는 도대체 아무런 쓸모도 없는 것이 되고 맙니다. 하지만 IPCC의 독립성은 경찰로부터의 독립성만은 아니며 이익집단, 정치권, 기타 모든 기관 등으로부터도 독립성을 갖도록 해야 하는 것입니다.

○ 청렴성: IPCC가 경찰기관에 대한 평가와 판단을 해 나가며 경찰의 청렴성이나 성실성에 어떤 문제점을 찾아내기 위해서는 IPCC 역시 스스로 매우 높은 도덕성과 청렴성을 갖추도록 해야 합니다.

○ 다양한 가치 인정: IPCC는 진정 다양하며 영국의 구석구석에 있는 지역사회와 각계각층 커뮤니티들에까지 다가갈 수 있는 조직을 만들어가기 위하여 노력해 오고 있습니다.

○ 열린 자세: 마지막으로 IPCC는 정말 진정으로 열린 조직과 시스템으로 만들어 가기 위해 노력해 오고 있습니다.

IPCC에게는 열린 자세라는 이 마지막 가치야말로 여러 가지 형태로 지키기가 가장 어려운 가치로 되어 있습니다. 저는 경찰관들을 대상으로 강연할 때마다 매번 이 점을 느끼곤 합니다. '사법정의와 인권존중'

을 말하면 여기에 끄덕이며 '독립성'을 말하면 다시 여기에도 끄덕이고 '청렴성'을 말하면 여기에 끄덕이며 '다양성'을 말하면 여기에도 끄덕입니다. 하지만 '열린 자세'에 대하여 말하면 경찰관들은 '열린 자세라는 건 도대체 뭔지 확신할 수 없겠는 걸요'라고 말합니다.

IPCC는 경찰비리민원처리 시스템을 정말 툭 터놓고 운영해 오고 있습니다. 그래서 민원인들과 경찰관들이 도대체 경찰비리민원이란 게 무엇인가 알 수 있도록 하며 수사절차가 어떻게 진행되는가 알 수 있도록 하고 IPCC가 내린 결정의 이유와 근거들에 대해 알 수 있도록 하며 자신들과 관련된 사건 진행에 대해 제때제때 통보해 주도록 하고 진행 사항이 전혀 없을 때에도 이 점을 알려주지 않음으로써 불안이 증폭되는 경우가 흔히 발생하게 되기 때문에 이때에도 진행 사항이 전혀 없으면 없는 대로 이 점에 대해서도 통보해 주도록 하고 있습니다.

그러나 IPCC는 이 기관 '조직' 그 자체에 대해서조차도 열려 있는 개방적인 조직으로 구축해 나가고자 노력해 오고 있기도 합니다. 즉 IPCC는 각종 위원회 회의를 시민들에게 공개하고 있으며 언론에 대해서나 기타 여러 가지 형태로 가능한 한 최대한 접근을 허용할 수 있도록 노력하고 있습니다.

3. 오랜 시간이 소요되어야 가능한 일

그래서 이 주제발표 시간에 제가 말씀드리려고 하는 것은 IPCC을 설립하도록 만든 압력은 무엇이었는가를 되돌아보며 IPCC가 다른 감시 메커니즘들과는 어떠한 관계를 설정해야 했는가에 대하여 설명해 드리고 IPCC가 지금 초창기에 있으나마 지금까지 운영해 온 경험의 일부를 말씀드려 보고자 합니다. IPCC는 크리스토퍼 스톤이 민주적 책임과 관련하여 지적한 3C, 즉 범죄(crime), 비용(cost), 행동윤리(conduct) 중에서도 마지막 행동윤리 대목에 대해서만 취급하며 업무를 담당하고 있습니다. 범죄나 비용 그리고 그 외에 정말 숱한 차원과 측면들에 대해서는 이를 처리하는 별도의 기관들이 정말 대단히 많이 있습니다.

IPCC가 설립되기까지 그간의 과정을 말씀드린다면 정말 오랜 세월이 소요되었다는 점을 말씀드립니다. 영국의 경찰옴부즈맨인 IPCC는 단지 누군가가 멋진 아이디어를 내고 정부 측에서 이를 갑작스럽게 받아들여 설립하게 된 기구는 전혀 아니었습니다. IPCC 설립의 출발점은 대체로 보아 1980년대 초반 런던 남부에 소재한 브릭스톤 소요사태에 관한 청문조사위원회까지 거슬러 올라간다고 할 수 있습니다. 그러니까 영국 경찰옴부즈맨 탄생은 20여 년이 소요되었습니다. 당시 이 청문조사위원회 위원장을 맡았던 분은 기존하는 경찰비리민원처리 시스템에 대하여 정말 광범위하면서도 위험천만하기 짝이 없는 불신이 자리 잡고 있다는 점을 지적하였습니다. 그리고 연이어 1990년대 말경 당시 스테판 로렌스라는 흑인청년의 사망사건에 대해서도 공개적인 청문조사위원회가 꾸려져 진행되었습니다. 여기서는 영국 경찰의 인종차별주의가 정말 고질적인 것이며 이로 인하여 영국 경찰은 인종차별주의라는 선입견들 속에서 스테판 로렌스의 사망사건에 대하여 적절하며 제대로 된 실효성 있는 수사를 전혀 진행하지 않았으며 제대로 된 결론조차도 내리지 못하고 말았다는 점을 지적하기에 이르렀습니다. 스테판 로렌스 사망사건 청문조사위원회는 마침내 독립적인 경찰비리민원처리 제도의 설립을 권고하기에 이릅니다. 당시 유럽인권조약 역시 영국정부에 대하여 경찰활동 과정에서 발생한 사망사건에 대해서는 반드시 독립적인 기관에서 수사를 맡도록 결정을 내려 이를 통보하였습니다.

하지만 제가 강조하고자 하는 것은 브릭스톤 소요사태와 로렌스 사망사건 같은 지극히 중대한 이들 사건들과 정도는 덜하지만 여러 가지 유사사건들은 모두가 경찰과 흑인사회 사이의 단절 문제와 깊이 관련되어 있다는 점입니다. 제가 IPCC 위원장직을 맡게 되었을 때 저는 조악하거나 단순하기 짝이 없는 경찰의 차별주의가 아닌, 바로 이런 종류의 인종차별주의 유형에 대하여 지적하였습니다. 즉 경찰에 대한 시민들 신뢰도를 크게 손상시키는 이 중대 사건들은 결국 경찰이 흑인사회 각계각층의 상당 부분과 단절된 데에서 비롯되었다는 사실은 추호도 의심할 수 없었습니다. 따라서 IPCC는 바로 이런 측면을 바로잡는 힘을 발휘하지 못하거나 제대로 규명해 내지 못하는 것으로 알려지게 된다면 IPCC는 결코 성공적으로 운영될 수 없다고 보고 있습니다.

영국에서는 시민들의 대 경찰 신뢰도라는 문제는 자못 흥미롭습니다. 저는 다른 나라 사법제도나 다른 사법전통에서는 시민들의 대 경찰 신뢰도 문제가 어떻게 나타나는지 잘 모릅니다. 그러나 경찰옴부즈맨에 관련하고 계신 여러분들께서 영국 시민들의 대 경찰 신뢰도에 대한 전반적인 여론이 어떠한가에 대한 서베이 조사를 해 보면 영국 경찰은 전체적으로 보아 다른 공직 분야보다도 훨씬 더 신뢰도가 높게 나온다는 점을 바로 아실 것입니다. 차이가 있다면 보건 분야나 교육 분야 같은 다른 공직 분야들은 처음에도 신뢰도가 낮게 출발은 하나 시민들이 보건기관이나 교육기관과 접촉해 본 이후에는 이들에 대한 신뢰도가 오히려 상승한다는 점에 있습니다. 반면, 영국 경찰은 처음에는 신뢰도가 매우 높은 곳에서 출발은 하나 시민들이 경찰과 접촉해 본 이후에는 대 경찰 신뢰도가 오히려 하락하고 있습니다. 다시 한 번 더 크리스토퍼가 이번 회의 서두에서 지적한 점을 인용하여 말씀드린다면 영국 경찰에 대한 신뢰도가 최악인 계층은 아주 한계계층에 속하는 계층과 지역사회, 아프리카와 카리브해 출신 흑인계층으로서 청년

계층 혹은 보다 최근 이민을 온 이들 흑인계층에 속하는 이들인 것으로 나타난다는 점은 전혀 놀랄 일이 아닙니다.

IPCC는 이전의 '경찰비리민원조사처'(Police Complaints Authority)를 계승하였습니다. PCA는 기본적으로 경찰비리민원에 대한 경찰내부 수사 감독업무를 담당하는 풀타임직원을 두고 있었으며 PCA 시절에는 비공개라는 비밀주의 원칙을 견지했으며 어느 한 경찰비리민원이 정말 정식민원으로 접수 처리할 것인지 여부에 대해서는 전적으로 경찰 측이 결정권을 가지고 있었습니다. 만일 경찰이 민원인이 시간만 소모시키고 마는 사람 정도로 간주하면서 꺼져버리시라고 나온다 할지라도 여기에 대해서 당시 민원인들은 다른 아무런 대항수단도 부여되어 있지 않았었습니다.

제가 당초 PCA 위원장직을 맡으면서 커다란 충격을 받았으며 IPCC 위원장을 맡고 있는 이 순간까지 저를 놀라게 만들고 있는 것은 IPCC의 경찰비리민원 처리 시스템에 관련되어 있는 당사자들 전체를 망라하여 과거의 이 PCA 제도가 안고 있는 문제점들에 대한 컨센서스가 매우 견고하며 광범위하게 퍼져 있다는 점입니다. 즉 각종 압력집단, 시민운동 변호사, 경찰에게 피해를 당한 가족들의 경찰개혁운동가 등 뿐만 아니라 경찰노조와 각종 경찰단체, 자치경찰청장이나 경찰지휘부, 일반 경찰관, 훨씬 더 많은 관련 당사자 등이 모두 하나같이 이구동성으로 과거 PCA는 정말 문제가 많았다는 데 일치된 의견을 보이고 있습니다. 이들 모두 PCA가 마침내 종막을 고하였을 때 대다수 중대사건들의 경우, 명백히 경찰 스스로 경찰을 수사한다고 하는 것은 그야말로 신뢰를 할 수 없다는 데 똑같은 입장을 보여주었던 것입니다.

그리고 과거 PCA 시절의 제도는 신뢰성을 결여했기 때문에 경찰 스스로 자신들이 들여다보지 않은 것이 전혀 없이 샅샅이 뒤져보았다는 점을 과시하기 위해서라도 터무니없이 실컷 조사하며 수사하려 들 수밖에 없었습니다. 그래서 사건 전체가 터무니없이 상세해지며 전혀 어울리지 않게 되어버리곤 했던 것입니다. 그러나 실제로는 어느 누구도 사건 수사 내부적으로 도대체 어떻게 돌아가는지 알지 못하며 따라서 어느 누구도 만족해하지 못할 수밖에 없었습니다. 결국 경찰노조, 경찰문민직원노조, 압력집단 등 전혀 다른 이익집단들이 이구동성으로 당시 PCA라는 경찰비리민원 시스템의 개혁이 필요하며 무언가 잘못 되어 있다는 일치된 견해를 표명하기에 이르렀던 것입니다.

충격적인 것은 이 지점에서 그와 같은 컨센서스가 여전하다면 과연 그 정도가 어느 정도인가 하는 문제입니다. 저는 예컨대 언론의 엄청 난 주목을 받았으며 여러 가지 점에서 제대로 해결되지 않고 있는 스톡웰사건(Stockwell case, 2005년 7월 22일 영국런던 스톡웰 지하철역에서 무고한 브라질 청년이 테러 용의자로 사살된 사건)의 경우 IPCC가 이 컨센서스를 상실할지 모른다는 생각이 듭니다. 그러나 그런 PCA가 종말을 고할 때에 이르러서조차도 경찰노조는 불만을 토로할지도 모르겠지만 실제로 PCA와 IPCC는 적폐가 덜한 쪽에 속합니다. 제가 생각하는 어느 누구보다도 과거의 바로 이 PCA야말로 여전히 현재의 IPCC가 계승한 기관일 것입니다. PCA를 소멸시키면서 상황이 바뀔지 모르겠지만 이 순간에도 그와 같은 일종의 컨센서스가 여전히 존재하는 건 사실입니다.

4. PCA와 IPCC의 업무 범위

작년도 업무범위를 보면 경찰비리민원 건은 약 2만 4천 건이었습니다. 이 중 약 20%는 무례한 언행과 버릇없음에 관한 것이며 경찰과 접촉한 이후에 시민들의 대 경찰 신뢰도가 추락하는 이유의 상당 부분을 차지하는 것이기도 합니다. 또 다른 20% 정도는 경미한 폭행 혐의에 관한 것입니다. 훨씬 더 세간의 이목과 주목을 받는 경찰비리민원의 많은 부분은 경찰이 행했던 것에 관한 것이 아니라 행하지 않은 것에 관한 것, 즉 부작위에 대해서입니다. 즉 여기에는 제대로 범죄수사를 하지 않은 것, 특히 가정폭력에 대해 이를 진지하게 받아들이지 않은 혐의에 관한 것입니다. 그리고 경찰비리민원의 가장 앞에는 경찰과 접촉하면서 발생한 1백여 건의 사망사건에 관한 것이 있습니다. 저는 다른 나라 다른 사법전통의 국가들에 견주어 보았을 때 영국 경찰옴부즈맨에게 제기되는 이 정도의 경찰비리민원 수치는 비교적 적은 편에 속한다고 봅니다. 영국 전역에 걸쳐 매년 경찰 총격에 의한 사망자 수는 평균적으로 3명 정도입니다. 다른 국가와 비교해 보았을 때 이 수치는 많은 것은 아니지만 어떤 의미에서 각각의 사망사건에 대해서 가장 엄중한 조사와 수사를 하게 됩니다.

IPCC 존립과 활동에 관한 이 모든 것들은 '2002년의 경찰개혁법'의 규정에 따르도록 되어 있습니다. 무엇보다도 먼저 이 법은 계급의 고하를 막론하고 모든 경찰관, 경찰문민직원, 예컨대 유치장(우리나라 경찰 유치장 및 검찰 구치소를 합한 구금시설에 해당함)에 근무하는 용역직원 등에게 적용한다고 규정하고 있습니다. 영국에서는 이 법 제정을 통하여 처음으로 경찰비리민원처리 시스템에 대한 접근권, 민원인의 항소권, 유해성 테스트를 거쳐 민원인과 관련 경찰관에게 의무적인 정보제공 제도 등이 최초로 도입되기에 이르렀습니다. 이 중 마지막 정보제공의무에 대해서는 일부 혼동이 있는 실정입니다. 물론 IPCC가 당사자들에게 '절대적인' 정보제공의무가 있는 것은 아닙니다. 이 의무는 오로지 IPCC가 제공하는 정보가 국가안보에 유해하지 않아야 하며 이후 이어질 수 있는 법적 소송에 영향을 미치는 것이어서는 안 되는 한도 내에서만 정보를 제공토록 할 수 있습니다.

기타 제가 IPCC라는 경찰옴부즈맨 제도에 대하여 지적해 두고 넘어가고자 하는 점은 IPCC가 어떤 사항을 수행하지 못하게 되어 있는가 하는 점을 강조해야 한다는 점입니다. IPCC는 오로지 경찰 행동윤리 사항을 조사하고 잘못을 가려내는 일을 합니다. IPCC는 영국에서는 경찰의 '지휘통제'라고 일컬어지고 있는 경찰의 운영(operation) 사항에 대해서는 관여하지 않습니다. 결국 저는 경찰은 경찰이 자신의 업무실적에 대하여 IPCC 위원장과 같은 저와 같은 공직자에게 '경찰업무실적'에 대해서조차 민주적 책임을 지도록 해서는 안 된다고 생각합니다. 다른 한편, 저는 경찰의 행동윤리에 대하여 선출직 정치인에게 민주적 책임을 지도록 해서도 안 된다고 생각합니다. 제 입장에서 보았을 때 이 구별에 대해 원칙적으로는 아무런 문제도 없습니다. 물론 IPCC에게 경찰비리민원을 제기하는 시민들이 보기에 '경찰운영' 사항과 '경찰행동윤리' 사항은 잘 구별이 되지 않으며 저는 때로 이로 인해 정말 여러 가지 혼동과 혼란이 발생하고 있다고 봅니다. 많은 경찰비리민원 사건들은 그 두 요소가 모두 뒤섞여 있으며 처리절차가 저희 IPCC가 원하는 대로 조화롭게 병행하여 진행되지는 않는 경우들도 적지 않습니다.

5. IPCC의 권한

IPCC는 2004년 4월 설립되었습니다. IPCC의 권한 두 가지를 간략하게 소개하면 첫째, 가장 중대한 사건들에 대하여 IPCC가 독립적이며 독자적으로 수사하며 그것도 제2차적인 단계에서가 아니라 최초의 기본적인 수사관으로서 수사하는 권한을 가지고 있다는 점을 가리키며 둘째, IPCC의 수호권이라고 부르는 것으로서 이는 경찰이 경찰비리민원 건을 수사하든 IPCC가 수사하든 양자를 막론하고 이 경찰비리민원 처리 제도 전반에 대하여 시민사회의 신뢰를 잃지 않도록 지켜내도록 하는 IPCC의 책임과 업무 측면들을 가리킵니다.

경찰 측은 가장 중대한 결과가 초래된 몇몇 경찰비리민원 유형에 대해서는 IPCC에 반드시 회부토록 해야 합니다. 뿐만 아니라 시민사회의 우려를 초래할 수 있는 다른 건들에 대해서도 IPCC에 회부해야 합니다. 그리고 그렇지 않은 민원 건들이라고 하더라도 IPCC가 우려하는 건들에게 대해서는 IPCC 자체적으로 이를 회수하여 처리 진행을 직접 맡을 수 있습니다. 몇 가지 예를 들면 경찰은 IPCC가 처리를 담당하더라도 공익에 부합하지는 않는 사건들에 대해서조차도 IPCC에 회부하는 경우들이 발생합니다. 즉 초창기에는 IPCC가 일명 '경찰제복 대 경찰제복' 사건이라고 부르는, 어느 한 경찰관이 다른 경찰관에 대해 비리민원을 제기하는 사건들이 폭주해 밀려왔습니다. IPCC는 이런 건들에 대해서는 IPCC에 회부하지 않고 경찰 스스로 처리하도록 바로잡는 데 무진 애를 먹었습니다. 이런 건들을 처리하는 데 국민혈세를 쏟아 부어서는 안 됩니다. 다른 한편으로 테러리즘과 연관된 모든 경찰비리민원 건들에 대해서는 사상자 발생 유무를 가리지 않고 빠짐없이 모두 IPCC가 직접 회수하여 처리를 담당합니다. IPCC가 반드시 모든 테러리즘 관련 경찰비리민원 건들을 다뤄야 하는 것은 아니지만 실제로 테러리즘 관련 건들에 대해서는 모두 IPCC가 회수하여 다루면서 감독하도록 하고 있는 것입니다.

가장 커다란 규모로 수사가 이뤄진 다른 한 예를 들어 보겠습니다. 이것은 다른 나라 분들에게 설명드리기에 많은 어려움이 뒤따릅니다.

이 사건의 출발점은 정부 측이 사냥개를 데리고 다니며 사냥하는 행위
를 금지하도록 정책을 결정하였을 때까지 거슬러 올라갑니다. 영국 전
역에서 이 문제는 매우 커다란 정치적 이슈였습니다. 저는 그럴 필요
까진 없다고 보기도 했으나 현실이 그러했습니다. 이 문제가 의회에서
심의되는 동안 영국에서는 대규모 반대시위가 발생하였습니다. 시위
당시 군중들 일부는 의회 안에까지 밀고 들어가려 했으며 그냥 그 자
리에서 항의시위만 하는 군중들도 있었습니다. 그런데 TV 카메라들은
경찰이 이들 시위대에 대해 명백히 정말 무지막지하게 경찰봉을 휘두
르는 장면을 찍어서 방영하기에 이르렀습니다. 결국 IPCC는 이와 관
련된 몇몇 경찰비리민원 건들을 직접 다루기로 결정하였습니다. 물론
당시 누구도 이런 무지막지한 경찰진압으로 사망자까지 발생하진 않았
지만 의회 앞에서 이런 일이 발생했다는 점과 이 장면이 전국에 방영
되었다는 점에 비추어 보았을 때 IPCC가 직접 조사와 수사를 담당해
야 하는 사건이라고 판단 결정하기에 이르렀던 것입니다.

영국 경찰제도 전반을 간단히 소개해 드리는 것이 도움이 될 것 같
습니다. IPCC는 4개 지방사무소를 두고 있습니다. 하지만 영국 전역의
자치경찰은 모두 43개에 달하며 각각은 서로 매우 큰 차이점들을 가지
고 있습니다. 런던자치경찰청은 경찰관이 약 4만 명인 데 반하여, 다른
많은 소규모 자치경찰은 약 1천 명 내외에 불과합니다. 경찰력, 경찰스
타일, 경찰문화 등등에 있어서 각각의 자치경찰청들은 매우 편차가 큽
니다. 제가 생각하는 문제점 한 가지는 상당 부분 영국 전역의 경찰활
동 문제가 시티오브런던경찰청 및 런던자치경찰청 관내에서 발생하는
일들에 따라 좌우된다는 점입니다. 왜냐하면 런던 지역에서 발생하는
문제들이 영국의 다른 지역에서 발생하는 문제와 똑같은 것만은 아니
기 때문입니다.

영국 경찰은 제도적으로 각급 자치경찰청장, 국무부 장관(경찰에 관한 한 다른 나라의 내무부 장관에 해당함), 각 지역별 선출직 자치경찰위원회 등에 대하여 민주적 책임을 지도록 되어 있습니다. 하지만 영국에서는 경찰의 민주적 책임 문제에 관여하는 분야별 경찰외부감시기관은 제가 차트(생략)를 통해 보여 드리는 바와 같이 그 외에도 훨씬 더 많은 기관들이 더 있습니다. 예컨대 '경찰감찰관실'은 경찰활동 실적 분야를 다루고 있습니다. 국무부 측이 보기에 경찰감찰관실이 그다지 엄하지 않다고 생각하여 새로 설치한 '경찰업무표준국'도 있습니다. 영국 경찰이 예산을 어떻게 썼는가에 대하여 회계감사와 회계조사를 담당하는 '회계감사원'도 있습니다. 이런 유사한 경찰외부감시기관들이 숱하게 더 많아서 저에게 경찰지휘부들은 "자 보세요. 저는 정말 가장 우수한 경찰관들 상당수를 사무실에 처박아 두고 이런 숱한 경찰외부감시기관들 각각에 대하여 업무보고서들을 만들어 드려야만 하는 실정이에요. IPCC도 그중 하나에 속하며 전혀 다른 질문과 기준들을 들이대잖아요. 이런 부담들을 제발 없애 주세요. 경찰 본연의 일을 할 수 있도록 해 주세요." 하고 하소연 합니다. 그래서 IPCC는 실제로 아무런 역할도 없거나 아무런 가치도 없으면서 관료기구만 하나 더 생겨난 꼴이 되지 않도록 하기 위하여 IPCC라는 경찰옴부즈맨 본연의 역할을 다하기 위해 노력을 다하고 있습니다.

6. IPCC의 구조

IPCC 지도부는 17명의 풀타임 위원들로 구성되며 이들은 법적으로 경찰 경력이 있으면 IPCC 위원으로 임명될 수 없게끔 규정되어 있습니다. IPCC 소속 수사관은 약 150명이며 이들을 포함하여 IPCC 직원

총수는 약 350명입니다. IPCC의 구조 중에서 두 가지 측면에 대하여
몇 가지 말씀을 드리고자 합니다.

먼저 IPCC 수사관에 대해서입니다. IPCC가 부닥친 전인미답의 가장
커다란 문제 중 하나는 도대체 누구를 IPCC 수사관으로 뽑도록 해야
하는가 하는 점이었습니다. 먼저 'IPCC가 경찰이나 전직 경찰관 명단
중에서 IPCC 수사관을 뽑는다면 이는 IPCC의 독립성을 희석시키고
말 것'이라고 지적하는 일군의 집단이 있습니다. 다른 한편 '이보세요.
IPCC 수사관이 전직 경찰이 아니라면 일언지하에 압도당하며 깔아뭉
갬을 당할 수밖에 없을 거요. 사망사건을 수사하러 갔는데 도대체 경
찰 빼놓고 도대체 누가 사망사건 수사경험이 있단 말이요?'라고 지적
하는 일군의 다른 집단이 있습니다. 그래서 결국 제 입장에선 행운이
라고 고백할 수밖에 없는데 IPCC는 그 둘의 혼합으로 충원을 마무리
짓게 되었습니다. 즉 IPCC 수사관의 3분의 1은 기본적으로 전직 간부
계급 경찰 경력이 있는 사람으로, 그리고 3분의 2는 경찰 경력이 없으
면서도 수사경력이 있는 사람으로 충원하게 된 것입니다. 결국 IPCC
는 샌드위치 형태로 만들어지게 되었습니다. 즉 최상층부인 IPCC 위
원급(17명)은 각 수사팀장을 맡게 되며 이들은 일체의 경찰 경력이 있
어서는 안 되며 다음으로 IPCC 간부급 수사관은 전체적으로 전직 간
부계급 경찰경력이 있는 사람들로 충원되었고 실제 IPCC 일선 수사관
들은 경찰출신이 아닌 훨씬 더 다양한 경력자들로 구성하게 된 것입니
다. 저는 IPCC가 마음먹은 대로 얼마든지 독립성을 견지할 수는 있으
나 역량을 갖추지 못한다면 누구도 만족시킬 수 없다고 봅니다. 다른
한편 전직 경찰 경력이 있는 IPCC 수사관들의 경우 문제는 이들이 역
량이 없지는 않으나 독립성을 결여할 수 있다는 점입니다. 하지만 전
체적으로 보았을 때 당시 IPCC가 양자를 혼합하여 충원하게 된 것은

정말 비법 중의 비법을 이룩했던 것으로 봅니다.

저는 스톡웰 사건에 대하여 IPCC가 어떻게 대응해야 할 것인가 하는 문제에 대해서도 커다란 관심이 있었습니다. 왜냐하면 이 사건을 통하여 IPCC의 역할이나 업무에 대하여 전국적인 논쟁이 유발되었기 때문입니다. 결국 일부 비판이 있었던 반면 IPCC가 독립성이 없다고 비판하진 않았으며 IPCC가 역량이 없다는 비판도 받진 않았습니다. 대체로 보아 영국의 시민사회는 IPCC에 대해 나름대로 역량과 독립성을 함께 가지고 있다고 인정해 주고 있는 셈입니다.

IPCC의 구조와 관련하여 말씀드리고 싶은 다른 한 가지는 IPCC가 IPCC와 관련을 맺고 있는 매우 다양한 이해당사자들을 망라한 자문위원회를 두고 있다는 점에 대해서입니다. 이들 자문위원들은 IPCC를 만들어 내도록 하는 데 이바지한 바로 그 분들로서 여기에는 경찰직원 노조, 경찰지휘부, 시민운동 변호사, 각종 이익집단 등의 인사들이 속해 있습니다. 1년에 4회 분기별로 IPCC 자문위원회 회의를 개최하며 회의가 열리면 모두가 승부가 날 때까지 자웅을 겨루며 싸우는 경우가 다반사인 탓에 이 회의는 모두들 유쾌하게 임하고 있으며 그 가운데 위치에 있는 IPCC는 중용의 자세를 취하려 애쓰고 있습니다. 그러나 IPCC가 이 회의에서 하는 역할이란 경찰활동이 처한 현실과 이슈들이 과연 무엇인가에 대하여 시민들이 훨씬 더 잘 알 수 있도록 공개토론을 벌이도록 하는 데 역점을 두고 있습니다. IPCC는 이 회의 개최를 통하여 부수적으로 매우 흥미 있는 성과를 거두고 있기도 합니다. 즉 영국의 인권단체 NGO들이 영국 경찰노조 측을 직접 서로 얼굴을 맞대고 만날 수 있는 장을 마련한 것이 되었으며 이런 만남은 다른 곳에서는 도저히 이루어질 수 없는 만남의 장을 다름 아닌 바로 우리 IPCC가 제공하는 것이 되고 있습니다.

7. IPCC의 수사

IPCC는 여러 가지 수사방식 대안들을 열어 두고 있습니다. 첫째, IPCC가 완전히 독자적으로 IPCC 수사관들이 직접 벌이는 수사는 소수에 불과합니다. 두 번째 방식은 경찰비리민원 건에 대한 경찰의 수사에 대해 IPCC가 '관리'하는 수사방식이 있습니다. 경찰이 수사는 담당하지만 IPCC의 지휘관리에 따라 진행하게 되는 방식입니다. 셋째 방식은 IPCC가 경찰수사를 '감독'하는 수사방식이 있으며 이는 경찰 통제 아래 수사는 진행하되, 진행상황을 IPCC에 보고토록 하는 수사방식입니다. 그리고 마지막으로 네 번째 방식은 해당 자치경찰청별로 자체 수사하도록 일임하는 수사방식이 있습니다. 이때 IPCC는 IPCC가 할 수 있는 한 그리고 그렇게 하는 것이 적당하다고 보는 경우 시민들이 경찰비리민원을 비공식적으로 그리고 조용하게 조정하여 해결할 수 있도록 권장하고 있습니다.

IPCC에게 회부해야 하는 중대 사건은 우선 그 수사 규모가 어느 정도인가를 암시해 줍니다. IPCC가 활동을 시작한 1차 년도인 작년(2004년)의 경우 첫 번째 수사방식인 IPCC 독자수사는 30건 이상 정도만 담당한 바 있습니다. 하지만 경찰 자체적으로 민원 건을 수사하거나 IPCC 감독수사를 하는 경우에도 민원인들은 IPCC에게 항소할 수 있는 권리가 있습니다. 민원인들은 경찰이 민원 등록을 해 주지 않는 경우 IPCC에 항소할 수 있습니다. '민원 등록을 해 주지 않는다는 것은 공식적인 민원 처리절차에 투입하지 않는 것을 가리킵니다.' 민원인들은 해당 자치경찰청의 자체적인 화해조정 절차에 대해서도, 민원인들이 연루된 사항들에 대해 제대로 상황을 전달받지 못한다고 생각하는 경우 항소할 수 있게 되어 있습니다. 그리고 민원인들은 경찰 측 수사

결과에 대해서도 항소할 수 있습니다.

항소 유형별로 보았을 때 IPCC는 다른 어느 경우보다도 경찰비리민원으로 등록을 받아주지 않는다는 항소 민원을 가장 많이 받고 있습니다. 과거 경찰비리민원처리 시스템을 평가하는 데 있어서 활용되는 방식들을 보면 물론 민원이 적을수록 양호한 것으로 평가되며 민원이 많을수록 불량한 것으로 평가받았습니다. 따라서 경찰 측 입장에서 보면 시민들의 경찰비리민원제기를 억제하도록 하는 방향으로 인센티브를 부여한 것이 사실입니다. 실제로 몇몇 가장 흥미 있는 자치경찰청들을 보면 시민들이 IPCC에게 말하는 것이 유용성이 많은 사안들을 가지고 있을 수 있으며 IPCC는 이들 시민에게 경찰에 대해 만족하지 않으면 IPCC에 와서 말해 주었으면 하는 그런 자치경찰청들의 경우일수록 경찰비리민원 발생 건수가 매우 높았습니다. 그러면 경찰감찰관실(HMIC, 영국의 또 다른 경찰외부 감시기관을 가리킴) 측은 이들 자치경찰청 등 뒤에다 대고 '도대체 여기 뭔 잘못들이 그리도 많은가, 그리고 왜 다른 어디보다 여기 경찰비리민원 발생 건수가 그리도 많은가?'라고 지적합니다. 결국 IPCC는 이 경찰비리민원 발생 건수 통계가 갖는 의미가 무엇인지 제대로 판단해 보기 위하여 보다 더 세심하게 이해와 인식을 증진시켜 나가고 있는 실정입니다. 경찰비리민원 건수의 전체 수치의 많고 적음에만 매달려 일희일비하는 단순하기 짝이 없는 인식에서 벗어나야 한다고 봅니다.

IPCC가 수사를 담당하여 진행해야 하는 IPCC 소속의 담당 수사관들은 근무 도중 법적으로 경찰관과 전적으로 동일한 권한을 갖고 행사할 수 있게끔 되어 있습니다. 즉 IPCC 수사관들은 경찰관서에 출입할 수 있으며 기록과 문서를 압수할 수 있고 계고장을 발부하면서 신문할 수 있으며 체포권을 가지고 있습니다. 그러나 저는 IPCC 수사관들이 기소권자는 아니라는 점이 중요하다고 보고 이를 명확히 지적하고 넘어가고자 합니다. 그래서 IPCC가 수행하고 있는 일이란 과연 범죄 증거나 비리행위 증거가 있는지 여부에 대해 범죄구성요건 등에 비추어 심사 검증해보는 일, 그 자체인 것입니다.

　IPCC가 처해 있는 여러 가지 어려움들 중에서도 기대수준에 있어서 모순이 존재한다는 점에 대해서 주목하고자 합니다. 다시 제가 스톡웰 사건을 예로 들어 말씀드린다면 영국의 시민들은 어떤 식으로든 도대체 IPCC는 무슨 일이 발생했다고 생각하는가를 밝혀주는 보고서를 접하게 해줄 것이라는 기대수준을 갖도록 했습니다. 하지만 IPCC가 실제로 '해야 하는' 일은 기소권자에게 IPCC가 보기에 어느 한 범죄가 저질러졌는지 여부에 대한 범죄구성요건을 충족시킨다고 생각하는 증거를 확보했다고 하는 내용의 보고서를 만들어 내는 일인 것입니다. 그리고 이 보고서는 해당 형사소송절차가 최종적으로 마무리될 때까지는 공개되어서는 안 되게끔 되어 있습니다. 그래서 저는 바로 이 지점에서 일종의 갭이 있을 수밖에 없다고 보는 것입니다. 결국 IPCC는 과연 IPCC가 그와 같은 설명을 제공해 주는 별개 사항들에 대한 것들을 설명하고 알려주어야 하는가 여부에 대해서도 신중히 고려하여 판단을 내려야 합니다. 하지만 만일 법원으로까지 가는 사건이 있다면 이에 대해 공개하는 것은 재판이 모두 끝나는 장기간 동안에 이르는 기간이 경과된 이후에야 가능하다는 점은 두말할 나위가 없습니다.

8. 경찰비리민원 시스템 전반의 개혁 업무

지금부터 말씀드리고자 하는 것은 IPCC가 하는 일이면서도 훨씬 더 이례적이며 독특한 업무들 중에서도 일반 시민들은 잘 모르고 있는 사항들에 대해서입니다. 앞에서 이미 설명해 드린 것처럼 IPCC가 감당하는 경찰비리민원의 절대다수는 여전히 경찰 스스로 처리하고 있습니다. 저는 그렇게 하는 것이 맞다고 봅니다. 저는 더 많은 경찰비리민원을 IPCC가 직접 처리해야 한다는 야심을 갖고 있질 않습니다. 그 이유는 결국 최종적으로 경찰로 인하여 경미한 침해가 발생한 경우 저는 경찰 관리자가 '그런 행위를 저는 받아들일 수 없으며 제 교대조에서도 받아들일 수 없어요. 나아가 제 자치경찰청에서도 받아들일 수 없어요'라고 지적해 주도록 하는 것이 더 좋다고 보기 때문입니다. 만일 이때 경찰 관리자의 말이 '이보세요. 우린 이 민원 건을 IPCC로 보내버렸어요. 저는 IPCC 측이 이 민원 건을 다루지 않겠다고 할까봐 걱정되거든요. 하지만 자, 그러니 모두들 펍에 가서 술 마시면서 기분 나쁘게 생각하지 않는다는 점을 과시하도록 해요.'라는 식이 되면 문제가 있다고 봅니다. 이들 경찰 모두가 해당 경찰비리민원 건에 대해 책임을 지도록 해야 하는 것이기 때문입니다.

IPCC는 경찰 자체적으로 경찰비리민원을 처리하는 표준적 절차를 정하도록 법령상의 위임을 받아두고 있으며 경찰 자체적인 민원처리에 대하여 감시와 조사를 하도록 하는 권한들을 부여받고 있습니다. IPCC는 경찰비리민원 시스템 전반에 대한 시민들의 신뢰도를 제고시켜야 할 책임을 지고 있습니다. 그리고 중요한 것은 IPCC가 '파고 들어갈 수 있도록 허용 받고 있는' 경찰운영의 한 영역은 IPCC가 취급하는 경찰비리민원 처리과정에서 나타나는 경찰운영상의 교훈 등을 끄집어내도록 하는 일입니다.

여기에 딱 들어맞는 사례 하나를 들어보도록 하겠습니다. 그것은 IPCC 설립 이후 최초로 취급하게 된 총격사건들 중 하나로서 이는 가정폭력 사건에서 나왔습니다. 당시 어느 한 가정의 남편이 경찰에게 커다란 칼날을 휘두르며 달려 나왔으며 경찰은 고무 탄알 총을 쏴 그를 제지하려 했습니다. 그런데 이때 고무 탄알 총 두 발이 오발되었으며 그러자 이 남편은 경찰에게 더욱더 칼을 마구 휘둘러댔기에 이르렀습니다. 결국 경찰은 총을 쏴 그를 사살하고 말았던 것입니다. IPCC는 이 사건이 발생 직후 불과 며칠 내로 고무 탄알 총에 근본적인 결함이 있었던 사실을 확인해 낼 수 있었습니다. 즉 IPCC는 이 고무 탄알 총의 탄알 장착 방식에 결함이 있으며 당시 오발과 사건 발생은 이 고무 탄알 총의 설계상의 결함으로 인한 것이었음을 밝혀내게 된 것입니다. 그래서 당시 IPCC는 재빨리 이런 사실들을 전체 영국 경찰에게 알려주어 전국적으로 이 설계결함을 빨리 찾아내 시정하는 일을 해 내도록 할 수 있었던 것입니다.

IPCC는 좀 더 광범위한 이슈들에 대해서도 능동적으로 대처해 오고 있습니다. IPCC가 당면한 큰 이슈 중에는 경찰과 접촉하면서 발생한 사망사건의 50%는 정신질환자들이었다는 문제가 있었습니다. 하지만 당시만 해도 정신질환자들이 연루된 각각의 사건들이 발생할 때마다 일선 경찰관들이 당시 무엇을 취급하고 어떻게 일처리를 해야 하는지 제대로 살펴볼 수 없었습니다. 그런데 IPCC는 병원에서 어떤 일이 일어나는가를 조사해보고 진상을 알게 되었으며 정신질환으로 인해 사태가 어떻게 악화되는가에 대해서도 진상을 알게 되었고 대결상황이 초래되는 것을 피하기 위해서는 상황을 거슬러 올라가 보고 경찰이 어떤 역할을 했어야만 하는가를 조사하여 진상을 알 수 있게 되었던 것입니다. 그래서 IPCC는 이렇게 명백하게 밝혀진 사항들을 토대로 하여 이런 측면에 있어서 경찰운영상의 이슈들에 대해서도 여러 가지에 대해 조사해 보고 대책을 내놓을 수 있게 되었던 것입니다.

9. 시민들의 신뢰도:
IPCC의 전문성과 경찰일선에서의 역할

IPCC는 개별 사건에 대해 철저하게 조사하며 경찰이 적절하며 필요한 조치를 다 취하도록 설득하면서 IPCC가 이것으로써 끝이라고 말하는 꼭 바로 그만큼의 성과를 매우 명확하게 보여줍니다. 이는 경찰이 잘못했다고 말하는 것과 다름없습니다. 그러나 물론 경찰이 잘못한 경우 법원 소송사건이 되며, 설립 운영에 들어간 지 얼마 안 되는 IPCC가 수행한 큰 수사 건들 대부분은 아직까지도 법원 소송사건은 열리질 않고 있습니다. 그래서 IPCC가 처리한 것은 아직 법원에 가서 검증되기까지 하지는 않은 상태입니다. 실제 법원 소송이 진행되었을 경우 IPCC는 결론과 판결이 어떻게 나올지 지켜보아야 하는 입장에 놓여 있긴 하지만 아직까지 IPCC의 업무처리는 양호한 것으로 나타나고 있습니다. 이런 수사 건들의 상당수에 있어서 IPCC는 시간을 크게 단축했으며 이런 시간단축이야말로 경찰에 대한 신뢰구축에 있어서 정말 핵심적 요소가 된다고 봅니다. 경찰 측이 IPCC에게 말하는 유형 한 가지는 이렇습니다. "만일 우리 영국 경찰이 잘못했으면, 그리고 공정한 절차에 어떤 문제가 있었다면 최종적으로 결국 경찰이 처벌을 받게 되며 우리 영국 경찰은 바로 그것이 의당 그렇게 되어야 한다는 점을 이해합니다." 하지만 제가 판단하기로는 과거의 PCA와 같은 경찰비리민원처리 절차의 경우 경찰비리민원으로 수사받게 되는 것 그 자체가 이미 한 가지 처벌 유형이 된다고 보았으며 이는 상당히 근거가 있는 것이었습니다. 이렇게 당시 과거에는 수사 최종 단계에 가서 결국은 경찰이 전혀 잘못한 게 없으며 책망 받아야 할 게 아무것도 없다는 점이 밝혀지더라도 그때까지 해당 경찰관의 경력은 대기 상태에 놓여 있을 수밖에 없었던 것입니다. 어떠한 사법제도에 있어서도 핵심은 진행을 신속하게 하며 비례성의 원칙에 맞도록 진행토록 해야 한다는 데 있습니다.

제가 이미 지적한 것처럼 IPCC는 자체 전문성을 학습하며 개발하는 데 있어서 상당히 커다란 진척을 이룩했으며 이제 경찰의 총기로 인한 사망사건에 대해 자체적으로 수사를 마무리할 수 있는 정도가 되었습니다. IPCC가 설립된 지 18개월 내에 벌써 IPCC 수사관들은 경찰의 총기로 인한 사망사건을 수사 처리하는 데 있어 경찰보다 더 수준 높은 경험과 전문성들을 축적하기에 이르렀습니다. 즉 지금 현직 경찰관 중에는 IPCC 수사관이 경찰 총기로 인한 사망사고를 처리해 본 정도의 수사경험을 가진 그런 경찰관은 없을 정도가 된 것입니다.

IPCC가 정말 명백히 해 온 사항들 중 한 가지는 IPCC는 긴급서비스 기관은 아니라는 점입니다. IPCC는 푸른색 경광등을 켜고 다니진 않습니다. 경찰이 사건 발생 후 최초 수 시간 동안의 처리를 담당하며 때로 며칠 동안의 수사를 담당하는 것은 불가피한 일입니다. 왜냐하면 IPCC가 사건현장 주변을 찾아내지 못하거나 현장 도착까지 하는 데에는 여러 시간이 걸릴 수 있기 때문입니다. 그러나 IPCC가 정말 잘 해 내 온 것은 '신속처리시간 평가' 제도를 시행해 왔다는 점입니다. IPCC는 경찰비리민원사건 현장에 매우 신속하게 단 한 명의 간부급 수사관을 보내게 되며 그가 IPCC 증원군이 도착할 때까지 어떤 일이 발생했는가, 상황이 어떤지 확보하는 일을 적절하게 수행하도록 해오고 있습니다. IPCC가 경험과 학습을 통해 터득한, IPCC가 수행해야 하는 다른 한 가지 일은 매우 신속하게 수사방향을 샅샅이 재보고 어림하는 일이었습니다. 그렇게 함으로써 경찰옴부즈맨은 무엇인가를 시작하며 많은 자원을 투입하여 수사에 착수하며 이 지점에서는 문제가 없음을 조기에 밝혀내 수사를 축소토록 할 수도 있게 되는 것입니다.

마지막으로 IPCC가 하는 피드백 업무는 영국 전역의 각 지방에서 양질의 활동을 전개토록 하는 일입니다. IPCC는 지역별 사무소를 두고 있으며 따라서 과거처럼 런던에만 있는 경찰옴부즈맨 기구가 아니고 영국의 전국 각지를 돌아다니면서 런던에서 온 IPCC가 일을 어떻게 처리해야 하는지 생각하는 바를 잘 실천하고 있습니다. 저는 바로 이 점이야말로 각 지방 주민들로부터 IPCC가 신뢰를 얻는 핵심 포인트가 되고 있다고 생각합니다.

10. 시민신뢰와 경찰신뢰

IPCC가 당면한 향후 도전들은 무엇이 있을까요? 저는 현재 IPCC가 하고 있는 일에 대한 시민들의 신뢰수준을 그대로 유지하는 것만도 엄청난 도전이며 과제라고 봅니다. IPCC는 이미 몇 차례 시민신뢰도 여론조사를 실시했으며 아직까지는 IPCC에 대한 인정 정도는 놀랄 만큼 높게 나오고 있습니다. 조사대상이 어느 계층이며 누구인가에 따라 신뢰도 수준은 천차만별인 것으로 나타납니다. 그러나 IPCC는 각기 다른 계층과 지역사회에 다가가 그들의 관심사항이나 우려사항들을 경청하기 위하여 각별한 노력을 다하고 있습니다. 그리고 IPCC는 이들에게 나름대로 응답을 하고 있습니다. 예컨대 IPCC는 무슬림 포럼을 개최하고 이들의 관심과 우려사항이 무엇인지 확인하여 필요한 조치를 취하기 위해 많은 노력을 경주해 왔습니다. 이들에게 IPCC는 다음과 같이 말하려고 노력합니다. "결과가 만족스럽지 못하더라도, 즉 여러분 아들이 경찰 구금 중 사망했더라도 IPCC는 여러분 자식을 도로 살려 낼 수는 없으며 시정하거나 개선시킬 수조차도 없습니다. 그러나 여러분은 IPCC가 어떻게 사건을 다뤄왔는가를 알아보실 수 있을 것입니다. IPCC는 가능한 한 일 처리를 투명하게 할 것입니다." 하지만 신뢰도가 최하수준인 계층이나 집단들은 아직도 경찰비리민원 제기조차 할 가능성이 최저 수준이라는 문제점은 여전히 그대로 남아있는 실정입니다.

저는 경찰옴부즈맨인 IPCC가 경찰의 신뢰를 받지 못하면 시민들의 신뢰도 얻어 낼 수 없다고 봅니다. 결국 최후에 가서 경찰이 만일 IPCC가 하는 일에 대해 신뢰하지 못한다면 저는 시민들도 IPCC에 대해 신뢰하지 못하게 될 것이라고 봅니다. 저는 바로 이런 형태가 IPCC가 영국에서 업무를 하는 방식이라야 한다고 봅니다. 그리고 IPCC는 경찰과의 협의를 통해서 IPCC의 관행을 발전시켜 나가기 위한 여러 가지 노력들을 통하여 많은 일을 해 낼 수 있었습니다. 저는 독립적이라고 하는 것이 곧 경찰옴부즈맨은 어느 기관에 대해서도 대화하지 말라는 것을 뜻한다고는 생각하지 않습니다. 그래서 IPCC는 IPCC가 관료주의의 악몽에 하나 더 추가되는 것에 불과한 것이 되지 않도록 하는 데 필요한 모델을 어떻게 발전시켜나가야 할 것인가를 둘러싸고 경찰 및 다른 여러 이해당사자 등과 대화하기 위하여 많은 노력을 해 왔습니다. 사실 성과와 투명성 문제도 똑같습니다.

그러나 IPCC는 아직도 정말 싸움거리를 가지고 있습니다. 저는 정말 영리하고 스마트한 경찰은 고객인 시민들이 무엇을 생각하고 있는지, 혹시 경찰이 고객인 이들 시민들을 정말 몹시 화나게 만드는 일을 하고 있는 것은 아닌지를 올바로 이해하는 데 중점을 두고 있는 일반 사기업 분야의 태도에서 많을 교훈을 이미 배워 실행할 수 있는 그런 경찰이라야 한다고 봅니다. 경찰옴부즈맨은 바로 이런 측면을 제대로 인식해야 합니다.

실제로 브릭스톤에서 발생한 한 사례를 들어 보겠습니다. 당시 저는 매우 스마트한 경찰관으로 생각되는 어느 한 지구대장(commander, 자치경찰청장 계급에 속하며 우리나라 경무관 정도에 해당함)과 함께 회의에 참석한 바 있습니다. 당시 제가 그 회의에 참석한 이유는 어느 인종차별사건에 관한 경찰비리민원 건이 접수되었기 때문이었습니다. 당시 회의는 여러 활동가, 교회 지도자들, 지역사회단체 대표들로 운집해 있었으며 이들은 분노가 치밀어 오른 분위기였습니다. 지구대장은 이 모든 것을 꾹꾹 참아냈으며 IPCC가 무슨 일을 하는 기관인지 설명해 주고 참석자들이 하는 말들을 모두 경청하면서 자리를 함께 하였습니다. 그러자 회의장 분위기가 변하는 조짐이 느껴지는 듯했습니다. 그런데 이때, 아들이 경찰 구금 중 마약을 삼키다가 사망한 한 어머니가 매우 격정적인 발언을 하셨습니다. 참석자들이 여기에 동정을 표할 것으로 생각할 수 있었으나 실제로는 이 어머니 편을 들지 않았습니다. 이때부터 참석자들은 주택가나 우범지대에서 비참한 생활을 하는 청소년들에 대해 이야기하기 시작했으며 지구대장은 이 문제에 대해 어떻게 할 수 있는가에 대해 말하기 시작했습니다. 그러자 참석자들은 총기범죄에 대해 이야기했으며 지구대장은 "좋습니다. 이제 여러분이 저를 도와주십시오. 이 문제에 대처하려면 여러분께서 도와주셔야 합니다. 지금 하시는 말씀들이 저에게 매우 귀중한 내용이자 좋은 정보가 됩니다"라고 말했습니다. 경찰옴부즈맨 입장에서 보면 이때 어느 한 정당한 경찰비리민원 건에 대하여 경찰 대응이 조기에 이루어지며 실효성 있고 투명하며 방어적이지 않은 형태로 이루어지도록 함으로써 IPCC가 정말 그러기를 바랐던 바로 그러한 활동을 하게 되는 모습을 생생하게 목격할 수 있었던 것입니다.

경찰비리민원 건을 잘 다루어야 합니다. 그렇게 하면 경찰서비스 전반에 대한 신뢰를 구축해 주며 그렇게 하면 거꾸로 경찰이 자신의 직분을 제대로 하는 데 긴요한 정보 등을 얻는 데 커다란 도움을 주게 됩니다. 위 이야기는 한 일화에 불과합니다. 이런 이야기에 너무 깊이 빠져들 필요는 없습니다. 하지만 이것은 영리하며 스마트한 경찰관이 경찰옴부즈맨을 단지 한 가지 위협 요소로만 보질 않고 오히려 이를 좋은 기회라고 받아들이고 있는 방식을 생생하게 보여주는 사례인 것입니다.

중요한 문제는 IPCC가 경찰의 업무성과 전반에 대하여 끼친 영향을 어떻게 측정하여 판별해 낼 수 있는가 하는 점입니다. 저는 정신질환자와 경찰활동 관계에 대해 IPCC가 이룩한 성과에 대해 지적한 바 있으며 지금도 교통경찰의 추적활동 및 경찰추적 중 무고한 보행인들이 사망한 사건 등에 대해서도 많은 성과를 올리고 있습니다. IPCC가 이런 종류의 여러 가지 활동들을 해 나갈 때 IPCC의 업무나 역할과 자치경찰청장 같은 경찰 지휘부의 업무나 역할 사이에는 끊임없는 긴장관계가 발생할 수밖에 없습니다. 하지만 IPCC에게 이런 것은 사소한 긴장 정도에 불과할 따름입니다.

시민들은 흔히 모순적인 것들을 원합니다. 예컨대 열린 자세라는 측면에서 보면 시민들은 모든 사람들 일이 어떻게 돌아가는지 알고 싶어하면서도 정작 자신들의 일은 사적인 것이라며 드러나지 않길 원합니다. 사실 경찰들도 자신들은 역시 프라이버시를 보호받을 권리를 가지고 있다는 점은 너무도 당연한 사실입니다. 범죄를 저질렀다고 고발된 개별 경찰관들은 왜 일반 시민들이나 다른 공직자들과는 다른 조건과 상황 속에서 다르게 취급되어야 하는 것입니까? 결국 이 모든 논란과 논쟁들은 밤새도록 얘기해도 끝이 없습니다.

11. IPCC의 향후 계획과 우선순위

IPCC의 향후 계획에 대해 말하면서 이번 발표를 마치려 합니다. IPCC는 현재 IPCC의 핵심인 수사 인력을 더욱더 증원하고 있습니다. IPCC는 영국 최초의 국립경찰인 중요조직범죄수사청(Serious Organised Crime Agency, SOCA)과 국세관세청, 이민국 등에 대한 업무도 새롭게 더 담당하게 되었습니다. 물론 이는 논란이 많이 일기도 했습니다. IPCC는 이런 기관들에 대해 전반적인 비리민원을 모두 처리하진 않습니다만 세관이나 이민국 직원들이 경찰 권한을 사용(이 개념에 대해서 IPCC가 기준을 정하고 있는 중입니다)하는 경우, IPCC는 이들에 대한 비리민원 건들에 대해서도 처리를 담당하게 되어 있습니다.

앞서 제가 지적한 것처럼 향후 커다란 과제는 경찰징계 결과에 대해서 IPCC가 민주적 책임을 져야 하는 측면입니다. IPCC는 양질의 수사를 진행은 해 오고 있지만 유무죄 판결과 결정은 IPCC가 담당하는 사항은 아니며 이렇게 IPCC가 판결과 결정까지 담당하지 않는 것이 마땅히 옳은 일이기도 합니다. IPCC는 수사관 역할을 하는 것이지 판사나 배심원 역할을 하는 것은 아니기 때문입니다. 그러나 결국에 가서는 많은 시민들과 가정들이 IPCC가 실제로 해 낸 일에 바탕을 두지 않고 오히려 법원의 재판 과정이 어떠했으며 법원이 내린 판결이 무엇인가에 바탕을 두고 IPCC에 대해 IPCC의 공과를 판단하고 평가를 내리게 될 것입니다. 이는 불가피한 갈등상황이긴 하지만 저는 원칙적으로는 지금 말한 수사와 판결의 구별이 있어야 한다고 봅니다.

IPCC 인터넷 홈페이지에는 제가 여기서 발표한 내용보다 훨씬 더 많은 자료들이 들어있습니다. 전 세계 경찰옴부즈맨 관계자나 일반인 모두 마음대로 이 자료들을 이용하실 수 있습니다. 이렇게 발표하게 되어 정말 감사드리며 장시간 경청해 주셔서 정말 감사합니다.

제 3 장 미국 뉴욕시

　이 장은 2002년 '미국 경찰옴부즈맨 연맹'(National Association for Civilian Oversight of Law Enforcement), 즉 NACOLE 제8차 연차총회 (장소: 매사추세츠 주의 캠브리지 시)에서 당시 뉴욕 시 경찰옴부즈맨 (CCRB) 위원으로 활동하던 데브라 리빙스턴 교수(Ms. Debra Livingston, 콜롬비아 대학 법학과)의 발표문을 소개한 것이다. 발표문은 경찰옴부즈 맨 제도의 평가기준에 대한 내용으로 되어 있으며 원제는 「그럼, 경찰옴 부즈맨은 어떻게 평가해야 하는가?」(Citizen Review of Police Complaints: Four Critical Dimensions of Value)이며 출처는 www.nacole.org로 되어 있다.

　이 장은 미국에서 경찰옴부즈맨 제도가 확산되고 경찰비리민원 심사 과정에 대해 시민 참여가 증대되면서 해당 지역사회는 경찰에 대한 이 런 형태의 시민감시가 과연 어떠한 가치가 있는가에 대해 제대로 확인 해 보아야만 하는 단계에 와 있음을 지적하고 있다. 리빙스턴 교수는 이 문제를 이해하기 위하여 경찰옴부즈맨 제도가 갖고 있는 중요한 네 가지 경찰감시 차원이라는 평가기준으로 나눈 다음 이 네 가지가 서로 연관되어 있음을 설명하고 있으며 이 네 가지 차원이 미국 최대의 자 치경찰기관인 뉴욕 시 경찰청에서 경찰옴부즈맨으로 활발한 활동을 벌 이고 있는 CCRB에서 어떻게 나타나는지 사례들을 들어가며 설득력 있게 제시하고 있다. 리빙스턴이 말하는 네 가지 감시차원이란 다음 과 같다.

　첫째, 경찰관들이 저지른 비위행위에 대해 책임을 묻도록 한다.

　둘째, 민원기록 유지 측면으로서 이는 비리민원을 해당 경찰기관에 대하여 지극히 중요한 사활적인 정보원으로 인정하도록 하는 것을 가리킨다.

셋째, 비위행위보다는 정책이나 감독과 관련되어 있는 여러 가지 패턴이나 문제들을 추려내도록 하는 차원이다.

넷째, 경찰비리민원과 관련된 당사자들 목소리에 대해 인내심을 갖고 경청하며 실제로 그들의 목소리가 어떤 형태로든 수렴되고 있음을 알려주도록 함으로써 시민들의 대 경찰 신뢰도 및 커뮤니티의 응집력을 구축하도록 하는 차원이다.

이 글에서 데브라 교수는 시민감시기구란 모름지기 이 네 가지 요소들에 해당하는 역할을 명확하게 수행하며 제대로 제공하고 있는가를 평가해야 하며 경찰기관, 경찰지휘관, 해당 지역 언론, 전체 주민 등에 대해서도 이 네 가지 차원에 대해 교육 홍보토록 할 수 있어야 한다고 지적하고 있다.

1. 인사말, 경찰옴부즈맨 회고와 평가

오늘 이 자리에 오게 된 것을 기쁘게 생각하며 시민심사(Citizen Review, 즉 경찰에 대한 시민감시기관인 경찰옴부즈맨 제도를 가리킴) 제도 및 이 제도에서 어떤 교훈을 배울 수 있는가는 주제에 대해 발표할 기회를 갖게 되어 더욱 기쁩니다. 왜 그런가 하고 물을 수 있겠지요. 시민심사제도는 역사적으로 현재 아주 중요한 시점에 와 있습니다. 시민이 경찰비리민원에 대한 행정적 심사과정에까지 관여해야 한다는 의미를 갖는 시민심사제도 형태의 경찰옴부즈맨이란 미국에서는 1960년대 시민심사 제도 도입운동을 통하여 처음 도입되었을 때 매우 뜨거운 논쟁거리였습니다.

워커 교수는 저서에서 "당시 시민심사제도란 민권운동 및 시민적 자유를 염원하는 공동체 바깥에 있는 거의 모든 사람들에게 도대체 급진적이며 위험하기 짝이 없는 것이라 하여 내팽개쳐졌었다"라고 썼습니다.[17] 그런데 그 후 상황은 돌변했습니다. 현재 이러저러한 형태의 시민심사제도는 미국 대도시들 중 80% 이상의 지역들에서 실시하기에 이른 것입니다. 미국에는 1백여 곳에 달하는 지역에서 시민심사제도가 실시되고 있으며 그 수는 꾸준히 증가하고 있습니다.[18] 학계에서는 경찰비리민원 처리과정에 시민의 관여 제도는 자치경찰(local policing)의 표준형태가 되다시피 했을 정도라고 보고 있습니다.

하지만 그와 동시에 다음과 같은 의문도 제기되고 있습니다. "시민심사제도가 과연 무엇을 이룩할 수 있는가?" "시민심사제도는 과연 경찰개혁론자들이 기대했던 모든 것을 이룩할 수 있는가? 경찰비리민원 시민심사제도란 자치경찰 수준 및 민경관계를 정말 증진시킬 수 있는 것인가?" "감시기관 그 자체의 활동과 효율성에 대한 연구는 극히 드문 실정이다." 이상은 시민심사제도에 대해 가장 많은 연구를 해 온 워커 교수가 2001년 지적한 내용들입니다.[19] 워커는 벌써 몇 해 전 다음과 같이 지적했습니다. "시민심사제도의 확산은 이 제도의 옹호론자들에게 절대적인 기쁨을 가져다주진 못했다. 실상 시민심사제도란 많은 사람들이 원래 기대했던 것처럼 만병통치약은 아니라는 편치 못한 평가가 폭넓게 나타나있다."[20]

17) Samuel Walker, *Police Accountability* p.6 (2001).
18) See *id.*
19) *Id.* at p.184.
20) Samuel Walker, *Achieving Police Accountability*, 3 Research Brief (Center on Crime, Communities & Culture, New York, New York), Sept. 1998, at p.2.

성공적이라는 평가가 있는가 하면 시민들 입장에서는 그렇지 못하다는 우려도 함께 나오고 있습니다. 제가 속해 있는 뉴욕의 CCRB에서 공과를 짚어 볼 수 있습니다. CCRB는 여러 가지 측면에서 매우 잘 돼가고 있습니다. CCRB는 민원사건 수사뿐만 아니라 입증된 사건을 기소하는 업무도 제대로 수행하기 위해 노력하고 있습니다. 1993년 뉴욕 CCRB가 설립된 이래 시민심사제도가 매우 커다란 성공을 이룩했다는 인식이 각계에서 확산되어가고 있습니다. 뉴욕 언론은 이 점에 대하여 수시로 인정하고 있습니다. 뉴욕 시 감사관은 최근 감사를 실시한 후 CCRB가 경찰비리민원이 책임감 있게 열심히 잘 처리되고 있으며 시민들을 안심시켜주고 있다며 이를 찬양해 마지않았습니다.

다른 한편 CCRB에 대해 인터넷에서 '실효성이 없다(ineffective)'는 말을 함께 검색해 보면 검색결과가 네댓 개 나오며 물론 이마저도 모두가 최근 몇 해 동안 있었던 것이 아니라 아주 오래전 일들에 불과한 것들까지 포함된 것입니다. CCRB에 대해 비판적인 목소리가 있는 것도 사실입니다. 일부는 곤혹스런 문제를 제기하고 있기도 합니다. 과연 뉴욕의 CCRB가 뉴욕의 경찰 수준을 업그레이드 시키는 실효성 있는 기관으로 만든다는 설득력 있는 증거가 있기는 한가? 민경관계 구축에 기여한다는 증거가 과연 있기는 한 것인가? 등입니다.

그래서 시민심사제도가 성공을 거두기도 했으나 그 성공을 시민들이 누리고 있는가를 가늠해 보면서 그 성적을 평가해 보아야 할 때가 되기도 했습니다. '과연 시민심사제도는 어떤 장점이 있으며 어떤 교훈을 배울 수 있는가?' 하는 문제에 대해 생각해 보는 것은 매우 흥미 있을 뿐만 아니라 매우 중요한 문제이기도 합니다.

이 자리에서 저는 바로 이 점에 대해 이야기해 보고자 합니다. 그리고 뉴욕 CCRB의 경험에서 전반적인 교훈은 무엇인가에 대해서도 이야기해 보고자 합니다. 그리고 뉴욕 CCRB의 동료 위원들에게 요청하여 이 점에 대해 이야기를 들어 보았으면 하며 뉴욕 CCRB 사무총장인 플로 핑클 씨, CCRB 분쟁조정 및 홍보담당 국장 레이 페터슨 씨, 전문위원 겸 보고서작성과 구조활동 담당 국장 안드루 케이스 씨 등을 소개합니다. 먼저 플로 씨부터 먼저 말씀해 주시겠습니까?

지도를 보세요. 먼저 뉴욕 CCRB를 소개합니다. 아마 여러분은 스스로 가장 친숙한 시민심사절차와 비교해 볼 수 있을 것입니다. 다음으로 시민심사 메커니즘이 제공하는 장점들에 대해 네 가지 측면을 지적하고자 합니다. 모두가 경찰활동의 질적 제고 및 민경관계 증진 등에 이바지하는 것이라고 볼 수 있습니다. CCRB의 성과에 대해 이 네 가지 가치 및 장점과 관련하여 간단히 지적하고자 합니다. 그다음 뉴욕에서 그리고 여러분 지역에서 시민심사제도의 진정한 가치를 확보하기 위해서는 이 네 가지 측면에 대해 정확히 인식해야 한다는 결론을 말하고자 합니다. 이 네 가지 측면은 모두 서로 보완관계에 있으므로 어느 하나만 떼어내어 거기에만 초점을 맞추어서는 아니 됩니다.

2. 뉴욕 시 경찰옴부즈맨 개요

좋습니다. 여기 지도가 있습니다. 먼저 뉴욕 CCRB 개요를 소개하도록 하겠습니다.

뉴욕 CCRB는 13인의 위원으로 구성되어 있습니다. 현재 인원은 12명입니다(당시 1명은 공석). 13명의 위원 중 5명은 뉴욕 시장이 직접 임명하며 5명은 뉴욕 시의회가 추천한 인사를 시장이 임명합니다. 이 5명의 추천 인사들은 뉴욕의 5개 선거구별로 1명씩 추천토록 되어 있습니다. 나머지 3명의 위원은 뉴욕 시 경찰청장이 추천하게 되어 있습니다. 뉴욕 시 경찰청장이 추천하는 3명의 위원만 법집행기관 경력을 가진 인사도 임명될 수가 있습니다. (CCRB 설립을 규정한 법령에 따르면 CCRB 위원이 될 수 있는 법집행기관 경력자 중에는 기소자(검사) 경력은 포함하지 않도록 하고 있으며 대신 뉴욕 시 경찰청 경력이나 다른 경찰기관 경력자는 가능한 것으로 규정되어 있다.)

뉴욕 시 CCRB 설치법은 위원 임명은 '뉴욕 시 주민의 다양성을 반영하여 위원을 임명토록 해야 한다'고 규정하고 있습니다. 필자와 같은 법학교수는 뼈아프면서도 재미있는 지적이겠지만 현재 12명의 CCRB 위원 중에서 법조인이 '단지 9명밖에 안 된다'(?)는 점을 지적하지 않을 수 없습니다. CCRB는 온갖 사람들의 유형들을 판별할 줄 아는 대학입학 책임자 같은 평가관을 두고 있기도 하며 인종과 성에 따른 다양한 집단의 대표성을 지닌 인사들을 위원으로 모시고 있습니다.

좋습니다. 뉴욕 시 CCRB는 뉴욕 시 경찰관이 무력사용, 무례한 언행, 욕설(인종적 성적 욕설이나 성적 수치심을 유발하는 언행 등), 직권남용 등과 같은 4개 비위유형에 속하는 건으로서 시민들이 제기한 민원 건들에 대하여 수사를 담당하고 있습니다. 여기서 직권남용이란 통상 정당하지 못한 노상정지명령, 보복성을 띤 소환명령, 영장 없는 체포의 위협 행위 등을 가리킵니다. 바로 이것이 위원회의 업무 범위입니다.

위원들 자신은 파트타임으로 일하고 있습니다. CCRB에서 민원을 접수하면 실제로 수사는 전적으로 문민수사관들로 이루어진 CCRB 직원들이 담당하게 되어 있습니다. 2002년 6월 30일 현재, CCRB의 풀타임 문민직원 총수는 173명이며 이 중 125명은 수사관입니다. 9개의 수사팀이 있으며 각 팀은 12명으로 구성되어 있고 각 팀은 감독팀장을 두고 있습니다. 이들 각 수사팀장은 최소한 15년 이상의 수사관이나 법집행기관 근무경력이 있으며 연방국세청, 연방마약청, 연방이민국, 연방방위청 등의 근무경력들을 가지고 있습니다. 팀장급과는 대조적으로 CCRB 일선 수사관들은 대부분 갓 대학을 졸업한 이들로 채워져 있으며 대졸 이후 CCRB 수사관이 첫 직장인 경우가 태반입니다. 여러분이 예상하는 대로 이 일선 수사관 계층에서 이직률이 높은 편이며 대학원 진학을 위해 2년 내지 4년 정도 일한 후 그만두는 경우가 적지 않습니다. 하지만 저는 이들이 아주 좋은 재능을 가지고 있다고 봅니다. CCRB는 법적 권한이 실질적인 것으로 되어 있을 뿐만 아니라 소환권까지도 가지고 있으며 수사관들은 수사 도중 증거자료를 확보하며 증언을 확보하기 위하여 필요한 경우 소환영장을 발부할 권한을 가지고 있으며 실제로 그렇게 하고 있습니다.

CCRB는 직원들이 준비한 수사서류를 심사하도록 하고 있으며 이는 통상 3명의 위원으로 이뤄진 패널(1명 시장임명 위원, 1명 시의회 추천인사 위원, 1명 경찰국장 지명 위원으로 구성)에서 결론을 내리도록 하고 있습니다. 패널은 절대다수 민원 건들에 대하여 만장일치로 결정을 내리고 있습니다. CCRB가 결정한 방침과 결론은 뉴욕 시 경찰청장에게 전달되며 이때 통상 해당 경찰관에 대한 징계수위에 대해서도 권고안 속에 함께 전달됩니다. 경찰청장은 최종적인 징계권자로서 CCRB의 권고안을 수용 혹은 거부할 권한을 가지고 있습니다.

경찰비리민원 건은 전체적으로 연간 약 4천 건 내지 5천 건 정도를 접수하며 통상 이 중 절반 정도에 대해서 수사를 완료합니다. 나머지 민원 건들은 '잘린 채' 종료됩니다. 그 대부분은 민원인이 수사의 계속적인 진행을 원치 않거나 민원인을 접촉할 수 없기 때문에 종료되고 있는 것입니다. 1993년 CCRB가 막 설립되었을 당시 연도에는 민원 건들의 수사완료 비율이 8% 내지 14% 수준을 기록했었습니다. 2002년에 이르러서는 CCRB의 수사완료 비율은 입증, 무혐의, 근거 없음 등을 포함하여 65% 선에 도달했으며 그 나머지는 통상 입증되지 않음, 해당 경찰관의 신원확인 불가 등의 사유로 '입증되지 않음'이라는 형태로 종료됩니다.(처분결과는 분기별 연례보고서 등에서 볼 수 있습니다.)

1993년 이후 뉴욕 시 경찰청은 CCRB의 수사결과를 전달받아 징계를 내렸으며 그 비율은 꾸준히 증가해 왔습니다. 그러나 물론 비율이 일정한 것은 아닙니다. 가장 최근의 기록을 보면 뉴욕 시 경찰청은 2000년의 경우 CCRB가 수사를 완료한 사건의 75%에 대하여 징계를 내렸습니다.

2002년 상반기 6개월 동안에 대하여 CCRB의 업무량을 구체적으로 밝혀드리겠습니다. 이 기간 중 2,265건의 민원을 접수받았으며 수사종료는 2,571건이었습니다. 이 기간 중 수사 종료된 민원 중에서 46%는 최종 입증되었으며 52%는 중도에서 종료되었습니다. 같은 기간, CCRB는 112건의 민원 건들 속에 분산되어 있던 280건의 비위행위 고발 건들을 입증해 냈으며 이 중 절반 이상은 직권남용 건이었습니다. 그 대다수는 정당하지 못한 몸수색이나 수색 혹은 해당 경찰관이 자신의 신원을 제대로 밝히기를 거부했다는 등등의 고발 건들이었습니다. 그다음으로 높은 비율을 차지한 고발 건들에 대한 입증사건은 불필요한 무력사용에 관한 건들이었습니다.

이상이 뉴욕 시 CCRB의 업무 개요입니다. 그럼 평가 문제는 어떻습니까? 금년도 CCRB의 예산은 1,120만 달러였습니다. 그러나 이는 같은 해 34억 달러 규모이던 뉴욕 시 경찰청 전체예산에 비하면 지극히 미미한 수준입니다. 뉴욕 시 경찰청은 정복경찰만 해도 3만 7천 명에 달하는 방대한 규모입니다. CCRB 소속 수사관 1명이 뉴욕 시 경찰관

310명을 담당해야 할 정도로 CCRB 수사관의 비율은 극히 미미합니다. 겨우 1천만 달러 정도의 예산으로 매우 헌신적인 역량이 출중한 직원들을 고용하며 지원 행정 정도의 뒷받침을 받는 이 시민심사제도로부터 과연 정말 양질의 성과가 나오고 있다는 점을 감안한다면 전적으로 그 값어치를 다하고 있다고 보아야 합니다. 그럼 이제 서두에서 지적한 네 가지 평가 차원들을 짚어보도록 하겠습니다. 과연 시민심사제도에서 무엇을 바라고 있습니까?

(1) 첫 번째 평가기준: 경찰의 민주적 책임 묻기

첫째, 시민심사기관이 제공할 수 있는 첫 번째 장점은 경찰활동의 질적 수준을 제고하며 민경관계를 증진시키는 것으로 요약되는데 이는 경찰관들이 자신의 비위행위에 대해 책임을 지도록 함으로써 이룩할 수 있는 성과입니다. 즉 평가의 첫 번째 가는 항목은 "경찰관의 민주적 책임 묻기" 차원입니다.

이는 시민심사제도의 역사적 배경을 보면 더욱더 확실하게 중요성을 가지는 측면임을 알 수 있습니다. 역사적으로 보면 시민심사제도는 1950년대와 1960년대 민권운동 지도자들이 경찰권 행사 남용사태, 특히 소수인종에 대한 경찰권 행사 남용사태에 대해 각급 자치경찰 측이 이를 고소해야 하는 책임을 방기하는 것을 막아내기 위해 애써 쟁취하려 했던 제도였습니다. 당시 초창기에 시민심사제도를 옹호하던 논리는 경찰 측은 경찰비리민원에 대해 적대적이며 수사 및 처리에 있어서 경찰편에 서는 편향성을 노정하기 때문이라는 것이었습니다. 워커교수는 이런 경찰비리민원을 다루며 처리하는 데 있어서 선서한 정규경찰 아닌 인사들이 담당해야 한다는 논리를 적절하게 잘 짚어내고 있습니다.[21]

---

21) Walker, supra note 1, at pp.55-56.

이렇게 시민이 관여해야 한다는 논리는 경찰비리민원이 처리되는 데 공정성을 제고할 수 있다고 봅니다. 경찰비리민원에 대한 공정한 처리는 해당 경찰관들에 대해 더 많은 징계를 가할 수 있으며 따라서 경찰의 비리나 비위행위 등을 더욱더 억제할 수 있다고 보았습니다.

1993년 CCRB가 설립된 이래 이 측면을 가장 크게 강조해 왔다고 볼 수 있습니다. 현 사무총장과 전임 사무총장은 매우 훌륭한 성과들을 기록한 전직 기소자 경력이 있는 분들이었습니다. 이 두 분은 사건 관련자들이 책임을 지도록 하는 업무를 담당하였습니다. 이들은 지적 역량을 갖추었으며 능력 있고 헌신적인 수사관, 즉 경험과 추진력과 분석능력을 겸비하고 진정으로 시민들의 경찰비리민원을 제대로 규명해 낼 수 있는 수사관들을 끌어 모으는 데 역량을 집중하였습니다. 그리고 1993년 이후 수사성과는 실로 지대합니다. 최종 완료된 CCRB 수사건의 경우 65% 이상이 종결되어 입증, 혐의 없음, 근거 없음 등과 같은 긍정적인 결과물을 내놓았습니다. 뉴욕 시 고위 경찰 관계자, 시장을 포함한 뉴욕 시 고위 공직자, 심지어 언론 등에서조차도 CCRB 수사가 철저하며 완벽하게 이루어지고 있으며 청렴하다고 공개적으로 칭찬하는 경우가 적지 않습니다.

시민심사 제도를 평가하는 데 있어서 경찰비위나 비리를 밝혀내 처벌토록 하기 위하여 철저하게 해당 민원 건들을 수사하는 것이야말로 매우 중요하다는 점을 부인할 사람은 아무도 없을 것입니다. 예컨대 경찰관이 이유 없이 한 방 날리긴 했으나 아무런 상처 자국이나 흔적도 남지 않는 것과 같은 매우 중요하면서 비교적 경미한 경찰권한남용 같은 사건의 경우 경찰비리 시민심사 제도야말로 피해자가 해결을 호소할 수 있는 유일한 기관이 됩니다. 차량이나 집, 길 가던 사람들에 대한 부당한 검문이나 수색에서 야기된 민원 건들도 마찬가지입니다.

고품질 수사 수준의 유지 역시 CCRB가 설립 운영된 직후 최우선적인 과제였습니다. 뿐만 아니라 그렇게 해야 하는 이유도 충분하였습니다. 만일 경찰이 법과 경찰 내부 방침과 규정들을 준수해야 한다면 경찰관들이 실제로 그렇게 법과 내부 규정을 지키지 못하는 일이 발생했을 경우, 어떻게든 그와 같은 상황을 명확히 규명하는 수단과 방법이 있어야만 합니다. 이것이 바로 경찰의 민주적 책임이라는 개념인 것이며 CCRB는 바로 이와 같은 경찰관의 법과 규정을 어기는 사태들로 인해 제기된 민원 건들에 대하여 해당 경찰관이 반드시 책임을 지도록 만들기 위한 핵심적인 수단과 절차가 되고 있습니다.

하지만 그와 동시에 CCRB의 이 업무 측면에 전적으로 평가의 초점을 맞추는 것은 시민심사제도의 효과와 장점을 극대화하는 방안은 아니라는 점을 지적하고자 합니다. 시민심사제도는 경찰활동 수준 전반의 제고를 위하여 역량을 집중해야 하며 민경관계의 증진을 개선하는 측면에 대해서도 커다란 역할을 해야 하기 때문입니다.

왜 그러할까요? 첫째 실제 민원처리 과정에서 겪어서 잘 알고 있는 것처럼 모든 경찰비리민원 건들이 수사 패러다임에 적합하게 되어 있진 않습니다. 상당 부분 정당한 것으로 판단되는 오해가 끼어들어 있으며 흔히는 해당 경찰관과 해당 민원인 사이에 감정적인 다툼이 벌어진 것이기도 합니다. 이런 경우 문제는 경찰비리행위라기보다는 오히려 양측이 자체적으로 문제를 해결토록 해야 합니다.

다른 한편 CCRB가 경찰관이 민주적 책임을 지도록 완벽하게 보장할 역량이 있는가 하는 측면에 있어서도 한계가 있을 수밖에 없습니다. 경찰관이 경미하게 막돼먹은 언행을 하거나 무례를 범했으면서도 경찰의 비위행위 정도는 그다지 중한 것이 아닌 사건들에 관한 민원 건들이 많이 발생하고 있는 실정입니다. 그런데 이런 민원 건들의 경우 조사과정에서 민원인들로부터 충분한 협조를 받는다고 하더라도 경찰비위행위를 입증하기란 거의 불가능에 가까울 수밖에 없습니다. 어느 한 학자는 다음과 같이 지적합니다. "경찰과의 접촉은 대개 고립적인 상황에서 이루어지며…… 혼잡한 도로상에서 교통딱지를 끊는 일조차도 제대로 규정을 지키지 않는 경우가 허다하다."22) 이들 상황에 대하여 모두 사실관계에 대하여 CCRB 같은 시민심사기관이나 경찰 자체 어느 한 측이 수사를 통하여 제대로 밝혀내 올바르게 규명해 낼 수 있는 것은 아닙니다. 실제로 시민심사기관이 반드시 이런 기관이 생기기 전까지 이를 담당했던 경찰내부감찰부서보다 사건의 실체를 더 많이 규명하며 입증해내지도 못했습니다.23)

저는 뉴욕 시의 CCRB 수사가 진정 최고 수준이라고 격찬해마지 않습니다. 하지만 이렇게 최고 수준의 수사역량을 가졌다고 해도 사실관계의 실체를 확정할 수 없는 사건들이 많은 것 또한 사실입니다. 예컨대 2000년 CCRB는 2,418건에 대해 수사를 종료했습니다. 이 중 3분의 1 정도에 대해서는 CCRB가 민원인의 고소내용에 대하여 전혀 긍정적인 규명을 하지 못했습니다. 그 외에도 중간에서 수사를 중단하거나 포기한 사건 부분이라고 하는 다른 커다란 항목(전체 건수의 절반 정도에 해당함)이 있습니다. 이는 CCRB가 사건규명을 전혀 하지 못한 경우에 해당합니다. 시민심사제도의 가치라는 게 전적으로 개별 경찰관들이 민주적 책임을 지도록 조치함으로써 비위행위를 억제하는 데 그 존재이유가 있다고 한다면, 도대체 비위행위가 발생했는지 여부 자체를 CCRB가 확정할 수 없는 그토록 수많은 비율의 사건들은 명백히 중차대한 문제일 수밖에 없습니다. 과연 이런 시민심사제도가 경찰의 민주적 책임을 충분히 보장하며 그래서 비위행위에 대하여 충분한 억

22) Herman Goldstein, *Policing a Free Society*, p.161 (1977).
23) See Walker, supra note 1, at 120.

지력 역할을 감당하고 있다고 할 수 있는 것일까요?

특히 경찰비위행위의 모든 국면들이 민원대상이 되는 것은 아니라는 사실에 비추어보았을 때 더욱더 이런 의문을 제기하지 않을 수 없는 것입니다. 상당 부분은 매우 중대한 비위행위(예컨대 폭넓게 만연되어 있는 경찰부패까지도)가 경찰비위민원으로 제기조차 되고 있지 않는 경우가 허다합니다. 뉴욕 시 CCRB 운영 경험에서 보았을 때 이는 명백한 사실입니다.

이 모든 측면들은 결국 보다 폭넓은 사고와 관점을 요구합니다. 경찰관들에 대하여 민원 건들에 대한 사후 수사를 통해 사실을 규명함으로써 민주적 책임을 지도록 한다는 것은 단지 경찰개혁의 일부분에 불과하다는 점이 있습니다. 경찰 수준을 업그레이드하며 민경관계를 증진하기 위한 노력은 결국 경찰조직 내부의 개혁을 수반해야 합니다. 이것이 바로 이른바 커뮤니티 경찰활동이 지향하는 바이기도 합니다. 이를 풀어서 말한다면 경찰개혁 추진이란 것은 경찰조직 그 자체가 경찰개혁 과정에 참여할 때, 그리고 이런 개혁추진이라고 하는 게 단지 법규고수를 통한 처벌과 제재라는 채찍을 통한 개별 경찰관의 민주적 책임 묻기뿐만 아니라 경찰관리자와 일선경찰관 양측이 토대를 두고 있는 가치와 시스템 그 자체에 대한 개혁까지도 이룩해 낼 수 있을 때 가장 효과가 커진다는 점입니다.[24]

좋습니다. 앞서 지적한 내용들을 보면, 그렇다면 모두 시민심사제도에 대한 기대수준 그 자체를 낮춰야 한다고 결론을 내릴 수밖에 없는 게 아니냐고 반문할지도 모릅니다. 제기된 민원 건들에 대하여 철저하며 완벽한 수사를 하는 것은 매우 중요합니다. 하지만 많은 경우 잘못

---

24) See Jerome H. Skolnick & James J. Fyfe, *Above the Law* p.187 (1993). See also David Dixon, *Law in Policing: Legal Regulation and Police Practices* p.157, 308 (1997).

되고 막돼먹은 경찰을 근본적으로 개혁하지 못하거나 고품질 경찰서비스로 제고시키지 못하거나 민경관계를 증진시키지 못한다고 해서 놀랄 필요는 없습니다. 그럼에도 불구하고 경찰비리민원 접수를 통해 경찰관들이 잘못한 경우를 적발하게 되면 개별 경찰관이 민주적 책임을 지도록 만드는 일은 여전히 매우 중요합니다. 그리고 바로 이것이 시민심사제도에 대한 바람으로서 당연한 것이기도 합니다.

하지만 저는 경찰비리민원심사제도에서 얻어낼 수 있는 장점과 좋은 가치가 있다고 한다면 마냥 내쳐버릴 일은 아니라고 봅니다. 시민들이 제기한 경찰비리민원에 대하여 수사 패러다임을 적용하는 데 따른 문제란, 시민심사제도만으로는 경찰활동 실적 및 민경관계 이슈를 제대로 다루는 데 있어서 충분한 것이 되지 않을 수도 있기 때문인 것만은 아닙니다. 전적으로 개별 경찰관의 민주적 책임 묻기에 초점을 맞추는 데 따른 문제는 이 접근법이 경찰비리민원을 제대로 봄으로써 취할 수 있는 이점들을 극대화시켜주지 않는다는 데 있습니다.

이 점에 대하여 보다 자세히 그리고 명확하게 살펴보도록 하겠습니다. 경찰비위행위가 아니라 오히려 적법한 경찰활동이야말로 해당 커뮤니티 및 개별 시민들을 경찰과 충돌하게 만드는 경우가 왕왕 발생하는 것이 현실입니다. 앞서 언급한 감정적으로 다루고 있는 어느 한 경찰관과 시민 사이에서 발생하는 정당한 오해에 따른 경찰비리민원 제기 유형을 살펴보도록 합니다. 어느 한 판사가 타당한 증거에 입각하여 완벽하게 적법절차를 거쳐서 무단 가택수색 영장을 발부하였으나 실제로는 범죄에 연루되지 않은 어느 한 시민의 집에서 이 수색이 실시된 경우를 생각해 볼 수 있습니다. 범죄가 빈발하는 지역에 대해 이 지역 커뮤니티 주민들의 지지 여부에 대해서는 아랑곳하지 않은 채 보다 더 많은 경찰을 이곳에 집중 배치하며 사소한 위반행위에 대해서까

지 공격적으로 단속하는 경찰활동 방식을 동원하는 정책결정 사례를
생각해 보도록 합시다. 이런 경찰활동 방식은 설사 경찰비위행위가 일
체 발생하지 않는 경우에조차도 민경 간 여러 가지 민감한 문제들을
야기할 수 있습니다. 그리고 이 문제들은 시민들의 경찰비리민원 제기
에 반영되어 나타날 가능성이 큽니다. 하지만 CCRB 같은 경찰옴부즈
맨 제도가 오로지 개별 경찰관의 민주적 책임 묻기 차원에만 매달린다
면 이런 경찰활동에서 발생하는 민원들을 제대로 다룰 수 없게 되고
말 것입니다.

(2) 경찰민원 기록 유지

좋아요. 철저하며 완벽한 경찰비리민원 건에 대한 수사가 지극히 중
요합니다. 하지만 그렇다고 해서 이것만으로는 시민심사제도의 가치를
극대화하지는 못합니다. 그럼 시민심사제도의 가치를 극대화하기 위해
서는 시민심사기관의 역할을 어떻게 조정해야 하는 걸까요?

따라서 이제 앞에서 지적한 나머지 세 가지 평가차원으로 자연스럽
게 연결지어나갈 수 있게 됩니다. 이 나머지 세 가지 외에도 여러 가
지가 더 있을 수 있으나 우선 이 세 가지에 국한하여 그것도 간략하게
논의해 보고자 합니다.

시민심사 절차란 민원 건에 관한 기록을 유지하며 민원 유형과 문제
점들을 지적하고 경찰비리민원 심사 시스템에 참여해본 경험들에 대
하여 잘 보살피도록 함으로써 여러 가지 장점들을 잘 활용할 수 있
습니다.

첫째, 기록을 유지하는 장점에 대해서 보도록 합시다.

앞서 경찰비리민원 처리 업무의 속성상 사실관계가 명확하게 확정될
수 없는 경찰비위행위 민원 건들이 엄청날 것이라고 지적한 바 있습니

다. 아마 비위행위가 저질러졌을지 모르지만 이 민원들은 최후에 가서는 결국 입증되지 않은 채 종료되고 맙니다. 바로 이런 경우에서조차도 시민심사기관이 나름대로 가치를 발휘할 수 있는 한 가지 방식은 이 민원 건의 기록을 해당 경찰관의 경력카드에 기록해 둠으로써 추후 해당 경찰관에게 있어서 유사 민원이 재발하여 하나의 패턴으로까지 굳어지는 것이 되는 때가 되면 시민심사기관과 상급 감독자가 이 문제에 대해 경보를 발하여 주의를 환기시키도록 하는 방법이 있습니다.

일반적으로 그리고 이 업무 종사자들은 어느 한 민원이 제기되면 설사 사실관계가 충분히 확정되기까지 하지는 못하더라도 그 자체는 매우 중요한 정보가 된다는 점을 잘 알고 있습니다. 이런 상식적인 관찰 결과에 바탕을 두고 과연 '민원 기록 유지'라고 하는 게 시민심사제도의 가치와 장점을 극대화할 수 있는 한 가지 방식이 될 수 있는가에 대해 거칠게나마 일반화시켜보도록 하겠습니다.

경찰비리민원이란 경찰의 행위 실태 및 지역에서 주민들에게 경찰과 경찰의 실제 업무가 어떠한가에 대해 보다 더 광범위하게 비쳐지는 방식에 대하여 극히 중요한 정보원이 될 수밖에 없습니다.[25] 이것은 진보적이든 보수적이든 혹은 젊든 나이가 많든지를 불문하고 모든 경찰학자들이 공감하는 명제이기도 합니다. 결국 어느 한 시민심사기관이 해당 지역 주민들에게 자기 기관의 존재 의의를 극대화하고자 한다면 각종 민원 건들에 대하여 바로 이를 극히 중요한 정보원으로 취급하도록 해야 합니다. 민원처리기관은 민원처리시스템에서 되도록이면 많은 정보를 입수하도록 해야 합니다. 그리고 이 정보들이 경찰활동 및 민경관계 증진을 위하여 접근 가능한 것이 되도록 하며 충분히 활용할 수 있도록 보장해 주어야 합니다. 요컨대 경찰비리민원처리기관은 그

---

25) See Paul Chevigny, *Edge of the Knife: Police Violence in the Americas*, p.96 (1995).

'기록을 유지'하도록 해야 합니다.

그럼 실제로 어떻게 기록을 유지할까요? 첫째, 시민심사기관은 커뮤니티 지역사회에 잘 보이도록 해야 합니다. 지역주민들은 자신들이 제기한 민원들을 어디에서 어떻게 기록하고 있는가에 대해 잘 알 수 있어야 합니다. 경찰비리민원들이 경찰활동 수준을 제고시키는 데 활용될 수 있는 귀중한 내용과 정보들을 담고 있다면 해당 민원처리기관은 시민들이 그런 유형의 민원들을 손쉽게 제기할 수 있도록 하는 데 커다란 관심을 기울이도록 해야만 하는 것입니다.

시민심사제도의 다른 장점들을 살펴보기 전에 이렇게 하면 경찰관에게 민주적 책임을 묻는 민원처리기관의 역량을 극대화하는 데 큰 도움이 된다는 점을 주목해야 합니다. 다시 한번 워커교수의 지적을 인용한다면 내부감찰제도와 대비되는 시민심사제도가 누리는 명백한 장점들 중 한 가지는 시민심사제도의 경우 민원처리절차가 보다 더 잘 눈에 띄며 흔히는 훨씬 더 접근이 용이하고 상당 부분 정당성도 훨씬 더 크며 결국 시민심사형 민원처리기관이야말로 훨씬 더 많은 민원을 접수받게 되는 경향이 있다고 지적합니다.[26] 결국 시민심사제도에서 입증비율은 그 전과 같을지는 몰라도 전체적인 징계비율은 훨씬 더 높아질 가능성은 더 큽니다.[27]

그러나 경찰비리민원 정보들은 다른 목적에도 유용하게 쓸 수 있습니다. 즉 해당 경찰관의 명백한 법규나 정책 위반 사태가 발생하기 이전 단계에서 민원에서 얻은 정보와 내용, 민사소송, 정지수색에서 몸을 더듬은 기록 등을 활용하여 문제 경찰관 및 문제 상황을 짚어 내는 노력을 경주하는 것은 바로 조기경보 시스템이 감당해야 하는 중요한 몫이 되는 것입니다.[28]

---

26) Walker, supra note 1, at p.123.
27) Id.

민원 건들은 조직상의 문제점들을 예고하는 것이기도 합니다. 앞서 언급한 흔히 보게 되는 민원 유형, 즉 자기 집을 경찰이 침입하여 무단가택수색영장이 부여한 합법적인 권한에 따라 가재도구들을 샅샅이 뒤졌다면서 민원을 제기하는 상당히 많은 가구주들 민원에 대하여 살펴보도록 합시다. 이 경우 집 수색에 들어간 경찰관들은 증거를 찾을 가능성이 있다고 보는 정당한 이유를 가지고 있으며 이것을 미리 알리게 되면 경찰관 자신의 안전이 우려된다고 볼 수 있습니다. 하지만 경찰이 의지했던 정보는 착오나 허위임이 판명되고 마는 경우에 해당됩니다. 이때 해당 경찰관이 불필요한 폭력을 전혀 사용하지 않았으며 무례함을 범하지 않았다면 해당 민원 건에 따른 징계는 전혀 해당하지 않게 됩니다. 요컨대 규정 위반 사항이 전혀 없으며 해당 경찰관은 판사가 부여한 권한에 따라 조치한 것이 되기 때문입니다. 그러나 이런 유형의 민원들이 상습적으로 발생한다면 이는 비밀 정보원 활용 방식 및 영장 신청권 등에 대한 잘못되거나 부당한 통제력 행사 등과 같은 경찰운영이나 관리 차원에서 중대한 문제점이 있음을 반영하는 것이 될 수 있는 것입니다. 시민심사기관은 이런 민원기록을 유지함으로써 해당 정보들이 표면으로 드러나 필요한 조치를 취할 수 있도록 유도할 수 있는 것입니다.

뉴욕에서 경찰비리민원은 관할서에 제기할 수도 있으나 직접 CCRB에 제기할 수도 있게 되어 있습니다. CCRB는 24시간 가동하는 민원접수전화 800번을 운영하고 있으며 뉴욕 시 당국의 라디오와 TV에서 정기적으로 이를 특집으로 꾸며 홍보하고 있습니다. CCRB는 고등학교를 돌며 경찰비리민원제도를 설명하고 있으며 병원 등지에서도 홍보물을 비치하는 업무를 수행하는 적극적인 활동부서를 두고 있습니다.

---

28) See Walker, supra note 1, at 111. See also Walker, supra note 4, at 7.

9.11 테러사태 이후 이 부서는 특별히 이슬람계, 아랍계, 남부아시아계 주민거주지역에 활동을 집중하고 있습니다. 작년 여름 아랍계 방송 채널에 플로 씨(CCRB 사무총장)를 출연시킨 바 있습니다. CCRB는 구석구석에 있는 이슬람 사원과 힌두교 사원 등지도 방문하였습니다.

시민심사기관의 핵심은 민원 건에 대한 수사업무인데 이런 일들은 다른 부수업무로서 진열장 전시물과 같은 것에 불과하다고 생각하는 것은 어쩌면 당연합니다. 하지만 민원 건들을 극히 중요한 정보원으로 보기 시작하면 시민심사제도의 가치를 극대화하는 데 있어서 눈에 띄도록 하는 가시성이 얼마나 중요한가를 금세 깨달을 수 있습니다.

민원 속에 들어 있는 정보를 제대로 활용할 수 있다고 하는 것이 매우 중요하다는 점도 깨달을 수 있습니다. 민원이 실제로 입증되든 안 되든 상관없이 그 정보들은 활용자나 이용자에게 친근한 방식으로 유지 관리되어야 하며 향후에도 접근 가능하며 다양한 목적으로 활용될 수 있도록 해야 합니다. 뉴욕 시의 특정 경찰서 심야 시간대 야근조에 대해 우려들이 많이 제기된다고 칩시다. 그러면 이 민원들을 접수한 기관에서는 과연 최근 5년 동안 해당 시간대에 근무했던 이들이 접수한 민원 건들을 모두 챙겨볼 수 있습니까? 이 중 상당수는 그 당시 민원인들이 수사진행 쪽을 선택하지 않아서 수사가 이루어지지 않고 중단되거나 종료되고 말았던 것들입니다. 민원인들이 최초로 민원 건을 제기하던 당시 정황에 관한 합리적인 정보들을 구하여 유지 관리토록 하였을까요?

다시 앞에 지적한 무단가택수색영장 사례를 보도록 하지요. 유사한 다른 민원이 지금 제기되었는가 여부를 알아보기 위하여 과연 수색영장에 관련되어 있는 모든 민원 건들에 대해 관련 정보를 꺼내 볼 수 있게끔 되어 있을까요? 경찰관들이 경찰봉을 사용한 것과 관련된 민원 유형의 민원들이 경찰교육훈련이나 감독상의 문제점들을 가지고 있어서 명확하게 해명해 봐야 하는 것은 아닌지 규명해 보기 위하여 이 민원 건들 모두에 대해 접근해 볼 수 있게는 되어 있는 것일까요? 모두는 아니나 여러 자치경찰들이 경찰관들이 발포한 사건들에 대해서는 매우 자세히 조사하고 있습니다. 그러나 경찰봉이나 최루액 스프레이 같은 다른 유형의 무력 사용에 대해 연구하여 이를 연구결과로 출간한 학자들은 이런 유형의 경찰 무력사용에 대해 경찰 스스로는 면밀한 조사를 하지 않고 있는 점들에 대하여 비분강개하고 있는 실정입니다. CCRB가 최루액 스프레이 사용에 대해 뉴욕 시 경찰청의 업무를 개선하도록 시정 권고할 때까지도 뉴욕 시 경찰청 측은 최루액 스프레이 사용에 대해 체포가 수반되지 않은 경우 일체 기록을 해두지 않고 있었습니다. 이런 상황에서 시민들이 제기한 민원들 속에 들어있는 정보들은 중요 경찰업무에 대해 가장 신뢰할 수 있는 정보이자 심지어는 활용이 가능한 유일한 정보가 되는 경우들도 적지 않은 실정입니다. 뉴욕 시 경찰보다 훨씬 규모가 작은 자치경찰을 담당하는 보다 소규모의 시민심사기관의 경우, 정보의 흐름은 비교적 용이하게 이루어질 수도 있습니다. 그러나 그런 경우에도 민원들 속에 담겨 있는 정보가 어떻게 관리되며 활용되고 있는가에 대해 생각조차 하지 못하고 있는 것 또한 사실입니다. CCRB의 경우 이런 정보의 관리 운영은 그 자체가 하나의 중요한 담당 업무로 정해져 있으며 따로 해당 부서가 운영되고 있습니다.

(3) 경찰민원 유형과 문제점 지적

좋습니다. 바로 앞의 것과 연결되어 나오는 시민심사 제도의 가치와 장점의 다음 측면을 보도록 합시다. 시민심사기관들은 패턴과 문제점

들에 대하여 주의를 환기시킴으로써 자신의 존재의의와 가치를 극대화
할 수 있습니다.[29] 저는 시민심사기관들은 민원들 속에 담겨져 있는
정보들을 활용하여 경찰활동의 개선 및 민경관계 증진에 이바지할 수
있도록 해야 한다고 지적하였습니다. 그렇게 하면 자치경찰기관 및 지
역사회가 관심을 가져야 하는 패턴과 문제점들에 대한 예보로 이어지
는 경우가 왕왕 발생합니다.

　CCRB는 이 역할을 일부 하고는 있으나 다른 지역 시민심사기관만
큼 많이 해 내고 있지는 못합니다. CCRB는 연간 상하반기로 나누어
연례보고서를 내고 있으며 매년 상황이 개선되고 있는 것으로 나타납
니다. 보고서에 담기는 기본 사항은 CCRB가 입증하여 경찰기관에 보
낸 건들의 처리상황, 경찰서별 민원처리의 성격 실태 등으로 되어 있
습니다. 보고서는 민원인과 민원이 제기된 경찰관들의 나이, 민족, 인
종, 성 등에 관한 포괄적인 정보를 수록하고 있습니다. CCRB는 접수
된 민원들의 내용 정보에 대해서도 관련 통계를 발표하고 있습니다.

　이에 덧붙여 특별보고서도 내고 있습니다. 2001년의 경우, 정지 및
몸을 더듬는 수색을 당했다는 민원에 대해 규모가 큰 연구 성과를 발
간하였습니다. 최루액 스프레이 사용에 대해서도 두 개의 보고서를 낸
바 있으며 이와 관련하여 시정권고 조치했으며 이는 뉴욕 시 경찰청에
의해 이행되었습니다. 노크할 필요가 없는 '무단가택수색' 영장 부문의
경우 뉴욕 시 경찰청으로 하여금 경찰 측이 영장을 집행한 후 현장을
떠나기에 앞서서 시민들에게 파손된 문을 고치는 데 지원하도록 하는
정책을 채택하도록 권고하였습니다. 물론 금지품목에 속하는 물건들은
반환하지 않도록 되어 있습니다. 판사들에 대해서도 잘못된 정보에 바
탕을 두고 영장이 발부된 사례들이 CCRB에까지 접수된 사건 수들과

---

29) For discussion along similar lines, see Walker, supra note 1, at 93, 104;
　　Chevigny, supra note 13, at 97-98.

함께 문제점과 우려들을 전달하기도 했습니다.

CCRB는 연륜이 쌓이면서 패턴과 문제점을 지적하여 주의를 환기시키는 일을 더욱더 많이 하게 될 것입니다. 현재와 같은 CCRB의 구조, 뉴욕 시 경찰청의 방대한 규모, 경찰로부터 독립된 CCRB의 특성 등등으로 인하여 이 업무 영역은 아이러니컬하게도 오히려 CCRB를 제약하게 될지도 모릅니다. CCRB는 매달 수많은 민원들을 접수하며 여기에다가 수백 개 소에 달하는 각기 다른 관할구역들이 있습니다. CCRB는 맨해튼 번화가에 위치한 단일의 중앙기관 형태로 되어 있습니다. CCRB는 브롱크스, 스테이튼 아일랜드, 브루클린, 퀸즈 등지에는 아무런 인력이 없습니다. CCRB에는 위원급이든 수사관이든을 막론하고 현직 경찰관은 전혀 없습니다. 이것은 현실적으로 보면 CCRB 수사관과 위원들은 뉴욕 시에 있는 76개 경찰서의 각기 독특한 상황들에 관하여 많은 배경적 내용을 담고 있는 민원 내용을 모두 반드시 읽어 보아야 하는 것은 아님을 뜻하는 것이기도 합니다. CCRB는 뉴욕 시 경찰청의 운영에 대해 알아야 하는 것보다 훨씬 적게 알고 있으며 이는 많은 뉴욕 시민들에게 영향을 미치는 문제가 되는 경찰업무나 패턴들을 지적해 내어 주의를 환기시켜야 하는 일을 더욱 어렵게 만드는 것이 되고 있는지도 모릅니다.

그러나 CCRB가 연륜이 쌓이면서 민원을 읽으면서 해당 정보를 지적해 낼 수 있는 보다 더 세련된 방법들을 개발해 내고 있습니다. CCRB는 경찰정보 유지시스템 및 경찰운영에 대하여 자체교육을 실시하고 있으며 이렇게 민원 건들 속에서 제시하고 있는 문제의 중요성을 제대로 확인할 수 있도록 하고 있습니다. 제가 속해 있는 학계는 꼭 그렇게 해야 한다는 점에 대해 강력한 공감대를 보여주고 있습니다. 민원들은 경찰관들이 징계를 받아야 하는 곳이 어디인가에 대해 예보해줍니다. 그러나 민원 건들이 훨씬 더 광범위한 조직상의 우려에 대해 시사해 주는 경우도 왕왕 있습니다.

딱 한 가지 예만 들어보겠습니다. 앞서서 CCRB가 작년도에 정지 및 몸수색에 관해 연구 성과물을 냈다고 언급한 바 있습니다. 최종 보고서는 대부분 노상에서 시민 개개인을 정지시키는 도중 발생한 641건에 달하는, 수사가 충분히 이뤄진 민원 건들을 바탕으로 하였습니다. 이 보고서는 다른 무엇보다도 그중 절반 이상에서 경찰관이나 연루된 경찰관 등은 이런 업무에서 뉴욕 시 경찰국이 정한 서식을 제대로 작성하지 않았음을 잘 보여주고 있습니다. 자, CCRB의 관할권은 뉴욕 시 경찰청의 각종 내부서식 작성 불이행 문제에 대해서까지는 미치지 않고 있으며 그런데도 이렇게 광범위한 미기재 사태를 적발하게 된 것은 바로 이 연구결과를 통하여 비로소 드러낼 수 있었습니다. 하지만 이 사례는 민원들 속에 담겨있는 정보가 어떻게 해서 훨씬 더 광범위한 경찰 관리나 운영 문제까지도 제대로 밝혀낼 수 있게 되는가 하는 점을 여실히 보여준다고 생각합니다. 이 사례는 부분적으로는 정지 및 몸수색 업무에 대한 관리상의 통제를 용이하게 하기 위하여 만들었던 경찰조직 내부규정을 일선경찰관들이 따르지 않고 미기재하고 있는 문제점을 드러낸 것입니다.

(4) 경찰수준 제고와 민경관계 증진

좋습니다. 마지막으로 시민심사기관이 가치를 드러내는 방식은 경찰 활동 수준 제고 및 민경관계 증진을 돕는 데 있습니다. 시민심사기관은 민원심사절차에 관여하는 경험을 잘 배려하도록 함으로써 존재의의와 장점을 발휘할 수 있습니다. 이는 무엇을 뜻할까요?

사회과학적 연구의 절대다수는 "법집행기관의 정직성과 동기에 대하여 주민들의 신뢰를 유지 강화시키는 것"이야말로 시민들이 법을 준수

하며 경찰 및 다른 법집행기관에 협력하고 싶어 하게 만들도록 보장하
는 데 있어서 매우 중요한 일이라는 점을 지적하고 있습니다.[30] 따라
서 민원인들이 민원심사절차에서 받는 처우 방식은 민원인이 경찰과
보다 광범위한 법제도를 바라보는 시각 및 궁극적으로는 민원인들이
경찰과 법제도에 대해 갖는 신뢰도에 있어서 극히 중요하다고 하는 것
은 손쉽게 예상할 수 있는 일입니다. 민원인들은 자신들이 공정하게
처우 받으며 존중받는다고 생각하면 할수록 폭넓게 보아 이 제도를 정
당하며 상호 존중할 만한 가치가 있다고 볼 가능성이 더욱더 커지기
마련입니다.

경찰 역시 자신들이 어떻게 처우를 받는다고 느끼며 생각하는가 하
는 대목 역시 매우 중요합니다. 이렇게 볼 만한 명백한 이유가 있습니
다. 징계제도가 자의적으로 이뤄지며 공정하지 못하다고 보는 경찰관
들은 이 제도가 집행하고자 하는 규정에 헌신하고자 하는 생각이 덜하
게 될 가능성이 없지 않은 것입니다.

저는 교육생이나 학생들에게 민원처리기관이 기업체에서 몇몇 교훈
을 활용한다면 통상적인 민원심사절차가 크게 개선될 수 있다고 지적
합니다. '리복' 측이 자사제품인 스니커즈 운동화에 대해 민원을 받을
때 리복 측이 이윤을 남기려 한다면 이 민원에서 무엇인가를 배워 제
품을 개선토록 하는 데 관심을 기울이기 마련입니다. 어느 한 집단 민
원인들은 이 회사가 자신들을 잘 처우해 주며 따라서 자신들이 계속해
서 거래하고 싶어 하는 회사라고 생각하도록 만드는 데 관심을 기울이
게 됩니다. 이와 같은 관심은 리복회사가 고용한 개별 직원들에 대해
잘못된 제조 업무에 대해 책임을 묻는 것과 똑같이 중요하며 고객 입
장에서는 오히려 훨씬 더 중요한 것이 됩니다.

---

30) Tom R. Tyler, *Trust and Law Abidingness: A Proactive Model of Social
Regulation*, 81 B.U.L. Rev. 361, 362 (2001).

그럼 여기서 시민심사기관 입장에서 어떤 교훈을 취할 수 있을까요? 사실관계가 규명될 수 없는 매우 커다란 비율과 수를 차지하는 민원 건들에 대해 생각해 봅니다. 민원인은 경찰관이 자신에게 욕을 하며 그래서 눈물을 흘리게 되었다고 분노합니다. 하지만 경찰관은 이를 부인합니다. 민원심사기관 입장에서는 도대체 뭐가 뭔지 알 수가 없습니다. 과연 어떻게 이런 민원을 책임 있는 자세로 처리하는 방식이 될 수 있을까요? 즉 민원 건이 명확하게 해결되지 않는다손 치더라도 민원인이 공정하게 처우를 받으며 존중받는다는 생각을 갖게 만들 수 있도록 하기 위해서는 과연 어떻게 처리해야 하는 걸까요? 무단가택수색영장에 따라 경찰이 문을 적법하게 부수고 들어간 집주인의 경우를 보도록 하지요. 여기서 아무런 비위행위도 없었다고 말하면서 집주인에게 경찰의 조치에 대해서는 무혐의가 입증되었다는 서신을 보내는 것만으로는 충분치 않습니다. 이 경우 민원인이 경찰에 대하여 자신의 정당한 문제 제기가 이 상황에 어울리며 타당하게 처리되었다고 생각할 수 있도록 하기 위해서는 어떻게 이 민원을 책임감 있게 처리해야 하는 걸까요?

민원인들은 민원절차에 돌입하면 자기 쪽 이야기가 충분히 전달되었다는 점을 이해해야 합니다. 때로 CCRB의 사실 규명에는 여러 가지 한계들이 있음을 이해해야 합니다. 그 민원이 입증되지 않은 경우에조차도 민원제기 자체는 경찰을 개선하는 데 한 몫을 하는 기록을 남기게 되었다는 점을 이해해야 합니다. 그리고 시민심사기관은 민원인에게 민원처리 내용을 잘 이해할 수 있도록 하며 민원심사기관에 대해 피드백할 수 있도록 하는 방법에 대해서도 잘 안내해 주어야 합니다.[31]

다른 한편 경찰은 이 절차가 철저하며 심지어는 공세적이기까지 하

---

31) 워커 교수는 이 점에 대해 매우 설득력 있는 입장을 제시하고 있다. See Walker, supra note 1 at 135.

지만 공정하게 진행된다는 점을 인식해야 합니다. CCRB는 경찰과 민원인 양측에게 때를 놓치지 않는 민원 해결 방안을 내놓도록 해야 합니다. CCRB는 지난 5년 동안 한 건을 충분히 수사를 마치는 데 평균 279일 걸렸습니다. 저는 앞으로 이 기간이 크게 줄어들 수 있을 것으로 예상합니다. 이유는 때를 놓치지 않는 수사야말로 성공적인 가능성이 훨씬 더 높을 뿐만 아니라 신속한 수사야말로 민원인과 경찰 양측의 필요에 좀 더 잘 부합하는 것이기도 하기 때문입니다.

수사절차에 정말 어울리지 않는 민원 건들의 경우 CCRB는 대안도 제시하도록 해야 합니다. CCRB에서 이것은 조정을 가리킵니다. CCRB는 지속적으로 조정 프로그램 개발 및 확대를 위하여 최선을 다하고 있습니다. 저는 CCRB 위원들이 상당한 범위의 비위행위 고소 건들에 대해서는 조정방안이 탁월한 민원처리 방법이라고 결론을 내려왔다고 봅니다. 조정방안은 경찰관의 학습 수준을 높이며 민원인과 연루된 경찰관 양측의 만족도를 보다 크게 하기 때문입니다.

들리는 바로는 CCRB의 조정 프로그램은 미국 내에서 최대 규모에 속하게 되었다고는 하지만 아직도 절대치에 있어서는 조정 프로그램이 아직 극히 적으며 따라서 보다 더 육성해야 할 필요가 있다고 보고 있습니다. 금년도의 경우 57건이 조정방안을 통하여 성공적으로 해결되었습니다. 조정회의에 185건을 상정하고 176건을 성공시켰습니다. 조정 프로그램을 통하여 해결하기에 적합한 민원 유형 등이 있으며 이는 보고서에서 수록되어 있습니다. 훈련을 거쳐 상당한 수준을 갖추고 있는 조정관이 27명 있으며 이들은 비교적 소액을 받고 CCRB에서 조정업무를 수행하고 있습니다. 이 방안에 관심 있는 분들에 대해서는 레이 씨가 직접 자세한 내용을 설명하도록 할 것입니다. 하지만 여태까지 해온 것을 보면 조정 프로그램에 의한 해결방식을 선택한 민원인과 경찰관들 사이에서 비교적 높은 만족도를 나타내고 있음을 알 수 있습니다. 통상적인 수사절차를 통한 해결방식이 더 만족도가 높으리라고 기대한 것과는 비할 수 없을 정도로 조정방안이 훨씬 더 높은 만족도를 나타내고 있습니다.

3. 맺는말, 민원 제기자에 대한 배려

좋습니다. 이상이 저의 설명입니다. 시민심사제도의 가치를 극대화하기 위해서는 적어도 네 가지 측면, 경찰관 책임 묻기, 기록 유지하기, 패턴과 문제점에 대한 주의 환기, 민원심사시스템에 돌입한 경험에 대해 배려하기 등등에 대해 깊이 있으면서도 명확한 사고를 할 수 있어야 합니다. 역사적으로 보면 시민심사제도는 이 중 첫 번째 기능에 초점을 맞추어 왔으며 당연히 그럴 만한 충분한 이유가 있었습니다. 거대한 경찰기관이 있는 뉴욕 시의 경우 기강이 무너지지 않도록 하기 위해서는 징계제도가 무뎌져서는 안 됩니다. 민원은 징계제도에서 큰 비중을 차지하고 있습니다. CCRB는 비위행위를 찾아내 근절시키기 위하여 철저하며 완벽한 수사를 해야 합니다.

그러나 역사적으로 2002년 시점은 과연 시민심사기관이 이룩한 게 도대체 뭔가 하는 질문들이 나오고 있으며 그러나 저는 경찰의 민주적 책임 묻기 측면이 아무리 중요해도 여기에만 초점을 맞추면 안 된다고 봅니다. 경찰이 서비스를 제공하는 방식과 수준을 높이도록 하기 위하여 민원 건들 속에 들어있는 각종 정보들을 활용토록 하는 것이야말로 극히 중요합니다. 민원심사제도가 양질의 운영을 통하여 보다 더 광범위한 형사사법시스템 전반의 정당성 강화에 이바지하도록 하는 것이야말로 지극히 중요합니다. 그러기 위해서는 민원심사 시스템에 돌입한 이들의 경험에 주의를 기울여야 하며 시민심사 메커니즘이 커뮤니티 사회에서 보다 더 폭넓은 계층과 시민들에게 올바르게 인식되어 있어야 합니다.

저의 개인사에 있어서 현재는 CCRB 위원직을 막 마쳐가는 중이며 그래서 여러분 모두가 도전적이며 자못 흥분되는 일을 수행하고 계시다는 생각이 듭니다. 여러분은 공세적인 수사기법을 가지고 있거나 혹은 직원들의 공세적인 수사업무에 대한 감독과 격려를 해 주도록 해야 합니다. 여러분은 민원 건들에 들어 있는 각종 정보들이 최대한 활용될 수 있도록 하기 위한 각종 정보관리 기법도 갖추도록 해야 합니다. 여러분은 패턴에 주목하여 이를 찾아내며 문제점들을 확인해 낼 수 있는 분석기법도 갖춰야 하고 이 문제점과 패턴을 다른 사람들이 주목할 수 있도록 할 수 있어야 합니다. 민경관계 구축에 진정으로 관심이 있다고 하면 감정이입 역량도 갖춰 있어야 합니다. 조직적인 측면에서 본다면 이상과 같은 역량은 온갖 기량을 종합적으로 갖춰야 하는 자못 도전적인 일이라고 할 수 있습니다. 그러나 저는 여러분들이 어느 하나를 빠뜨리지 않고 온갖 기량들을 두루 갖춤으로써 시민심사제도의 가치를 극대화하며 경찰개혁의 역사에서 이 제도가 차지하는 위상을 확고히 만들 수 있다고 봅니다.

제 4 장 경찰옴부즈맨 실무

이 장은 경찰옴부즈맨 등의 심사기관들이 실제 조사과정에서 독자수
사, 수사감독, 감사 등의 활동을 할 때 반드시 점검해야 하는 핵심 개
념과 주요 이슈들에 대해 정리하여 경찰옴부즈맨 위원 및 직원들을 위
한 교육자료이다. 이는 전 세계적으로 각 도시별로 가장 많은 경찰옴
부즈맨 제도를 운영하고 있는 미국의 경찰옴부즈맨 전국연합조직에서
제시한 자료이다.[32] 그리고 미국 각지에서 운영되는 경찰옴부즈맨 실
무자들에게 지침서가 되는 글을 미국 경찰옴부즈맨 연합회(NACOLE)
측의 자료를 중심으로 소개한다.

여기서 제시하는 경찰옴부즈맨에 관한 핵심개념들 상당수는 법집행
기관에 대한 시민감시와 감독활동 실무에 있어서 필수적인 것들이다.
경찰감시활동에 임하는 사람은 이런 핵심개념에 대하여 숙지하고 있어
야 하며 이에 대하여 일반 시민과 당사자들에게도 제대로 충분히 설명
해 줄 수 있도록 해야 한다. 우리나라에 경찰옴부즈맨 도입과 운영이
제대로 이루어져 활성화되기까지 하기 위해서는 이 장에서 소개하는
미국의 경찰옴부즈맨 교육자료가 나름대로 좋은 참고자료가 될 수 있
을 것이다.

만일 독자 여러분이 이 감시기관 혹은 경찰옴부즈맨의 심사위원인

---

32) 출처는 "경찰비리민원 수사, 수사감독 및 심사 업무를 담당하는 경찰옴부
즈맨 위원용 경찰비리민원 사건심사 지침서"(Investigation, Monitoring and
Review of Complaints: a Practitioner's Case Study Guidelines, National
Association for Civilian Oversight of Law Enforcement (NACOLE) Confe-
rence, Oct 5-8, 1999/SQ/JS)이다.

경우, 이 핵심개념들에 대해 숙지하고 명확히 구별할 줄 알아야 합니다. 만약 잘 모르겠으면 교육훈련을 해 주도록 요청해야 하며 사건의 사실관계들 처리에 대해 이 핵심개념들을 적용하여 구별할 줄 알게 될 때까지는 경찰비리민원 수사를 진행하거나 평가하는 일에 임해서는 안 될 것입니다.

핵심개념들에 대해서는 여러 가지로 의미로 해석될 수 있다는 점을 유념하시기 바랍니다. 예컨대, 여러분 위원의 관할 사건을 담당하는 공익검사가 동시에 민사소송에서 해당 경찰관을 변호하는 역할을 담당하고 있다면, 해당 검사가 소속한 검찰 측은 민사상 책임을 규명하는 소송을 변론하는 입장에서 도출된 해석을 제시할 수 있습니다. 이 경우 심사위원회 혹은 경찰옴부즈맨 회의에서 이 점을 규명하도록 하십시오.

균형 잡힌 교육훈련을 거치는 한 가지 좋은 방안은 교관으로 하여금 비위행위를 저지른 경찰관을 변론하는 입장과 이를 기소해야 하는 입장 등과 같이 서로 다른 시각들을 함께 설명해 주도록 요청하는 방법이 있습니다. 또 다른 방법은 경찰의 민주적 책임 문제에 대한 전국단위와 지역단위 수준의 전문가들, 리스크 관리 전문가, 해당 지역 로스쿨 및 행정부 공직자 등에게 교육훈련을 해 주도록 요청하는 방법이 있습니다.

1. 핵심개념의 의미와 구분 방법

(1) 중립성의 상세한 의미

시민감시활동절차에 임하는 인사들은 흔히 자신이 하는 활동에 대해 깊은 확신을 갖는 경우가 많다.

자신의 신념과 '정치관이나 정파'가 어떠하든 간에 감시활동의 청렴
성과 성실성에 있어서 핵심은 경찰비위나 직권남용 건으로 고소고발된
것들을 심사하는 인사들은 심사하는 동안 자신의 개인적 선입견 등을
버리며 증거가 수집되어 검증되는 동안 조용하게 중립적인 자세를 지
키도록 해야 한다는 점이다.

심사관은 경찰이든 민원제기자든 다른 누가 되었든 간에 모름지기
증인이라면 자신이 본대로 진실을 말할 수도 있으며 아니면 윤색하여
증언할 수도 있고 자신이 본 것을 축소하거나 거꾸로 거짓을 증언할
수도 있는 것임을 유념해야 한다.

증인의 진술을 받아 평가할 때 되도록이면 더 많은 설명과 묘사를
유도해 내도록 하는 것이 좋다. 설명이나 묘사가 자세할수록 평가자는
증인 진술 내에서 서로 비교하여 볼 수 있는 자그마한 현장세계를 가
늠하게 해 주며 신뢰도가 어느 정도인가 확정하는 데에도 도움을 줄
수 있다.

증인의 선입견과 여러 가지 생각들은 사건에 대한 그의 인식과 기억
에 덧칠해질 수 있음을 유념하여 다음과 같은 점들에 대해서도 유의해
야 한다.

즉 진실성은 있으나 감정적으로 극도로 흥분한 증인의 경우 좀 더
자세하게 증언하도록 하면 어떤 일이 발생했는지 좀 더 기억을 잘 살
려내 설명을 잘 할 수 있도록 하는 데 도움을 받을 수 있다.

또한 진실성이 떨어지는 증인으로 하여금 좀 더 자세히 증언하도록 하
면 심사관은 문제영역을 찾아내 이를 탐색해 내는 데 도움을 받게 된다.

(2) "증거의 기준"

여러분 지역에서 사용하는 '증거기준'에 정통해지도록 해야 합니다. 이

는 사실관계를 확정하는 데 요구되는 증거의 양적 정도에 관한 것입니다.

증거기준은 '우세한 증거', '명확하며 설득력 있는 증거', '합리적 의심을 넘어서게 해 주는 증거' 등과 같이 대략 세 가지가 있다.

평가관은 이 세 가지 증거기준 중에서 어디에 어떠한 증거가 해당하여 충족시키는지에 대하여 확실히 인식할 수 있어야 한다. 평가관이 이 세 가지 증거기준에 정통해야만 하는 이유는 평가관이라면 제시되는 사실관계들이 무엇이든 이를 받아들여 이를 모두 증거기준에 맞추어 보도록 해야 하기 때문이다.

우세한 증거란 어느 한 입장을 주장하는 쪽이 증거의 무게가 더 있어서 반대 주장을 하는 쪽보다 더 신뢰성이 있으며 설득력이 있음을 뜻한다. 이는 증거의 무게가 더 나가는 쪽을 더 높게 평가해야 한다는 점을 가리킨다. 이 증거기준을 달리 말한다면 증거가 우세한 정도가 50% 이상이라고 하는 것과 같다. 여러 지역의 경찰옴부즈맨이나 감시기관들이 바로 이 증거기준을 채택하여 사용하고 있다.

명확하며 설득력 있는 증거란 증거가 통상적인 분별력을 지닌 보통 사람들을 설득하기에 충분한 정도의 증거를 가리킨다. 이 증거기준은 우세한 증거기준보다는 더 강하지만 합리적 의심을 넘어서게 해 주는 증거기준보다는 약하다.

합리적 의심을 넘어서게 해 주는 증거기준이란 의심을 전혀 하지 않게 한다거나 윤리적 확실성을 초월하게 하는 증거를 가리키는 것은 아니다. 합리적 의심을 넘어선다는 것은 합리적인 사람이 극도로 중요한 사항에 대하여 머뭇거리게 되는 정도의 그런 의심 수준은 넘어선다는 것을 가리킨다. 형사소송은 바로 이 증거기준을 사용하기 마련이다.

'우세한 증거'와 '합리적 의심을 넘어서게 해 주는 증거'를 구분하기 위하여 증거란 무엇인가에 대해 명확히 할 수 있도록 해야 한다. 여러분 지역의 경찰옴부즈맨 혹은 감시기관 등의 위원회 규정은 어떤 증거기준을 채택하고 있는가를 확실히 알고 있어야 한다. 지역사회 주민들에게 이런 증거기준의 구분법에 대하여 얼마든지 설명해줄 수 있어야 한다.

(3) 형사상 저촉행위, 직권남용, 민사상 책임

형사상 저촉행위란 해당 지역에 적용되는 형법 조항을 위반한 것을 가리킨다. 그 시정조치는 형사법원에 기소토록 하게 된다.

위법행위(혹은 직권남용, misconduct)란 해당 지역 경찰기관의 정책을 위반한 행위를 가리킨다. 이 행위는 형사상 저촉행위 수준에까지는 도달하지 않는 위법행위에 불과할 수도 있다. 다른 사람에게 부상이나 다른 피해를 입힌 경찰직권남용 행위는 부상당한 주민이 손해나 피해에 대한 보상 소송을 하는 경우 민사상 책임을 져야 하는 경우도 있다.

민사상 책임은 경찰관 혹은 경찰기관 고용직원에 대해 구체적인 구제를 받아내기 위해 민사법원에 소송을 제기할 때 발생한다. 대부분 구제수단은 돈으로 피해를 보상하는 형태로 나타난다.

(4) 경찰 직권남용에 대한 시정(구제) 조치, 경찰비리민원 제기, 민사상 책임 소송 제기, 형사상 기소 요구, 결정과 판결

경찰관도 기본적으로는 형사상 저촉행위로 인해 고소고발로부터 면책되어 있는 것은 아니다. 하지만 경찰이 형사상 기소를 당할 가능성은 극히 낮다. 경찰의 직권남용을 이유로 제기된 고소고발 건들에 대한 대다수의 구제 방식들은 행정상 절차를 통하거나 민사상 책임을 지는 방식으로 이루어진다. 행정상 절차란 해당 경찰관의 소속 경찰기관에 대해 경찰비리민원이 제기되어 경찰 내부적으로 징계절차를 거치도록 하는 것을 가리키며 민사상 책임이란 법집행기관의 작위 혹은 부작위로 인해 어떤 피해 등을 당했다며 해당 경찰관이 소속한 경찰기관 측에 대해 민사소송을 제기한 경우를 가리킨다.

따라서 종합적으로 보면 경찰직권남용에 대한 구제절차는 행정절차(경찰비리민원 제기), 민사절차(민사상 책임 소송청구), 형사절차(형사상 범죄기소) 등의 세 가지 방식으로 나타나게 된다.

경찰옴부즈맨 등의 시민감시 경찰비리민원 처리제도에서 행정적 구제란 해당 고소고발 건이 과연 확증될 수 있는 것인가 그리고 해당 경찰직권남용 행위의 중대성 정도에 달려 있다. 만일 어떤 고소고발 건이 확증이 되는 경우, 구제방식은 교육훈련 조치, 견책, 해임 등의 하나로 내려지게 된다. 이 방식에서 경찰비리민원을 제기한 민원인에 대해서는 금전적 보상은 전혀 이뤄지지 않게 되어 있다. 이 방식은 상당히 처리 기간이 길며 번잡해지기도 한다.

'경찰신상의 비밀보호법'에 따라 경찰비리민원을 제기한 민원인에 대해서 어떤 수준이나 정도의 복구조치 혹은 징계조치가 내려지는가에 대해서는 알려주지 않을 수 있게 되어 있다.

이 방식에서 고통을 당하거나 부상당한 민원인은 해당 경찰관이나 소속 경찰기관 측에 대하여 금전적인 보상 판결을 받아내기 위해 민사소송을 청구하기도 한다. 이 민사소송은 시간과 돈이 많이 든다. 바로 이런 이유로 인하여 민사소송을 통한 구제방식을 추구하려는 시민들은 악영향을 받기 마련이다.

미국의 경우 경찰관에 대한 형사상 범죄기소 역시 역사적으로 보면 다음 두 가지 이유로 인하여 극히 드물 수밖에 없다.

첫째, 형사상 범죄기소에는 가장 강한 증거기준이 적용되며 따라서 기소자는 형사상 고소가 합리적 의심을 넘어서는 증거수준에서까지 입증될 수 있는가 하는 점을 먼저 결정해야 한다.

둘째, 경찰관 및 지역사회의 안전이라는 요소 및 경찰관의 재량권 등에 따라 경찰의 행위나 조치가 취해졌다면 특별히 보호하며 정당성의 근거를 부여하게 되어 있기 때문에 달리 형사상 범죄행위에 해당한다고 보지 않는다.

그리고 일반 시민들과 마찬가지로 경찰관도 동일한 형법을 적용받아야 하며 합리적 의심을 넘어서는 증거기준에 따라 해당 경찰관이 직권남용이라는 범죄행위를 저질렀다고 입증하기는 무척이나 복잡하며 어렵고 지극히 이례적인 경우에 국한된다는 점을 지적해 둘 필요가 있다.

일부 사건들 경우에는 이상과 같은 세 가지 구제 방식이 모두 동원되기도 하며 이렇게 되면 해당 경찰관은 형사상 범죄고소, 민사소송, 행정상의 징계요구 등을 모두 받게 된다.

(5) 무력사용, 치명적 무력사용, 무력사용의 범위

경찰 등 법집행기관 종사자들은 시민들이 자신의 명령에 따르도록 하기 위하여 어떤 형태로든 무력을 사용할 때가 있다. 경찰은 안전 및 순간적인 결정을 내려야 하기 때문에 무력사용에 관한 재량권을 갖고 있다. 그러나 이와 같은 재량권을 가지고 있음에도 불구하고 경찰의 무력사용은 형법을 위반하는 경우를 낳기도 한다.

치명적이거나 죽음에 이르게 하는 물리력의 사용이란 사실상 사망에 이르게 하는 결과를 의도하며 그럴 개연성이 높고 지당하게 그렇게 되는 무력사용을 가리킨다. 치명적이거나 죽음에 이르게 하는 물리력 사용이란 때로 실제로 죽음을 초래하지 않았더라도 죽음에 이르게 할 가능성과 사용하면 죽음에 이르는 게 당연한 그러한 무력사용을 의도한 것으로 규정하는 경우도 있다. 그럼에도 불구하고 무력사용 수준은 경찰기관의 규제 대상으로 되어 있다. 즉 경찰은 무력사용에 관한 여러 가지 정책과 규정들을 정해 두고 있으며 상당수 경찰기관들은 어느 주어진 사건에서 합리적인 무력사용의 정도를 결정하는 데 있어서 반드시 각종 무력의 사다리나 무력사용의 에스컬레이션 분석에 따르도록 규정하고 있다.

경찰 등 법집행기관 종사자들이 사용하는 무력사용의 범위는 구두명령, 신체적 접촉, 신체적 구속과 제지, 경찰봉 사용, 최루가스 같은 화학물질 사용, 죽음에 이르게 하는 물리력 사용 등으로 나뉜다.

상황에 따라 이상과 같은 무력이 경찰직권남용이라는 고소고발을 초래할 수 있다. 그리고 이 고소고발을 통해 위에 열거한 구제방식 등이 동원되기도 한다.

(6) "화면 일시정지 기법"에 의한 분석, 직권남용이나 잘못된 정책을 찾아내기 위하여 화면 일시정지 기법을 사용하라

'화면 일시 정지 기법'이란 경찰관이 치명적인 무력사용 결정 같은 위급한 결정을 내리기 직전 국면에 따라 분별력 있는 조치를 내리기 위해 깊이 침착하면서도 꼼꼼하게 살펴보도록 하는 것을 가리킨다.

특히 '화면 일시 정지 기법'에 따라 혹은 순간순간 꼼꼼하게 사건의 전개를 살펴보도록 하는 것은 사망이나 부상이 발생하게 될지 여부를 따져보는 데 극히 유용한 것이다.

경찰옴부즈맨 등 심사기관은 이 기법과 방식을 통하여 사망이나 부상이 발생하기 직전 상황에서 과연 어떤 일이 벌어졌는가를 제대로 따져보고 판단할 수 있다. 이렇게 하면 사망이나 부상이 정말 어떻게 하면 예방할 수 있었던 것이었는지를 가늠하여 판단을 내릴 수 있게 된다. 그리고 이렇게 하면 심사관이 향후 유사사건을 피하도록 하기 위해서는 어떠한 전략이 필요한가를 제시해 줄 수 있다.

사망이나 부상을 초래한 직접적인 행위가 직권남용 행위나 경찰정책상의 잘못 등이 아닌 경우가 흔하디흔하다. 그렇지만 직접적인 행위 직전의 조치나 행동들을 자세히 검토 조사해 보면 그와 같은 경찰의 무력사용이 직권남용이나 잘못된 안전 확보 전술 등에 의해 초래되었음을 밝혀내게 되는 경우도 왕왕 발생하는 것이 현실이다.

순간순간을 끊어서 면밀하게 조사하는 이 방식은 좋은 수사방식이지만 동시에 예방수단이기도 하다. 이 기법은 경찰기관들로 하여금 다음과 같은 조치들에 대해 아주 유용한 정보와 내용을 제공한다.

○ 개별 경찰관의 직권남용 때문인가 아니면 잘못된 경찰규정이나 경찰정책 때문인가를 판별하도록 해 준다.

○ 교육훈련 수준을 제고토록 한다.

○ 기강을 다잡고 징계를 가해야 하는 것인지 여부를 판단할 수 있게 해 준다.

○ 정책이나 규정의 표현방식을 보다 더 정교하게 가다듬도록 해 준다.

○ 향후 유사사건의 재발을 피하도록 한다.

○ 민사소송이 제기되는 건수를 줄이도록 한다.

2. 주요 이슈

(1) 경찰비리민원 수사 혹은 감독의 준비작업 문제

○ 경찰옴부즈맨 독자수사 방식

- 민원 서면자료 검토
○ 경찰내부수사에 대한 감독이나 감사 방식
- 민원 서면자료 검토

(2) 법규와 각종 문서(경찰보고서, 경찰정책, 각종 규정)

○ 경찰옴부즈맨 독자수사 방식
- 경찰비리민원이 제기되게 된 사건기록에 대하여 심사하도록 한다.
- 해당 사건에 적용되는 것으로 나타난 경찰정책과 각종 규정 및 절차 등에 대하여 심사하도록 한다. 사건 기록과 문서에서 나타나는 문제점 등을 확인하며 후속 수사를 통해 이런 문제점들을 명확히 밝혀내도록 한다. 예를 들면 사건보고서나 순찰기록 같은 기록이 있어야 하는데 찾아내지 못한 것으로 되어 있는가?
- 기록의 사건파일로 포함시켜 놓도록 한다.
- 예비평가 및 분석을 해보도록 한다.
- 이상의 기록을 후속수사를 더하도록 하지 않아도 민원 제기자에게 충분히 해명할 수 있는가? 만일 그러하다면 기록심사에 바탕을 두고 수사내용에 대하여 결론을 내리도록 하며 민원인에게 가능한 한 신속하게 이를 통지하고 심사기관이 할 수 있는 한 많은 내용을 전달해 주도록 한다. 필요한 경우 해당되는 적절한 회부조치를 취하도록 한다.
- 만일 그렇지 않다면 사건에 대해 조금이라도 목격했거나 들어본 사람들을 찾아내 이들에 대한 리스트를 작성토록 하여 위치를 파악하여 이들을 신문하도록 한다. 위치 확인이 안 되는 경우, 위치 확인을 위해 어떤 조치를 취해야 하는가를 지시하도

록 해야 한다.

- 해당 경찰비리민원 내용을 제대로 평가하기 위해서는 어떠한 물리적 증거가 더 필요한가를 확인한 다음 그와 같은 증거들을 수집하도록 한다.

○ 경찰내부수사에 대한 감독이나 감사 방식

- 경찰내부감찰부서 소속 수사관의 수사내용을 심사하도록 한다. 이때 다음과 같은 사항들을 주목하여 심사하도록 한다.
- 수사가 철저하며 완벽하게 이루어졌는가를 판단해보도록 한다.
- 주목해야 하는 문제들이 어떤 것들인지 주목하여 메모해 둔다.
- 추가적인 수사와 기록이 더 필요하다고 여겨지면 심사기관 규정이 허용하는 한 후속수사를 하도록 시정권고 조치하도록 한다.
- 경찰기관 측이 발표한 결과나 성과 측면에서 사건에 대하여 예비평가 및 예비분석을 해보도록 한다.
- 해당 경찰옴부즈맨 등의 시민감시기관에 부여되어 있는 권한에 의거하여 수사결과나 수사성과에 대하여 해당 경찰기관 측에 대하여 시정권고 조치를 하도록 한다.
- 필경 '서류작업이 마무리될 때까지는 결코 일이 끝날 수 없는 법'이므로 필요한 추적수사와 기록을 마무리하도록 한다. 이때 각급 시민감시기관의 운영규정에 따라 어떤 조치를 취할 수 있는가를 판정을 내릴 수 있다는 점을 유념토록 해야 한다.

(3) 물리적 증거, 의사의 진단서, 해제 자료, 각종 공적 문서와 기록, 비디오나 오디오 테이프

○ 경찰옴부즈맨 독자수사 방식

- 필요한 증거를 확보하여 이를 심사하도록 한다.

-어떤 증거가 빠져 있는가 다른 어떤 증거가 있을 수 있는가. 어떻게 하면 경찰옴부즈맨 위원 측에서 이를 확보할 수 있는가 등을 찾아보도록 한다.

○ 경찰내부수사에 대한 감독이나 감사 방식
-수사당국(IA)의 사건파일을 심사하도록 한다. 증거들이 제대로 수집되어 있는가를 심의하여 판단해 보도록 한다.
-어떤 증거가 빠져있는가, 다른 어떤 증거가 있을 수 있는가 등을 확인해 보며 사건파일에 되돌아와 추가증거를 확보하도록 시정권고 조치를 하도록 한다.

(4) 증인신문

○ 경찰옴부즈맨 독자수사 방식
-신문해야 할 증인들이 누구인가 결정하며 또 어떤 순서로 신문해야 하는가를 결정하도록 한다. 일반적으로는 피의자인 해당 경찰관에 대해서는 맨 나중에 신문하도록 한다.
-민원인과 증인들에 대해서는 신문내용을 실제로 신문하기에 앞서서 사건내용에 대해 아무런 방해를 받지 않고 충분하게 설명하며 말할 수 있도록 해야 한다. 신문 도중이나 경찰조치가 정당하다는 식의 제지를 해서는 안 되며 해당 경찰관을 대변해서도 안 된다.
-증인을 유도신문해서는 안 된다. 여기서 '유도신문'이라는 용어의 뜻을 정확히 알아야 하며 유도신문을 해서는 안 된다는 점을 유념하도록 해야 한다.
○ 경찰내부수사에 대한 감독이나 감사 방식
-증인신문 사본을 심사하도록 한다.

- -증인이 진술과정에서 '유도신문' 당하지 않았는지 여부 및 IA 측이 증인의 진술 내용을 정확하게 기록했는지 여부 등을 판정하기 위하여 신문테이프를 청취하도록 한다.
- -경찰수사당국 수사관이 실제 신문내용을 신문하기에 앞서서 민원내용이나 진술을 전혀 방해받지 않고 충분하게 설명하도록 해 주었는가를 심사하도록 한다.
- -심사 도중 경찰의 행위나 조치에 대해 정당하다는 식의 자세를 보이거나 경찰관을 대변하는 모습을 보여서는 안 된다.
- -중요한 것은 '증인유도신문'의 의미를 제대로 이해해야 하며 증인이 만일 '유도신문' 당했다고 판정을 내리게 되면 적절한 시정권고 조치를 취하도록 해야 한다.

(5) 분석평가, 각종 진술과 증거에 대한 평가

○ 경찰옴부즈맨 독자수사 방식
- -경찰기관의 관련 정책과 규정 및 절차에 대해 다시 심사해 보도록 한다. 과연 모든 정책과 규정 및 절차들이 제대로 확인되었는가?
- -증인의 진술을 평가하도록 한다.
- -증인의 신뢰도에 대해 가늠하며 평가를 내리도록 한다.
- -의존적인 증인인가 아니면 독립적인 증인인가를 평가하도록 한다.
- -기타 증거를 평가하도록 한다.
- -증인의 진술을 다른 증거들과 비교해 보도록 한다.
○ 경찰내부수사에 대한 감독이나 감사 방식
- -경찰수사당국의 수사내용에 대하여 앞의 경찰옴부즈맨 독자수

사 경우와 마찬가지로 평가해 보도록 한다.

- 증인의 신뢰도를 어떻게 결정되었는가에 대해 경찰옴부즈맨 위원인 여러분이 보기에도 명확히 드러나는가? 만일 그렇지 않다면 설명과 해명을 요구하십시오.
- 만일 경찰수사당국의 평가에 대해 경찰옴부즈맨 위원인 여러분이 동의합니까? 만일 그렇지 않다면 여러분의 그런 우려사항을 명확하게 밝히고 추가수사를 요청하십시오.

(6) 경찰내부문서(징계기록, 과거의 경찰관행, 민사소송기록 등)

○ 경찰옴부즈맨 독자수사 방식
- 해당 지역 법규에 따라 경찰옴부즈맨인 여러분이 접근 가능한 각종 경찰내부문서들을 확보하여 심사하도록 한다.
○ 경찰내부수사에 대한 감독이나 감사 방식
- 경찰수사당국은 해당 지역 법규에 따라 경찰수사당국이 접근 가능한 내부문서들을 확보하여 심사하였는가? 만일 그렇지 않다면 추가 수사하도록 시정권고 조치하십시오.

(7) 뼈대가 되는 결정과 판결, 시정권고 조치

○ 경찰옴부즈맨 독자수사 방식
- 경찰옴부즈맨 측이 한 증거분석을 준비하여 제시하도록 한다.
- 경찰옴부즈맨 규정에 따라 필요한 정책이나 규정의 개정 및 징계 등의 조치를 내리도록 시정권고 조치하도록 한다.
- 경찰옴부즈맨 측의 분석과 결정에 대하여 기록해 두는 것을 유념하도록 한다.

○ 경찰내부수사에 대한 감독이나 감사 방식

- 경찰옴부즈맨 측은 경찰수사당국이 내린 사건분석에 대해 설득력이 있다고 보는가? 그렇다면 수사내용을 지지 확인해 주도록 한다. 만일 그렇지 않다면 재분석을 하도록 시정권고 조치토록 하며 그 이유를 명확하게 밝히도록 한다.

- 경찰옴부즈맨 측의 분석과 결정에 대하여 기록해 두는 것을 유념하도록 한다.

3. 미국 경찰옴부즈맨의 유형

미국의 각 자치단체별 경찰옴부즈맨은 크게 4개 유형으로 대별할 수 있다. 우선 1인형과 위원회형으로 나눌 수 있으며 다음으로 경찰옴부즈맨이 경찰 내부 감찰부서 혹은 수사부서와는 독립해서 별도의 독자 수사를 수행할 수 있게끔 되어 있는가 여부를 가지고도 대별해 볼 수 있다. 이를 표로 나타내면 다음과 같다.

도표: 미국 경찰옴부즈맨 유형

	경찰수사당국의 수사나 경찰윤리부서의 경찰내부 감시를 감독하는 유형	경찰옴부즈맨 독자수사나 외부감시 유형
1인 경찰옴부즈맨 유형	투스콘 독립경찰감사관 LA PC 경찰국 검열관 LA 보안관경찰국 특별변호사 LA 보안관경찰국 독립심사사무소 LA 보안관경찰국 옴부즈맨 산호세 독립경찰감사관(광범위한 권한 부여) 산타크루즈 감사관 오마하 공안감사관 포틀랜드(오리건) (독립경찰심사관의 호칭, 직접 수사권도 부여되어 있음) 새크라멘토(직접 수사권도 부여됨) 시애틀	투스콘 독립경찰감사관은 경찰수사당국의 수사에 참여하며 관여한다. LAPD의 검열관(수사와 감독 모두 할 수 있음) 보아즈 옴부즈맨 산호세 독립경찰감사관(경찰수사당국의 수사에 참여하며 관여할 수 있음) 포틀랜드(오리건) (독립경찰심사관, 수사와 감독 모두 할 수 있음) 새크라멘토(수사와 감독 모두 할 수 있음)
위원회형 경찰옴부즈맨 유형	투스콘 덴버(2005년 개정, 감사관 추가) 샌디에고 뉴헤이번(코네티컷) 리버사이드(캘리포니아) 키웨스트(플로리다) 프린스 조지 Co (MD) 라스베가스(NV) 앨바니(뉴욕) 로체스터(뉴욕) 유 진(오리건) 포틀랜드(오리건, 시민심사위원회) 오스틴(텍사스)	버클리(캘리포니아) 덴버(개정 중) 롱비치(캘리포니아) 리치몬드(캘리포니아) 리버사이드(캘리포니아) 샌디에고 카운티 샌프란시스코 마이애미-데이드 뉴욕 시 인디애나폴리스 신시내티 필라델피아 시애틀

출처: Sue Quinn, Varieties of Civilian Oversight: Similarities, Differences, and Expectations, NACOLE Board, Revised 12/2004

○ **1인 경찰옴부즈맨 유형의 쟁점**

이 유형은 일반적으로 감사관, 검열관, 옴부즈맨 등으로 불리며 여러 가지 다양한 호칭이 붙여지고 있다. 이 유형에서 제기되고 있는 쟁점들은 다음과 같다.

　　-권위와 권한의 정도

　　-해당 경찰기관 측은 이 1인 경찰옴부즈맨을 통제할 수 없는가, 있다면 어느 정도 통제하는가?

　　-해당 경찰기관 및 지역사회에 신뢰를 줄 수 있을 만큼 이 경찰옴부즈맨에 대하여 적절한 예산, 교육훈련, 인력 지원이 이루어지고 있는가?

　　-지역사회 구석구석에서 이 경찰옴부즈맨에게 제대로 접근할 수 있는가?

　　-분석과 결정을 내리기 전에 모든 당사자들의 진술을 제대로 들으며 모든 증거들을 제대로 수집하는가?

　　-존경받는 인물이면서도 소극적이거나 소심하지 않으며 '농락당하진' 않는가?

○ **위원회형 경찰옴부즈맨 유형의 쟁점**

이 유형에서는 다음과 같은 쟁점들이 제기되고 있다.

　　-권위와 권한의 정도

　　-이 위원회가 해당 경찰기관으로부터 통제 받지 않는가, 받는다면 어느 정도 통제받고 있는가?

　　-해당 경찰기관 및 지역사회에 신뢰를 줄 수 있을 만큼 이 경찰옴부즈맨에 대하여 적절한 예산, 교육훈련, 인력 지원이 이루어지고 있는가?

－지역사회 구석구석에서 이 경찰옴부즈맨에게 제대로 접근할 수
있는가?

－분석과 결정을 내리기 전에 모든 당사자들의 진술을 제대로 들
으며 모든 증거들을 제대로 수집하는가?

－존경받는 인물이면서도 소극적이거나 소심하지 않으며 그렇다
고 해서 경찰이나 지역사회와도 과도하게 동일시되진 않는가?
위원회 내부 분쟁으로 인해 비효율의 나락에 빠지거나 각종 분
파들로 분열되지는 않는가?

4. 경찰옴부즈맨의 권한과 장단점

○ **수사위원회 유형**

－유형의 설명

경찰비리민원을 수사하며 사실관계를 규명하고 여기에 바탕을 두고
법집행기관 당국에 대해 징계나 정책이나 규정 개정에 대한 시정권고
조치를 내린다.

－보유기능(권한)

수사를 직접 담당하여 진행하며 사실관계를 규명하고 시정권고 조치
를 하고 해당 시민과 일반 시민, 그리고 해당 경찰기관 측에 대하여
수사내용과 결과에 대한 정보를 전달해 준다.

확고하며 공정하고 일관된 수사를 외부기관이 직접 진행한다. 이는
결국 경찰 등 법집행기관이 확고하며 공정하고 일관성 있는 법집행을
더 잘 하며 관리운영도 보다 더 잘 할 수 있도록 도와주기 위한 것이다.

－장 점

이 모델은 민원인 및 지역사회 측에 대하여 판정과 결정이 경찰기관

외부에서 이루어져 보다 더 커다란 관여를 한다는 인식을 심어줄 수 있다.

성실성과 청렴성을 견지하기 위하여 외부기관이 직접 수사를 담당하는 모델은 제대로 된 수사를 진행하는 데 요구되는 충분한 지식과 능력과 교육훈련을 갖춘 위원 및 직원들을 필요로 하며 이에 덧붙여 이 모델은 증거제출을 요구할 수 있는 권한(증인과 증거 소환권), 제대로 충분히 수사하는 데 필요한 자금지원, 접근가능한 공개청문회, 경찰관들에 대한 적정절차 등을 갖추도록 해야 한다.

－약 점

많은 시간과 노동을 할애하는 자원봉사자들이 요구된다.

위원과 직원들이 제대로 기법이나 교육훈련 등을 뒷받침되지 못한 경우 수사의 질이 크게 저하될 우려가 있다.

당사자주의 사법제도에 속한다.

○ **감독위원회 유형**

－유형의 설명

경찰내부감찰부서의 경찰비리민원 수사내용을 심사하며 적정하게 이루어졌는지 여부를 규명하고 수사당국의 사실관계 규명에 동의하는지 여부를 입장을 밝히도록 한다. 추가수사를 하도록 시정권고 조치를 내리며 정책이나 규정의 개정에 관해서도 시정권고 조치를 내릴 수 있다.

－보유기능(권한)

경찰내부수사가 적정하게 이루어졌는가, 그렇지 않은가를 확인하며 경찰기관이 시정조치를 취하도록 지휘한다. 경찰내부수사당국의 질적 수준을 제고한다. 정책이나 규정의 개정에 대해 시정권고 조치할 수 있다.

경찰내부감찰기관이 확고하며 공정하고 일관된 수사를 진행토록 한다. 이는 결국 경찰 등 법집행기관이 확고하며 공정하고 일관성 있는 법집행을 더 잘 하며 관리운영도 보다 더 잘 할 수 있도록 도와주기 위한 것이다.

－장 점

이 모델은 외부의 수사위원회 모델보다 훨씬 더 신속하게 사실관계를 규명하며 보다 더 많은 시민들이 민원제기를 할 수 있도록 해 준다.

성실성과 청렴성을 견지하기 위하여 경찰내부 감찰 수사부서 모델은 제대로 된 수사를 진행하는 데 요구되는 충분한 지식과 능력과 교육훈련을 갖추도록 해야 한다.

－약 점

많은 시간과 노동을 할애하는 자원봉사자들이 요구된다.

경찰내부 감찰수사 절차가 적정하게 이루어지지 못하며 외부 위원회도 경찰내부수사에 대해 제대로 검토할 만한 기량이나 교육훈련이 이루어지지 못한 경우, 위원회 측은 수사과정과 내용에 들어있는 문제점들을 제대로 인식할 수 없다.

경찰내부의 수사당국과 협력하여 하는 모델이므로 다른 모델보다도 더 농락당하기가 쉽다.

○ **폭넓은 권한(증거제출 요구권 등)을 갖는 1인 감사관이나 옴부즈 맨 유형**

－유형의 설명

1인 감사관 혹은 옴부즈맨이 경찰비리민원 및 경찰내부의 수사내용을 심사하며 이 감독관은 경찰비리민원으로서 제기되지 않은 다른 수사 건들에 대해서도 수사와 조사를 벌이는 경우도 있다.

경찰내부 수사당국이 진행한 수사가 결함이 있으면 감사관 측은 추가수사를 하도록 요청하거나 직접 수사를 진행할 수 있다.

　-보유기능(권한)

　여러 가지 문제나 경찰비리민원 등에 대하여 이를 찾아내며 감독하고 때로 직접 수사를 담당하며 결론을 내리고 사실규명을 하고 시정권고 조치를 내리며 감사를 벌인다.

　확고하며 공정하고 일관된 외부 심사와 때로 직접 수사를 진행한다. 이는 결국 경찰 등 법집행기관이 확고하며 공정하고 일관성 있는 법집행을 더 잘 하며 관리운영도 보다 더 잘 할 수 있도록 도와주기 위한 것이다.

　-장　점

　이 1인 감사관 유형은 위원회 유형보다 훨씬 더 유연성과 자유재량을 발휘할 수 있으며 감독위원회 유형보다 훨씬 더 폭넓은 역할을 감당할 수 있다.

　감사관은 경찰기관으로부터 증거제출을 요구할 수 있는 권한을 가지고 있어야 하며 임무수행에 소요되는 적정한 자금지원을 받아야 한다.

　-약　점

　1의 기량, 역량, 헌신성 등에 의존하며 질적 연속성이 문제로 대두할 가능성이 있다.

　일반 시민들 입장에서는 1인의 감사관이 감당할 수 있는 감시 이상의 것들을 요구할 가능성이 없지 않다.

5. 지역사회 감시활동의 과제

　"경찰 외부에서 감시의 힘과 눈초리가 시작되면 일선 경찰관들뿐만 아니라 경찰지휘부 등 경찰관리자 계층에서도 반대 목소리가 나오기 마련이며 이때 경찰 내부의 상당한 협조가 이루어지지 않는다면 외부에서 경찰비리민원을 수사하기란 거의 불가능에 가까우며 외부에서 시정권고 조치를 내리더라도 그저 간단히 묵살당하기 십상이다."[33]

외부감시활동이 특별히 그 초창기 동안 경찰지휘부 및 정치권 경찰지휘부 지지층에서 반대하거나 일선 경찰관과 경찰고용직원 및 관련 경찰노조 등지에서 반발하는 경우를 상정해 보도록 하자. 외부감시기관의 활동이 정말 '이빨 빠진 호랑이'처럼 있으나 마나한 존재라면 반대 움직임 그 자체가 분출하기까지 하진 않는다. 반대 움직임은 다음과 같은 것들이 있을 수 있다.

- 턱없이 모자라는 예산지원, 혹은 이후의 예산 삭감
- 감사관, 위원회 위원과 직원 등에 대한 중상모략
- 일반 시민들이 경찰문제를 제대로 이해하기는 너무나 복잡다단한 것이라고 설득시키려고 온갖 노력을 경주한다.
- 경찰노조 등은 외부감시를 중단시키기 위하여 소송에 나선다.
- 각종 절차나 정보 등이 유포되어 공개될 가능성이 발생하지 않도록 압력을 가한다.

한편, 지역사회 측의 기대수준을 보면 첫째 감시활동과 절차가 신속하게 이루어지기를 바라며 둘째 경찰감시가 선거 결과로서 이루어지는 경우 선거에서 이기면 일이 다 끝난 것처럼 생각한다.

경찰감시 운동가, 위원급, 경찰감시기관 직원이나 선출된 공직자 등과 같은 일부 지역사회 주민들의 경우, 감시활동이 제대로 충분히 이루어지지도 못한 채 지쳐버리거나 녹초가 되어버리는 경우도 있다.

---

33) Paul Chebigny, *Edge of the Knife.*

반대 움직임과 실망감을 최소화하도록 해야 한다. 이는 경찰감시활동이 시간이 걸리는 일이며 경찰감시활동 앞에는 여러 가지 과제들이 놓여 있다는 점을 모든 당사자들에게 제대로 교육 홍보함으로써 가능해진다. 따라서 시작이 반이라는 점을 유념토록 해야 한다.

6. 지역사회 및 경찰 측의 신뢰 확보

"경찰감시의 신뢰도는 신중하며 사려 깊게 숙지하면서 감시활동을 벌이는 인사들 손에 달렸다. 경찰감시활동에 대한 저항을 시정하는 방법은 순전히 역량을 갖추는 길밖에 없다. 경찰감시자의 활동을 통해서만 비로소 신뢰를 쌓아나갈 수 있다."[34]

경찰감시활동에 임하는 인사들이 피해야 하는 세 가지 중대 실수는 다음과 같다.
첫째, 해당 사건의 세부내용 및 관련 정책과 법규 등에 대하여 제대로 숙지하지 못하는 경우.
둘째, 지역사회 및 민원인 등과의 과도한 동일시.
셋째, 경찰 측과의 과도한 동일시.

아래 표와 같이 경찰감시활동의 신뢰는 양 극단의 과도한 동일시의 중간에 위치하도록 노력함으로써 가능하다.

---

34) Merrick Bobb, NACOLE 1999 Conference.

〈표〉신뢰받는 경찰감시활동 1

지역사회 측과의 과도한 동일시 즉 양자 간의 건설적인 긴장관계 유지	지역사회나 경찰 측과 동일시하지 않으며 양 측을 모두 존중하기	경찰 측과의 과도한 동일시
경찰과 토론하면서 예의와 존중심을 갖추지 않거나 과열된 언사를 쓰는 경우. 경찰이 잘못했다고 미리 전제하는 경우. 사건의 세부내용을 충분히 알아보거나 법적인 문제를 명확하게 알아보지 못하는 경우. 경찰이 고소당할 일을 했다고 미리 전제하는 경우.	명확하게 정해져 있는 이슈에 대하여 공정하며 확고하고 일관성 있게 대화하는 경우. 종속적 역할이라고 미리 전제하지 않으면서 존중하는 경우. 이슈들에 대하여 동요하지 않은 채 주의를 집중하는 경우. 경찰과 지역사회라는 민경 모두를 위하여 우리들은 행동개혁을 추구한다는 자세를 취하는 경우. 양측이 모두 옳거나 모두 과장되었거나 모두 잘못이거나 모두 단지 실수였을 뿐이라고 미리 전제하는 경우. 증거를 제대로 살펴보게 될 때까지 우리는 알 수 없다는 자세를 취하는 경우.	경찰에 대해 너무 수줍어하는 경우. 경찰이 옳다고 미리 전제하는 경우. 경찰활동에 군대모델이라고 보거나 군사문화 용어를 남발하는 경우("이건 전쟁이에요" "적들" 등). 민원인이 숨은 동기나 저의를 갖고 있다고 미리 전제하는 경우. 경찰이 고소당한 건에 대해 경찰은 "도저히 그렇게 할 수 없었을 것"이라고 미리 전제하는 경우.

〈표〉 신뢰받는 경찰감시활동 2

지역사회의 과도한 동일시를 피하기	중용의 자세 견지	경찰 측과의 과도한 동일시 피하기
여러분의 편견들을 제대로 인식하여 해명해 보도록 한다. 경찰순찰활동이나 각종 경찰활동 참관 교육(ride-a-longs)을 받아 보도록 하며 관련 강의를 들어 보도록 하고 질문을 하며 정책과 규정 등을 읽어 보도록 한다. 중용의 자세 견지란에 있는 여러 가지 교육훈련 코스 내용을 입수하여 접해 보도록 한다.	아래는 Merrick Bobb의 1999년 NACOLE 회의 자료에서 발췌한 것이다. 기소 담당자, 시티와 카운티 소속 법무관, 경찰노조, 인권운동 전문가, 고소인 측 변호사 등으로부터 강의와 교육훈련을 받아 보도록 한다. 경찰전문가로부터 강의와 교육훈련을 받아 보도록 하며 부상 정도를 어떻게 가늠하며 평가하는가에 대해 의사와 간호사 등에게 물어보도록 한다. 확증되지 않은 채 서로 분쟁 중인 증언에 대하여 어떻게 판정하며 결론을 내리는가에 대하여 판사들에게 물어보도록 한다. 여러분이 속해 있는 지역의 경찰 등 법집행기관 측이 채택한 징계제도를 알아보고 어떻게 적용하는가에 대해서도 알아보도록 한다. 경찰비리 유형과 패턴에 대하여 알아보도록 한다. 판단과 결정을 내리는데 어려움이 있으면 왜 판단과 결정을 내릴 수 없는가에 대하여 그 이유를 적어서 제출토록 한다. 정책과 규정 등에 대해 주저하지 말고 질문해 보도록 해야 한다.	여러분의 편견들을 제대로 인식하여 해명해 보도록 한다. 경찰기관 내부 못지 않게 경찰기관 바깥에 있는 여러 가지 교육훈련 등을 입수하여 접해 보도록 한다. 중용의 자세 견지란에 있는 여러 가지 교육훈련 코스 내용을 입수하여 접해보도록 한다.

7. 실효성 문제

이는 NACOLE 측이 숱하게 듣는 질문이다. 명쾌한 답이란 없다. 지역사회마다 커뮤니티마다 자신들에게 가장 적합한 경찰감시활동 시스템을 찾아내야 하는 수밖에 없다. 어떤 모델도 효과는 있을 수 있으며 또한 거꾸로 농락당할 수도 있는 것이다. 중요한 것은 '지역사회와 지역사회 지도자는 시민감시활동이 잘 작동하도록 성실성과 정치적 의지를 가지고 있어야 한다'는 점이다. 여기서 '작동'이라는 말은 법집행이 보다 더 낫게 그리고 보다 더 공정하게 발전해 나가도록 한다는 점을 가리킨다. 시민감시 절차가 공정하다는 인식이 확산되면 시민들의 만족과 경찰 측의 수용 자세는 더 커지게 되어 있다. '정치적 의지'란 단지 선출직 공직자뿐만 아니라 지역사회의 여러 지도자들의 의지를 가리킨다.

하지만 그래도 여러 사람들이 보다 더 구체적인 답변을 요청하면서 '그래도 정말 가장 잘 작동하는 경찰감시 형태가 따로 있는 게 아닐까요?' 하고 묻는다. NACOLE은 이에 대해 정말 가장 잘 작동하는 경찰감시시스템은 다음과 같은 사항을 갖춘 경찰감시제도라고 답하고자 한다.

○ 독립성
○ 사실관계에 따라 판단하는 성실성을 갖춘 인사들을 선발함
○ 감시관들에게 적정한 예산, 교육훈련, 충분한 시간 등을 제공토록 함
○ 감시관들에게 모든 당사자들의 말을 공정하며 끈기를 갖고 동정심을 갖춘 채 깊이 경청하며 상세한 사항들을 규명하도록 함

폴 체비니(Paul Chevigny)는 경찰윤리에 관한 명쾌한 자신의 저서 『칼 날 위에서』(The Edge of the Knife)에서 효과적인 법집행 기관 운영을 위해서는 삼각감시체제에 대해 예산 뒷받침이 잘 이뤄져야 한다고 지적하였다. 여기서 삼각감시체제란 첫째 경찰비리민원에 대한 실효성 있는 시민수사 부문, 둘째 경찰기관 운영과 작동에 대해 감독권 및 증거와 증인을 소환할 수 있는 권한 등을 부여받은 옴부즈맨 제도 부문, 셋째 개혁과 리스크 관리를 담당하는 경찰 내부 검열관 부문

등을 가리킨다.

미국의 대부분 지역은 위 요건 중에서 어느 하나만을 갖고 있거나 겉만 번지르르한 가짜인 경우도 흔하며 예산지원 부족으로 좌초한 경우도 있고 정작 감시해야 경찰기관에 농락당하고 있는 경우조차 있다. 하지만 여러 지역에서 다각적이며 중층적인 감시제도를 설치 운영하는 곳들도 늘어나고 있는 추세이다. 이 중층적인 감시기관을 설치한 지역들이야말로 폴 체비니가 말하는 이상적인 시스템에 가장 근접한 곳들이다. 여기에는 로스앤젤레스 카운티, 필라델피아 시, 시애틀 시, 투스콘 시, 덴버 시 등이 속한다.

중층적인 감시제도들이 곧 과다하거나 남아도는 것을 뜻하는 건 아니다. 각기 다른 역할과 기능을 담당하며 실효성 있는 법집행기관이 운영되도록 이바지한다.

폴 체비니는 외부감시기구와 내부감시기구가 함께 필요한 이유를 다음과 같이 간결하게 제시한 바 있다. "경찰 외부에서 감시의 힘과 눈초리가 시작되면 일선 경찰관들뿐만 아니라 경찰지휘부 등 경찰관리자 계층에서도 반대 목소리가 나오기 마련이며 이때 경찰 내부의 상당한 협조가 이루어지지 않는다면 외부에서 경찰비리민원을 수사하기란 거의 불가능에 가까우며 외부에서 시정권고 조치를 내리더라도 그저 간단히 묵살당하기 십상이다. 다른 한편, 전적으로 내부통제만 하게 되면 경찰기관 내부의 기존 관습들에만 어울리도록 만들며 따라서 실효성이 없는 것이 되고 마는 경향이 있다. 결과적으로 경찰입직에서 외부에서 중간계급으로 입직하는 제도가 전무하다시피 한 미국 경찰에서 이런 경향이 특히 강하게 나타난다. 경찰의 진정한 민주적 책임 확보는 내부통제제도와 외부통제제도를 결합해야만 실현될 수 있다."[35]

---

35) Paul Chevigny, *The Edge of the Knife*, p. 267.

특별히 구체적인 경찰감시를 위해서는 성실과 정치적 의지가 투명
성, 예산지원, 임명과정, 교육훈련과 보고 등과 결합되어야 한다.

양질의 경찰감시활동이란, 민경관계가 위기에 처했든 처하지 않았든
간에 지역사회가 여기에 성실히 임했을 때 가능하며 시민들이 지속적
이며 끈기 있게 자원 봉사할 수 있을 때 비로소 실현될 수 있다.

8. 경찰옴부즈맨 활동의 바람직한 자세

경찰관리자와 감독자 측에서 경찰관이 저지른 실수와 직권남용 등에
대해 올바르게 처리하면 지역사회는 통상 만족해한다. 지역사회는 법
집행기관 관리자가 경찰기관에 대해 제대로 관리나 감독을 하지 못한
다고 생각할 때 감시활동을 벌이게 되기 마련이다.

문제가 되는 경찰기관을 집어내 다음과 같은 점들에 대해 지적하도
록 하자(경찰감시방법).

○ 경찰기관에 대해 호기심을 갖고 질문하면서 제대로 알아 가도록
한다.

○ 해당 지역의 〈공적 문건과 기록〉 및 〈공공회의규정〉 등을 알아
본다. 상당수 문건과 기록은 공개가 보류되어 있기도 하며 법규
에 따라 요청이 있는 경우 공개되기도 한다.

○ 다른 지역의 상황에 대해 알아보도록 한다.

○ 경찰감시기관이 이미 설치 운영되는 지역의 경우 관련 문건과 보
고서 등을 읽어 보도록 한다.

○ 경찰감시활동에 대한 연구논문이나 언론기사 등을 읽어 보도록
한다.

○ 해당 지역 경찰감시기관 자료실을 구축하도록 하며 지역사회 내
의 여러 주민들이 경찰감시 문제에 대해 잘 알 수 있도록 해 주
어야 한다.

여러분이 경찰감시활동에 나서도록 만들었던 사항들에 대한 '제도적
기억' 등을 구축하도록 한다.
○ 지역사회가 경찰감시활동을 필요로 했던 사건들의 종류와 수 등
에 대하여 연대기 기록을 만들어 유지토록 한다.
○ 여러분 지역이 경찰의 실수와 직권남용 행위에 대해 민사상 책임
을 지고 지불한 액수가 어느 정도인지 알아보며 경찰감시활동과
리스크 관리를 어떻게 연결할 것인지 알아보도록 한다.
○ 문제가 되는 경찰기관에 대한 내용 파악에 진척이 있으면 이를
공개하도록 한다.

경찰에 대하여 지역사회 주민들에게, 그리고 지역사회에 대하여 경
찰관들에게 교육하며 홍보하도록 한다.
○ 경찰과 문제가 있을 가능성이 큰 지역사회 주민들에게 구체적으
로 다가가도록 하며 이들에게 경찰과 접촉하면서 어떻게 행동해
야 하는가, 그리고 경찰은 어떻게 행동해야 하는가에 대하여 가
르쳐 주도록 하고 이들에게 증인이 되면 어떻게 해야 하는가에
대해서도 가르쳐 주도록 한다.

여러분 지역에서 여러 가지 문제점들 중 중점을 두어야 할 사항을
선정하십시오.
○ 경찰감시활동을 하는 지역사회 주민들의 힘과 시간을 적절하게
안배하도록 하며 이 점에 대해 여러분의 전략을 세워 두도록 하

십시오.

〈공적 문서와 공개절차〉를 잘 활용토록 하십시오.

○ 모든 공적 문서들(의제, 회의록, 보고서 등)을 모아 두십시오. 이 문서들은 지역사회 및 해당 경찰기관을 교육하는 데 활용할 수 있다는 점을 유념하십시오.

○ 다른 지역의 문서들을 읽어 두도록 하십시오.

○ 지역 상호 간에 서로 알려주며 공유하도록 하십시오.

○ 성공적인 측면과 난관 등에 대해 공개적으로 따져 보도록 하십시오.

○ 다른 지역의 '가장 우수한 사례들'을 채택하십시오.

○ 경찰감시 및 법집행에 대한 중요하며 유용한 내용들을 담은 명확하며 관심거리인 정보들을 담은 문건들을 제작하십시오. 이 문건들이 보다 더 명확하며 사용자 편의에 더 맞을수록 더 많이 읽힐 수 있으며 독자들은 더 잘 이해하며 관심을 갖게 될 것입니다.

결론적으로 다음 사항을 유념하도록 하십시오.

○ 교육과정을 운영할 대 경찰감시기관 설치 운영으로 이끌었던 사건들이 아직도 진행 중인가를 살펴 두십시오. 매우 중요한 내용이 되기 때문입니다.

○ 여러분 지역이 경찰이 저지른 실수나 직권남용 행위에 대해 금전적으로 얼마나 부담하고 있는가 알아 두십시오. 경찰감시를 리스크 관리와 어떻게 연결지을 것인가를 알아 두십시오.

○ 해당 경찰기관이 나아지게 된다면 이를 공개하십시오.

○ 투명하며 흥미롭고 정보가 많이 담겨있는 보고서들은 독자들에게 잘 어필할 수 있습니다.

○ 경찰에 대해 지역사회 주민들을 잘 교육시키며 거꾸로 지역사회 주민들에게 경찰에 대해 잘 교육시키도록 하십시오.

○ 경찰감시기관 웹사이트뿐만 아니라, 시청, 시행정관, 경찰기관 등의 웹사이트상에도 경찰비리민원 제기방법 및 칭찬하는 방법 등에 대하여 홍보하도록 하십시오. 해당 지역 홈페이지만 가더라도 경찰비리민원 처리절차에 대한 안내를 쉽게 받을 수 있도록 링크를 걸어두도록 해야 한다는 점을 유념하십시오.

경찰감시란 민경관계가 위기에 빠졌든 그렇지 않든 간에 지역사회가 지속적으로 여기에 헌신적일 때 그리고 시민들이 지속적이며 끈기 있게 자원봉사 시간을 투자할 때에만 양질의 감시활동이 전개될 수 있다.

9. 경찰옴부즈맨 기관 사례

미국에서 선진적인 경찰옴부즈맨 제도를 운영하는 몇몇 도시들만을 정리하면 다음과 같다.

(1) 투스콘 시(경찰관 수 985명, 애리조나 주)
- 독립경찰감사관(IPA)

IPA는 경찰내부수사가 완료된 건에 대하여 감사하며 진행 중인 수사에 대해 감독할 권한을 보유하고 민원인 증인 해당 경찰관에 대한 신문에 관여할 수 있다. IPA는 경찰비리민원을 접수하며 이를 직업윤리국에 전달하여 수사하도록 하고 있다. IPA는 총기발사심사위원회에 대해서도 감독하도록 하고 있다. 직원은 감사관 및 행정담당 두 사람으로 이루어져 있다.

-시민경찰자문심사위원회(CPARB)

CPARB는 투표권을 가진 7명의 위원 및 4명의 자문위원으로 구성되어 있다. 투표권이 있는 위원은 시장과 시의회 측이 절차를 거쳐 임명하며 자문위원은 동 위원회가 선정한다. 이 위원회는 매월 공개회의를 갖고 있으며 경찰내부수사당국이 마무리한 수사 건들에 대하여 심사를 진행한다. 위원들은 IPA 측의 심사내용에서 드러난 내용들에 대해서도 심사한다.

(2) 로스앤젤레스 카운티(경찰관 수 7천 명, 캘리포니아 주)

-옴부즈맨사무소

1994년 콜츠위원회 시정권고 조치에 따라 설립된 옴부즈맨사무소는 LA 카운티 보안관 경찰국의 내부수사에 대한 감시업무를 맡고 있으며 이런 경찰비리민원 건에 대한 수사가 적기에 철저하며 타당하게 처리되도록 담보하고 있다. 옴부즈맨사무소가 설치 운영되기 시작한 이후 담당업무가 LA 카운티의 다른 기관들에서 발생한 비리민원사건들 처리까지 범위가 확대되었다. 옴부즈맨사무소는 시민들로부터 민원을 접수하며 분쟁심사 외에도 분쟁조정을 벌이는 경우도 흔하다.

-특별변호사(LA 콜츠위원회이행사항감독자위원회)

담당업무는 콜츠위원회의 개혁추진 상황을 감독하는 일 및 경찰 분야 진행 상황에 대해 6개월마다 보고서를 발행하는 일로 되어 있다.

-독립심사사무소(OIR)

OIR은 2001년 LA 카운티 감독자위원회가 설립한 시민감시기관이다. 담당업무는 LA 카운티 보안관 경찰국을 감독하며 소속 경찰관의 비위

행위에 대한 고소고발 건들이 철저하며 공정하고 실효성 있게 수사가
이루어지도록 담보하는 역할이다.

(3) 덴버 시(경찰관 수 2,262명, 콜로라도 주)

－독립감독관사무소

경찰감독관 직원 5명은 감독관, 수석부감독관, 부감독관, 홍보담당
옴부즈맨, 분석관리자 등으로 이루어져 있다.

이 사무소는 7명의 시민감시위원회(COB)와 협조하며 업무를 처리하
고 있다. COB는 감독업무를 평가하며 공개청문회를 개최하고 정책 및
각종 규정에 대하여 시정권고 조치를 내린다.

이 사무소는 경찰내부비리수사(내부 형사범죄 수사 포함) 및 경찰이
연루된 총기사건에 대한 수사 전반에 대하여 심사하며 경찰국장 및 안
전관리책임자 측에 대하여 징계수위를 정하여 시정권고 조치하는 업무
를 담당한다.

매년 2월 1일 연차보고서를 발행하며 정책과 각종 규정에 대해서도
심사를 진행하며 필요한 경우 적절한 정책시정권고조치를 내린다.

(4) 필라델피아 시(경찰관 수 8천 명, 펜실바니아 주)[36]

－청렴책임사무소(IAO)

IAO는 경찰에 대한 감독감사 업무를 담당하며 청렴에 관련된 각종
정책과 규정 및 관행 그리고 각종 이슈들에 대한 업무를 담당한다. 소
장은 시장이 임명하며 시장과 경찰국장에게 보고하도록 되어 있다.

－경찰자문위원회(PAC, 직원 6명 특별수사관 3명 포함)

경찰자문위원회는 15명의 상임위원 및 4명의 교대위원으로 구성하며

---

36) 필라델피아 경찰옴부즈맨 제도의 50년 역사에 대해서는 다음 논문에 잘
   나와 있다. Bruria Tal, *Civilian Oversight in Philadelphia : The first 50
   years* (A monograph : executive summay)., Nov 2003.

모두 시장이 4년 임기의 무보수 위원으로 임명하도록 되어 있다. 시장은 그 중 상임위원 7명과 교대위원 2명은 시의회가 추천한 명부에서 선임하게 되어 있다. 위원장은 위원들이 선임한다. 위원회 설치법에 따르면 위원들 분포는 도시의 다양성 분포를 반영토록 되어 있으며 위원은 필라델피아 시 거주자라야 한다. 위원 중 최소 3명은 법집행기관 종사 경력자라야 한다. 그렇지만 현직 법집행기관 종사자는 자격이 없다.

경찰자문위원회 통상 업무는 민경관계를 감독하며 제고시키는 데 있다. PAC는 시민들이 제기한 경찰비리민원 건을 수사하며 민경관계에 영향을 미치는 해당 경찰기관의 정책과 규정 및 관행과 관습 등에 대해 연구할 권한이 부여되어 있다. PAC은 증인과 증거제출 소환권을 가지고 있다.

PAC은 시민의 요청 혹은 경찰비리민원 제기에 따라 혹은 자체적으로 연구나 수사를 개시할 수 있다. PAC의 사실규명 내용과 시정권고 조치의 내용은 공개 발표되기 3일 전 시장, 시관리국장, 경찰국장 등에게 전달되어 통지 및 심사절차를 거치도록 되어 있다.

PAC의 처리절차는 위원이 진행하는 공개적인 사실규명 청문회, 사실관계를 밝히는 것을 포함하여 서면의 공개적인 의견 표명, 해당 경찰관 적정 징계수위에 관한 시정권고 조치 등으로 되어 있다.

모든 증인, 해당 경찰관, 경찰 증인 등은 위원회 소환요구에 응해야 한다. 대다수 청문회는 평일 2일간 6시간 내지 8시간 진행되며 최소 3명의 위원과 위원회 변호사가 진행토록 되어 있다.

PAC은 죽음에 이르는 무력사용을 포함한 비합리적인 무력사용, 적절한 경찰서비스 제공 실패를 포함한 직권남용, 인종, 피부색깔, 종족, 종교, 성별, 섹스, 성적 지향 등을 비하하는 욕설 등에 대한 경찰비리민원 등에 대하여 관할권을 가지고 있다.

(5) 시애틀 시(경찰관 수 1,240명, 워싱턴 주)

-직업책임사무소(Office of Professional Accountability, OPA)

OPA는 시애틀 경찰국 내부의 경찰내부비리수사를 감독한다. 시민 (문민)소장은 경찰비리민원의 분류와 수사를 지휘할 권한을 가지고 있다. 소장은 확인된 사건의 최종 권한을 보유하고 있다. OPA의 목적은 다음 세 가지로 되어 있다. 첫째 시민들이 제기한 경찰비리민원 처리 절차에 있어서 시민심사 측면을 담당한다. 둘째 경찰비리민원 수사 기능을 개선하기 위한 전략과 정책과 규정 등에 대하여 시정권고 조치를 하며 경찰의 윤리적 기준을 제고하기 위하여 경찰국의 다른 관행들에 대해서도 시정권고 조치를 하도록 한다. 셋째 OPA에 대해 시민들이 잘 알 수 있도록 홍보한다.

OPA 심사위원회는 시의회가 임명한 3명의 시민으로 구성된다. 심사위원회 담당업무는 독립 심사를 벌여 시애틀 민경관계에 대해 신뢰도를 구축함으로써 경찰의 민주적 책임 수준을 강화하도록 하는 일이다. 위원회는 수정과 마무리가 이뤄진 수사 건들 중에서 무작위 추출된 수사 건들에 대하여 심사를 벌이며 시애틀 경찰당국에 대하여 경찰의 민주적 책임 제고를 위하여 필요한 정책과 법규에 대해 시정권고 조치를 내린다. 위원회는 시민들과 경찰 종사자들로부터 의견을 수렴하며 이는 발전을 도모하기 위한 각종 추세와 이슈 및 제안사항 등을 시의회 측이 발전시키도록 하는 데 보탬이 된다.

필라델피아시 경찰옴부즈맨 처리도

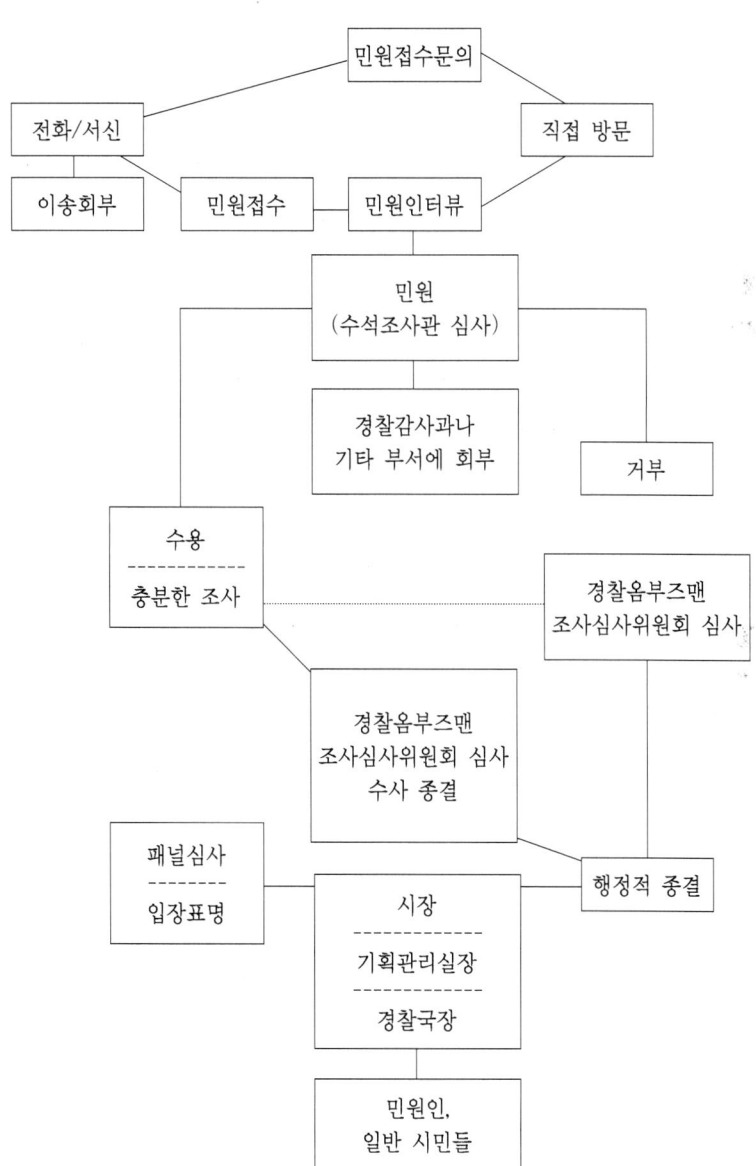

출처: *City of Philadelphia, Police Advisory Commission Annual Report, 2000*

제 5 장 우리나라 경찰옴부즈맨

-비교경찰옴부즈맨론 시각-

1. 들어가며

경찰은 일반 공사조직 및 일반 시민들과 꼭 마찬가지로 아니 오히려 그보다 한층 더 법에 대해 민주적 책임을 지며 통제를 받도록 되어 있다. 경찰은 국가권력이라는 무기를 가지고 있으며 일반 시민들을 대상으로 무력을 사용할 수 있는 권한을 부여받고 있고 경찰이 일반 시민들이 낸 세금을 쓰면서 공공선을 위해 특별한 임무를 수행하고 있기 때문이다. 따라서 경찰은 자신이 잘못한 행위들에 대해서는 물론이고 업무나 활동 전반에 대해서 이를 해명해야 할 부분은 해명하고 책임질 일은 책임지도록 해야 한다. 최근 사회적으로 강력한 권한을 가지고 있는 경찰제도에 대하여 법에 복종토록 하고 업무나 활동 효율성을 높이도록 해야 한다는 요청이 제기되면서 기왕의 전통적인 경찰 내부 민원처리제도나 징계제도 및 법원심사제도 외에도 새롭게 여러 가지 형태로 경찰에 대한 민주적 통제 메커니즘들을 제도화하는 추세를 보여주고 있다.

우리나라의 경우, 경찰은 특별히 검찰, 경호실, 국정원 등으로부터 큰 제약을 받기 때문에 다른 나라 경찰보다 힘이 없다고 주장하고 있으나 우리나라는 일제가 식민지 지배와 통치 차원에서 독립운동 탄압은 물론 일반 민중을 효율적으로 지배하기 위해 도입 운영했던 민주주의 제고와는 거리가 먼 식민지 경찰제도를 이어받았으며, 그와 같은 식민지 경찰제도를 이어받아 지금까지도 우리나라는 그야말로 세계적으로 찾아보기 힘들 정도로 강력한 단일의 국가경찰제도를 고수하고 있다. 우리나라 경찰민주화의 시금석은 말 그대로 자치경찰 도입에 있으나 1987년 우리나라가 정치적으로 군부독재에서 벗어나 민주화된 지 20여 년이 다 되도록 우리나라 정부와 시민사회는 경찰민주화와 경찰개혁 문제에 대해 별다른 움직임을 보이지 못하고 있다.

최근 이 자치경찰 도입과 함께 경찰의 민주적 책임 확보와 제고를 위한 법적 근거를 갖는 독립적 경찰옴부즈맨 도입이 경찰민주화와 경찰개혁은 물론 정치사회 민주화의 세계적 추세로 되고 있다. 그러나 우리나라 경찰개혁의 경우, 마치 경찰 자신의 근무조건 개선이 그 핵심인 것처럼 비쳐지고 있는 실정이다. 물론 이것이 중요한 것은 사실이다. 하지만 경찰행위에 대하여 국민에게 민주적 책임을 지도록 하거나 경찰활동 실적에 대해 제대로 투명하게 평가받도록 하는 것이야말로 그것 못지않게 중요하다고 보아야 한다. 최근 우리나라 경찰은 보수나 교대제도 등의 개선을 통한 경찰 근무조건의 개선은 어느 정도 이루어졌으나 경찰의 민주적 책임이나 투명성을 기하는 데 있어서는 제대로 된 자치경찰의 도입과 경찰개혁에 있어서 그 성과가 전무하다시피 한 것이 사실이다.

물론 고객만족도 조사나 경찰조직 내의 하부단위로 권한 이양이 일부 이뤄지지 않은 것은 아니나 경찰민주화는 요원한 것이 현실이다. 1990년대 초반 경찰청 승격과 함께 도입된 중앙단위의 경찰위원회조차도 경찰의 민주적 책임을 구현하거나 투명성을 제고하는 제도가 아닌 그저 유명무실하며 미봉적인 제도로 운영되고 있는 실정이다. 최근 이 제도를 보다 더 민의 수렴을 위한 기구로 민주화하거나 개혁하기는커녕 행정자치부 소속에서 경찰청 소속으로 격하시키려는 움직임을 보이고 있다. 각급 지방경찰청장과 경찰서장 역시 지역주민의 의사와는 전

혀 무관하게 임명되고 있으며 시도나 시군구 자치경찰위원회라는 민주
적 책임을 묻는 초보적인 제도조차 도입되지 않고 있는 실정이다.

　다른 한편, 최근 가장 실효성 있는 경찰의 민주적 책임 확보 방안으
로서 비리경찰에 대해서 반드시 책임을 묻도록 하는 방안으로서 세계
적 추세인 경찰비리민원을 경찰외부의 독립기관에서 조사와 수사를 하
도록 하여 처리토록 하는 경찰옴부즈맨 제도조차도 우리나라에는 전혀
존재하지 않는다. 그나마 기존의 국민고충처리위원회 한 부서의 형태
로 도입했으나 이 역시 관할범위, 규모, 권한, 독립성 등의 측면에서
제대로 된 경찰옴부즈맨이라고 보기는 힘들다.

　경찰옴부즈맨이라고 하는 경찰에 대한 시민/문민 감시/심사(Civilian
Oversight/Review) 제도는 비교적 최근의 경향으로 되어 있으며 지금
도 여러 국가들에 있어서 변모를 거듭하며 발전해 나가고 있다. 우리
나라 경찰옴부즈맨 도입의 문제점을 살펴보기에 앞서 이와 같은 경찰
옴부즈맨 제도를 도입하는 과정에 대하여 관심과 주의를 기울일 필요
가 있다. 예컨대 민주화가 이뤄진 지 얼마 안 된 러시아와 동유럽, 군
부독재와 경찰의 살상 등의 신음에서 벗어난 남미 국가들, 내전이나
분쟁이 막 종식된 북아일랜드와 남아프리카의 경우, 브릭스톤 도시소
요 및 흑인 청년 스태판 로렌스 사망사건 등을 겪은 잉글랜드와 웨일
즈(영국 본토), 로드니 킹 사건 등으로 경찰폭력이나 차별에 대한 경
각심이 한층 더 커진 미국 등지에서는 지역사회 커뮤니티나 각각의 사
회계층 사회들이 경찰 및 자신들이 속해 있는 집단이나 커뮤니티에 대
한 경찰의 수사에 대해 제대로 신뢰하지 못해 왔던 것이 사실이기 때
문이다.

　우리나라 역시, '유전무죄 무전유죄' 혹은 '유권무죄 무권유죄' 등과
같은 현상이나 시위 도중 사망이나 부상 사건에 대해 폭력진압이 아닌

폭력적 시위문화를 내세움으로써, 사실상 경찰폭력에 의한 사망사건의 경우[37])마저도 폭력경찰의 실체 규명을 외면하는 등 국민들 불신을 자초하고 있는 것이 현실이다. 이 장에서는 경찰 내부통제 수단인 청문감사관 제도의 의의를 살펴본 다음, 경찰옴부즈맨 제도에 대해 비교론적 시각에서 우리나라 정부가 도입한 국민고충처리위원회 경찰옴부즈맨 부서에 대해 몇 가지 문제점을 살펴보기로 한다. 대안은 당연히 여기서 제시하는 문제들을 시정하는 방향이 바람직하다는 점을 미리 밝혀둔다.

2. 청문감사관과 경찰옴부즈맨

우리나라 정부는 1999년 8월 부패방지 종합대책의 경찰 분야에 몇 가지 반부패 대책을 제시한 바 있다.[38]) 당시 경찰의 비리, 탈법행위에

---

37) 예컨대 2005년 여의도 농민시위에서 2명의 농민이 사망한 사건에서 시위대의 불법성이나 폭력성을 내세워 사망에 이르게 한 경찰폭력의 당사자 규명을 외면하고 있다. 당시 총경급 경찰관들이 1억 원 가까운 조위금을 모아 유족에 전달한 후, 지금까지 경검은 국가의 손해배상은커녕, 해당 경찰관을 특정하여 규명해 내는 일조차 외면하고 있다. 실제 폭력 행사자가 규명이 되어야 재발방지대책이 나올 수 있는 것임에도 불구하고 정부는 물론 농민단체나 노동단체 그리고 시민운동 진영까지도 제대로 된 경찰옴부즈맨 도입의 목소리를 내지 못하고 있는 실정이다.

38) 경찰 분야 반부패 대책으로서는 경찰행정시민평가단 외에도 다음 사항이 제시되었다. 첫째, 유착비리를 근절하기 위해 대도시지역 파출소를 단계적으로 감축하여 감축에 따른 인력과 예산은 민생치안 분야 보강 및 외근 3교대제 등 근무여건 개선에 쓰도록 한다.(99년 3월 기준 도시지역 동단위 파출소 1,700곳을 감축할 경우 2만 3천 명의 경찰력, 인건비 3천억여 원, 운영비 5백억여 원 등을 절감하는 효과가 있다.) 둘째, 경찰유관단체의 비리를 척결하기 위하여 금년 내에 경찰치안행정자문위원회, 방범자

대한 시민의 감시활동을 강화하기 위해 변호사, 교수, 시민대표 등을
위원으로 하는 '경찰행정시민평가단'을 구성하고 경찰의 운영실태를 주
기적으로 점검하여 경찰청장 또는 대통령 직속의 반부패특위에 보고
토록 하였다.

그러나 예나 지금이나 경찰에 대한 문제는 국민들이 민원(民怨)은
경찰에 거의 가지고 오지 않는다는 데 있다. 전화조차 하지 않으려는
경향이 크다. 같은 경찰인데 어떻게 자신들이 가지고 온 경찰비리민원
(民怨)을 제대로 조사하겠느냐고 뿌리 깊은 의심을 갖고 있기 때문이
다. 경찰이 경찰비리를 다루려면 영국이나 미국처럼 비리조사 자체를
시민, 시민단체, 지방의회 등에게 열어 놓고 가능하면 참여시키며 더
나아갈 수 있다면 그들의 직접적인 감독을 받도록 해야 한다.

경찰비리조사 과정에 국민을 참여시킬 수 있는 방법으로서 호주의 경
찰옴부즈맨, 그리고 경찰옴부즈맨의 일종으로서 미국 뉴욕경찰의 경찰
비리심사민간위원회(CCRB)와 영국의 경찰비리민원조사처(PCA)와 독
립적 경찰옴부즈맨(IPCC) 등의 모델들을 예로 들 수 있다. 이 모두가
경찰옴부즈맨의 핵심인 위원(장)급에 위치해 있는 시민들이 직접 경찰
관의 비리 수사업무 일선에 임하지는 않는다. 수사는 실무진인 경찰이
나 경험 있는 전직 경찰 출신이나 혹은 수사의 자격이 있는 전문가(미
국) 등이 담당한다. 이 부분에서 경찰옴부즈맨을 실시하지 않고 있는

문연합회, 선진질서연합회, 선진질서위원회 등 각 지방청, 경찰서, 파출소
별로 조직되어 있는 경찰유관단체를 폐지키로 한다. 셋째, 유흥업소 단속
과 관련된 경찰비리를 근절하기 위하여 유흥주점을 제외한 접객업소에
대한 경찰의 직권단속을 금지한다. 넷째, 단순한 물적 피해 교통사고에
대해서는 형사책임 면책기준을 현행 80만 원 미만에서 200만 원 미만으
로 대폭 상향조정한다. 다섯째, 교통사고 현장조사 결과를 당사자에게 공
개토록 한다. 여섯째, 교통법규 위반 시민고발 및 사고신고에 대한 보상
을 강화한다.

우리나라와 큰 차이점은 경찰관의 비리수사 담당자를 기존 수사기관 아닌 비경찰(출신)의 민간인 출신 민간인으로 구성된 경찰옴부즈맨 위원(장)들이 선임하거나 이 기관이 직접 고용한 수사전문가가 담당토록 하고 있다는 점이다(경찰로부터의 독립성).

물론 경찰옴부즈맨이라는 새로운 경찰 외부의 시민감시기관을 창설하지 않고서도 경찰 비위행위나 부패를 근절할 수 있는 방안을 모색하고 연구하는 경향은 여전하다.[39] 경찰 자체적으로 이를 위해 더욱 노력해야 하는 것도 사실이다. 하지만 이제 우리나라도 경찰옴부즈맨의 일종으로서 시민이 주도하는 경찰비리민원 조사위원회나 경찰옴부즈맨을 구성 운영하는 방안을 강구하는 것이 더 바람직하다. 이것은 우리나라같이 국민들의 대 경찰 신뢰도가 낮은 곳에서는 국민신뢰도를 높이는 효과적인 방법이 될 수 있다.

이때 미국 뉴욕의 초기 CCRB처럼 우리나라 경찰 측의 반대가 예상된다. 경찰과 시민의 상호 계약이라는 영국적 전통도 일방적 통치에 익숙해 있는 우리나라에게는 받아들이기가 쉽지 않을 것이다. 그리고 이들 나라들에서처럼 자치경찰제가 실시되지 않고서는 그리고 경찰을 국민의 통제 아래 두고자 하는 시민 의식의 성숙이 없이는 불가능할 것인지도 모른다. 그러나 국가인권위원회가 법무부나 검찰 등 기존 정

---

39) 가장 최근의 경찰부패에 관한 연구로는 각국의 경찰부패 양상과 그 예방책에 초점을 맞추고 있는 모리스 펀치와 세계 25개국 경찰부패와 그 대책에 대한 서베이를 기초로 한 경찰반부패전략에 초점을 맞춘 국제투명성기구 체코지부가 수행한 연구가 있다.
Punch, Maurice, "Police Corruption and Its Prevention", *European Journal of Criminal Policy and Research 8*, Council of Europe (Netherlands), pp.301-324, 2000.
Frich, Pavol and Walek, Czeslaw, *Crossing the Thin Blue Line: An International Annual Review of Anti-Corruption in the Police*, Transparency Internationl Cech, Prague, 2001.

부기관과 시민사회 간의 오랜 갈등과 진통 끝에 출범했던 것처럼, 우리나라에서도 독립성이나 필요한 권한이나 법적 근거가 결여된 국민고충처리위원회 산하 경찰고충민원처리소위원회 형태를 극복하고, 예컨대 제대로 된 경찰옴부즈맨이나 경찰비리조사 시민위원회 도입 운영이 전혀 불가능한 것만은 아니라고 여겨진다.

일단 경찰비리조사 과정을 시민사회가 주도하게 되면 경찰 내부의 청문감사관 직제는 대폭 축소하여 수사과와 통합하도록 하여 과도기적으로 경찰비리 수사 실무를 수사과에 전담시킬 필요가 있다. 실은 시민이 직접 참여하는 경찰비리조사기구가 당장 생기지 않는다 하더라도 그렇게 할 필요가 있다. 경찰비리에 대한 사정당국의 강력한 수사와 처벌도 필요하다. 하지만 그와 동시에 시민사회의 주도적인 참여가 요구된다. 시민의 참여 없이 이루어지는 경찰 분야 반부패나 비리 수사 강화는 국민의 대 경찰 신뢰도 제고로 이어지기 힘들다.

런던경찰청은 조직 내부에 최근에서야 비로소 윤리 부서를 만들었다. 그러나 이는 어느 특정 부서에 맡긴 것이 아니고 런던경찰청 차장 직속으로 정책기획단을 꾸려 부패방지 종합대책을 세워 시행하고 있다. 반부패 및 경찰윤리 강화에 역점을 두고 있는 우리나라 경찰도 시민참여의 경찰비리 고발과 조사 및 반부패 전략 방안을 추진하는 데 있어서 경찰옴부즈맨 제도를 눈여겨볼 필요가 있다. 이때 경찰옴부즈맨 도입의 기본단위는 일선 경찰서 단위가 적당치 않다면 광역 단위의 자치경찰제 시행에 대비하는 뜻에서 시도 지방청 단위로 도입토록 하는 것도 한 방법이 될 수 있다.

한편, 청문감사관실로 대표되는 경찰감찰 폐해론을 가볍게 넘길 수 없다. 경찰조직 내부적으로 제기되는 감찰 폐해론이 매우 크게 대두하고 있기 때문이다. 예컨대 경찰에서 만들고 경찰에서만 사용되는 '자체사고'라는 신조어가 있다. 이 자체사고라는 말은 국어사전에서도 찾아볼 수 없어 그 뜻과 개념조차 불분명한 정체불명의 용어이다. 자체사고라는 말을 네이버나 구글 등 검색사이트를 통해 검색해 보면 수천 개의 관련 기사와 글들이 나온다. 단 하나의 예외도 없이 모두 경찰에 대한 것이다. 내용은 한결같이 경찰청, 모모 지방청, 모모 경찰서에서 무슨 무슨 사고방지를 위한 결의대회를 했다는 등 거기에 수록된 내용들을 들여다보면 경찰이란 도저히 구제 불능의 문제집단인 것처럼 인식된다(이하의 내용은 경찰 네티즌 중 논객이 작성한 글을 거의 그대로 옮긴 것임을 밝혀둔다).

국어사전에도 없는, 다른 기관이나 일반 사회에서는 무슨 뜻인지도 모르는 이 말을 경찰 스스로 만들어 내고 경찰과 관련된 조그만 문제만 발생해도 자체사고가 났다는 법석으로 대국민 불신을 스스로 조장하는 이유는 도대체 무엇인가? 우선 '자체사고'라는 말은 어떻게 만들어졌는가? 1990년대까지 경찰에는 유치장사고 총기사고 화재사고를 3대 사고라고 불렀다. 그러던 것이 1999년 청문감사관실이 설치된 후 자체사고라는 용어를 사용하게 되면서 그 개념도 점차적으로 확대되어 경찰관에 의해 발생하는 모든 사건사고와 직무상의 잘못을 자체사고로 규정하기 시작했다.

이는 각 경찰서 경무과에 속해 있던 감찰기능이 청문감사관실로 독립되면서 확충된 인력 때문에 업무 영역의 확대가 불가피한 조직의 속성상 필연적이었다. 위헌적인 경위특채로 비판이 고조되고 있는 경찰대학 출신 간부 자리가 부족해지자 만들게 되었던 청문감사관 직제로 인하여 엉뚱하게도 경찰비리를 양산하게 된 형국이다. 어떠한 조직을 막론하고 조직이 구성되면 당해 조직의 생존과 영향력 확대를 위한 방법을 모색하기 마련이다. 감찰기능 역시 감찰조직의 생존 및 업무 영역 확대, 그리고 영향력 강화를 위해 자체사고의 개념과 그 범위의 확장을 도모한 것은 필연적이었다. 더구나 특정한 사고가 발생한 경우 그 약점 때문에 아무도 이의를 제기할 수 없고 사고예방이라는 명분으로 조직 내에서 무한정의 영향력 행사가 가능한 무기를 확보할 수 있는데 왜 이를 방치할 것인가? 파킨슨의 법칙 중에서 신설된 직위에 파생적 업무를 의도적으로 창조한다는 업무배증의 법칙이 적용된 것으로 보면 된다. 감찰조직은 자체사고가 없이는 생존이 거의 불가능하다. 만약 자체사고가 발생하지 않으면 인력과 업무 범위를 대폭 축소하는 것은 불가피하기 때문이다. 조직 내에서 발생하는 모든 것을 자체사고라는 이름을 붙여 감찰이 개입할 수 있도록 해야만 확대된 감찰조직과 인원이 생존할 수 있는 상황이 되고 말았다. 점차 경찰관의 사고가 감소하는 상황이 되면 감찰은 조직의 생존을 위하여 경찰관이 무인 카메라에 단속되는 것까지 자체사고에 포함시키려 할 것이다.

이는 감찰기능이 경무과에 속해 있던 1990년대와 일선 경찰서에 청문감사실이 설치된 2000년 이후를 비교해 보면 그 업무 영역과 자체사고의 개념이 얼마나 확대되었는지 확연하게 드러난다. 일선 경찰서에 청문감사실이 설치된 후 부패방지, 각종 계획수립의 적정성, 지구대 근무의 적정 여부, 휴가인원의 적정 여부, 직장교육 참석 확인, 무기고 점검, 포상 확인, 근무 확인, 진압훈련 점검, 시위현장 대처의 적절성 점검, 심지어는 사회적 약자, 불우이웃 돕기에 이르기까지 감찰이 관여하지 않는 업무란 존재하지 않는 실정이다. 결국 감찰은 자체사고가 발생해야만 생존이 보장되고 인력 증원 등 몸집을 불릴 수 있는 것이다. 때문에 자체사고의 범위를 확대할 수밖에 없고 국민들이 별 관심도 갖지 않는 문제도 경찰이 큰 잘못을 한 것 침소봉대할 수밖에 없는 구조가 된 것이다.

　결국 자체사고라는 것은 감찰에 의한 조직통제의 합리화와 조직 장악 그리고 업무 영역 확대를 위해 만들어진 허구적 개념임을 알 수 있다. 감찰은 자체사고가 많이 발생해야 살아남을 수 있고 조직을 확대할 수 있다. 이는 검사 증원을 위해서는 사건 건수가 늘어나야 하는 것과 마찬가지이다.

　감찰은 소위 자체사고가 발생한 경우 문제의 본질을 해결하기보다는 표피적이고 이벤트적인 행위로 본질을 덮어버린다. 가령 인사 및 승진과 관련된 부패가 적발되면 인사운영 시스템을 투명화하고 주관평가라는 부패유발 시스템을 개선하려는 시도를 하기보다는 대외적으로 무슨무슨 '자정 결의대회'와 같은 시대착오적 행사 개최와 이에 대한 언론플레이로 책무를 다 한 것처럼 위장하고 대내적으로는 관리자의 부패행위임에도 불구하고 엉뚱하게 직원들을 대상으로 교양을 실시하는 지극히 비본질적인 이벤트 행사로 책무를 다 한 것처럼 포장하려 든다. 이러한 언론플레이와 구호성 조치, 직원들에 대한 교양과 교육이라는 미봉책의 폐해는 그 실효성에 대한 의문은 차치하더라도 부패방지의 본질인 근무평정의 주관 평가 및 지휘관 추천점수라는 문제의 본질로 논의가 발전되는 것을 가로막아 버린다. 감찰조직이 스스로 이러한 상황을 의도하지는 않는다고 보아야 한다. 그러나 현재의 시스템은 결과적으로 문제의 본질을 희석시키고 더 이상 논의의 진전을 가로막는 역할을 하는 것만은 분명해 보인다.

　경찰이 말하는 자체사고가 발생하지 않는 국가기관은 단 한군데도 없다. 이러한 각종 문제는 모든 기관에 공통적으로 발생하지만 다른 기관들은 문제가 발생해도 경찰과는 달리 지나칠 정도로 민감해 하진 않는다. 언론 또한 타 기관에 대해서는 음주운전 사고와 같은 개개의 공무원이 발생시킨 문제에 대해서는 별 관심을 보이지 않는다. 그 이유는 같은 사고가 발생해도 경찰의 경우는 마치 경찰조직이 조직적으로 엄청난 잘못을 저지른 것처럼 흥분하고 자책하는 스스로의 반응 때문에 언론도 특정 경찰관 개인의 행위를 경찰조직이 잘못한 행위로 받아들이기 때문이며 또한 기자의 입장에서도 언론보도에 대해 가장 잘 반응하는 기관에 초점을 맞추는 것은 어쩌면 당연하다.

'자체사고'라는 것은 감찰조직이 자기생존을 위해 만든 허상이며 자체사고라는 말을 없애면 자체사고는 발생하지 않는다고까지 말할 수 있을 정도이다. 우리나라의 모든 국가기관 중 경찰에서만 유일하게 '자체사고'라는 말을 애용하고 있다. 경찰의 각 기능은 감찰조직이 아니라도 당해 기능에서 발생하는 문제를 당해 기능에서 스스로 대책을 세우고 개선할 수 있는 역량을 갖추고 있다는 전제에서 출발해야 한다.

달리 말한다면 이상과 같은 경찰 내부감찰 폐해론이란 실상, 경찰옴부즈맨과 같이 경찰 외부의 감시기관의 합리적인 통제와 감시 및 경찰의 민주적 책임 확보방식의 체계적 도입이 절실함을 역설적으로 그리고 무의식적으로 표현하는 입장이라고 볼 수 있다. 뿐만 아닐 만일 우리나라도 경찰 외부의 경찰비리민원처리기관으로서, 시민이나 문민 주도의 경찰옴부즈맨이 제대로 도입 운영되는 시기가 오게 되면 본령을 이탈한 현행 청문감사관 제도는 대폭 축소하거나, 폐지하고 대신 청문감사관 이전 형태로 전환할 필요가 있다.

3. '경파라치'와 경찰옴부즈맨

이제 우리나라도 시민이 경찰을 감시하는 일종의 공익적 성격의 '경파라치'를 제도화할 필요가 있다. 어차피 경찰의 업그레이드는 경찰에게만 맡겨둘 수 있는 것이 아니라 주권자인 시민들과 시민사회 및 정부의 몫일 수밖에 없다. 경찰의 뇌물이나 금품 수수 같은 부패 비리는 물론이고 수사, 경비, 정보, 경무, 범죄예방, 외사, 정보, 보안 등의 모든 영역에서 경찰활동이 시민사회로부터 신뢰를 한층 더 제고하기 위해서는 시민들이 제기하는 경찰비리민원을 독립적이며 공정한 위치에서 공익에 맞게 조사할 수 있는 기관이 설립될 필요가 있다.

경찰이 국민들로부터 신뢰를 제고하는 방법은 국민들의 경찰비리민원 신고에 대해 인센티브를 주는 방법, 경찰이 아닌 국민이나 시민단체가 직접 경찰비리 수사를 하거나 적어도 경찰비리 수사를 감독할 수 있는 제도와 절차를 만드는 방법(경찰옴부즈맨), 자치경찰위원회 형태의 자치경찰로 전환토록 하는 방법 등을 생각해 볼 수 있다. 어느 경우이든 경찰활동에 대한 시민의 관심과 참여가 전제되지 않으면 경찰개혁은 지난한 것이 될 수밖에 없다.

그런데 이상과 같은 시민참여는 경찰옴부즈맨 제도 도입을 적극 추진하는 데에서 제대로 된 단초를 마련할 수 있을 것으로 생각한다. 그리고 이 기구가 설치되는 경우에도 북아일랜드, 캐나다연방경찰, 캐나다 퀘벡주, 뉴욕시, 홍콩, 스페인, 호주모델이나 영국모델 등을 따르든지 아니면 미국모델을 따르든지 간에, 그 경찰옴부즈맨에 대하여 온전한 수사권을 부여하도록 해야 할 것으로 생각된다.

(1) 대국민 책임 제고와 경찰옴부즈맨

지금 세계 각국 경찰들은 그 운용 시스템이 전례 없이 변화하는 시기이다. 경찰이 전략적 사고를 갖게 되었으며 경찰관 교육수준이 보다 높아지고 있고 간부급 경력개발과 전문성 강화, 테크놀로지 변화, 민간경비업체와의 경쟁 등과 같은 변화를 촉진시키는 많은 요소들이 있다.40) 우리나라도 예외는 아니다. 그러나 여기서 무엇보다 중요한 요소는 경찰 내부와 외부에서 대국민 책임성 문제에 대한 관심이 증대되고 있다는 점일 것이다. 자유민주주의 경찰이라면 당연히 경찰옴부즈맨과 같은 경찰 외부의 시민감시 시스템이 제도화되어야 한다고 보는 골드스미스 역시 이러한 시스템이 경찰을 운용하는 국가가 국민의 생명과 재산의 보호는커녕 오히려 시민들에 대해 범죄를 저지르는 사태를 막으며 국민들의 견제와 조사가 가능토록 해야 한다고 지적하고 그 핵심은 경찰활동에 대한 시민들의 경찰비리민원을 접수, 조사, 최종 판결하는 전체 처리과정에 대해 시민들이 직접 참여할 수 있도록 하는데 있다고 지적하고 있다.41)

우리나라처럼 시민단체와 경찰 간 갈등의 골이 깊게 패여 있는 나라도 드물 것이다. 따라서 이를 시정하기 위해서는 우리나라도 다른 나라들과 마찬가지로 경찰옴부즈맨이라고 하는 민간인심사제도를 제도화하며 다른 나라보다 더 적극적이며 강력한 경찰옴부즈맨을 만들어 내기 위한 노력이 경주될 필요가 있다. 다른 나라들의 경우, 초점은 경찰비리 문민심사제도 도입여부 그 자체가 아니라 도입은 당연하지만 얼마나 빨리 도입하느냐 하는 문제에 맞춰지고 있는 추세이다.

우리나라의 경우 구체적으로는 현재 법적으로 수사권이 검찰에게 독점되어 있는 상황에서는 경찰옴부즈맨 아닌 경찰과 검찰 모두를 대상으로 한 경검옴부즈맨 설치가 더 무게 있게 논의되어야 하는 상황이긴 하다. 그러나 기왕에 경찰이 현재 청문감사관제도를 운영하고 있는 점

---

40) Bayley, D. H., "The Future of Police in the Industrial Democracies", *Bulletin of the International House of Japan*, July 1989.

41) Goldsmith, A.J., "Better Policing, More Human Rights: Lessons from Civilian Oversight", Errol P. Mendes, Joaquin Zuckerberg, Susan Lecorre, Anne Gabriel, Jeffrey A. Clark(eds), *Democratic Policing and Accountability*, Ashgate, Aldershot and Brookfield USA, 1999, pp.35-36에서 재인용.

을 활용할 수 있는 방안을 고려하는 것이 보다 더 바람직할 것이다. 경찰옴부즈맨과 달리 실제 경찰비리민원에 대한 수사와 기소 담당자의 소속을 경찰옴부즈맨과 경찰, 이 둘 중에서 어디로 할 것인지는 각국의 경찰옴부즈맨 사례에서 나타나는 것처럼 여러 방안이 있을 수 있지만 최소한 경찰 소속으로부터 독립하는 것이 현재로서는 대국민 설득력이 보다 높다고 보아야 하며 2004년부터 시행에 들어간 영국의 IPCC 사례나 미국 각지의 사례에서 보는 것처럼 바로 이러한 경향이 세계적 추세로 되어 있다. 향후 청문감사관제도를 경찰옴부즈맨 제도와 유기적으로 결합시켜 나감으로써 경찰로부터 일정 정도 독립된 기관으로 발전시킬 필요가 있다.

  그리고 이 제도를 운영하는 책임을 맡게 되는 경찰옴부즈맨은 물론 시민단체, 학계, 법조계 등 경찰 외부에서 임명되도록 해야 하며 이 제도의 시행을 위해서는 현행 '경찰법' '국민고충처리위원회법' '국가인권위원회법' '감사원법' '검찰청법' 등의 개정이 아닌, '경찰옴부즈맨설치법'과 같은 법제정과 같은 입법 조치를 하는 것이 바람직하다. 현재 우리나라가 내각책임제 국가도 아니며 자치경찰제도 실시하고 있지 않고 있으며 앞으로도 당분간 실질적인 자치경찰제 도입은 요원한 실정에서 여러 입법과정과 운영상의 문제가 있겠지만 경찰옴부즈맨 제도 도입을 계기로 각 지방 경찰옴부즈맨을 시도지사나 시도의회 산하에 두도록 함으로써 세계적으로 유례없이 강력한 현행 우리나라 국가경찰제도에 보다 더 자치경찰제적인 요소가 가미될 수 있도록 지방의회나 시도 단체장과의 실질적 연계를 모색하는 것도 바람직할 것으로 여겨진다. 물론 이 경우에도 경찰옴부즈맨은 시도 수준은 물론이며 국무총리나 국회에게 활동이나 업무보고나 제도개선을 위한 권고를 할 수 있도록 법제화할 필요가 있다.

입법론의 방향은 '경찰법' 혹은 '국민고충처리위원회법' 중 어느 법을 개정할 것인지, 아니면 별도의 독자적인 '경찰옴부즈맨설치법'을 제정할 것인지, 그리고 독자적인 경찰옴부즈맨을 설치하게 되는 경우 소속을 국회나 아니면 행정부의 행정자치부 장관, 국무총리, 대통령 중에서 어디에 소속시킬 것인지 등에 대한 충분한 검토가 이뤄져야 한다. 대통령 중심제인 우리나라 정치제도에서는 경찰옴부즈맨을 국회보다는 국무총리 혹은 대통령에 소속시키거나, 아니면 국가인권위원회처럼 소속기관을 따로 정하지 않음으로써 독립성을 극대화하거나 말 그대로 행정부로부터 독립하여 국회 소속으로 하는 방안이 가장 바람직하다고 여겨진다. 왜냐하면 일반적으로 '독립'(independent) 기관이라 함은 해당 기관의 독립성을 가능한 한 제대로 보장하기 위해 특정 기관에 소속시키지 않도록 함을 뜻하기 때문이다.

(2) 주변 환경에 대한 몇 가지 고려사항

우리나라에서 경찰옴부즈맨 제도를 도입하고자 할 때 외부적으로 고려해야 할 사항을 개괄적으로 다음 몇 가지로 나눠 볼 수 있다.

첫째, 현재 검찰에게 수사권이 독점되어 있는 상황에서 별도의 경찰옴부즈맨을 법제화하여 설치하는 데 따르는 문제점이다. 요컨대 경찰수사의 잘못이나 비리는 경찰옴부즈맨 제도가 없어도 검찰이 수사할 수 있지 않느냐 하는 이의가 있을 수 있는 것이다. 그러나 이는 경범죄나 군사재판 등과 같은 예외가 있으며 최근 법제화된 국가인권위원회나 국가청렴위원회 측면에서 보았을 때에도 별 무리는 없을 것이다.

둘째, 경찰비리민원에 대해서는 헌법재판소에까지도 소를 제기할 수 있으며 청원법의 대상이 되기도 한다는 지적이 있을 수 있다. 물론 맞는 말이다. 문제는 실효성 있는 운영이 되고 있지 않으며 경찰이 적극

적으로 나서서 대국민 신뢰 제고를 위한 청문감사관제도까지 운영하는
상황에서 경찰옴부즈맨으로의 발전을 모색할 의지가 있지는 않는지 그
리고 시민단체 측에서 적극적인 경찰비리 척결을 위한 경찰옴부즈맨
도입문제를 제기할 필요성이라든지 등을 적극 고려해야 한다. 뿐만 아
니라 경찰옴부즈맨의 기본 취지는 아무런 부담 없이 시민들이 경찰비
리민원을 내고 독자적이며 공정한 처리를 신뢰하는 가운데 경찰에 대
한 신뢰까지도 크게 향상시킬 수 있다는 점을 염두에 두고 있다는 사
실을 잊어서는 안 된다.

  셋째, 이미 경찰 내부적으로 너무 가혹하다고 할 정도로 경찰비리에
대해 강력한 발본색원 의지와 함께 무거운 징계를 내리고 있는데, 굳이
경찰 외부에 경찰옴부즈맨을 별도로 설치해야 하는가 하는 문제이다.
사실 경찰의 내부징계제도 자체는 이미 사법적인 성격을 가지고 있다.
영미권에서는 징계법원과 같이 그 자체가 하나의 재판소 또는 법원으
로까지 인정하고 있다. 경찰의 대국민 책임성을 보다 효율적으로 확보
한다는 차원에서 또 다른 제도로서 경찰옴부즈맨 제도 도입문제가 진
지하게 모색될 필요가 있다.

  넷째, 감사원이나 국민고충처리위원회가 있어서 일반 공무원에 대한
국민들의 고충을 접수받아 처리하고 있는데 경찰관에 대한 비리민원도
이 기구에서 처리할 수 있지 않느냐는 지적이 있다. 물론 경찰비리민
원 문제도 감사원이나 국민고충처리위원회의 소관 사항으로 되어 있
다. 그러나 실제 운영과정에서는 감사원이나 국민고충처리위원회가 경
찰에 모두 내맡겨왔던 것으로 알려져 있다. 경찰에 관한 한 감사원이
나 국민고충처리위원회가 제 역할을 하지 못하고 있는 것으로 알려져
있는 것이다. 차제에 특수 옴부즈맨으로서 경찰옴부즈맨 도입을 통해
서 감사원이나 국민고충처리위원회를 보완할 필요가 있다. 하지만 정

부는 경찰옴부즈맨을 국민고충처리위원회의 한 소위원회 형태로 설치
하면서 별도 경찰옴부즈맨 제도를 도입하지 않기로 한 것은, 우리나라
경찰발전이나 시민들의 대경찰 신뢰도 제고 측면에 별 도움을 주지 못
하게 되어 안타까움을 더해주고 있다.

한 가지 지적할 것은 경찰 바깥에 있는 국민들이 경찰의 대국민 책
임성 또는 신뢰가 제고되었다고 생각하는 방식은 흔히는 아이러니컬한
측면이 많다는 점이다. 개혁정책 추진자들의 경우 흔히 경찰이 군대와
같은 명령-복종 체계를 가지고 있다고 비판하면서도 적절한 관련 입
법 조치만 취해지면 바로 그 군대식 명령-복종 체계가 개혁을 위해서
도 매우 효과적으로 기능을 할 수 있을 것이라고 보는 경향이 많다.
그런데 이런 시각이야말로 천진난만한 생각일 수 있다. 즉 경찰이 역
공을 가하거나 보다 교묘한 방법으로 개혁 추진 노력을 사보타지 하는
경우 개혁정책 추진자들은 놀라고 분노하게 된다. 경찰옴부즈맨 도입
과정에서 정책담당 실무자에 따르면 우리나라가 제대로 된 경찰옴부즈
맨을 도입하지 못하게 된 이유도, 엄청난 규모의 막강한 조직을 거느
린 경찰측의 교묘한 사보타지 때문이라는 의혹이 일고 있다.

하지만 경찰 자체가 흔히 그런 것처럼 견고하게 일치된 의견을 가지
고 있는 것만도 아니다. 개혁 전략의 일환으로서 반드시 경찰 측에서
의 동참 의식 고취가 필수적이다. 이것은 정치적으로 필수적인 것일
뿐만 아니라 경찰이 외부 민간인보다 무엇이 잘못된 것인지 더 잘 알
수 있는 위치에 있으며 효과적인 예방 조치를 취할 수 있는 위치에 있
는 유일한 집단이기도 하기 때문이다.[42] 영국의 IPCC나 각국의 경찰
옴부즈맨들이 대부분 경찰노조와 긴밀한 협력 및 신뢰 구축 속에서 도

---

42) Bayley, D., "Accountability and Control of Police: Lessons for Britain", T.
Bennett (ed.), *The Future of Policing* (Cambridge: Institute of
Criminology), 1983.

입되어 운영되고 있다는 점에 주목할 필요가 있다.

그렇다고 해서 경찰 일을 경찰 스스로에게 내맡기라는 것은 아니다. 그렇게 할 수 있는 것도 아니다. 경찰비리민원 처리에 대하여 경찰이 독점하는 관행을 깨기 위해 경찰옴부즈맨 등을 도입하고자 하는 개혁정책 추진자들의 경우 새로운 과제가 있을 수밖에 없다. 그것은 이들이야말로 뛰어난 정치 감각을 가지고 있는 경찰 못지않게 영리하며 정치적 기지도 가지고 있어야 하기 때문이다. 우리나라의 경우 이와 같은 경찰개혁 시민운동의 기틀은 아직 형성되지 않았다고 보는 것이 타당하다. 그러나 최근 우리나라 시민사회에서 경찰에 대한 관심이 고조되고 있다는 점에서 앞으로 그 가능성이 아주 없다고만 할 수는 없으며, 제대로 된 경찰옴부즈맨의 재도입 여지도 여전히 충분하다고 보아야 한다.

(3) 경찰내부 감찰제도와의 조화

경찰옴부즈맨 제도 도입을 모색하는 데 있어서는 외부 심사와 경찰 자율처리 양자의 '상호 가미를 통한 균형'(Interpolable Balance)의 관점이 필요하다. 즉 경찰 내부의 기존 감사감찰제도를 폐지하고 그것을 대신해서 경찰옴부즈맨을 도입하는 것이 아니라 오히려 경찰 내부의 기존 감사감찰기구의 토대 위에서 서로 중첩되면서도 보완적인 외부심사제도를 가미하도록 하자는 것이기 때문이다.[43]

우선 우리나라뿐만 아니라 세계적으로 보더라도 각국 경찰들은 그간 오랜 동안 외부심사제도가 갖고 있는 장점과 이점을 인정하지 않으려 해 왔다. 하지만 경찰옴부즈맨과 같은 독립적 외부심사제도를 도입하

---

43) Hood, C., "Concepts of Control Over Public Bureaucracies: 'Comptrol' and 'Interpolable Balance'", F. Kaufmann, G. Majone, and V. Ostrom (eds.), *Guidance, Control and Evaluation in the Public Sector* (Berlin: de Gruyter), 1986, p.772.

라는 외부의 압력과 경찰 내부의 거부감이라는 측면에서 보았을 때 각
국의 조건에 따라 객관적으로 가능한 최적의 균형점이 있을 것이다.
그리고 이런 분위기는 경찰옴부즈맨 제도의 전 세계 확산을 부추겨 왔
다. 이때 영국의 경우와 같이 경찰 내부의 지지를 받으면서 이루어지
는 경우도 있다.[44]

뿐만 아니라 외부심사제도와 경찰의 내부통제제도의 양자 관계는 계
속해서 검토 평가하여 정기적으로 재조정하도록 해야 한다. 경찰옴부즈
맨 제도는 기본적으로 경찰에 대하여 교육 기능을 하는 것이다. 이를
의학적인 비유를 들어 말한다면 필요한 경우 장기치료와 강제입원의
필요성을 무시해서는 안 되며(경찰비리민원의 징계 측면), 하지만 그와
동시에 재활 및 재통합 측면에 대해서도 동일한 정도의 주의를 해야
한다(시스템 차원의 사전적 접근이라는 예방 측면)고 말할 수 있다.

경찰옴부즈맨이라는 외부심사기관은 경찰의 역량 강화에 최선을 다
하도록 유의해야 하며 외부심사기관이 바로 이런 역할에 성공하면 할
수록 경찰에 대한 시민들의 신뢰는 강화되고 경찰 내부의 통제제도도
잘 돌아가게 될 것으로 전망된다.

사실 이러한 '경찰 내부와 외부기관 양자 간 상호 가미를 통한 균형'
관점에서 어떤 특정의 이상적인 균형점이 미리 존재하는 것은 아니다.
(자치)경찰청과 외부심사기관들은 모두 전통적인 경찰조직의 내부통제
및 책임 제도를 재검토해야 하며 양자 간 단순한 공존을 넘어서 새로
운 접근법을 모색하도록 해야 한다.

우리나라 경찰이 경찰옴부즈맨과 같은 외부심사제도를 거부하는 것
은 역설적으로 외부심사기관이 경찰에 불만을 많이 가지고 있는 "고

---

44) Andrew J. Goldsmith, *Complaints Against the Police: The Trend to
    External Review*, Clarendon Press, Oxford, 1991, Maguire and Reiner,
    chap 5 and 6

객"들의 목소리를 대변하는 역할을 점점 더 크게 요구받고 있음을 뜻
한다고 봐야한다. 현직 경찰관이 맡고 있는 직제인 청문감사관제도를
경찰옴부즈맨 제도에 효율적으로 통합 발전시키도록 해야 한다.

어쨌든 역사적 경험상 경찰 자체의 완벽한 자율 규제란 유토피아에
지나지 않는 것으로 입증되었으며, 지금까지와 같은 전통적이며 사후적
인 것에 불과한 그런 옴부즈맨을 연상시키는 매우 수동적인 자체 감찰
기법을 탈피하고 보다 더 강력한 외부심사제도가 확대 적용되는 것이야
말로 뚜렷한 세계적 추세이다.[45] 이렇게 해서 외부심사제도가 강화된
연후에야 비로소 경찰의 철저한 체계적이며 사전적인 방향 재정립이 이
루어져야 할 필요성의 제기가 가능해질 수 있다. 공익 보호를 위해서
외부심사기관은 경찰을 계속 설득해야 하며 그러기 위해서는 경찰이 정
치적 논란에 휩싸이지 않도록 충분한 구조적 보호를 해 주어야 한다.

4. 우리나라 경찰옴부즈맨 도입경위

도입경위

저자는 1999년에서 2002년에 이르기까지 한국경찰학회 및 한국부패

---

45) 경찰 내부의 감찰징계제도의 가혹성이라든가 건수주의라든가 상사의 비위
를 얘기해 주면 용서해 주겠다는 식의 비위 캐기식 방법이라든가 등에 대
해서는 익히 알려진 바 있다. 예를 들면 1980년부터 1997년 8월까지 18년
동안 징계를 받은 경찰관이 무려 3만 8백여 명이나 되는데 이는 현재 전체
근무자의 35%에 달하는 규모이다. 일반 경찰관의 근무연한을 30년 정도로
가정하면 현직 근무 경찰관의 50% 이상이 징계를 경험한다는 것을 뜻한다.
정균환, [경찰개혁] 중권(인사교육제도), 좋은 세상, 1998, 133-4쪽.
요컨대 내부감찰제도는 이제 외부의 시민에 의한 경찰옴부즈맨 제도를 통
해서 보완함으로써 국민의 대 경찰 신뢰 제고로 이어질 수 있는 계기를 만
드는 것이 바람직하다.

학회 발표와 학회지 논문 등을 통하여 각국의 경찰옴부즈맨 제도의 소개 및 시민이 경찰 거버넌스에 참여하는 방안을 제시함과 아울러 우리나라에서 경찰옴부즈맨에 대해 최초로 도입 문제를 제기하였던 것에 대하여 조그마한 자부심을 가지고 있다. 한편 정부는 군사·경찰 전문 옴부즈맨 도입은 2003년 7월 정부혁신지방분권위원회의 행정개혁 로드맵에 전문 옴부즈맨 설치가 개혁과제로 채택되면서 시작되었다고 주장한다. 2005년 12월 관계기관 합동으로 해외 군사·경찰 옴부즈맨 실태를 조사하고, 2006년 3월까지 외국 사례수집 및 분석 작업을 추진하였다.

2006년 2월 13일 국민고충처리위원회의 대통령 업무보고에서 노무현 대통령이 사병이 군복무 중 발생하는 고충민원과 경찰 수사과정에서 발생하는 부당함 등을 처리할 전담기구 설치방안을 지시함으로 구체화되었다. 2006년 6월부터 7월까지 국민고충처리위원회, 국방부, 경찰청, 청와대 등 관계기관과 외부 전문가가 참여하는 TF 팀을 구성해 제도 도입에 대한 구체적인 방안을 논의 하였다.

2006년 8월 28일 국민고충처리위원회는 그간의 논의결과를 반영해, 군사·경찰 분야 고충민원을 전담하는 소위원회 구성을 주요 내용으로 하는 「국민고충처리위원회의 설치 및 운영에 관한 법률 시행령」개정 (안)을 입법예고하였다. 입법예고나 국무회의 통과 과정에서 시민사회나 전문가들을 대상으로 아무런 공청회나 여론수렴과정도 이루어지지 않았다. 어쨌든 정부의 일방적인 개정 시행령에 대한 법제처 심사, 차관회의, 국무회의 심의 등을 거쳐 2006년 11월부터 군사 및 경찰 옴부즈맨 제도를 본격 시행하였다. '평화를 만드는 여성회' 측에서 2003년 7월 독일 군사옴부즈맨과 같이 우리나라도 "군 인권침해사례를 자유롭게 호소하고 이를 독립적으로 조사할 수 있는 국회 내 국방감독관 제도를 도입해야 한다"고 주장한 바 있으나, 정부측으로부터 아무런 해명도 없이 이런 요구는 전혀 받아들여지지 않았다. 대통령 소속 국민고충처리위원회 소속의 요식적인 한 팀으로 만들어졌기 때문이다.

과거 국민고충처리위원회에 접수된 군사·경찰관련 고충민원 사례를 보면 다음과 같다. 경찰관련 민원에 대해 2003년부터 2006년 1월까지 3년 간 조사한 결과에 의하면, 민원은 경찰분야는 교통사고 재조사 관련 문제와 경찰의 부당행위 관련고소·고발사건, 공정수사 및 재수사 관련한 민원이 높은 비중을 차지하고 있다. 같은 기간 동안 전체 1,543건이었으며, 이중 범죄고발·피의자 선처 등이 517건, 재산피해 및 폭행관련 신속수사가 239건, 교통사고 공정수사 및 재조사 요구 212건, 경찰의 공정수사 요구 198건, 경찰의 부당행위 시정 요구 97건 등으로 파악되었다. 군사관련 민원 내용(2003~2005년)을 보면, 군사시설 보호구역내 행위 허가, 전·공상 확인, 국립묘지 안장, 군인연금 등 일반 국방·병무행정 관련 민원(68%)이 대부분이다. 또한 군대내 각종 사고관련(2건), 성희롱 등 군인·군속 인사 관련(4건) 등 군대내 구성원과 관련된 민원은 거의 접수되지 않고 있는 상황이다. 국민고충처리위원회 측이 2005년도에만 조사한 결과에 의하면 군사관련 민원 516건 중 각종 군대사고 관련 민원은 2건, 성희롱 등 군인, 군속인사 관련 민원은 4건이었던 것으로 나타났다. 2003~2005년 기간 동안 군사시설 보호구역 내 행위허가, 국립묘지 안장, 군인연금 등 일반 국방·병무행정 관련 민원이 68%를 차지하였다.

군사·경찰 전문 옴무즈맨 조직구성

국민고충처리위원회 측은 군사·경찰 전문 옴부즈맨의 업무는 군사·

경찰 분야 민원의 특수성을 고려해야 한다면서 전담 소위원회가 일반
고충민원 처리절차와 동일한 방법으로 해당 민원을 조사 처리한다고
밝혔다. 국민고충처리위원회는 이를 위해 군경민원조사기획관, 군사 2
팀, 경찰 2팀의 총 41명을 전담 조사인력으로 충원하였다. 군사·경찰
옴부즈맨의 소위원회 위원은 1관 4팀(군경민원조사기획관, 군사 2팀,
경찰 2팀)으로 현재의 상임위원 및 비상임위원 중에서 위촉하였다. 조
사팀은 일반직 공무원, 외부전문가, 현역 조사관(군인·경찰)을 1:1:1
의 동일비율로 구성해 조사·처리과정에서의 전문성 및 객관성과 중립
성을 확보하게 되었다고 주장하고 있다. 왜 별도로 경찰옴부즈맨이나
군사옴부즈맨을 만들어야 하며, 옴부즈맨의 본령이 독립성 등에 대해
서는 전혀 개의치 않기로 작정한 것으로 보인다.

국민고충처리위원회 경찰민원 접수 내용

2006년 12월부터 2007년 2월까지 국민고충처리위원회 경찰고충민원
으로 접수된 민원 내용과 일부 처리 상황은 다음과 같다.

○판결이의, 수사이의, 교통사고조사, 사생활침해, 경매이의, 경찰횡
포, 사망원인 및 불법시신처리등재조사, 과속단속카메라설치요구, 뺑소
니교통사고의보험료미지급에대한처리요청, 폭행치사, 음주단속이의 등
관련민원 접수

○교통사고 재조사: 2007.1. 20. 발생된 교통사고를 같은 달 23일까
지 사건접수부에 접수하지 않고, 교통사고 조사담당자를 신청인에게
알려주지도 않고, 중앙선 침범사고를 차선 위반사고로 뒤바뀐 사실 등
의문사항이 많이 있으므로, 교통사고 조사를 다시 해 달라.

○의료사고 수사 이의: 신청인의 모친이 콩팥에 PCN 호스 삽입시
술을 받은 후 PCN이 절단되는 의료사고가 발생하여 업무상과실치상

등으로 고소하였으나 경찰 및 검찰에서 진실을 왜곡하여 불기소(혐의 없음)처분 한 것에 대하여 진실을 밝혀 달라.

○의경 복무 중 병증악화에 따른 부당조치 시정: 아들이 의경 복무 중 중이염이 악화되어 수술까지 받았는데, 공사상 심사에서 사상 판정 이 났으므로 재심사를 해주길 바라며, 담당의사의 소견에 따라 무리할 경우 재발되어 사회생활이 어렵다고 하니 병증악화 예방을 위해 내근 이나 행정요원으로 재배치해 달라

○경찰조사 이의: 노래방 폭행사건과 관련 폭행 가담 사실이 없음에 도 경찰관들이 미란다 원칙의 고지도 없이 현행범으로 체포하여 7시간 동안 무단 감금하여 인권을 유린하고, 이런 사실을 숨기기 위하여 노 래방 측과 공모하여 난동을 부렸다고 허위로 사건을 조작하였으므로 재조사 요구.

○편파 및 지연수사 조사요청: 전문건설업을 하다 ○○○이라는 사 람에게 1억원을 사기당하여 2005년 9월경에 서울 강남경찰서에 고소를 하였으나 조사과정에서 담당 경찰관이 피고소인을 두둔하는 발언을 하 고, 1년 6개월이 지난 지금 까지도 피고소인을 구속하지 않는 등 미온 적인 수사로 일관하니 이에 대해 조사하여 달라.

○교통사고 재조사 요청: 신청인의 아들이 2006. 9. 17 오토바이를 타고가다 원인을 알 수 없는 교통 사로고 사망하였는데, 경찰 수사상 운전자의 과실로 일어난 사고로 되어있어 억울하니 재조사 요망.

국민고충처리위원회가 보는 군경 옴부즈맨의 문제점

(국가)옴부즈맨은 아니지만 국민고충처리위원회 군경고충민원 처리 실태에 대하여 문제점을 지적하기는 그나마 2006년 12월 이후 최근에 야 업무를 시작한 관계로 시기상조라 생각된다. 국민고충처리위원회

측이 이른바 '군경옴부즈맨' 제도 도입 과정에서 논의했다는 쟁점들은 다음과 같다.46)

첫째, 군경옴부즈맨을 어디에 둘 것인가 하는 문제이다. 국민고충처리위원회와 국가인권위원회가 논의 되었으나 국가인권위원회는 군과 경찰의 인권부분에 한정됨으로써 운신의 폭이 좁아질 수밖에 없어 국민고충처리위원회 소속으로 결정했다고 한다. 국가인권위원회의 산하에 둘 경우 경찰 수사과정에서 발생하는 인권유린이나 부당한 대우 등 기본권 침해 사안을 구제하는 데는 유리하지만 기타 민원과 관련된 고충처리 문제를 반영하는데 한계가 있다는 것이다.

하지만 이런 국민고충처리위원회의 견해는 이른바 군경고충처리소위원회를 시행령 개정으로 새로 만들지 않더라도 이미 기존에 그와 같은 민원들은 처리해왔다는데 결정적인 문제점과, 새로이 부서와 자리 늘리기 차원 외에는 도저히 납득하기 힘들다는 지적을 받을 수밖에 없다는 점이다.

그리고 군 옴부즈맨의 경우 당초 사병이 군복무 중 발생하는 구타 등 각종 민원에 대해 국방부 내에 특수 고충처리기관을 설치하는 것을 검토했으나 국방부는 군 지휘권이 흔들린다는 이유로 난색을 표하여 무산되었다. 경찰의 경우도 경찰청 인권관련 자문기구인 「인권수호위원회」, 지방청 인권모니터링 기구인 「시민인권보호단」 등이 있었다. 따라서 민원사항 중 인권문제, 부패비리 문제 등과 관련된 것은 국가인권위원회와 국가청렴위원회(과거 부패방지위원회) 간의 업무조정을 통해 업무영역을 명확히 하는 것도 필요하다.

---

46) 이하 내용은 국회 이계경 의원의 요청으로 국회 정책지원팀이 국민고충처리위원회로부터 자료와 입장을 전달받아 작성했다는 다음 자료를 참조하였음을 밝혀둔다. 이상팔, "주요 선진국의 경찰옴부즈맨 제도 대비 국내 경찰 옴부즈맨 제도의 문제점 및 개선방향"(이계경 의원의 입법참고 질의에 대한 회답 자료임), 국회도서관 입법전자정보실, 2007.

이 역시 옴부즈맨의 본령인 별도 독립성 문제는 전혀 개의치 않은 채 오히려 경찰이나 국방부와 협의를 했다는 것 자체가 문제점으로 지적할 수 있다. 오히려 그들로부터 독립된 경찰옴부즈맨 군사옴부즈맨 등을 만들기 위하여 시민단체나, 경찰이나 군으로부터 피해를 당한 가족이나 관련 시민단체 등을 협의대상으로 삼는 것이야말로 경찰옴부즈맨과 군사옴부즈맨 정책 담당자의 올바른 태도라야 했다.

둘째, 업무중복 문제이다. 현재 군은 군인고충심사위원회 · 국방신고센터 등 고충처리제도를 시행하고 있으며, 경찰도 청문감사관 제도 등과 같은 옴부즈맨과 유사한 기능을 수행하는 제도가 있지만 독립성과 객관성의 취약점을 보완하기 위해 군·경 옴부즈맨을 만들었다고 한다. 따라서 이미 다른 기관에서 해오던 것이며, 국가인권위원회 등 기존 다른 기관과 업무가 충돌할 문제점이 있다. 이에 대해 고충처리위원회 관계자는 "동일사안에 대한 중복처리와 상반된 결과를 내지 않도록 관련 기관과 사전 협조부서 지정 등 긴밀한 협력관계를 유지할 계획"이며, "순수 인권에 관한 사안의 경우 국가인권위로 이송·이첩할 계획"이라고 주장하고 있다. 하지만 극도로 민감한 정치적인 문제에 대해서는 서로가 책임을 회피하는 현상이 나타나 제도가 형식적으로 운영될 소지가 있다. 따라서 중복되는 업무를 조정하는 지침이나 정교한 표준운영절차를 마련하지 않을 경우 효율적인 민원해결이 어렵다.

업무중복도 문제지만 그보다는 오히려 수사 중인 사안을 일체 배제한 것은 경찰옴부즈맨과 군사옴부즈맨의 결정적인 한계라는 점을 지적할 필요가 있다. 이를 극복하기 위한 법률 수준의 제정이나 개정이 경찰옴부즈맨과 군사옴부즈맨 도입과정에서 반드시 필요했음에도 불구하고, 이미 업무가 이뤄지고 있는 것들을 단순히 자리나 부서 늘리기 차원에서만 접근한 결과 국민혈세 낭비와 불필요한 공무원 수 증가만을 가져오는 뼈아픈 결과를 초래하였다는 지적을 면키 어렵다.

셋째, 국민고충처리위원회의 조사결과를 토대로 해당기관에 시정권고, 의견표명, 제도개선권고 등의 조치를 취할 수 있지만 강제성이 없다는 점에서 형식적으로 운영될 소지와 실효성 문제가 제기될 수 있다. 이에 대해 고충처리위원회는 "옴부즈맨 제도 자체가 직접적 강제성을 가지지 않으면서, 사안별로 구체적 타당성과 주민의 의견 등으로 개선해 나가는 것"이며, "현재 고충위의 권고와 의견표명으로 인해 민원의 95%가 해결되고 있다"고 주장한다. 옴부즈맨의 원래 취지는 효율적인 감시에 있으나 군경옴부즈맨이 좀 더 효율적인 운영을 하기 위해서는 권고 이상의 권한을 부여하는 방안도 고려할 필요가 있다.

외국의 경우는 권고 보다 더 강한 조치를 강구하는 곳도 있다. 외국의 경우 군사·경찰 옴부즈맨 제도는 영국과 북아일랜드, 미국 뉴욕시 등이 있으며, 이들 나라에서는 정보 접근권과 직권조사권 이외에도 기소 및 징계 요구권까지도 권한이 주어지고 있다. 이외에도 독일과 캐나다·오스트레일리아·남아프리카공화국 등이 군사옴부즈맨 제도를 갖추고 있으며, 서류제출 요구권·정보 접근권·언론 공표권 등의 권한을 가지고 있다.

문제는 경찰과 군사 옴부즈맨을 시행하는 외국은 절대다수가 의회소속일 뿐만 아니라 법적 근거를 가지고 있다는 점이며, 이를 명확히 파악하고 있는 국민고충처리위원회 측이 시행령 개정을 통한 자리와 부서 늘리기에만 급급하여 경찰과 군사 옴부즈맨이 해야 하는 초보적인 업무조차 제대로 할 수 없게 만든 결과를 가져왔다고 해도 과언이 아니다.

5. 우리나라 경찰옴부즈맨의 문제점

2007년 초부터 업무에 들어간 국민고충처리위원회 내의 경찰고충처리소위원회는 기존의 국가인권위원회나 검찰 혹은 법원 외에도 새로이 경찰의 대민업무 과정에서 발생하는 고충민원의 처리를 담당하는 정부부서를 하나 더 늘였다는 의의는 충분히 있다. 이제 국민들은 경찰과 접촉하는 과정에서 불만이 있거나 문제가 있다고 판단되면 경찰 내 청문감사관실, 검찰, 국가인권위원회, 법원 외에도 바로 이 국민고충처리위원회 경찰고충처리소위원회 측에게도 호소할 수 있게 된 것이다. 저자가 시민참여 없는 경찰 내의 청문감사관 제도를 비판하면서 우리나라에서는 처음으로 1999년과 2001년부터 북아일랜드 경찰옴부즈맨, 영국의 IPCA, 뉴욕시 CCRB, 호주 각지의 경찰옴부즈맨 등과 같이 우리나라도 경찰 외부의 시민사회가 주도하는 경찰옴부즈맨 도입 방안을 제시해오던 것이 마침내 실현되게 된 점에 대해서 감회가 새로운 것도 사실이다.[47]

그러나 이런 형태의 우리나라 경찰옴부즈맨은 출발부터 실은 경찰옴부즈맨은 아니며 막대한 국민혈세를 낭비하는 옥상옥의 기관으로 전락시키고 만 측면이 강한 실정이다.

즉 정부와 국민고충처리위원회가 불과 20여 명의 경찰옴부즈맨 부서의 인력으로 20만여 명에 달하는 경찰(해경 등은 관할에 포함됨) 비리민원을 조사 처리하겠다는 것은 우리나라와 인구나 경찰관 수가 비슷

---

47) 저자는 치안연구소 한국경찰학회 주최 '제8회 학술세미나'(1999), 오마이뉴스 연재기사인 '문성호의 경찰이야기', 졸고인 '경찰부패와 경찰옴부즈맨'(한국부패학회보, 2001), 『영국경찰옴부즈맨』(한국자치경찰연구소 경찰청, 2006) 등을 통하여 제대로 된 우리나라 경찰옴부즈맨 도입방안을 제시한 바 있다.

한 영국 경찰옴부즈맨 직원 수(380명)에 비해 너무 소수이며48) 검찰이
나 경찰이 가지고 있는 수사권에는 전혀 미치지 못하는 조사권만을 법
적 근거도 없는 시행령만을 통하여 행사하면서 경찰비리를 제대로 밝
혀낼 수 있을지는 의심스럽다. 비리경찰 수사는 경찰이 맡으면 안 된
다는 점에서 경찰옴부즈맨 존립목적의 가장 중요한 독립성 측면에 있
어서도 현직 총경 등을 파견 받는 그야말로 세계적으로 유례를 찾기
힘든 '경찰 의존적인 경찰옴부즈맨'으로 전락시킬 위험성이 다분하다

　그러나 무엇보다도 가장 중요한 것은 이 경찰옴부즈맨 부서 신설이
시민사회나 시민운동 혹은 관련 경찰전문가들과 논의나 시민사회 주도
를 통해서 입안된 게 아니라 국민고충처리위원회 등 정부 일각에서 국
가인권위원회를 견제한다거나 그저 국민고충처리위원회의 자리와 부서
만들기 차원에서 도입이 추진되었으며 오로지 밀실 논의만을 거쳤을
뿐이라는 점이다.

　이런 문제점들을 몇 가지로 간단히 살펴보면 다음과 같으며, 향후
시민사회 및 관련 전문가와 외국 경찰옴부즈맨 관계자들이나 연합체
등과 협력을 통하여, 이런 문제점들이 시정되어 명실상부한 경찰옴부
즈맨이 우리나라에서도 꽃피울 수 있기를 기대한다.

(1) 공론화 과정이 없었다

　첫째, 우리나라는 오로지 관주도 밀실논의를 거쳐 국민고충처리위원

---

48) 국민고충처리위원회 측은 2003년부터 2006년 1월까지 3년간 국민고충처
　　리위원회에 접수된 경찰관련 민원 1,543건 중 범죄고발, 피의자 선처 등
　　이 517건으로 가장 많았으며 사기와 폭행관련 신속수사요구 239건, 교통
　　사고 공정조사 요구 212건, 경찰의 공정수사 요구 198건 등이 전부라고
　　밝히며 국민고충처리위원회가 기존 군경 민원접수처리 조직이 그대로 유
　　지되므로 옴부즈맨 제도 시행으로 국민고충처리위원회 업무가 폭주하는
　　일은 없을 것이라고 전망하고 있다.

회 시행령 개정만으로 경찰옴부즈맨을 도입하였다. 정부가 밝힌 경찰옴부즈맨 도입과정을 보면, 2003년 7월 정부혁신 지방분권위원회 행정개혁 로드맵에서 전문 옴부즈맨제도 설치를 개혁과제로 채택하여 경찰옴부즈맨 도입을 추진하였으며 같은 해 11월 23일에서 12월 6일까지 국민고충처리위원회 및 관련기관 합동으로 외국의 운영 실태와 자료를 수집하고 2006년 2월 13일 국민고충처리위원회의 대통령 업무보고 시 노무현 대통령이 "경찰, 검찰 및 군사 옴부즈맨 설치 및 운영방안 마련"을 지시하였으며 2006년 11월 경찰옴부즈맨을 도입을 위한 국민고충처리위원회법 시행령이 의결되었다고 한다. 이처럼 경찰옴부즈맨 도입과정에서 공론화 과정을 일체 거치지 않았다는 점을 정부 스스로 인정하고 있는 셈이다. 같은 해 11월 말 경찰과 군사 옴부즈맨에 대한 모든 정책을 결정해 놓은 다음 사후적으로 공청회를 개최한 것은 그야말로 이른바 '한국형 경찰행정 옴부즈맨'의 사후 정당화만을 꾀한 것으로 볼 수 있으며, 과거 박정희 유신독재 시대 유신독재를 정당화하기 위하여 헌법학자와 정치학자들을 동원하여 유신헌법과 이른바 '한국적 민주주의'에 대한 포장과 홍보를 꾀했던 점, 2006~7년 당시 노무현 정부가 경제학자나 관료 및 업계 등을 내용도 모르는 한미 FTA 지지와 홍보에 동원하던 점 등을 연상시킨다.

대부분 나라의 경찰옴부즈맨 탄생과정에서 시민사회가 주도한 것과는 정반대로, 그리고 일체의 공론화 과정 없이 정부와 일부 비전문 학자들의 밀실논의만으로 우리나라의 이른바 '경찰옴부즈맨'(?)이 만들어진 것은 세계적으로 유례없을 뿐만 아니라 그 자체가 근원적인 문제점을 무수히 안고 있는 제도로서 '경찰옴부즈맨' 제도라고 이름을 붙일 수 없는 제도를 도입한 것에 불과하다. 경찰옴부즈맨 정책의 유일한 공론화 과정이라고 할 수 있는 2006년 11월 초 세미나조차도 전날 오후에야 비로소 일정을 공개하는 등 '숨어서 진행한 공청회'에 불과했으며 이 역시 국민고충처리위원회로부터 3천만 원의 용역을 수주한 이른바 '옴부즈맨포럼' 측의 국민고충처리위원회 경찰옴부즈맨 제도 방안에 대한 사후 정당화 절차에 불과하였다고 보아야 할 것이다. 국민고충처리위원회와 경찰청 두 기관은 우연히도 서로 이웃 건물에 위치해 있으며 그간 '경검야합'에 따른 서로 허물 덮어주기 수사에 이은 '경찰 - 국민고충처리위원회 야합'의 소산이 이번의 잘못된 경찰옴부즈맨 탄생이라고 해도 과언이 아니다.

심지어 대통령과 국민고충처리위원회 위원장의 과거 사적인 관계를 들어 국민혈세 문제에 대해서는 아랑곳하지 않은 채 군경옴부즈맨의 국민고충처리위원회 내 설치를 대통령의 국민고충처리위원회 모 위원장에 대한 선물로 보는 평가조차 난무하고 있는 실정이며 국가인권위원회가 대통령 소속이 아닌 기관이다 보니 통제가 안 되므로 2005년 국무총리에서 대통령 소속으로 법 개정을 한 국민고충처리위원회에다가 군경옴부즈맨을 두도록 하여 이를 정부가 통제해 보기 위한 것이라는 평가까지 제기되고 있는 실정이다.

(2) 요건을 갖추지 못했다

둘째, 경찰옴부즈맨의 법적 권한과 근거(헌법상 근거까지는 아니라 할지라도 적어도 법률로는 규정하는 것이 세계적 추세이다), 별도의 독립기관, 독자예산, 경찰옴부즈맨 위원 및 수사관에서 현직 경찰 파견 배제, 경찰 내부의 감찰감사 부서의 상위기관 성격, 경찰업무 전반에 대한 시정권고 권한 등이 그 특색인 데 반하여 우리나라가 도입한 경찰옴부즈맨은 이 중 어느 하나도 충족시키지 못하고 있다. 정부소속기관이 아닌 국가인권위원회 측이 별도의 경찰옴부즈맨 도입에 반대 입장을 표명했음에도 불구하고 정부가 경찰옴부즈맨설치법 제정이나 국민고충처리위원회법 개정 없이 그저 명목에 불과(실제로는 경찰옴부즈맨이라고 이름 붙일 수 없다고 보아야 하며 국민고충처리위원회 측도 홍보만 '경찰옴부즈맨 도입'이라고 하지 실제로는 줄곧 '경찰고충처리'라는 명칭만을 쓰고 있다)한 경찰옴부즈맨 도입을 강행한 것은, 정부가 '자치경찰' 아닌 것을 제주도에만 도입했지 실제로는 제대로 된 자치경찰 도입을 거부한 것과 마찬가지로 이번 경찰옴부즈맨 정책 역시 여러 가지 유사한 경찰개혁의 실패작들 중 하나에 불과하다고 보아야 한다. 그럼에도 불구하고 전현직 국민고충처리위원회와 경찰 직원 및 일부 민간인 등의 자리 만들기 식 경찰옴부즈맨 도입 강행은 국민혈세 낭비를 부추긴 것이라는 비판을 면키 어렵다.

현행 국가인권위원회가 인권침해 민원과 경검 수사 중 직권남용, 불법체포, 구금, 폭행, 가혹행위 등은 다룰 수 있으나 교통사고 재조사요구, 공정수사요구 등과 같은 인권침해 이외의 민원은 인권위 관할 이외의 사안으로써 다룰 수 없다는 점을 국민고충처리위원회 경찰옴부즈맨 부서 신설 형태의 경찰옴부즈맨 제도 도입의 명분으로 삼고 있다. 국민고충처리위원회 논리대로라면 이렇게 억지로 경찰옴부즈맨 부서를 신설하지 않아도 해당 기관이 이전에도 이미 교통사고 재조사 관련 민원 등을 조사 처리해왔기 때문에 이번 부서늘리기는 자가당착적인 모습일 수밖에 없다.

국민고충처리위원회 기구 확대만을 위해 기존의 국민고충처리위원회법에 근거하여 수사고충민원을 일체 처리하지 않던 국민고충처리위원회 측이 청와대 법무비서관의 법률 재해석과 경찰청 측의 양해를 바탕으로, 그리고 일부 비경찰 전문가나 학자의 제대로 된 연구나 분석 없는 정당화 논리만을 앞세워 국민혈세를 낭비하는 사상누각의 경찰옴부즈맨 제도를 도입하려는 시도는 잘못이다. 차제에 경찰옴부즈맨 바로 세우기 차원에서 당초 경찰옴부즈맨 도입정책의 정책실명제를 추적하여 누가 이런 잘못된 제도 도입에 결정적인 책임이 있는가를 규명할 필요가 있다고 여겨진다.

국민고충처리위원회 측은 그나마 경찰옴부즈맨 도입 추진과정에서 애써 경찰옴부즈맨 민원 제기 예상 건수를 축소해 왔다. 예컨대 그동안 경찰내부감찰과 청문감사관실에서 처리하거나 곧장 검찰 등으로 갔던 사건들도 경찰옴부즈맨에 중복해서 접수될 것으로 보아야 하며 앞으로 국민들이 실망하여 포기 단계에 이를 때까지 국민고충처리위원회에 그간에는 제기하지 않던 경찰민원들도 제기할 것으로 보아야 하는데 이 점들을 배제했다. 예컨대 순수 인권에 관한 사안의 경우 국가인권위로 이송·이첩하여 처리토록 하며 국민고충처리위원회 군경소위원회에서 국가인권위원회 처리가 타당하다고 결정한 사안과 신청인이 인권위에서 처리해 줄 것을 요구하는 경우 국가인권위원회가 처리하고 동일 사안에 대해 국민고충처리위원회와 인권위가 중복 처리해 상반된 처리결과를 내지 않도록 국민고충처리위원회, 국가인권위원회, 국방부, 경찰청 간 사전 협조부서 지정 등으로 긴밀한 협력체계를 유지하겠다고 밝히고 있으나 이는 지금까지 다른 부처에 대해서 해오던 "우체통" 역할에 만족하겠다는 의지의 표현(?)에 불과한 것으로 판단된다. 이 역시 별도의 법 개정이나 법 제정 없이 명목상의 경찰옴부즈맨 도입과 국민고충처리위원회 자리 늘리기 차원 이상 이하도 아니라는 점을 반증한다.

(3) 이름에 걸맞은 명실상부한 경찰옴부즈맨이 아니다

셋째, 경찰의 중대 비리나 잘못에 대해서도 직권수사는 할 수 없을 뿐만 아니라 관할범위에 있어서도 '경찰'이라는 명칭에만 매달린 형식 논리에 치우쳐 우리나라의 가장 막강하며 경찰수사를 지휘하는 수사기 관인 검찰을 배제한 문제점이 있다. 우리나라의 경우 경찰옴부즈맨 아 닌, 경검옴부즈맨 도입이라야 한다. 왜냐하면 우리나라 검찰은 외국에 서는 경찰이 담당하는 수사를 담당하며 경찰수사를 지휘하는 인력이 85%에 달하기 때문에 검찰 업무 중 기소나 공소 유지 등의 업무를 제 외한 나머지 85%의 수사업무나 수사 인력에 대해서는 마땅히 경검옴 부즈맨 관할로 하는 것이 맞으며 그렇게 해야만 경검옴부즈맨의 실효 성도 확보할 수 있다. '각종 수사권한'이 있는 기관을 외부에서 감시하 며 수사기관이 저지르는 잘못을 제대로 수사하도록 하자(기소는 아님) 는 것이 경찰옴부즈맨이기 때문이다. 우리나라에서 경찰이란 경찰 플 러스 검찰의 수사기능까지를 가리킨다고 보아야 한다.

수년 전 홍모 검사의 고문치사 사건은 수사과정에서 발생한 전형적 인 수사비리 사건임에도 불구하고 검찰 스스로 이를 수사해야만 했던 현실을 언제까지나 방치하지 않도록 해야 한다. 우리나라는 사실 검찰 만 예컨대 소정의 절차에 따라 시민들로 구성되는 검찰위원회만 제대 로 운영하여 검찰이 수사를 제대로 하게만 할 수 있다면 별도의 경찰 옴부즈맨이 필요 없을 정도로, 경찰수사나 경찰비리에 대해서는 외국 과는 달리 검찰이라는 별도의 수사기관을 갖고 있는 독특한 제도를 운 영하고 있다. 우리나라에서 경찰옴부즈맨을 도입해야 하는 상황은 한 마디로 말해 검찰의 경찰에 대한 일방적인 상명하복 관계 내지는 경검 야합 관계에서 비롯된 것이라고 보아야 한다. 왜냐하면 우리나라에서 검찰은 이미 경찰옴부즈맨 기능을 수행할 수 있는 충분하고도 막강한 권한을 쥐고 있기 때문이다.

(4) 법적 근거가 없다

넷째, 현행 국민고충처리위원회법 제32조(고충민원의 각하 등) 규정에 따라 현재 국민고충처리위원회 홈페이지는 수사 및 형 집행에 관한 사항은 국민고충처리위원회가 처리할 수 없다고 명시하고 있음에도 불구하고 이른바 "청와대 법무비서관실에서 현행 국민고충처리위원회법상 이송처리 규정은 국민고충처리위원회의 직접 처리를 부정하는 것이 아니라고 해석하고 있으며 경찰청 역시 국민고충처리위원회의 조사결과를 적극 수용할 수 있다는 의견"(2006년 5월 2일 국민고충처리위원회 보고자료)이라는 점만을 내세워 경찰옴부즈맨설치법 제정 혹은 국민고충처리위원회법이나 국가인권위원회법 개정 없이 오로지 국민고충처리위원회법 시행령 개정만으로 경찰옴부즈맨 설치를 강행한 것은, 도대체 국회를 통한 각종 법률 제개정을 제대로 추진할 수 없었던 당시 노무현 정부의 취약성 때문이라고는 하나, 향후의 경찰 등의 사법제도나 인권과 민주경찰 정책의 큰 틀을 바로세우는 것과는 정면으로 배치되는 것일 수밖에 없었다. 요컨대 우리나라 경찰옴부즈맨은 국민고충처리위원회 측이 아무런 법적 근거와 권한 없이 오직 청와대 일개 비서관 측의 법해석과 경찰청의 양해만으로 경찰옴부즈맨 관련 부서를 신설을 강행하여 관철시킨 것에 불과하며, 향후 청와대 법무비서관이 바뀌어 과거의 해석을 바꾸거나 경찰청 측의 양해가 번복된다면 그야말로 무용지물이 되고 마는 허구적인 제도로 전락할 가능성도 배제할 수 없다. 차라리 지금이라도 국회에서 차기년도 예산 심의 과정에서 잘못된 이 경찰옴부즈맨의 국민고충처리위원회 운영을 전면 백지화하도록 하면서 향후 제대로 된 공청회 등을 통해서 정상적인 경찰옴부즈맨 도입 정책을 전혀 새롭게 다시 추진해 나가도록 하는 것이 바람직하다.

국민고충처리위원회 한 부서로 경찰옴부즈맨을 도입하는 과정에서는 이상과 같이 수사 중인 사안을 국민고충처리위원회 경찰옴부즈맨이 조사 처리할 수 있다고 하던 국민고충처리위원회가 경찰옴부즈맨 도입을 규정한 국민고충처리위원회법 시행령이 국무회의를 통과되자마자 갑자기 그건 아니라는 식으로 물러선 점은 그야말로 우리나라가 법치국가인지를 의심하게 만들고 있다. 즉 2006년 11월말 국민고충처리위원회 측은 같은 해 5월의 태도를 바꾸어 정부언론인 [국정브리핑]을 통하여 "재수사를 요구하는 민원도 물론 국민고충처리위원회 경찰옴부즈맨의 관할 대상이긴 하지만 국민고충처리위원회 경찰소위원회에 직접 재수사 권한은 없고 재수사 요구의 타당성을 조사해 조사결과에 따라 경찰에 재조사를 권고하고 의견표명 여부를 결정하게 된다. 경찰에서 수사가 진행 중인 사안도 국민고충처리위원회 경찰옴부즈맨 조사는 가능하지만 수사종료 후라면 사실상 불가능하다. 수사종료 후 사건 관련 자료들이 모두 검찰로 이관되고 해당 경찰기관에서 사건의 검찰이관을 내세우면 경찰소위원회의 실질적인 조사는 불가능하다"고 밝혔다. 경찰옴부즈맨 도입단계에서는 법적으로 수사 중인 사항에 대한 경찰옴부즈맨 조사가 가능하다고 했다가 경찰옴부즈맨 도입을 규정한 국민고충처리위원회법 시행령이 국무회의를 통과하자마자 이를 번복한 것은 도저히 납득하기 힘들다.

우리나라의 경우 기소 전까지는 검찰 수사에 대해서도 민원이 제기되거나 검찰중대비리가 있는 경우 의당 검경옴부즈맨 업무의 관할로 해야 맞다. 감히 우리나라에서 검찰이라는 권력기관에 대해 어찌 손대려 하느냐는 성역 설정과 성역 보호 자세가 우리나라 사법을 망쳐 온 주범 중 한 요인이라는 점을 부인하기 힘들 것이다. 노무현 대통령이 경찰옴부즈맨과 더불어 검찰옴부즈맨 제도도 함께 만들라는 지시는 아무런 변명조차도 없이 간단히 뭉개지고 만 것이 현실이기 때문이다.

한편, 노 대통령이 현 국민고충처리위원회 위원장과는 특수 관계임을 감안하더라도 민주국가의 정책결정 과정에서 이런 흠결이 나타난다는 것은 이해하기 힘들며 당장이라도 잘못된 경찰옴부즈맨 도입 운영을 중단하고 난 다음 올바른 법절차와 사리에 맞는 경찰옴부즈맨 도입이 이루어지도록 해야 한다.

(5) 특히 독립성을 갖추지 못했다

다섯째, 사실상 준사법기관인 경찰로부터의 독립성을 생명으로 하는 경찰옴부즈맨 직원으로서 현직 경찰을 파견받기로 한 지금의 우리나라 제도는 한마디로 어불성설이다. 국민고충처리위원회 측은 공무원 3명, 외부전문가 3명, 현역 경찰과 군인 3명 등으로 구성된 36명의 팀원을 군사 2개 팀, 경찰 2개 팀(20여 명)으로 나눠 '군경민원조사기획관'의 지휘 하에 두기로 했다고 밝혔다. 군경'옴부즈맨'(?) 신설 당시 경찰옴부즈맨과는 아무런 상관도 없는 인사가 경찰옴부즈맨 기획관을 맡는 난센스는 물론 실제로는 경찰옴부즈맨팀 직원의 절반 가까이를 현직 경찰로 메우기로 한 국민고충처리위원회 입장은 정말 경찰의 경찰비리 수사에 대한 국민 불신을 극복해 보자는 경찰옴부즈맨 제도 도입의 취지를 제대로 알고 그렇게 한 것인지 의심스럽다. 국민고충처리위원회의 다른 팀들도 기왕 해당 부처 직원을 파견 받아 일하고 있으니 경찰옴부즈맨도 그렇게 한다는 식의 발상은 이번 경찰옴부즈맨 도입이 국민혈세 투입을 감안하지 않은 채 오로지 국민고충처리위원회와 경찰의 기구 확대와 자리 늘리기밖에 아무것도 아니라는 인식태도를 극명하게 보여준다. 따라서 국민고충처리위원회는 무엇보다도 우선적으로 위원급만 현직 경찰이 아니면 된다는 식의 사고방식부터 바꿔나가야 할 필요가 있다.

　국민고충처리위원회는 경찰옴부즈맨에 파견 나온 경찰의 경찰비리민원 처리결과에 대한 국민들의 비판을 의식하여 현직 경찰관의 경찰옴부즈맨 파견에 대해 신뢰성을 높이기 위해, 예컨대 성과관리시스템 등을 활용해 민원처리 결과에 대한 품질관리를 철저히 하는 한편 외부민간전문가와 능력 있는 내부조사관을 충분히 확보해 상호 경쟁하도록 하겠다는 기존의 방식을 밝히고는 있으나 이는 무엇보다도 경찰 및 다른 외부기관 등으로부터의 독립성을 생명으로 하는 경찰옴부즈맨의 본질이나 외국 사례와는 배치된다. 국민고충처리위원회 위원장은 거대한 국가경찰 조직만을 운영하면서 제대로 된 자치경찰 실시를 마냥 미루고 있는 우리나라 상황에서 경찰의 입장 수용 없이는 어떠한 정책도 실행할 수 없다며, 상당수 현직 경찰관을 경찰옴부즈맨 직원으로 파견받는 잘못된 제도 도입까지도 정당화할 수밖에 없다고 밝힌 바 있다.

　이는 수년 전까지 벨기에 경찰옴부즈맨이 유사한 제도를 운영하다가 국제인권기관 등의 시정요구로 관련법을 개정하여 이를 중단했으며, 최근 2004년 설립 운영 중인 영국 경찰옴부즈맨 측도 전문성 문제 때문에 경찰 경력자를 채용해야 할 필요가 있음에도 불구하고, 전문성보다는 독립성이 생명이라는 점에 유의하여 현직 아닌 전직 경찰 간부를 채용하는 선에 그치고 있다는 점을 무시한 것이다. 뿐만 아니라 이는 경찰옴부즈맨 제도의 생명인 경찰로부터의 독립성과 국민신뢰라는 원칙과는 전면 배치된다는 점을 아랑곳 하지 않은 태도이다.

6. 맺는 말

　세계의 상당수 국가들은 적어도 하나 이상의 경찰옴부즈맨이나 경찰 외부의 독립적 감시기관의 존재야말로 경찰직권남용 및 부작위에 대한 고발 건들에 대하여 독립적이며 치우침 없는 조사와 수사를 담보할 수 있다는 인식을 갖고 있으며 이런 인식은 전 세계적으로 더욱 더 크게 확산되어 가고 있다. 전 세계적으로 오로지 경찰비리민원 처리에 전념하는 독립적 경찰옴부즈맨 기관이야말로 경찰에 대하여 민주적 책임을 지며 민주적 통제를 받도록 하는 데 있어서 가장 성공적인 형태인 것으로 자리 잡아 가고 있다. 그 이유는 단 하나의 초점을 맞춘 기관으로서 이 경찰 외부의 문민감시 심사기관이 경찰활동상의 여러 이슈들과 수사기법 등에 대해 전문성을 발전시켜 나갈 수 있으며, 이렇게 경찰옴부즈맨의 전문성이 확대 강화됨과 아울러 경찰비위행위 패턴과 업무 패턴에 대한 분석능력도 증대시킬 수 있고, 국민들의 대경찰 신뢰도 제고 및 경찰발전에도 크게 기여할 수 있기 때문이다. 저자는 향후 우리나라 경찰옴부즈맨 제도의 발전적 도입을 위해서는 현해의 국가인권위원회를 인권정책 전문기관으로 육성하면서 대신 경찰과 검찰의 수사 기능에 대한 조사인력을 떼어내, 경찰의 청문감사관실 인력 중 상당 부분, 그리고 현재의 국민고충처리위원회 경찰소위 인력 등을 통합하여 독자적이며 독립적인 별도 경찰옴부즈맨 기구로 통합 발전시켜나가야 한다고 본다.

그러나 어느 경우가 되었든 간에 아무리 독립적인 경찰 외부 감시활동이 제도화되어 있다고 하더라도 정말 민주적 책임을 지며 민주적 통제를 받으며 빠르게 반응하는 수준 높은 경찰제도를 구축하는 데 있어서 핵심적 요소는 여전히 해당 국가 정부의 정치적 의지 및 경찰과 이런 독립적 기관 양자의 리더십 여부에 달려 있다고 보아야 한다.

제 3 부
군사옴부즈맨

제 1 장 군인권·군인노조·군사옴부즈맨

"군인 노조가 결성되었다. 군의 기단부를 구성하고 있는 병, 부사관 (하사관)과 위관장교 및 6급 이하의 군무원이 그 대상이다. 영관장교 및 장성은 지휘 관리의 영역에 있기 때문에 노조 가입 대상에서 제외 된다. 군인 노조의 주 업무는 대대장급 이상의 부대 지휘관의 비리를 감시, 고발하고, 부당한 업무와 처사에 대해서는 집단적인 거부권을 행 사하고, 병영 문화에 합리와 효율을 불어 넣어 국민과 국가에 이바지 하는 것이다. 특히 전투 수행이라는 본연의 임무에 어긋나는 여러 가 지 업무와 관행이라는 이름 하에 유지되었던 각종 비위들을 일소하여 대한민국의 군대를 "싸우면 반드시 이기는" 군대로 바꾸는 것이다. 아 울러 비현실적인 병과 부사관의 급여 체계를 개선하고, 장병 및 군무 원의 복지 상태를 개선하여, 군 사기진작에 일조하는 것 또한 군인 노 조의 주요 임무 중 하나이다. 이에, 대한민국 군인노조는 군 관사 보수, 개선, 재건축 및 신규 건설, 군 자녀 교육 여건 개선을 위한 방과 후 학교 운영, 일본식 내무반 폐지 및 기숙사식 미군 내무반 체제 도입, 기지 외곽 경비 및 부대 경비 업무의 아웃소싱을 통한 경비 병력의 축 소, 영내병 및 영내 하사에 대한 주말 외출, 외박 실시, 식당에 대한 경쟁 체제를 도입하고 병에 대한 식사 쿠폰제 실시, 당번병 폐지, 구타 와 가혹행위 일소, 부대장의 관공비 내역 공개, 개인적 목적으로의 병 차출 금지 등등의 세부 실천 사항들의 실현을 위해서 노력하고 있다."

이상은 군인노조 설립과 기대에 대하여 우리나라의 어느 한 네티즌 이 상상력(?)을 동원하여 쓴 글이다.[49] 물론, 우리나라에서 군인노조

나 군 직장협의회에 대한 논의 자체가 제기되지 않고 있다. 인권침해
를 당한 군인 당사자나 그 가족들, 언론과 국가인권위원회, 시민단체
등이 산발적으로 군 인권 문제를 제기하고는 있으나 독립적인 군사옴
부즈맨은 아직 없다. 향후 이 장에서 소개하는 유럽의 군인권, 군인노
조 및 군사옴부즈맨에 대한 논의가 세계적으로 엄청난 병력과 군비를
유지하고 있는 우리나라에서도, 우리 실정에 맞게 제대로 논의될 수
있기를 기대해 본다.

이 장에서는 향후 우리나라에서도 군 인권에 대한 보다 더 체계적인
논의 진행을 위하여, 유럽안보협력기구(OSCE)가 개최한 두 개의 회의
내용을 소개하고자 한다. 먼저 2006년 9월 7~8일 베를린에서 "군복
입은 시민, 군의 인권" 회의 내용을 소개한다. 이 회의에는 OSCE 소
속 국가들에서 각국의 국방장차관, 외무장차관, 군 관계자, 의회 관계
자, 국가인권위원회 관계자, 국제기구 관계자, NGO 관계자 등을 포함
하여 모두 56명이 참석하였다. 독일연방 국방부가 주관하고 'OSCE 민
주주의제도와 인권국'(ODIHR)과 제네바 민주적 군 통제 연구소(DCAF)
가 공동 주최한 당시 회의는 OSCE 회원국들에 대해서, 처음으로 다양
한 군 인권보호 접근법들을 살펴볼 수 있는 기회를 제공하기 위해 마
련된 기획회의였다. 그리고 보다 더 높은 군 인권 규범을 촉진하기 위
한 회의 개최 목적이 있었다.

다음으로는 "군인노조와 군 직장협의회"(Military Unions and Associations)
라운드테이블 회의는 2006년 10월 30~31일 부카레스트에서 OSCE 회원
국들에서 48명이 참석하였다. 참석자는 각국의 국방부와 외무부, 군, 의
회, 군인노조, 군 직장협의회, NGO 등의 관계자들이다. 루마니아 국방부
주최, ODIHR과 DCAF와 EUROMI. 공동주최로 열렸다. 이 회의는

---

49) http://blog.naver.com/tallhong?Redirect=Log&logNo=90009278094

OSCE 회원국들의 군 인권 보호 방안들을 살펴보는 기회가 되도록 하였
다. 군의 특수성을 감안하면서도 군에게 결사와 집회의 자유권 확보하는
방안을 논의하는 것을 목적으로 하였다.

이상과 같은 두 회의와 라운드테이블을 주최하거나 주관한 단체들을
소개하면 다음과 같다.

첫째, 유럽안보협력기구(The Organization for Security and Co-
operation in Europe, OSCE)는 세계 최대의 역내안보기구이며, 이
OSCE는 회원국가가 56개국에 달하고, 회원국가 분포는 지리적으로 캐
나다 밴쿠버에서 러시아 극동 블라디보스토크에까지 이르고 있다.[50]

둘째, OSCE 소속 기관인 'OSCE 민주주의제도와 인권국'(The OSCE
Office for Democratic Institutions and Human Rights, ODIHR)은 폴
란드 바르샤바에 본부를 두고 있으며, 이 ODIHR은 선거감시, 민주주
의 발전, 인권, 관용, 차별철폐, 법의 지배 원칙 등의 분야에서 OSCE
회원국들을 대상으로 적극적인 활동을 벌이고 있다.[51]

셋째, 제네바 민주적 군 통제 연구원(The Geneva Centre for the
Democratic Control of Armed Forces, DCAF)은 2000년 10월 스위스 정
부가 설립했으며, 이 DCAF는 경찰, 정보기관, 국경경비대, 준군사조직,
군조직 등과 같은 안보 분야 기관에 대한 민주적인 문민통제를 촉진 강
화하기 위하여 각국의 정부 및 시민사회 진영과 협력하고 있다. DCAF
회원국가 수는 48개국이며, DCAF에는 30개국을 망라하는 직원들 60여
명이 일하고 있고, 현재 국장은 테오도로 윙클러 대사가 맡고 있다.[52]

넷째, 1972년 창립한 유럽군인단체연합(혹은 유럽군인노조연맹, The
European Organisation of Military Associations, EUROMIL)은 유럽

50) http://www.osce.org/
51) http://www.osce.org/odihr/
52) http://www.dcaf.ch/index.cfm

지역 군의 인권, 기본적 자유, 직업적 이익 등을 대변하는 NGO이다. '유로밀'이라고 불리는 이 단체는 벨기에에 본부를 두고 있으며, 22개 국가에 걸쳐 34개 회원단체, 총 50만 명의 군인회원을 거느리고 있다. 동유럽 공산권 붕괴 직후 동유럽과 중부유럽 국가들에까지 크게 확산 되었다.[53]

1. '군복 입은 시민', 군의 인권

군복 입은 시민(citizen in uniform)인 군은 일반 시민과 똑같은 권리 와 자유를 누려야 하며 다만 군복무로 인하여 일부 제약을 받을 따름 이다. 군 인권 문제는 지휘부의 책임, 개인의 책임, 군사옴부즈맨과 같 은 감시기구 등과 같은 세 가지 측면에 초점이 맞춰지고 있다.

회의에서 독일 국방부 부참모총장인 요한 게오르그 도라 중장은 독 일군에서 '군복 입은 시민'의 의미가 무엇인지 설명하였다. 독일 헌법 은 군이든 일반인이든 모두에게 평등한 권리가 있다고 규정하고 있다. 군복 입은 시민이란 개념은 내부지도(Innere Führung)라는 지휘철학에 담겨져 있다. 내부지도란 병사들이 사회생활, 공익생활, 정치생활 등에 통합될 수 있도록 해 준다. 도라 중장은 군에 부여된 임무가 변화하고 있으며 국제임무를 수행하며 병사들은 인간의 존엄성, 인권, 관용 등에 바탕을 둔 확고한 윤리관을 갖춰야 한다는 점을 강조하였다. 이는 병 사들은 일반 시민과 똑같은 권리와 의무의 주체로 받아들이며 처우해 야 함을 뜻한다.

ODIHR 국장인 크리스천 스트로할 대사는 회의 서두 인사말에서 군

---

53) http://www.euromil.org

복 입은 시민으로서 군은 일반 시민과 똑같은 인권과 기본권이 있다고 지적하였다. 그는 인권에 대한 제약은 법적 근거가 있어야 하며 국제 조약에 부합해야 하고 예외적으로 적용하며 의도하는 목표에 엄격하게 비례적인 것이라야 한다고 설명했다. 스트로할 대사는 군 인권신장을 위한 ODIHR의 활동을 언급하였다. ODIHR 측은 군의 효율성을 저하시키지 않으면서도 군 인권 존중에 성공을 거둘 수 있는 방안에 대한 핸드북을 제작하고 있다.

DCAF 국장인 테오도르 윙클러 대사는 환영사에서 민주적 군통제의 기본 방안으로서 군복 입은 시민이라는 개념이 갖는 중요성을 역설하였다. 이 개념은 군과 사회 양자의 통합을 위한 법과 정책과 군의 태도를 채택하도록 함으로써, 군이 국가 내의 국가가 되는 것을 막는 데 기여한다. 윙클러 대사는 세 가지 도전이 이 군복 입은 시민이라는 원칙 앞에 가로놓여 있다고 지적하였다. 첫째 민주사회의 군이라고 하는 것을 군의 신속성, 명령, 위계질서 등과 통합시키도록 해야 하는, 겉으로 드러나 보이는 패러독스, 둘째 유럽 국가들에서 군의 직업군인화로 인한 충격, 셋째 해외 군 파견임무 등으로 인한 충격파 등이다.

독일 연방군의 '내부지도'

독일군은 제2차 세계대전에서 패한 후 무장 해제되었다가 1955년에 다시 '독일 연방군'이라는 이름으로 창설되어 오늘에 이르고 있다. 그래서 2005년 5월 9일은 독일이 NATO에 가입한 지 50주년 되는 해였으며, 2005년 11월 12일은 독일 연방군 101명이 최초로 군인으로 임명된 독일 연방군 창설 50주년이기도 하였다. 독일 연방군이 히틀러 제국군대의 나쁜 전통을 단절하고 프러시아 개혁군대의 정신을 이어받은 민주 군대로 거듭나기 위해 내세웠던 슬로건이 곧 '군복 입은 시민'

(Staatsbürger in Uniform, citizen inf uniform)이며, 이를 구현하기 위한 철학은 지금까지 줄곧 '내부지도'(Innere Führung. 통상 'inner leadership' 혹은 'leadership and civic education', 즉 '내부지도' 혹은 '리더십과 시민교육' 등으로 번역한다)라는 개념[54]에 바탕을 두고 있다. 독일 연방군의 이 '내부지도'는 1806년 예나(Jena)와 아우어시테트(Auerstedt) 전투에서 나폴레옹 군대에게 참패한 이후 대대적으로 추진됐던 프로이센의 개혁이념에 그 뿌리를 두고 있다.

원래 독일 군의 3대 전통(군대의 목적과 내부구조에서 각기 다름)은 프러시아 군대의 전통, 나치군대의 전통, 1955년 이후의 독일 연방군의 전통 등으로 대별되지만 셋이 함께 혼재되어 나타나고 있다. 프러시아 군대는 '군복 입은 시민' 개념의 창시자인 개혁가 슈안호스트(Scharnhorst)의 철학에 바탕을 두고 있었다. 당시 게르하르트 폰 슈안호스트 장군(1755~1813)은 오귀스트 그나이세나우 장군과 함께 프러시아 군대를 장기복무 군대에서 병역의무제에 따른 시민군대로 전환시켰다. 그는 모든 시민은 시민인 동시에 국가를 지키는 군대라고 보았으며 이런 입장은 '군복 입은 시민' 개념과 상에 결정적인 영향을 미쳤다. 다음으로 나치군대는- 명예롭게 싸우는 정신. 잔혹성과 이성을 잃은 전쟁을 종식시켜야 한다는 정신력에 바탕을 두고 있었으며, 독일 연방군은 1955년 이후 민주사회와 군대의 통합을 추구하는 전통을 튼튼하게 세웠으며, 지금도 이를 여전히 견지하고 있다.

독일은 헌법(즉 기본법)에 명시된 개인의 자유와 권리를 군 조직에 필수적인 명령과 복종의 원리에 조화시키기 위한 바람직한 이상적인

---

54) 박정이, "지휘통솔과 연계된 정신교육체계 정립", Innere Führung이란 개념을 한국어로 직역하면 「내적 지휘통솔」로 번역되지만 광의의 「정신교육」개념으로 번역되어 소개되었다. 정확하게 한마디로 표현하기엔 너무 함축적인 용어이나 「리더십과 정치교육」을 포괄하는 개념이다.

군인의 모습을 '군복 입은 시민'으로 제시하여 군의 내부질서를 확립하고, 국가와 군 또는 사회와의 올바른 관계를 정립하여 군 구성원의 사고와 행동 규범을 제시하고 지휘관이나 상관의 지휘통솔 행동지침을 제공하기 위하여 지휘통솔과 연계된 정신교육을 실시하고 있다.

독일군은 의회군의 성격을 가지며, 의회는 평화유지군, 해외파병, 군 예산 등의 심의 승인, 군사옴부즈맨 등을 수단으로 하여 군을 통제하게 되어 있다. 그리고 '내부지도'의 핵심은 민주주의와 군대, 양자를 조화시키도록 하는데 두고 있다. '내부지도'가 1955년 이후 최초로 도전에 직면한 것은 1990년 독일 통일 직후 과거 동독 군대를 독일 연방군에 흡수 통합할 때였다. 동독의 공산주의 군대를 독일 연방군에 통합하는 것은 무척 어려웠다. 그러나 장교와 일반 병사의 협력, 서독 군의 '내부지도' 헌신, 동독군이 후회 없이 자기 전통을 포기하고 민주주의 군대정신을 수용하는 등의 과정을 거쳐 여러 가지 어려움을 극복하고 많은 동독군이 독일 연방군으로 통합하는데 성공할 수 있었다.

독일 연방군은 전후 민주화된 독일의 최초 징집군이었다. 독일연방군 창설 당시 인간의 존엄성에 바탕을 둔 법의 지배 원칙에 따른 민주국가에 부합하도록 해야 했으며 이는 과거 나치 독일의 실수 경험을 의식한 것이었다. 민주주의와 군대구조의 전통적 대립관계는 가능한 한 최대한 극복해야 했다. 그래서 '독일 시민의 권리와 자유를 용감하게 지키기'로 서약한 군인으로부터도 독일 시민이 누리야 하는 권리와 자유를 박탈해서는 안 되도록 하였다. 다른 한편 군대의 특성과 명령에 따른 복종의 원리 측면에서 군인에게 모든 기본권을 보호해줄 수는 없다. 하지만 그 제한은 말 그대로 극히 제한적인 한도 내에서 이뤄지도록 해야 한다. 즉 군에서 꼭 필요한 경우에 국한해야 한다. 예컨대 군인은 인간성에 반하는 범죄나 국제법이나 시민법과 군법에 대한 위반 등을 명령이 있다 해서 거기에 따라서는 안 된다.

독일 군대의 역사상 최초로 군인의 의무와 권리가 '군복무법'(혹은 '군인지위법')에 명문화되기에 이른다. 이에 따르면 모든 군인은 징집병이든 직업군인이든, 하사관이든 장군이든을 막론하고 의무 측면에서는 모두가 동일하다. 유럽연합 국방위원회 협상 중 독일 측은 당시 논의 중이던 유럽연합군에 대해 전혀 관례적이지 않은 쇼킹한 제안을 한 바 있다. 즉 '내부지도'라고 불리는 이 방안이 국가적으로 구축되었으며 군을 정치사회의 변화에 맞게 하기 위한 윤리개념의 새로운 토대가 필요하였다. '내부지도'는 군대 리더십 전반과 모든 수준과 기능에 대하여 적용되고 있다.

'내부지도'는 정당성, 통합, 동기부여 등의 세 가지 주요목표를 설정해두고 있다. 첫째 정당성이란 연방군의 임무 및 시민의 군 입대 의무에 대하여 법률적 정치적 윤리적 정당성을 부여함을 뜻한다. 둘째 통합이란 연방군과 개별 군인이 국가와 사회 및 NATO에 통합되어 있음을 가리킨다. 셋째 동기부여란 군인이 병역의 의무를 신의와 확신을 가지고 기꺼이 수행하며 최선을 다해 자신의 역량을 발휘하고 병역법에 규정된 대로 자신의 기본권이 제약된다는 점을 받아들이도록 하는 것을 가리킨다.

'내부지도'는 현대적인 리더십, 보살핌과 복지, 정치교육, 군기강과 군사법 등의 영역에 관한 것이기도 하다. 이를 차례로 보면 다음과 같다.

먼저 첫째, 리더십이란 상관의 본보기와 신뢰에 바탕을 두며 상관과 부하 모두 협력하여 맡은 바 임무를 다하도록 해야 한다. 즉 군에 입대한 군인의 존엄성과 개성을 존중해주어야 하며 개성의 발전을 기하도록 해주어야 한다.

둘째, 국가의 보살핌은 상호신뢰관계에 따른 것으로서, 주로 질병치

료 수당, 군인연금법에 따른 각종 물질적 재정적 지원 형태로 이루어
진다. 그러나 이 보살핌과 복지는 상관의 일상적인 의무를 넘어서서
병역법에 규정된 상관의 의무까지 포함된다. 상관은 심지어 비번 중일
지라도 부하를 보살피며 올바르게 역할을 수행하도록 요구받는 경우,
부하 입장에서 비례주의 원칙에 입각하여 이를 충실히 이행해야 한다.
이때 물론 상사는 충분한 재량권을 발휘할 수 있다.

독일 연방군에서 정치교육의 경우 국가의 기본질서와 헌정 구조 등
은 보호해야 할 만한 가치가 충분함을 인식시켜주며, 군인들이 국가사
회에서 자신의 역할을 올바로 인식하여 발휘할 수 있도록 하는데 목적
이 있다. 군의 정치교육은 군인들이 자신의 시민권을 제대로 주장하면
서 동시에 자신의 의무를 충실히 해야 하는 것이 정치적으로 얼마나
중요한가 하는 점을 인식하도록 지도한다. 나아가 정치교육의 주제는
군 문제를 넘어서서 윤리도덕, 역사, 국제법, 이슈가 되는 사회경제적
현안 등등을 망라하고 있다.

마지막으로 셋째, 군 기강이란 군인의 법적 의무와 권리를 유지하는
데 그 목적이 있다. 군사법 분야의 '내부지도'란 '군복 입은 시민에게
군복을 입지 않은 다른 일반 시민과 동일한 시민권을 향유하도록 보장'
한다. 즉 군인도 정치적 견해와 정치적 의사를 형사하는데 참여할 수
있도록 보장받고 있다. 군인은 헌법상 보호를 받는 정당의 당원이 될
수 있으며, 투표권은 물론 공직후보 출마권도 부여되어 있다. 독일 연
방군에 대한 연대활동의 자유 역시 보장되어 있어서 노동조합 즉 군인
노조와 군인직업단체에 대한 가입과 협력연대 활동이 허용되고 있다.

다른 한편, 군인은 자신의 전반적인 의무를 충성스럽게 이행하면서
헌법에 규정된 자유민주주의 기본질서를 존중하며 유지하도록 협력해
야 한다. 이런 의무 때문에 군인은 자유민주주의 국가, 헌법기관, 헌정

질서 등을 공격하거나 침범하거나 명예를 실추시키는 집단과 시도 등에 대해서는 일정한 거리를 두도록 해야 한다. 군 복무 중 군인은 독일 연방군 운영에 기여하며 임무 수행 중 이를 약화시킬 만한 언행을 해서는 안 된다. 상관의 경우, 이런 기강과 자유의 긴장 속에서 권리보다는 의무가 더 많다. 군대훈련과 별도로 나이어린 징집병 교육훈련에 있어서 특별하며 별도의 세심한 주의를 기울이도록 해야 한다.

'내부지도'란 한마디로 정치사회적으로 매우 효율적인 현대적인 인사관리 사상인 동시에 위험한 사태에 대처하는 결정적인 군작전의 기초이기도 한다. 독일의 법규나 사회규범과 별개로 다른 윤리적 리더십 요소들이 전통적인 군대경험에 깊은 뿌리를 내리고 있다. 그래서 1955년 독일 연방군 창설 당시 19세기 독일 역사에서 입증되었으며 '임무전략 유형'이라고 불리는 전략을 새로 창설된 독일 연방군에 도입하여 운영하도록 했던 것이다. 이 '임무전략 유형'은 '명령전략 유형'과는 대치되는 것으로서, 전체의 틀 속에서 지성을 갖춘 복종에 대한 교육 및 모든 수준에서 리더십을 발휘하도록 과감하게 위임한 알찬 군대훈련을 통해 얻어진다고 본다. 결국 임무전략 유형은 군대의 효율성을 크게 증가시키며 특히 명령체계와 커뮤니케이션 연결이 더 이상 존재하지 않는 상황인 경우 더욱 더 그 효용이 배가된다.

'내부지도'는 개념이 복잡다단하여 공식적인 개념정의나 정확한 번역용어가 없다. '내부지도'란 군대생활의 모든 영역에 스며있는 사회적 법적 교육적 윤리적 군대 지향적 개념구조로서, 군대가 군사적으로 효율적이며, 민주적 통제를 받고, 사회적으로 일반사회에 통합되도록 하는 포괄적인 개념인 셈이다.

정신교육 측면에서 본다면 독일 연방군은 '내부지도'를 통해 군인복무에 대한 윤리적 규범, 정치적 법적 근거와 이유를 군의 구성원에게 교육하고, 동맹 및 집단방위체제 하에서의 독일군의 임무 교육을 통해 대내 또는 대외적인 신뢰관계를 발전시킨다. 또한, 병역의무 수행, 책임 및 적극적인 협동을 통해 군 복무의 정당성을 인식시키고, 동기 부여 및 책임의식을 고취시키며, 개인의 인격을 존중하고 합법적 합리적 군 내부 질서를 확립시키려 하고 있다. 이와 같은 정신교육의 목표와 원칙을 적용하고 있는 분야는 법질서, 정치교육, 인간 지휘통솔, 복지후생, 내무생활 및 교육훈련, 인사관리, 종교 활동, 의무지원, 홍보 및 조직 분야 등을 망라하고 있다. 정신교육의 이념은 헌법의 가치 구현에 기반을 둔 독일 연방군의 임무를 자발적으로 수행하는데 있으며, 정신교육을 통해 자유시민의 권리와 군사적 의무 사이에서 유발되는 긴장과 갈등을 완화시키고 스스로 극기할 수 있도록 도와주는데 있다.

그러므로 독일 연방군에서는 가장 바람직한 참군인의 모습을 '군복 입은 시민'으로 정립하고 '내부지도'에 의해 이를 구현하려고 한다. 즉, 군인은 국민의 입장이면서 군인의 입장에 서있기 때문에 국민으로서 정치적 요구와 군인으로서 군사적 요구를 동시에 충족시켜야 한다. 이것은 곧 군인으로서 국가에 봉사함과 동시에 자발적으로 전장에 대비해야 함을 의미한다. 따라서 이와 같은 군인을 만들기 위해서 법질서, 정치교육, 인간 지휘통솔, 내무교육, 시사안보 교육 등을 실시하고 있다.

정신교육에 있어서 핵심적 역할을 수행하고 있는 직책은 중대장이다. 중대장과 소대장은 장교 후보생 시절부터 충분한 이론적 교육을 받아 정신교육 교관으로 양성되며, 지휘실습을 통해 충분히 자기 신념화되어 있기 때문에 법질서, 정치교육, 지휘통솔 등을 중점으로 강의와 토의 위주로 진행하며, 쟁점이 되는 정치 군사 안보 및 지휘통솔에 관련된 자료들을 시사계간지 및 주간신문 등으로 배포하여 지원하고 있다. 시사안보 현안문제에 대해서는 사전 주제를 부여하여 발표하고 토론하는 형식의 시사토론회 등도 활발하게 실시한다.

독일 연방군 운용과 지휘에 있어서 중요하게 자리 잡고 있는 핵심적인 2대 개념은 '내부지도'와 '임무형 지휘(Auftragstaktik)'이다. 독일 연방군은 광의의 정신교육인 '내부지도' 개념 하에서 헌법적 가치를 바탕으로 민주군대로서의 임무수행체제를 완비하기 위하여 '군복 입은 시민' 육성을 위한 정신교육을 실시하고 있다. 즉, 군인의 헌법과 군법 및 군인 복무규율상의 위치를 명확히 인식시켜 군인의 권리와 의무, 기본권 제한 사이에서 야기되는 갈등 요소들을 제거하고 윤리적 도덕적 가치관을 확립시켜 임무형 지휘가 가능한 토대를 마련해 주고 있다.

'군복 입은 시민'

독일 군지휘참모대학 교수부장인 칼 슈레이너 준장은 '내부지도'의 핵심을 다음과 같이 요약하였다. 제2차 세계대전이 종전된 이후 새로운 독일군의 내부구조와 이미지를 재정립해야 하는 때가 돌아왔다. 당시 1950년대 시대에, 과거 나치독일식 군에 대항하여 군의 병사들이 민주주의 헌법을 충실하면서도 확고부동하게 지킬 수 있도록 하기 위하여 '내부지도'라는 개념이 만들어졌다. 독일 기본법은 내부지도에 대해 인간의 존엄성에 근거를 두도록 하면서 다음 두 가지로 규정하였다. 첫째 내부지도란 군의 내부조직의 틀인 동시에 군과 국가와 사회 등의 상호관계에 대한 통합개념이며, 둘째 내부지도란 윤리적 기준을 정하는 동시에 병사와 지휘관들에 대해 행동윤리를 마련하는 지휘철학이다. 내부지도의 원칙은 군의 모든 구성원들 특히 부하에게 모범을 보여야 하는 상관들에 대해 항상 구속력이 있다. 내부지도는 군과 시민사회 사이의 모든 차이점들이란 군의 필수적인 요청 부문에만 국한하도록 하고 있다. 내부지도란 군에 대해 다양한 임무가 부여되는 지금의 21세기에도 적실성이 크다.

랭카스터대학 피터 로위 교수는 군복 입은 시민이라는 용어에 대해 OSCE 회원국가들 내에 역사와 전통과 발전 정도에 따라 다양한 인식의 편차를 보이고 있다는 점에 주목하였다. 로위 교수는 군복 입은 시민이라는 개념이 징집병뿐만 아니라 지원병에게도 적용해야 한다고 본다. 국가는 이 둘의 권리와 의무에 대해 기본적인 차이를 두지 않기 때문이다. 이 개념을 채택하면 군이 사회에 뿌리를 두도록 만들어 주권자나 정부가 군을 동원하여 시민을 억압하는 일을 막을 수 있다. 군에 대한 문민정부의 적절한 통제를 확보하면 군이 불법 목적에 동원될 가능성을 막아 준다. 마지막으로 군복 입은 시민이라는 개념은 군이 내부적으로 계급에 따라 억압당하는 일도 예방해 준다. 로위 교수는 이 용어가 군인의 경우 시민이 누리는 권리와 자유에 대해 가하는 어떤 제약들을 정당화할 수 있는 것인지에 대해서까지 설명해 주지는 못한다고 지적한다. 각국은 국제인권규범의 틀 속에서 자기 나라에 맞는 균형점을 찾아낸다. '유럽 인권과 기본적 자유 보호 조약'은 각국은 모든 국민에게 권리와 자유를 보장해야 할 의무가 있다고 규정하고 있다. 그러나 유럽인권법원 측은 이 조약을 군에 적용하면서 권리와 자유는 군 생활 맥락에서 판단하도록 해야 한다는 입장을 취하였다. 그래서 일부 국가에서 군 구성원의 통상적인 형법 범죄나 군기강과는 동떨어진 범죄 등에 대해서까지 군사법원에서 재판받도록 하며 군 구성원의 표현의 자유에 대해 적절한 군 운영 차원이라는 명목으로 제한을 가하기도 한다. 어떠한 제약과 제한이 합법적인가를 판단할 때 핵심은 어떻게 해야 작전과 관련된 군의 효율성에 대한 필요성이 병사들 자신의 권리에 대비하여 균형을 맞추도록 할 수 있는가 하는 점이다. 유럽인권법원에 향후 병사들에 대한 각기 다른 처우들로 인한 사건들이 제기될 가능성이 있다. 어쨌든 인권에 대한 제약과 제한은 최소한으로 줄이도록 하는 추세를 보여주고 있다.

토론에서 한 참석자는 인권 향유에 대한 제한은 단순히 군 구성원이 라는 이유만으로 가해져서는 안 되며, 군 내부의 임무에 바탕을 두어 야 한다고 지적하였다. 군 내부의 인권존중은 오히려 작전 도중 군의 인권존중을 촉진시킬 수 있다는 점에 대해서도 주목하였다. 각 군은 나름대로 전통을 갖고 있으나 이른바 '죽어 버린 전통의 압박감'은 피 하도록 세심한 주의를 기울여야 한다. 경험적으로 보면 과거 군의 효 율성에 매우 중요하다고 여겨지던 전통이 인권상의 이유로 폐지되거나 개혁이 이루어져 그것이 전혀 불필요한 것으로 판명된 경우도 허다하 다. 인권적 고려에 의한 개혁이 취해지면 군의 질적 수준이 높아진 경 우가 많다. 병사들에 대한 제대로 된 처우로 명성을 쌓게 되면 보다 많은 시민들이 군 복무에 매력을 느끼게 되기도 한다.

인권과 군의 조화

OSCE 국가들 내부에서 군 인권존중은 편차가 크며 군 인권보호는 군을 둘러싸고 있는 사회의 영향을 받기 마련이다. 군 인권과 전투 효 율성이 서로 충돌한다는 생각과는 거꾸로 인권존중이 실제로는 전투의 효율성을 증대한다. 인권존중의 군사문화 만들기라는 세 가지 방안이 제시되기도 하였다. 첫째, 장교들이 명령을 받아야 하는 군인들의 복지 를 강조하도록 하는 자세를 갖도록 하여 정의감, 자제력 등을 배양하 는 훈련을 하고 모범을 보여 군인들을 지휘하도록 해야 한다. 둘째, 부 하들의 복종은 강력한 처벌 아닌 조그만 제재를 통해서 이루어지도록 해야 한다. 셋째, 상호 신뢰와 상호 의지하는 분위기는 권한을 위임받 아 개개인이 주도하는 시스템 속에서 배양될 수 있다. 이런 군사문화를 만들면 욕설이나 권한남용은 포괄적인 규정을 만들 필요도 없이 저절로 사라지게 될 것이다.

우리나라에서 특정 종교 내지는 양심적 이유로 군입대를 거부하는 문제가 사회문제로 대두하고 있는 것과 관련하여 유럽 각국에서도 '선택적이며' 양심적 거부 문제에 대하여 다양한 견해들이 나왔다. 당시 회의에서 어떤 참석자는 어떤 임무에 참가 여부를 결정하는 것은 '백지수표' 형태가 되어서는 안 된다는 입장을 제시했으며 다른 참석자는 해외 임무에 파견되는 것을 거부하는 경우 법정 보너스를 지급하지 않을 수 있도록 하면 된다는 의견도 나왔다. 이 거부 문제에 대한 열린 토론의 통로를 마련하는 것이야말로 유용한 전략이라는 의견이 지배적이었다. 약자를 못살게 굴어 왕따시키는 문제에 대해 이 문제를 다루는 독자적인 법제도를 마련해 두는 것이 중요하다. 가장 먼저 이 문제는 명령계통의 책임이라는 의견도 있었다. 장교들이 병사들이 혼자되지 않게 되어 감독의 시야에서 벗어나지 않도록 하여 모욕당하는 일이 일어나지 않도록 예방하는 데 적극적이어야 한다는 지적도 있었다. 군에서 신고식은 특별한 의도가 있으므로 이를 금지하는 것은 효과가 없지만 대안은 신고식이 모욕적이지 않은 형태가 되도록 이끌어가는 것이라야 한다. 언론이 병사들의 근무조건을 토론하는 분위기를 앞장서서 만들어 주어야 한다는 지적도 있었다. 그러나 언론이 중요하기는 하나, 군 스스로 왕따나 모욕당하는 것을 절대 수용하지 않는다는 자세를 보이지 않으면 언론의 보도도 주목받을 수 없다.

군에 인권 개념을 도입하도록 지원하는 시민사회 및 국가인권위원회의 역할 역시 중요하다. 여러 국가들에서 군을 해외로 파병하기 전 훈련과정에서 군이 정기적으로 NGO 측과 회합을 갖는 것이 필수적인 코스로 자리 잡고 있다.

독일의 의회형 군사옴부즈맨

회의에서 독일 군사옴부즈맨 라인홀드 로브는 군 인권 보호를 위해 군사옴부즈맨이 하는 일을 소개하였다. 기본법에 근거 규정이 있는 군사옴부즈맨은 독일 의회의 기관으로서 국방위원회와 긴밀히 협력하고 있다. 군사옴부즈맨은 두 가지 업무 방식이 있다. 하나는 의회나 국방위원회가 구체적인 사건에 대해 조사를 하도록 지시하여 이에 따라 조사하는 경우와 다른 하나는 군사옴부즈맨이 정황상 군 인권이 침해되었거나 내부지도 원칙이 침해되었다고 보는 경우 직권으로 독자조사에 나서는 경우가 있다. 군사옴부즈맨은 헌법규정에 따른 임무를 수행하면서 자료제출 요구권 및 증인과 전문가 진술을 들을 권리, 의견표명과 시정권고권 등을 행사할 수 있다. 군사옴부즈맨은 군부대를 예고 없이 방문할 권리도 갖고 있다. 군인들은 공식라인을 거치지 않고 군사옴부즈맨에게 직접 청원을 낼 수 있다. 군사옴부즈맨은 의회에 연차보고서를 제출하며 의회 국방위원회는 이를 군의 내부발전을 위한 결정을 내리는 근거로 삼는다. 독일 군사옴부즈맨인 로브는 OSCE 국가들이 독일형 군사옴부즈맨 도입에 대해 적극적인 지원활동을 벌여오고 있다.

더햄대학 법학과 이얀 레이 교수는 군 고충처리를 위한 군사옴부즈맨 제도의 4개 유형에 대하여 장단점을 설명하였다. 첫째 군 명령구조에서 직접 고충을 처리하는 모델, 둘째 문민 옴부즈맨도 함께 군 사항을 처리하는 모델, 셋째 옴부즈맨이 군 구조의 일부인 모델, 넷째 군과는 별도로 독립적인 군사옴부즈맨이 있는 모델 등이다. 독립적인 군사옴부즈맨 모델의 장점은 지휘계통으로부터 독립성을 갖고 있다는 점으로서 이는 이해당사자들 모두에게 신뢰를 받을 수 있다. 이 옴부즈맨 모델은 전적으로 군 사항만 처리하며 이 분야의 전문성을 크게 발전시킬 수 있다는 장점도 있다. 그리고 투명성과 민주적 책임도 훨씬 더 강화된다.

토론에서 한 참가자는 군사문제를 처리하는 문민 군사옴부즈맨이 전문옴부즈맨보다는 실효성이 떨어진다고 보았다. 처리해야 하는 사건수가 매우 많기 때문이라는 것이다. 외형상으로만 본다면 우리나라 국민고충처리위원회가 군사옴부즈맨 역할을 겸하는 것은 전문 군사옴부즈맨 아닌, 이 문민 군사옴부즈맨에 속한다. 군사옴부즈맨은 병사들뿐만 아니라 지휘부에게도 매우 중요하다. 왜냐하면 군사옴부즈맨이 개입하지 않는다면 불가능한 정책개혁을 촉진할 수 있기 때문이다. 옴부즈맨의 독립성이 매우 중요하며 군경험이 없더라도 문민경력만 갖춘 군사옴부즈맨도 비교적 커다란 독립성이 매우 큰 강점이 된다. 이 독립성은 민원처리제도에서 커다란 신뢰의 원천이 될 수 있다. 임기보장도 중요하며 법에서 이에 대한 확고한 근거규정이 있어야 한다. 군사옴부즈맨 도입에 대해 최초에는 지휘부에서 강력 저항하지만 경험적으로 보면 일단 이 군사옴부즈맨 제도가 도입되면 최고 지휘관도 그로 인한 실질적인 군 발전의 의의를 제대로 평가하게 된다. 민원처리제도의 일관성을 위해서는 왕따나 모욕당한 것에 대한 개별 민원인들이 보복당하지 않도록 보호해주어야 한다. 명령계통에 있는 사람이 민원인에 대해 보복하면 반드시 제재해야 한다. 경험상 별도의 군사옴부즈맨 제도가 일반옴부즈맨에서 군 사항까지 통합 처리하는 것보다 훨씬 낫다. 시정권고 조치의 경우 이행 가능성이 더 크기 때문이다. 병사들에게 다양한 민원처리 절차에 대해 알려주는 것 또한 매우 중요하다. 군사옴부즈맨이 도입되면 군과 문민 간 매우 중요한 연결고리가 되며 문민 측에서 군생활의 현실과 장병들이 직면해 있는 도전과 과제들에 대해 훨씬 더 잘 알 수 있게 된다.

의회의 군 인권보호 기능

독일 연방의회 국방위원장인 울리크 메르텐 여사가 의회의 군 감독에 대해 소개하였다. 독일 헌법에 따르면 국방장관은 군 참모총장이며 방위사태에서만 이 권한이 연방대통령에게 이전된다. 국방장관에게 군 최고통수권을 부여함으로써 문민통제 시스템이 확고하게 보장되고 있다. 국방장관은 전체 연방정부와 마찬가지로 의회의 감시를 받는다. 문민 국방장관은 군에 대한 정치의 우위를 나타내며 외부적으로 의회에 대해 민주적 책임을 지며 내부적으로 군 참모총장은 군 지휘부에 대해 책임을 진다.

메르텐 여사는 독일에서 '군의 법적 지위법'이 통과되면 남는 과제는 군의 임무수행과 군의 시민권 유지 사이에서 빚어지는 충돌문제를 해결하는 것이라고 밝혔다. 독일은 자유민주주의 헌정질서를 지켜야 하는 병사는 반드시 그 민주질서 수립과정에 참여하며 시민들에게 영향을 미칠 수 있어야 한다고 본다. 그 결과 독일에서 군은 정당 및 결사체에 가입할 수 있을 뿐만 아니라 투표권과 공직후보 출마권도 함께 갖는다.

독일 의회 국방위원회는 군에 대한 의회통제의 중요한 수단이며 조사권과 수사권을 갖는 유일한 위원회라는 점에서 더욱 더 커다란 중요성을 갖는다. 서면 혹은 구두로 국방장관에게 보고 혹은 자료제출을 요구할 수 있다. 국방장관 출석 요구권도 갖고 있다. 실제로 국방위원회는 이 절차를 매우 빈번하게 활용하여 군을 감시하고 있다.

DCAF 선임펠로우인 한스 본 박사는 의회 군 감독은 정부의 민주적 책임을 묻는 포괄적 권한과 역량에 의존한다고 강조하였다. 그에 따르면 의회는 네 가지 유형이 있다. 정부정책을 변경시킬 수 있는 변혁형 의회, 정부정책 변경을 위한 공개토론 같은 비공식적 권한만을 가진 무대형 의회, 정부정책을 견제할 만한 일상적 자원조차 갖추지 못한 신흥 의회, 정부의 민주적 책임을 묻는 권한이 전혀 없는 고무도장에 불과한 형식상의 의회 등이 그것이다. 군 인권 맥락에서 본 박사는 의회는 군 리더십을 위해 군 내부 인권 문제를 간과해서는 안 된다고 강조하였다. 거꾸로 의원들은 여야를 망라한 합의를 구축하여 인권침해 문제를 처리하며 군 인권 문제를 의회 국방위원회 관할로 삼고 관련 입법을 하며 정기적인 정책심사와 입법심사를 진행해야 한다고 지적했다. 한 참석자는 의회 국방위원들은 군 내부의 왕따 현상에 대해 투명하며 열린 자세로 임해야 하며 국방부 역시 이런 문제에 솔직하게 대처해야 한다고 지적했다.

군 인권 보호에 있어서 군사옴부즈맨과 분위기 양자가 중요하며 둘 중 하나만 갖추면 되는 것이 아니라, 둘 다 필요하며 서로 보완하는 관계라고 보아야 한다. 독일의 경우 이는 '내부지도' 원칙과 군사옴부즈맨으로 잘 갖춰져 있다.

다른 나라도 독일의 내부지도 개념과 유사한 게 있다. 물론 군사법원 유무를 둘러싸고 의미가 다양하게 나타난다. 중요한 것은 시민의 권리와 군의 권리의 차이란 합리적인 수준이라야 하며 군 인권에 대한 제한은 군사상 필요에 따라 비례적인 것이라야 한다는 점이다. 군 인권 보호와 군 기강을 조화시킬 수 있으며 독일의 경험은 군 인권 보장이 민주질서 내에서 군의 효율성에 기여하지 손상시키지는 않는다는 매우 적극적인 모습을 보여주고 있다.

본 박사는 ODIHR과 DCAF 공동으로 군 인권과 기본권 핸드북을 제작하는 프로젝트를 진행하고 있다고 밝혔다. 새로운 규범을 만드는 것이 아니라 단지 예시하는 수준이며 'OSCE의 정치군사안보 측면의 행동윤리 규정'의 출발점이 되어 군사 면에서 인권이 잘 지켜질 수 있는 방안을 제시하게 된다.

2. 군인노조와 군인협의회

OSCE 국가들에서 군 직장협의회에 대한 여러 가지 각기 다른 접근 방식이 있지만 직업군인의 결사의 자유를 제한하는 데 있어서 국가는 몇 가지 최소 요건을 충족하도록 해야 하며 유럽에서 직업군인의 증가와 유럽 국가 간 협력과 통합 증대 현상으로 인하여 군 결사체의 자유에 대한 공동규범을 마련할 필요가 커지고 있다. 군은 '민주주의 사회 가치관의 담지자이자 거울'이며 군 구성원들은 자신의 인권을 보호받지 못하면 작전 수행 과정에서 다른 사람의 인권을 존중할 것이라고 기대할 수 없다.

유럽집행위원회 총회에서 징집병은 다른 모든 일반 시민과 똑같은 권리와 자유를 누려야 하는 '군복 입은 시민'이라는 숱한 결의안과 시정권고가 있었으며 그중 권고안 제1742호(2006)는 '모든 군 구성원과 군 요원들은 대표자회의를 조직하여 봉급과 근무조건에 관한 협상권을 부여하도록' 요청하고 있다. 하지만 정치적 선언도 중요하지만 실제 정책으로 시행되어야 한다.

인권의 맥락

더햄대학 법학과 아얀 레이(Ian Leigh) 교수는 군 구성원의 결사의 자유에 관한 국제법을 간략히 설명하고 유럽인권법원의 입장이 매우 귀중한 지침이 된다고 밝혔다. 유럽인권법원은 각종 판결에서 모든 군이 일반 시민과 동일한 권리와 자유를 누림을 확인하면서도 유럽인권조약을 군에 대해 적용할 때 군 기율, 군 위계구조, 군 사기 등과 같은 군생활의 특수성을 고려하고 있다. 그러나 최근 군 인권 제한에 대해 좀더 비판적인 입장으로 돌아서서 여러 가지 법적 요건을 충족해야 그

런 제한이 가능하다고 밝혔다. 그중에서도 첫째 군 기율과 군인의 단
결정신 문제와 둘째 충성심과 외부 영향 문제 등이 군 인권 제약 요소
로 내세워지고 있다. 일부 국가에서 이런 점 때문에 군 이익대변기관
을 허용하면서도 가입자격이나 파업이나 단체행동 같은 권리를 제한하
고 있다. 국제인권법에서 군 결사의 자유에 대한 제한이 인정이 되고
는 있으나 최근 판례는 군 이익대변조직의 원천적 금지보다는 비례적
접근 쪽으로 기울어 있다. 유럽인권조약이 사용하는 비례성의 원칙이
란 권리에 대한 제한이 입법목적상 어느 정도로 정당한가를 고려해야
함을 가리킨다. 레이 교수는 유럽인권조약의 접근방식이 군 구성원의
결사의 자유라는 패러독스를 해결하는 성과 있는 방법이라고 본다. 유
럽노조연합 교육보건안전연구원(European Trade Union Institute for
Research Education and Health and Safety, ETUI-REHS) 소속의 비
브케 바르넥은 결사의 자유는 모든 사회집단의 기본적인 인권이지만
군 구성원들은 심각하게 제한 당하고 있으며 유럽법이나 국제법은 국
내법으로 군 구성원의 결사의 자유 허용 수준을 정하도록 하고 있다고
지적했다. 유럽기본권헌장만 군 구성원의 결사의 자유에 대해 아무런
제약을 가하고 있지 않다. 하지만 이 규정은 법적 구속력은 없다. 유럽
집행위원회 총회가 군 구성원에 대하여 노동결사체의 설립, 가입, 봉급
과 고용조건 등에 대한 협상권을 포함하는 적극적 참여 등등을 할 수
있도록 권고했음에도 불구하고 최근까지 유럽집행위원회 장관위원회에
서는 아무런 조치도 취하고 있지 않다. 군 구성원의 결사체의 자유는
유럽집행위원회 소속 39개 국가 중에서 22개국만 허용하고 있으며, 그
중 7개 국가만 단체교섭권을 허용하고 있고 단체행동권을 허용한 나라
는 전무하다.

　토론에서 한 참석자는 여러 국가들이 법적으로 결사의 자유를 군 구

성원에게도 허용하고는 있으나 자신들에게 영향을 주는 사항들에 대한 결정과정에서 참여할 권리까지 부여받고 있지는 못한 실정이라는 점에 주목하였다. '결정과정 참여권'이 부여하지 않는 한 결사의 자유는 실현된 게 아니다. 단체협상 같은 문제들을 다루는 군 내부 절차를 두고 있다고 해서 곧 결사의 자유를 보장한 것은 아니라는 지적도 나왔다.

'유럽 인권과 기본권 보호조약'이 군과 관련하여 왜 그런 제한조치를 허용했는가와 관련하여 레이 교수는 50년도 더 전에 이 조약이 만들어질 당시만 해도 매우 혁신적이었지만 이제 그런 제한조치는 유아기 수준으로 전락하고 말았다고 지적했다. 하지만 다행히도 유럽인권법원 측은 그런 입장을 점차 탈피하고 있다. 통일성을 고집할 필요는 없으며 권리란 다른 수단으로 보호될 수 있는 것이다. 물론 이때에는 실효성이 담보되어야 한다.

한 참석자는 각국의 정치상황이라는 각도에서 접근해야 한다고 지적하였다. 군에게 권리와 자유를 허용하는 수준은 해당 국가의 정치엘리트가 군에게 자유가 필요하다고 인식하는 수준에 달렸다. 징집병 제도의 탈피 및 유럽 통합과 협력의 증가 등의 현상은 군의 효율성을 위해서는 병사들을 일반 시민과 똑같이 처우하도록 이끌어가고 있다.

군인노조와 군 직장협의회 찬반 논쟁

스웨덴 군인노조위원장 라즈 프레스커는 스웨덴 군인노조 역사와 활동을 소개하였다. 스웨덴에서 군 직장협의회가 처음 만들어진 것은 1백 년 전이며, 이렇게 군인노조를 만든 것은 근무조건에 대해 영향력을 행사하며 일반 시민과 같이 처우를 받았으면 해서였다. 군인노조 설립에 따라 군의 사회적 고립을 피할 수 있게 되었다. 1995년 재조직된 스웨덴 군인노조(SAMO)는 9,500명이 가입되어 있다. 이 조직은 근무조건에 영향을 주는 정책결정과정에 참여하여 자신들의 이익을 제고하고 있다. 교육 및 다른 관심 분야 활동도 벌인다. 단체협약은 1년 내지 3년마다 협상을 통해 갱신한다. 파업이나 다른 공격적인 행동은 협상 기간에만 허용되며 단체협약이 유효한 기간에는 불허된다. 군인 노조는 정부의 전반적인 방위문제에 대해 협력한다. 그러나 외교정책이나 정부예산 같은 정치적 사항은 협력 대상이 아니다. 프레스커에 따르면 스웨덴 군인노조 모델의 가장 큰 장점은 군인들이 자신들의 관심사항이 제대로 전달된다는 점을 알고 자신의 일에 더 만족하게 된다는 점이다. 게다가 결정을 내리기 전 논의과정을 거치므로 이견이나 갈등이 생길 소지가 적다. 결정과정에 모든 당사자들이 참여하면 주인의식과 책임분담 의식이 생긴다. 프레스커에 따르면 스웨덴 군인노조 경험에서 보면 군인노조 가입과 명령계통에 따른 군복무는 서로 아무런 모순도 생기지 않는다고 한다.

이 분야 전문가인 막심 야콥은 프랑스의 군 이익대변기관 상황을 소개하였다. 프랑스에서 군의 정당과 노조가입은 법적으로 금지되어 있다. 프랑스군의 참여는 국방부, 각 군, 부대 등 3개의 제도적 수준에서 이뤄진다. 국방부 수준의 참여는 무작위로 선정된 7명의 군 위원회와 고위협의기구를 통하여 이루어진다. 이 고위협의기구의 권한은 군복무 조건과 그에 관한 각종 훈련과 규정 등에 대해 개정을 요청하는 데 있다. 각 군 수준의 협의기구는 근무조건 문제들을 조사하고 토픽별로 군의 입장을 정리하여 고위협의기구에 제출한다. 부대수준의 대변기구는 일상적인 업무 특히 업무조직, 훈련과 개별 사항의 전달 방식 등을 다룬다.

토론에서는 군 '내부'의 이익대변제도와 '외부'의 이익대변제도의 장단점이 초점이었다. 내부제도의 장점은 제대군인단체들도 포함되며 외부의 시각이 보태지고 의회와 정부에 접근하여 영향력을 행사할 수 있다는 점이다. 내부제도의 결점은 독립성이 없다는 것이며 거꾸로 이 독립성은 외부제도의 장점이 되며 더욱 더 커다란 영향력과 로비력을 가질 수 있게 해 준다는 점이다.

군인노조와 군 직장협의회, 각국의 경험과 미래

루마니아의 경우 2006년 새로 법을 제정하여 군의 결사체 및 군인노조를 허용하기로 했으며 당시 라운드테이블이 큰 도움이 되었다고 밝혔다.

불가리아 군인노조 위원장 이반 밀로프(Ivan Milov)는 군인노조의 과제가 국가목표 실현을 위한 군인의 단결, 군 구성원의 사회적이며 직업적인 이익 보호, 군 이미지 개선과 군의 위상 제고 등에 있다고 밝혔다. 2002년 이후 과거의 긴장에서 벗어나 법 개정으로 군에게 결사의 권리를 부여하면서 불가리아 군인노조가 국방부와 군의 직업발전을 위한 파트너십 관계를 맺고 사회서비스, 보건, 보험, 주택, 제대 후 취직 등의 문제를 개선할 수 있게 되었다.

헝가리 군인노조의 경우 군 이익대변기구 운영에 대해서는 1996년 군복무법에서 군인의 권리와 의무 및 수당과 이익대변권리 등을 규정하였다. 군은 파업권이 없으나 자신의 이익을 지지하는 시위와 집회를 가질 수 있다. 헝가리 군인노조는 1만 2천 명의 조합원이 있으며 강력한 대중적 지지를 받고 있다. 국방부와 건설적인 협력관계를 맺고 있다.

1992년 구소련 해체 와중에 설립된 러시아 군인노조는 초창기에는 지역조직 정비에 힘을 쏟았으며 지금은 전국 80개 지역 중 70개 지역에 대의원을 두고 있다. 해당 부처나 기관과 여러 가지 쌍무관계를 맺고 군의 이익 증진에 힘쓰고 있다. 군복무 중 사망한 군 유가족의 보

260 제 3 부 군사옴부즈맨

호 및 지원을 받아내는 성과를 거두었다.

독일의 군은 1955년 재창건 이후부터 노조 및 직업단체에 가입할 권리가 부여되었으며 독일연방군협의회는 21만 명의 조합원을 거느리고 조합원과 가족의 일반적 이데올로기적 사회적 그리고 경력상의 이익을 대변하고 있다. 독일 군인노조는 병영, 대대, 지구별 행정위원회 및 연방 수준에서 조직되어 있다. 정치적으로 그리고 재정적으로 어느 기관이나 정당으로부터도 독립을 지키며 오로지 조합비만으로 운영한다. 독일 군인노조는 의회 및 정부가 군과 가족 등의 이익에 영향을 미치는 입법을 추진하면 자신들 의견서의 제출을 요청받는다. 최근 국제임무에 파견된 군부대의 이익 보호에 신경을 쓰고 있다.

유럽에서 군의 결사의 자유는 현직 군인에 대해서는 절반 정도의 국가들만 허용하고 있으며 법적으로 허용되는 나라들도 정치권과 군부의 의지 부재로 인해 실제로 군인노조나 군 직장협의회가 제대로 허용된 경우가 많지는 않다. 어쨌든 군인노조나 군 직장협의회 운영에 대한 조사결과를 보면 결사의 권리가 군의 정상적인 운영에 걸림돌이 된다는 증거는 전혀 나타나지 않고 있다. EUROMIL 측은 전체 유럽 국가로 확산되기를 촉구하고 있다. 그리고 군인노조와 군 직장협의회 중 어느 게 나은가 하는 것보다 실제로 군의 결사의 권리 자체를 실현하도록 하는 것이 더 중요하다. 군 직장협의회를 허용하는 법 개정이나 정치적 선언만이 능사가 아니며 실제로 군의 복무조건에 관한 정책결정 과정에 참여가 보장되지 않으면 무용지물일 수밖에 없다. 루마니아의 경우 군 직장협의회가 곧 EUROMIL에 가입하게 될 것이라고 밝혔다.

독일의 군경노조 시위

독일 베를린에서 2001년 11월 26일 군인과 경찰 2만 5천명이 근무여

건 악화와 사회보장 혜택 축소에 반대하는 시위를 벌였다. 독일경찰노조(GdP)와 군인노조 주최로 열린 이날 시위에서 군인과 경찰들은 같은 해 9월 미국 테러 사태 이후 테러에 대비한 보안 강화조치로 인해 경비업무 부담이 크게 늘어났지만 군경에 대한 정부의 지원은 오히려 축소됐다고 주장했다. 당시 콘라트 프라이베르크 경찰노조위원장은 "연방정부와 주정부가 보안강화와 함께 경비 절감을 동시에 추진하고 있어 경찰의 사기를 떨어뜨리고 있다"고 지적했다. 독일에서는 2001년 9월 1일부터 유로화 지폐 및 동전 분배작업이 시작되면서 현금수송 차량 경비수요가 크게 늘어난데 더해 '9.11 미국테러' 사태로 인하여 보안조치가 강화돼 경찰과 국경수비대 요원들이 격무에 시달렸다.

그러나 독일 정부는 2001년 초부터 군 구조 현대화에 따른 병력 감축 작업을 시행하면서 경찰 인력도 줄였다. 인력은 줄어들었으나 업무량은 증가한 상황에서 연금 지급액이 삭감되자 경찰과 군인들이 반발하게 된 것이었다. 군인과 경찰의 불만에 대해 당시 오토 쉴리 내무장관은 연금지급액이 실제로 줄어든 것은 아니고 상승률이 삭감된 것이라고 밝히고 격무에 시달리는 군인과 경찰의 근무여건 개선을 위한 방안을 마련할 것이라고 말했다. 쉴리 장관은 특히 24시간 출동을 대기하고 있는 경찰기동대의 처우를 개선하기 위해 예산을 증액할 것이라고 밝혔다. 쉴리 장관은 대테러 대응력을 강화하기 위해 2002년 2천 3백 명의 보안 인력을 증원할 것이라고 덧붙였다. 이에 따라 독일 정부는 보안 관련 부서인 연방범죄수사국(BKA), 헌법보호청, 연방국경수비대(BGS)등의 인력을 보강하기에 이른다.

제 2 장 군사옴부즈맨

1. 군사옴부즈맨이란?

　군사옴부즈맨은 군 통수조직과 독립하여 국방 분야 감시를 담당하는 제도로서 이 분야에서 양질의 거버넌스 원리와 실천을 준수하도록 담보하는 데 기여하기 위한 것이다. 군사옴부즈맨은 군대 내의 부당하며 잘못된 언행에 관련된 민원을 처리하며 시정조치를 위한 권고방안을 마련하여 제시한다. 군사옴부즈맨은 국방정책이나 작전사항에 대한 정책결정은 하진 않는다. 군사옴부즈맨은 직접적으로는 군인들의 고충을 복구하며 국방 분야 그 자체 및 내부의 올바른 윤리를 촉진하는 데 그 목표를 두고 있지만 보다 광범위하게는 국방 부문이 주권자인 국민들에 대해 민주적 책임을 지며 제대로 응답하도록 함으로써 효율성과 실효성을 제고하기 위한 것이기도 하다.[55]

　정리하면, 군사옴부즈맨의 의의는 ① 국방부문에 대한 민주적 통제력 행사 ② 군대 내의 법의 지배 원칙 준수 ③ 국방 분야의 투명성과 민주적 책임제고 ④ 시정조치가 필요한 군대관행상 문제점 주목 ⑤ 국방 분야의 효율성과 실효성 제고 ⑥ 군대의 민간인 직원과 국방 분야 직원에 대한 신뢰 강화 등에 있다. 군사옴부즈맨 기관이 역량을 충분히 발휘하도록 하기 위한 조건을 보면, 첫째 운영의 독립성, 둘째 정치적 권위, 셋째 적정한 물적, 지적, 인프라 등과 같은 3대 핵심 요건이

---

55) 이 부분은 제네바 군민주화연구소(Geneva Centre for the Democratic Control of Armed Forces, DCAF) 자료를 중심으로 정리하였다. 웹사이트 주소는 다음과 같다.
www.dcaf.ch/publications/bg_military_ombudsman.cfm?nav1=4&nav2=1

갖춰져야 한다. 군사옴부즈맨이 갖춰야 하는 바람직한 조건은 다음 일곱 가지로 요약할 수 있다.

첫째, 군사옴부즈맨은 헌법 혹은 법률에 규정해야 한다.

둘째, 군사옴부즈맨은 자체 조사와 수사 역량을 갖춰야 하며 개별 군인에게 영향을 미치는 관련 사항이나 제도적 성격의 문제점에 대하여 자유롭게 직권으로 수사를 개시할 권한을 보유해야 한다.

셋째, 군사옴부즈맨은 조사와 수사 진행에 필요한 자료와 정보에 접근할 수 있어야 한다.

넷째, 군사옴부즈맨은 극도의 비밀 보장을 할 수 있어야 한다.

다섯째, 군사옴부즈맨은 의회 및 국민들에게 연차보고서를 발표해야 한다.

여섯째, 군사옴부즈맨은 문민지휘관 및 현직지휘관에게 정부의 공식적이며 공개적인 대응이 요구되는 사안에 대하여 시정권고 방안을 제시할 권한이 부여되어야 한다.

일곱째, 군총참모부 건물과는 별도로 독자적인 사무소를 두어야 한다. 특히 군사옴부즈맨 직원이 중요하다. 군사옴부즈맨 직원은 다른 부처와 독립적으로 군사옴부즈맨 자체적인 연구진행, 법적입장 정리, 공보정책 개발 등에 대한 전문성을 갖추도록 해야 한다. 정보 및 자료 접근에 따른 문제점을 피하기 위하여 가장 높은 보안수준을 통과해야 한다.

2. 캐나다와 독일 군사옴부즈맨 운영방식

의회형인 독일 군사옴부즈맨(Germany's Wehrbeauftragter, WB)과 캐나다 군사옴부즈맨(Canada Military Ombudsman, MO)은 군대감시

기구로서는 세계적으로 가장 널리 알려져 있는 제도이다. 예컨대 아일랜드와 체코에서 군사옴부즈맨은 바로 이 캐나다와 독일의 군사옴부즈맨을 본뜬 것이다. 우리나라도 독일 군사옴부즈맨을 벤치마킹하기 위하여 노력은 한다고 했으나, 전혀 엉뚱한 제도를 도입하고 말았다.

독일 군사옴부즈맨 사무소는 1959년 독일군이 재건된 직후에 설립되었다. 독일 군사옴부즈맨은 이 분야에서 세계 최초로 1915년 설립된 스웨덴 군사옴부즈맨을 본뜬 것이다. 스웨덴 군사옴부즈맨은 없어진 게 아니라, 당시 별도의 전문 옴부즈맨에서 1968년대 4명의 일반 옴부즈맨 임무 속에 편입되어 오늘날에 이르고 있다. 노르웨이는 당초 1952년 군사 분야에 대해서만 옴부즈맨 제도를 도입했다가 나중에 전체 공직 분야로 확대한 역순을 보여 주었다. 프랑스의 약화된 옴부즈맨 모델을 본뜬 것으로 평가되는 캐나다의 경우, 군사옴부즈맨 사무소는 1998년 소말리아 사태에 대해 이루어진 조사와 수사에 뒤이어 설립되기에 이르렀다. 아일랜드의 경우 2004년 군사옴부즈맨 설치법이 통과되었다.[56] 아일랜드 대통령은 2005년 9월 19일, 오랜 경력의 고참 법조인이자 과거 보험옴부즈맨을 역임한 바 있는 폴린 마리난 퀸 여사를 3년 임기의 초대 군사옴부즈맨으로 임명하였다. 스웨덴, 핀란드, 노르웨이, 독일, 캐나다 외에도 스페인, 포르투갈, 오스트레일리아(1983), 남아프리카, 나미비아 등도 군사옴부즈맨 제도를 운영하고 있다.[57]

---

[56] 아일랜드 군사옴부즈맨에 대한 의회토론 자료는 다음 사이트에서 볼 수 있다.
http://historical-debates.oireachtas.ie/S/0178/S.0178.200410060010
http://archives.tcm.ie/breakingnews/2005/09/19/story221564.asp
[57] http://www.iss.co.za/Pubs/Other/DefenceLegislation/Chap5.html

〈표〉 캐나다와 독일 군사옴부즈맨 비교

핵심이슈	캐나다	독 일
법적지위	중재업무 담당, 독자적인 설치법 없음	헌법 제45b조, 연방군사옴부즈맨법
임명권자	국방장관	연방의회 비밀투표 다수결
임기	5년(재임가능)	5년(재임가능)
민원제기인과 수사개시요인	○전현직 군인과 가족 ○국방장관, 군지휘부, 의회 의원	○연방군인과 가족 ○연방의회, 연방의회 국방위원회 ○군사옴부즈맨
조사대상	○군관할하의 모든 개별 민원 ○제도적 문제	모든 개별 민원과 연방군인의 청원사항
민원접수조건	○사전에 군지휘라인이나 군내부 고충처리위원회에서 다뤄졌으나 해결되지 않은 것이라야 함. ○시기상조거나 사소한 민원이거나 인력자원 활용에 맞지 않는 민원은 거부할 수 있음 ○정황이 딱 들어맞는 민원은 수용함	○연방군인은 군고충처리기구를 거치지않고 직접 군사옴부즈맨에 민원을 낼 수 있음
군사옴부즈맨 보고처	국방장관	연방의회
옴부즈맨 결정의 성격	시정권고권 보유 해당기관의 이행 감시	시정권고권 보유 해당기관의 이행 감시
영향력행사	○연례보고서 제출하여 국방장관 및 의회 상임위에서 논의 ○공익에 부합하는 특별 조사건에 대해 특별보고서를 제출함	○연례보고서를 대통령에게 제출연방의회는 국방위에서 국방장관에게 언급해주도록 요구 ○연방군에 대해 징계보고를 해주도록 요구하고 관련 형사소송 및 징계소송에 옵서버로 출석할 수 있음
자료와 정보	임무수행에 필요한 모든 자료와 정보에 접근 가능 (일부 보안이나 작전사항에 대해서는 접근 거부되기 함)	연방군대에 대해 자료와 기록 요구권

출처: Geneva Centre for the Democratic Control of Armed Forces(DCAF), *Military Ombudsman, Backgrounder : Security Governace Sector and Reform,* Mach 2006. http://www.dcaf.ch/publications/bg_military_ombusdsman.cfm?nav1=4&nav2=1

독일과 캐나다 군사옴부즈맨 직원 수는 약 50명으로 되어 있다. 독일 군사옴부즈맨은 2004년 26만 명에 달하는 독일군대에서 6,154건에 달하는 민원을 접수하였다. 반면, 캐나다는 같은 기간 동안 6만 명에 달하는 군인 및 2만 명에 달하는 국방 분야 민간고용인으로부터 2,274건에 달하는 민원을 접수 받았다. 독일 군사옴부즈맨의 2004년 연간예산은 약 337만 유로였다. 캐나다 군사옴부즈맨의 경우 2003/04년 예산은 대략 500만 캐나다 달러에 달하였다.

3. 캐나다 군사옴부즈맨

(1) 도입배경과 소말리아 사건

캐나다 군사옴부즈맨은 소말리아 사건 진상규명위원회가 최종 보고서에서 시정권고 방안의 하나로 제시한 것을 제도화한 것이다. 그럼 소말리아 사건이란 무엇인가? '소말리아 사건'이란 1993년 유엔 측이 진행한 소말리아 인도주의 구호사업에 참가한 두 명의 캐나다 군인에 의해 시단 아론이라는 소말리아 10대 소년을 무참하게 두들겨 패 살해한 캐나다 군의 치부를 드러낸 사건을 가리킨다. 캐나다 군이 저지른 이 범죄는 소름끼치는 사진으로 촬영되었으며 캐나다 시민들을 엄청난 충격에 빠뜨렸고 직접 연루된 두 명의 군인을 넘어서서 캐나다의 해당 소속 공수부대 연대 내부의 치부를 적나라하게 드러내는 계기가 되었다. 기강 문제가 있음에도 불구하고 이 부대가 어떻게 해서 해외의 유엔 업무에 투입되었는가 하는 의문이 제기되었다. 캐나다 군 지휘부에게 가장 치명적인 것은 사건이 공개된 후 사건을 덮기만 하려는 대처방식에 대한 비난이었다.[58] 결국 공개적인 진상조사기구가 꾸려졌다.

다 공개되진 않았으나 이 조사결과를 보면 캐나다 군 지휘부의 심각한 문제들이 많이 밝혀졌다. 이로 인해 캐나다의 엘리트 군 부대이던 공수부대가 해체되어 캐나다 내외에 자자하던 캐나다 군의 명성과 사기를 떨어뜨렸다.

원래 캐나다 군의 소말리아 파병은 유엔이 지원하고 미국이 주도하는 '희망 되찾기 작전'의 일환인 '구조작전' 참가를 통해서였다. 1993년 3월 이 작전은 유엔의 지휘를 받았으며 '유노솜 II'(UNOSOM II)로 명명되었다. 목표는 심각한 기근과 무정부상태 및 공산정권 붕괴 이후 군벌의 지배 등으로 얼룩진 아프리카 소말리아 국가에 대한 인도주의적 원조를 담당하면서 질서를 회복하는 데 두고 있었다. 1992년 소말리아는 혼란의 극치였으며 국민들은 오랜 기근과 내전의 소용돌이 속에서 고통을 겪고 있었다. 1977년 이래로 내전이 일상화되었으며 종족별 군벌들로 나뉘어 정부도 없이 무법천지였다. 식량과 의료품을 전달하는 구호 담당자들이 무장 세력의 공격에 노출되어 있었다. 무장 세력은 식량과 의료품을 볼모로 주민들의 충성을 받아내려 한 것이다. 원조물품은 군벌들이 훔쳐내 무기를 구하는 데 썼으며 이로 인해 기근은 더욱더 심각해지고 말았다. 그래서 유엔은 구호작전을 지원하기 위해 무장한 평화유지군 파견을 요청하기에 이르렀다. '구조작전'의 임무는 원조물품이 소말리아 주민들에게 직접 도달할 수 있도록 안전한 환

---

58) 이 부분은 다음 자료를 중심으로 정리한 것이다.

David Bercuson *Significant Incident: Canada's Army, the Airborne, & the Murder in Somalia* 1997.

Peter Desbarats *Somalia Cover-Up: A Commissioner's Journal* 1997.

Sherene Razack. *Dark Threats and White Knights: The Somalia Affair, Peacekeeping and the New Imperialism,* 2004.

Final Report of the Commission of Inquiry into the Deployment of Canadian Forces to Somalia. (Somalia Inquiry, official report and Executive Summary)

경을 확보하는 것이다. 캐나다 군 주둔지는 소말리아 중부지역 벨레드 웨인 시 외곽에 있었다.

캐나다는 국제평화안보 기여에 오랜 역사를 자랑하고 있었으며 당시 군대파병에 동의한 국가들 중 하나였다. 하지만 캐나다는 당시 이미 유고슬라비아 등지에 많은 군대를 파견하고 있는 상태였다. 멀루니 총리 정부에서 캐나다 군 지휘부는 공수부대(Canadian Airborne Regiment, CAR)를 선정하여 소말리아에 파병했다. 이 부대는 캐나다 엘리트 군으로 정평이 나있었으며 1974년 키프로스와 여러 국가에서 성공적인 작전을 수행한 바 있었다.

그러나 캐나다 지휘부는 임무가 공수부대 범위 밖에 있기 때문에 심각한 우려를 하였다. 기동병력이 필요한 광대한 소말리아 지역을 경보병 부대인 공수부대가 담당한다는 게 그 이유였으며 그러나 이는 사건이 발생한 뒤 이미 뒤늦은 일이 되고 말았다. 게다가 이 공수부대가 고질적인 기강해이 문제가 있으며 특히 제2특공대에 백인우월주의자들이 상당수 있다는 보고가 있었다. 막사 장식으로 이들이 미국 남북전쟁 당시의 남부군 깃발을 장식으로 내걸었다는 것은 그 증거였다.

이 공수부대는 캐나다 보병에서 차출된 장병들로 구성했다. 나중에 해당 부대 지휘관인 켄워드 중령은 일선부대에서 '썩은 사과'들만 골라 내 자신의 공수부대로 내보냈다고 주장하였다. 이 부대를 지휘한 폴 모놀트 중령은 '깡패특공대'는 해외근무에 맞지 않으며 캐나다에 잔류해야 한다고 공언하였다. 그래서 그는 지휘를 맡지 않게 되었으며 거칠지만 유능한 터프가이로 소문난 카롤 마티유 중령이 맡기에 이르렀던 것이다.

이 부대는 헬리콥터와 드라군 부대의 지원을 받았다. 1993년 1월 소말리아에 배치된 이들은 벨레두웨인 외곽에 기지를 두었다. 3만 평방

킬로미터의 면적에 달하는 해당 지역의 안전과 질서를 회복하도록 하는 것이 임무였다. 장병들은 장비보급이 열악하며 물도 부족했으나 적극적인 순찰을 벌이며 부족 족장들과도 좋은 관계를 유지하였다. 이 캐나다 공수부대는 해당 지역에 약간의 질서를 신속하게 확보했다. 그러나 원조의 상당 부분이 여전히 지역 군벌들에게 새나갔으며 캐나다 기지에 대해서조차도 끊임없이 좀도둑질에 시달렸다. 이런 절도들은 무척 골칫거리였으며 장병들의 안전에까지도 위험한 것이었다. 그래서 당시 적어도 최소한 1명 이상의 지휘부 장교가 묵시적으로나마 도둑을 붙잡기만 하면 얼마든지 고문해도 좋다고 부추기기까지 했던 것이다.

1993년 3월 13일 이 부대는 기지에 몰래 들어온 시단 아론이라는 10대 소말리아 소년을 붙잡았다. 이 부대의 클레이톤 매치와 카일 브라운이 보초를 서며 감방으로 쓰던 벙커에 그를 가두었다. 당시 매치는 만취상태로 금세 아론을 두들겨 패기 시작했으며 가슴에 주먹을 휘두르고 차고 있던 곤봉으로 머리를 가격하며 위쪽 뒤에서 아론의 입에 곤봉을 물리며 고문하고 아론의 발을 담뱃불로 지져댔다. 브라운도 여기에 조금은 같이 했으나 기본적으로 방관했다. 브라운은 이 모습을 16장의 사진으로 담아냈으며 이것이 공개되어 엄청난 분노와 파장을 불러일으키기에 이르렀다. 이런 폭행과 고문은 수 시간 동안 계속되었으며 여러 병사들이 이곳에 와 구경하였고 이 벙커에서 폭행과 고문이 자행되면서 나오는 비명소리를 똑똑히 그리고 생생하게 들었다.

매치와 브라운은 여러 시간 고문을 당한 아론이 의식을 잃자 나가버렸으며 경계활동을 마치고 돌아온 한 병사가 아론이 맥박이 없는 것을 보고 응급 의료진에게 보여 이미 사망한 것을 확인하게 되었다. 구금시설 사망사건은 절차상 의당 수사를 개시하게 되었으며 이틀 후 매치와 브라운을 체포하여 살인 혐의로 고발하였으며 캐나다 국방참모본부는 경고를 받기에 이르렀다. 그 후 매치는 자살을 시도했으나 실패하고 중한 뇌손상을 당하고 재판을 받을 수 없게 되고 말았다. 브라운은 과실치사죄가 확정되었다.

그런데 캐나다 압오리진 출신인 브라운은 변론에서 자신은 모든 병사들에게 벙커에서 자행되는 일을 알리고 막아 달라고 했다고 주장하였다. 그는 병사들이 폭행과 고문을 중지시키는 걸 거부하자 이 광경을 사진으로 찍어 기록으로 남기기로 했다고 진술하였다. 훗날 그는 당시 폭행과 고문을 막지 않은 병사들은 법정에 서지 않은 채 자신만이 이 사건에서 희생양으로 내몰리게 된 내력을 담은 책을 냈다. 캐나다 공수부대 대원들에 대한 혐의를 보면 16명의 병사들이 아론이 고문당하는 벙커 부근에 있었으며 그날 밤 아론의 비명소리는 기지 주변을 가득 채웠다고 되어 있다. 제2특공대 지휘자와 부대 감독을 맡은 여러 상관들이 군사법정에 세워졌으며 국가방위법 제124조에 따라 유죄가 되었다. 이 공수부대장 마티유 중령은 군사법원에서 두 차례 재판을 받았으나 모두 잘못이 없다며 석방되었다.

아론이 살해된 지 얼마 안 되어 바로 세상에 알려졌지만 이 부대의 다른 문제들도 조사받게 되었다. 며칠 후 정찰대원 하나가 야간 침입 소말리아인 청년을 쏘아 사망케 했으며 다른 1명은 중상을 입혔다. 이 부대에 임시 배속된 공군 군의관 배리 암스트롱 소령은 집에 보낸 편지가 언론에 자꾸만 새나갔는데 여러 소말리아인 시신들을 보니 그중 하나는 '처형'되었더라고 검시의견을 냈다고 밝혔다. 그는 정찰대장 미셸 레인빌이 자신이 찍은 시신사진 증거들을 파기했다고 주장하였으나 입증은 되지 않은 탓에 정찰대장이 재판을 받았으나 무죄로 석방되기에 이르렀다. 레인빌은 나중에 자기 부하를 항문강간과 정신적 고문 등의 학대를 가한 혐의로 고발되었다.

당시 맥케이라는 다른 병사의 홈비디오를 보면 '우린 아직도 엄청 더 니그로들을 죽여야 해'라고 말하고 있다. 배치되기 전에 찍은 비디오 부분에서 맥케이는 나치의 철십자기 문양 앞에서 나치식 경례를 붙이는 모습도 공개된 바 있다. 혹독한 신고식 장면도 공개되었다.

이 사건의 경위를 둘러싼 논란과 왜 이 문제 많은 부대를 소말리아에 보냈는가, 그리고 군의 대응 등은 매우 중대한 것이었다. 그러나 오타와의 캐나다 군 참모부에게 해당 사건과 두 병사의 체포 소식은 곧바로 전달되었다. 당시 캐나다 정치상황은 국방장관 킴 캠벨이 여당인 진보보수당 당수직을 놓고 멀루니 후임 선거운동을 하던 중이라 매우 민감한 상황이었다. 캐나다 연방 총선도 코앞이었다. 그래서 이 사건에 대한 대언론 업무는 곧장 오타와의 국방부가 담당하게 되었다.

국방부는 처음에 언론과 캠벨 장관에게 아론이 자연사한 것 같다고 밝혔다. 하지만 그 후 몇 주일이 지난 후에 가서야 비로소 캐나다 시민들은 진상을 알게 되었다. 사건의 진상에 대한 보도 특히 브라운의 16장에 달하는 사진들은 엄청난 분노를 불러일으켰다. 캐나다 시민들이 캐나다 군 특히 평화유지군에 대해 갖고 있던 깊은 존경심은 무너지고 만 것이다. 이 사건은 언론에서 엄청난 주목을 받았으며 수사과정 자체는 공개수사나 다름없었다. 군 최고위 인사들은 언론에 알리기 전에 기록을 조작한다는 비난을 받아야 했다. 다른 기록물이나 증거는 받아들여지지 않았으며 일부 증거들은 파기되었다. 고위 수준의 수사 착수가 소말리아 사건이 발생한 지 5주나 지나서야 개시되었다는 사실 자체가 엄청난 비난의 대상이 되었다.

캐나다 시민들의 분노는 1994년 폭발하였다. 장 크레티엥 자유당의 새 정부는 연방법원 질 르푸르노 판사가 위원장인 소말리아 진상규명위원회를 1994년 출범시켰다. 이 위원회의 청문회는 캐나다 전역에 영

어와 불어로 매일같이 방송되었다. 위원회 조사가 진행되면서 공수부
대 중 불어사용 병사들의 신고식 홈비디오물이 공개되었다. 새 국방장
관 데이빗 콜레네뜨는 이 비디오물이 구역질나며 저급하고 인종차별적
이라고 지적했다. 정치적 피해가 큰 내용이 누적되어 가게 되자 1995
년 국방장관은 해당 공수부대의 해체를 지시하였다. 이 조치는 소말리
아 사건으로 인하여 캐나다 군의 예산이 삭감되어 어쩔 수 없다고 밝
혔다. 하지만 여론이 공수부대 해체를 강력 뒷받침한 것 또한 사실이
다. 해당 공수부대 해체를 반대한 군 참모총장 존 드 샤스플렝은 의문
이 많은 사표를 내고 말았다. 후임 장 보일 공군장성 역시 부하들이
과거 명령 불이행을 저질렀다고 비난하며 불과 몇 달 뒤 사임하고 말
았다. 이는 군의 관행에는 전혀 맞지 않는 일이었다. 데이빗 콜레네뜨
국방장관 역시 소말리아 사건으로 인하여 사임할 수밖에 없었다.

이 진상규명조사위원회는 1997년 총선을 불과 몇 달 앞두고 캐나다
정부가 끝내도록 할 때까지 진행되었다. 정부는 위원회 조사방향에 대
해 비판적이었다. 점차 초점을 캐나군 군의 전반적인 관리와 운영에
대한 정치행정적 측면에 맞추게 되면서 원래 이 위원회에 부여한 임무
의 범위를 넘어선다고 보았기 때문이다. 소말리아 사건 이후 들어선
새 정부의 행위, 기록과 증거의 추적 등이 이제 조사위원회 측의 주의
를 빼앗아갔다. 그리고 이 위원회에 배정된 기간과 예산을 크게 초과
했던 것이다. 위원회의 종료 결정에 대해 언론이 관심을 집중했으며
이는 1997년 총선에서 새 국방장관이던 두그 영이라는 인물의 낙선에
기여했음 직하였다. 위원회는 정부 최고위층의 결정과정에 대해서는
전혀 조사하지 못했으며 고발된 소말리아 사건에 대해 실제로 조사를
하지도 못했다.

위원회 최종 보고서는 캐나다 군과 국방부의 각종 절차, 지원, 리더

십 등에 대해 강력 비판하였다. 세 명의 군 참모총장을 비롯한 여러 군 고위층을 포함하여 캐나다 군의 여러 인사들에 대해서 비난해 마지 않았다. 당시 캐나다 공수부대는 적절하지 않은 대비나 법적 지원도 없이 전쟁지역으로 내몰렸다고 지적하였다. 조사책임자이던 루미스 준장은 당시 작전이 1992년 12월 "무력은 자위수단으로 사용하게 되어 있는 평화유지 작전에서 정치군사적 목표를 달성하기 위해 사전예방차원에서도 무력을 사용하는 쪽으로 변경하였다. 요컨대 캐나다 군은 적극적인 근무를 벌이며 유엔헌장 제7조에 따른 전쟁으로 치달아갔다"고 지적했다. 하지만 '전쟁'은 의회에서 전혀 논의된 바 없었으며 캐나다 시민들은 정부 측이 말한 대로 공수부대는 '평화유지' 임무만 수행한다고 생각했다. 소말리아 사건이 터지고 난 후 캐나다 군 지휘부는 살아남기에만 급급해 했으며 진실을 밝히려는 노력은 제대로 하지 않았다. 위원회 보고서는 유일하게 루이스 맥켄지 소장만 예외적으로 자신이 저지른 과오에 대한 책임을 졌다고 지적하였다.

이 사건은 여러 가지로 그리고 장기적으로 커다란 영향을 미쳤다. 캐나다 군의 사기에 미친 영향과 국방예산 삭감에 미친 영향을 구분하기는 힘들지만 상당수 캐나다 군의 언론과 정치권에 대한 불신감을 극도로 악화시켰던 것은 사실이다.

그와 동시에 시민들의 군 신뢰도는 상처를 받았으며 신병 모집에 커다란 난관이 조성되었다. 시민들의 강한 반감으로 인해 군 예산이 당시 자유당 정부 측에 의해 크게 삭감되었다. 여러 가지 언론 보도와 군에 대한 언론의 지속적인 비판들로 인하여 유사사건의 재발을 막기 위한 여러 가지 정책들을 서둘러 도입해야만 하기에 이르렀다. 군 참모부의 훈련, 작전 등에 대한 세부관리 방침 및 지휘관들에게 가해진 후속적인 여러 가지 제약들 등으로 인하여 작전부대의 유연성이 크게 제한당하기에 이르렀다. 소말리아 사건 이후 캐나다는 유엔 평화유지 활동에 소극적인 태도로 돌아섰다. 과거 이 분야에서 중추적인 역할을 담당하던 입장에서 소말리아 사건 이후 여러 해 동안 캐나다는 단지 간접적인 지원만 담당하고자 했던 것이다.

당시 소말리아에서 여러 가지 많은 문제들에 봉착한 것은 캐나다뿐만이 아니었다. 당시 군벌이 지배하는 무정부 상태에서 사상자들이 급증했던 것이다. 예컨대 모가디쉬 전투에서 소말리아 군벌 및 민간인 측에서 5백 내지 1천 명 가량, 미군 18명, 파키스탄 군 2명 등의 사망자가 발생하였다. 미국의 경우 이를 계기로 하여 미군 철수를 결정하였다. 다른 국가들도 병사들이 직권남용 등으로 고발당하였다. 이탈리아 군이 소말리아 여성을 강간하는 장면을 담은 사진이 나돌았으며, 벨기에 군은 소말리아인 시신에 오줌을 누고 나서 불태우는 장면을 스스로 사진에 담았다.

소말리아 사건이 장기적으로 영향을 미친 측면을 보면 군사옴부즈맨 도입과 함께 SHARP(Standard for Harassment and Racism Prevention, 학대와 인종차별 예방교육)라는 민감한 사항에 대한 훈련이 실시된 점을 들 수 있다. 이 교육은 캐나다 군 전원이 의무적으로 받도록 했다. 신고식을 포함하여 어느 형태를 막론하고 학대와 인종차별은 '관용 제로' 조치를 취한다고 선언하였다. 소말리아 사건의 여파로 공수부대 내의 야만적인 신고식 비디오물들이 공개되어 시민들로부터 엄청난 분노와 혐오감을 불러일으켰다.

(2) 캐나다 군사옴부즈맨

캐나다 군사옴부즈맨은 국방부와 군에 관한 사항을 제3의 중립적 입장에서 조사처리를 담당한다. 군사옴부즈맨은 군의 명령과 관리 계통과는 별도로 독립적으로 활동하며 국방장관에게 직접 보고하게 되어 있다.

군사옴부즈맨 기관은 국방부와 군에 대한 정보와 자료, 회부, 교육 등을 직접 담당하며 민원이나 걱정거리가 있는 경우 도움과 복구를 위한 절차를 원활하게 밟을 수 있도록 해 준다. 군사옴부즈맨은 국방부와 군의 구성원 및 군속 등의 복지에 관한 사항이나 기타 문제점들에 대해 조사하여 공개적으로 이를 발표할 수 있다. 최종 목표는 실질적이며 근원적인 개혁과 개선에 이바지하도록 하는 데 두고 있다. 군사옴부즈맨에 민원을 낼 수 있는 사람은 전현직 군인, 전현직 생도, 전현직 군속, 공적자금이 아닌 전현직 고용인, 입대 신청자, 이상에 해당하는 자의 직계 가족, 군 파견 내지 교환근무자 등이다.

현재 캐나다 군사옴부즈맨은 이브 꼬떼(Mr. Yves Cote)이며 2005년 8월 2임 취임하였다. 그는 군사옴부즈맨이 되기 전까지 거의 30년 동안 공직생활을 했으며 최근 직책은 2003~05년 추밀원 사무국 고문변호사 직이었다. 2004년 8월까지 내각 입법과 주택계획 담당차관을 지냈다. 그 전에는 법무부에서 캐나다시민인권헌장 분야를 담당했으며 인권국장을 지냈다. 당시 그는 소말리아 사태 당시 조사위원회 관련 업무를 담당하였다. 법무부 차관보로 기업규제법 및 소수자와 장애인 인권 업무를 담당하였다. 이브 코떼는 1977년 군법무관으로 시작하여 군법과 징계 분야를 담당하였으며 1998년 법무부에 들어와서도 국방부와 캐나다 군의 초대 문민 법무관(군법과 징계 분야는 제외)으로 2000년까지 활동하였다. 이브 꼬떼는 라발대학에서 민법을 오타와대학에서 심리학을 공부했으며 1992년 여왕변호사(QC)가 되었고 공직생활에서 많은 훈포장을 받았다. 그는 1977년 퀘벡 주 법조협회(일종의 변호사협회, 회원 2만 2천여 명) 회원이 되었다. 부인과 성장한 두 딸을 두고 있다.

 2005~2006 기간 중 캐나다 군사옴부즈맨의 5대 민원은 수당 382건,
제대 227건, 입대 126건, 의료 114건, 학대 90건 등으로 되어 있으며
대상자별 민원은 표와 같다.

〈표〉 캐나다 군사옴부즈맨 대상자별 민원통계 (2005/06)

정규군	644
전직 군인	268
예비군	173
가 족	89
정규군 입대 신청자	48
민간 고용인	35
예비군 신청자	12
전직 국방부 고용인	9
익 명	8
공적자금이 아닌 고용인	7
생 도	3
기 타	68
총	1,364

　　조직과 직원을 보면 우선 군사옴부즈맨 사무소는 1998년 6월 소말리
아 사건 진상규명위원회의 시정권고에 따른 여러 가지 대규모 개혁조
치들 일환으로 설립되었으며 캐나다 군에 대하여 독립적이며 불편부당
한 조사와 수사기구이다. 캐나다 군과 국방부의 공정성, 민주적 책임,
투명성 등을 제고하여 군의 탁월성에 실질적이며 긍정적으로 기여하는
데 그 목표를 두고 있다. 캐나다 군사옴부즈맨은 국가방위법 제5조에
따라 평의회 대표 형태로 구성되어 운영한다. 권한은 부령 및 국방지
침 등에 따른다.

캐나다 군사옴부즈맨 조직표

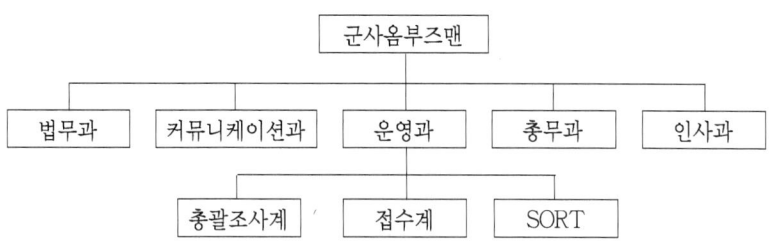

출처: www.ombudsman.forces.gc.ca/reports/annual/2005-2006/2005-2006_e.asp#About

직원은 약 50명의 문민으로 구성되어 있으며 법무과와 운영과 등 5개 과가 있으며 운영과는 접수계와 총괄조사계 등 3개 계를 두고 있다. 추가로 지도해야 할 사항이나 시정권고 방안을 마련해야 하는 경우 군사옴부즈맨 자문위원회 도움을 받고 있다. 자문위원은 군법 문제 및 분쟁조정 분야 전문가들로 이루어져 있다.

직원 중에서 약 25명에 달하는 접수계와 수사계 직원들은 군사옴부즈맨의 핵심 업무를 처리한다. 이들은 해당 분야에서 최고의 전문성을 가지고 있다. 여기에는 전직 경찰관(국가경찰과 자치경찰), 전직 군인(상급준위 출신 포함), 다른 분야 옴부즈맨 기관 종사자 등이 망라되어 있다. 그리고 각 군별로 해당 군의 환경에 대한 특별보좌역을 한 분씩 따로 두고 있다. 공군의 경우 전직 준장, 해군의 경우 전직 편대 상사, 육군의 경우 전직 대령 등이 군사옴부즈맨의 특별보좌역으로 있다.

조사절차를 보면 우선 접수계에서 민원이나 자료요청을 접수받는 것으로 시작한다. 통상 접수계는 민원인을 해당 기관으로 회부하거나 총괄조사계로 보낸다. 접수계는 가능한 가장 낮은 수준에서 민원을 비공식적인 방식으로 해결하도록 노력한다. 총괄조사계는 설득력 있는 정황이 있으면서 신속한 해법이 요구되는 개별 민원들을 처리한다. 조사관들은 대안적 분쟁 해결방법을 사용하여 가능한 한 '윈윈 게임'이 되도록 하는 해법을 찾는 방식을 구사하고 있다. 조정이 이루어지지 않는 경우 상급 지휘관에게 공개되는 경우도 있는 시정권고 조치를 내린다. 제도적으로 커다란 반향을 불러일으킬 소지가 다분한 유명한 사건들은 특수대응계(SORT)에 배당된다. 특수대응계는 국방부나 국방장관, 그리고 캐나다 군 참모총장 등이 군사옴부즈맨에게 직접 회부한 사건에 대한 조사업무도 담당하고 있다.

캐나다 군사옴부즈맨 조사 흐름

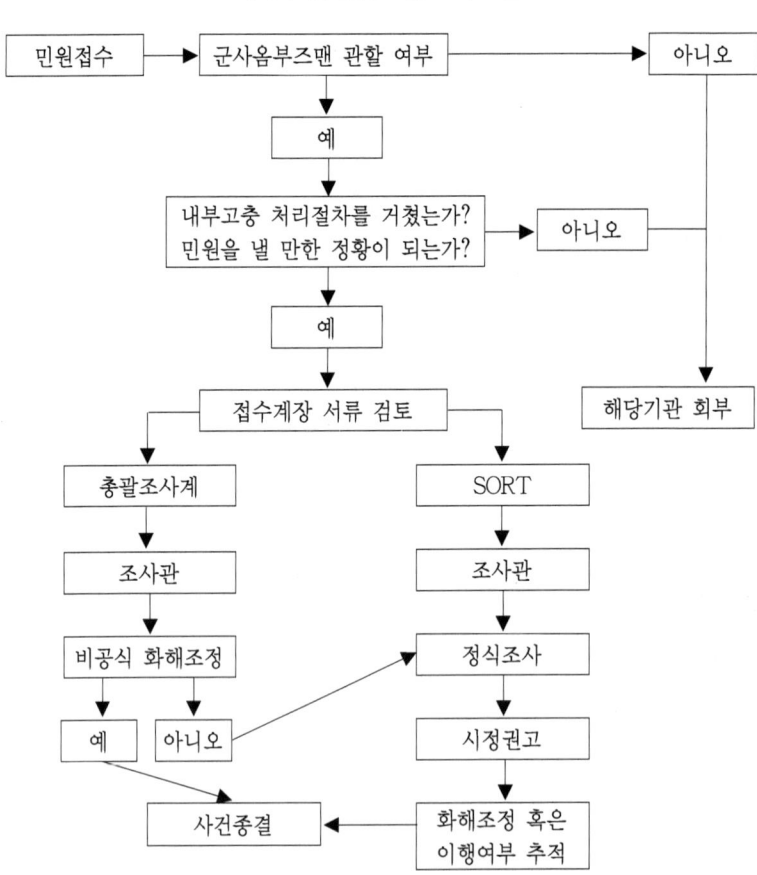

출처: www.ombudsman.forces.gc.ca/reports/annual/2005-2006/2005-2006__e.asp#About

4. 독일 군사옴부즈맨

제2차 세계대전 당시 스웨덴으로 망명했던 사회민주당원이 전후 독일로 돌아와 제안하여 기본법 제45b조로 수용된 군사옴부즈맨 제도의 도입은 결국 독일군의 재군비화를 반대한 세력에 대한 일종의 보상이었다. 즉 독일 군사옴부즈맨은 새로 도입되는 군대에 대한 의회의 통제권을 확대하는 방안의 하나로 도입되었다. 그런데 독일에서 군에 대한 의회의 직접적 및 지속적 통제 필요성에 대한 독일연방의회의 논의는 1955년 가을로 거슬러 올라간다. 당시 독일의 북대서양조약기구(NATO) 가입이 이루어지면서 독일군의 재무장이 불가피해지자 사회민주당(SPD)은 국방부 장관을 의회의 직접적 감독과 통제하에 두어야 한다는 주장을 하였다. 이러한 주장은 나치독재를 경험한 독일인들이 가졌던 군에 대한 부정적 기억에서 비롯되는 것으로서 독재자와 군의 부당한 협력이 더 이상 이루어져서는 안 된다는 독일인들의 우려와 불안감을 반영한 것이다. 그러나 이 주장은 기본법에 규정된 행정부의 권한과는 상충되는데다가 아데나워 수상의 설득에 밀려 철회되었다. 대신 연방의회는 군에 대한 특별한 감독기구를 따로 두기로 합의하기에 이르렀다. 이러한 정치적 합의는 헌법 제45b조(1956년 3월 16일 제정)에 명시되어 있듯이 "기본권을 보호하고 의회의 견제기능을 보완하는 의회의 보조기구"로써 연방의회에 군사옴부즈맨을 설치하는 것이었다. 헌법에서 위임한 '군사옴부즈맨법'은 1957년 6월 27일 발효되었다.

이렇게 설치된 군사옴부즈맨은, 군을 행정부의 한 부분으로 편입시키되, 대신 의회가 책임을 물을 수 있는 장관으로 하여금 통솔케 하고 (독일헌법 제65a조에 규정되어 있듯이 평시 군에 대한 명령 및 지휘권을 국방부 장관이 갖고 있다), 연방의회에는 국방위원회를 두고 조사

기능까지 부여하고 있는 구조 속에서도, 40여 년의 활동과 그 특별한 역할을 의회와 군 모두에게 인정받고 있다.

독일 군사옴부즈맨은 연방의회에 소속되어 있으며 연방의회에 대하여 보고의무를 진다. 연방의회와 의회 내 국방위원회는 군사옴부즈맨에 대하여 훈령을 발할 권한이 있다. 그러나 행정부 소속인 국방부 장관은 군 옴부즈맨에 대하여 어떠한 훈령도 발할 수 없고 그 역도 마찬가지다. 연방의회의 다수결에 의하여 군사옴부즈맨은 선출되며 국방위원회 및 연방의회 내 교섭단체는 군사 옴부즈맨에 대한 추천권을 갖는다. 35세 이상 독일인이면 누구나 군사옴부즈맨으로 선출될 수 있으며 군사지식이나 군에 관한 지식은 없어도 된다. 따라서 여성이 선출될 수도 있으며 실제로 선출된 사례도 있다. 임기는 5년으로 연방의원의 임기보다 긴데, 의회 내 다수파의 영향력으로부터 군 옴부즈맨을 독립시키기 위한 것이다.

군사옴부즈맨은 국방부 장관 및 모든 그 관할 부서에 대하여 정보제공과 문서열람을 청구할 권한이 있다. 군사옴부즈맨은 아무 때나 사전예고 없이 부대, 사령부, 기타 연방군의 시설 및 행정부서를 방문할 수 있다. 이로 인해 그는 모든 계급의 군인과 개별적으로 대화할 수 있고 연방군 내부의 사정을 소상히 알 수 있다. 군사옴부즈맨 자신이 확인한 중요한 사실을 곧바로 국방부 장관에게 제출하여 문제를 사전에 예방할 수도 있으며 군 내부의 징계권 행사 실태에 대한 보고서 제출을 요구할 권한도 있다. 군사옴부즈맨은 형사소송 및 징계법원상의 절차에 참관인으로 참여할 수도 있다. 군사옴부즈맨은 관련 부서에 대해 사태의 재발을 방지하기 위해 규정을 만들도록 권고할 수 있다.

군사옴부즈맨 권고에 구속력은 없으나 군인이라면 계급을 막론하고 군 옴부즈맨에 진정 또는 청원할 수 있다는 사실과 의회로부터 권한을 위임받은 독립된 인물이 존재한다는 사실로 인해 대부분의 지휘관들은 행동 면에서 실제적인 영향을 받고 있다.

지금까지 독일 군사옴부즈맨에게 접수된 청원은 군 인사문제 33%, 해외파병군인의 청원 20%, 봉급문제 10%로 되어 있다. 2004년 연차보고서에 따르면 역대 청원처리 내역은, 1965년 4,408건, 1975년 6,499건, 1985년 8,002건, 1990년 9,590건, 1995년 5,979건, 2000년 4,952건, 2002년 6,436건, 2003년 6,820건, 2004년 6,154건 등으로 되어 있다. 2004년 독일 군사옴부즈맨 연차보고서 내용을 요약하면 다음과 같다.

첫째, 직업군인으로 신분전환 기회에 관한 민원이다. 내용을 보면 단기 복무병 군인이 직업군인으로 신분전환을 신청하더라도 번번이 수요(보직) 부족으로 인하여 거부당하였다. 특히 군복무 기간이 적은, 연령이 낮은 자가 오히려 직업군인으로 신분이 전환된 경우 큰 불만이 표출되었다. 처리결과를 보면 선발절차는 공정하게 이루어지고 있으며 신청자들은 각기 동일한 연령 및 병과 출신으로 비교 평가하고 있다고 보았다.

둘째, 육군하사 진급상 문제점이다. 민원내용을 보면 육군본부훈령(2004. 5)으로 인하여 중사진급이 대폭 제한되었으며 특히 2003년 진급을 신청했지만 절차 지연으로 진급이 안 된 이들의 실망이 컸다. 처리결과를 보면 진급 거부가 적법은 했지만 인사에 대한 신뢰가 상실되었으며 따라서 훈령을 변경(2004. 10.)하여 진급기회를 확대하며 진급거부결정을 취소하고 재심사하도록 하였다.

〈표〉 독일연방의회의 군사옴부즈맨

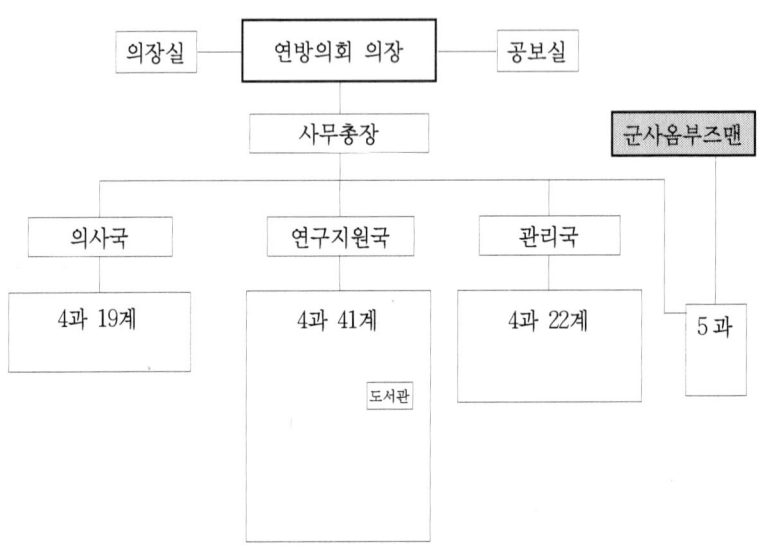

독일 군사옴부즈맨 조직표

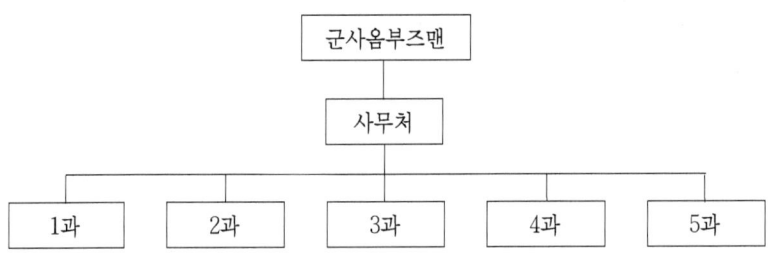

1과 정책, 지휘통솔원칙, 행정
2과 군인력, 관리, 해외파병
3과 현역병 및 예비군복무, 군대내의 여성문제
4과 직업군인 및 지원복무자 통제
5과 복지, 장병 및 가족 문제

출처: 권세기, 국회에 「국방옴부즈맨」을 설치하자, 2003.
http://www.bundestag.de/htdocs_e/parliament/administration/orgplan.pdf

셋째, 장교 진급에 대해서이다. 장교들도 진급이나 봉급단계 상승이 지연되어 많은 민원을 냈으며 특히 특과장교들은 야전장교에 비해 불이익을 당한다는 민원이 있었다. 처리결과 둘의 경력관리제도가 서로 다르며, 야전장교 보직이 더 많고 봉급단계 체류기간이 보다 짧다. 2004년 국방예산에서 특과장교 보직수를 늘렸다.

넷째, 지휘통솔 분야에서도 민원이 적지 않았다. 상급자의 임무나 의무이행, 명령권 행사 등에서 문제점을 노출한 사례이다. 우선 군대 내 신체적 가혹행위 민원을 보면 총 94건 중, 동료병사에 대한 폭력 43건, 상관 공격 16건, 부하 가혹행위 35건이었다.

명령권 남용 사례를 보면 하사가 신병을 저녁 10시에 옥상으로 불러 얼차려 및 엎드려뻗치기를 명령하였고 이에 명령권 남용과 의무 위반으로 해임되었다. 다른 명령권 남용 사례를 보면 부대장인 대위가 직무의무 위반을 한 여러 부하병사 가운데 한 병사를 협박 및 임시감금하며 나머지 관련자를 밝히도록 강요하였는데 이 대위에 대해 협박 혐의로 벌금형이 선고되었으며 징계절차도 진행하였다.

대화방식 관련 사례를 보면 한 대위가 중사에게 2명의 사병 앞에서 "명령에 복종하지 않으면 이 널빤지가 부러지도록 널 때리겠다"고 발언하여 이 대위에게 징계법상 벌금이 집행유예로 내려지기에 이르렀다.

징계 및 소원처리 규정에 대한 인지부족이 두드러졌다. 예컨대 신속한 소원처리 원칙을 어겨 지체한다든가, 결정 이유를 밝히고 이의신청 절차를 고지해야 하는데 그렇게 하지 않은 경우, 징계 전 소명 기회 (증인청문과 피징계자 심문 등) 부여 소홀 등이 있었다.

다섯째 남녀 군인 공동생활 관련 사항이다. 소위가 여성 일등병의 사무실을 빈번하게 방문하다가 기회가 되자 여군 어깨와 가슴을 만지며 이렇게 하면 성적 가혹행위의 예를 보여주는 것이라고 말하면서 여

군이 사생활 관련 질문에 사실대로 대답하지 않자 징계절차를 내세워 위협하였고, 이에 소위는 인격침해, 모욕, 위협 혐의로 지방법원에서 집행유예로 처벌되었다. 다른 예를 보면 여성 의무장교가 부하병사에게 '안녕, 귀여운 것'이라고 하며 의료도구를 건네 달라고 부탁한다든가, 일등병 여군이 하사에게 어깨를 살짝 치며 허벅지 부분을 만졌으며 이에 해당 여군들에게 경고조치를 취했다.

마지막으로 여섯째, 해외파병 연방군 운영 실태, 의무복무제, 예비군 실태, 의무군 실태, 방사능 오염, 급여지급 실태, 군인참여제도, 군인의 정치활동, 정치교육, 따돌림 실태, 연방군 성 문제, 자살 및 사망 사고, 군내 극우주의, 약물복용, 교육훈련 실태, 근무 부대 여건, 두발 등 장식과 복장, 전직 직원에 대한 서비스, 개선 신청안 처리 문제, 연방군 대학 재학 중 부업금지, 군내 종교생활, 군인복지지원 등에 대해 민원이 있었다.[59]

우리나라 정부는 독일 군사옴부즈맨 제도를 벤치마킹하고자 노력하였으나[60] 실제로 2007년 초부터 시행에 들어간 국민고충처리위원회 군사고충민원처리 제도는 의회형이자 헌법과 법률적 근거를 명확히 가지고 있으며 일반 옴부즈맨과도 별도로 설치 운영 중인 독일 군사옴부즈맨 제도와는 크게 동떨어진 것이라는 점은 바로 알 수 있다. 향후 근본적인 전환이 시급하게 이루어져야 한다.

---

59) 독일 군사옴부즈맨은 1956년 헌법 제45b조 개정으로 신설되었다. 독일 군사옴부즈맨 역사에 대해서는 "Parliamentary Commissioner for the Armed Forces," Deutscher Bundestag, Berlin을 참조할 수 있다. 독일헌법재판소는 1994년 7월 12일 독일 연방의회 단순 과반수 의결로 집단안보의 무장작전에 참가할 수 있다고 판결한 바 있다.

60) 국민고충처리위원회 정책연수팀이 2003년 하반기, 청와대 군사옴부즈맨 T/F팀이 2006년 초 군사옴부즈맨 연구를 위해 독일 군사옴부즈맨을 직접 방문한 바 있다. 우리나라 국방부 측은 군사옴부즈맨을 국방부 소속으로 두자는 캐나다 군사옴부즈맨 모델을 선호했으나 받아들여지지 않았다.

5. 기타 군사옴부즈맨 모델

캐나다와 독일 외에도 독립적인 군대감시 제도로서 군사옴부즈맨 모델은 두 가지가 더 있다. 즉 하나는 군 내부에 속해 있는 통합적인 군대감시제도 유형이며 다른 하나는 의회옴부즈맨이나 인권옴부즈맨과 같이 일반 옴부즈맨에서 군대와 국방문제까지 함께 담당업무로 처리하는 문민(시민)감시제도 유형이다. 둘 다 각각의 장단점을 가지고 있다.

예컨대 독일이 군사 분야에서만 옴부즈맨 제도를 운영한다면 스페인은 일반 옴부즈맨 기구가 군사옴부즈맨 기능을 통합하여 수행하고 있다. 두 나라 모두 파쇼독재에서 민주화되는 과정에서 그 상징적 징표로써 옴부즈맨을 도입한 것으로 평가할 수 있다. 스페인 연방옴부즈맨도 군사옴부즈맨으로서, 최근 이라크에 파견된 한 하사관이 제기한 부상 관련 민원, 군복무 중 걸린 질환에 대한 경제적 지원을 받을 권리 등에 관한 민원 등이 제기되어 처리된 것을 최근 연차보고서에서 확인할 수 있다.

어쨌든 군의 체계상, 군 지휘부와 군 집행부는 통합형을 선호하는 경향이 있다. 지휘통제가 더 용이하다고 보면서 군 작전의 효율성을 보호하는 데 더 주안점을 두기 때문이다. 이 군사옴부즈맨 유형의 통상적인 명칭인 '군감찰관'은 작전사항에 관여하며 현역군인 신분이다. 하지만 이 군사옴부즈맨 유형의 가장 큰 결점은 군 스스로 자체 감시를 담당한다는 점이다. 따라서 이로 인하여 이해관계의 상충을 초래하며 이 감시기구가 제시한 시정권고 방안에 대한 신뢰도가 손상되기 쉽다. 이 유형은 선진민주국가 및 민주화 이행국가들에 있어서 가장 흔한 유형으로 되어 있다.

다른 한편 위에서 예로 든 스페인처럼 문민감시기구가 군대감시 업

무를 담당하는 제도의 경우, 군인의 권리가 전체 국민들의 권리와 비
교하여 부당하게 차별당하지 않도록 보장할 수 있는 장점이 있다. 하
나의 옴부즈맨 기관에서 업무를 함께 처리하면 다른 전문 군사옴부즈
맨 사무소를 따로 두는 것보다 비용도 적게 든다. 하지만 그와 동시에
문민감시제도는 국방 분야 업무를 처리하는 데 필요한 전문성이 부족
하며 군인들이 직면하는 특정의 구체적인 문제들을 제대로 인식하여
처리하지 못하기 쉽다. 이 모델을 택하는 나라는 스웨덴과 스페인을
포함하여 우크라이나, 포르투갈, 리투아니아 등이 있다. 극도로 약화된
형태로나마 우리나라 국민고충처리위원회 군사고충민원처리제도도 여
기에 속한다고 볼 수 있을 것이다.

이처럼 별도의 독립적인 군대감시제도는 군대문제에 전념하여 처리
하며 감독대상으로부터 일정한 거리를 두고 업무를 처리한다는 장점이
있다. 이 옴부즈맨 모델에서 공개적으로 보고서를 발표하는 권한은 의
회의 감독역량을 강화하며 군대의 투명성과 민주적 책임을 더욱더 제
고시켜 준다. 이 모델은 군대 위계질서에서 금기를 깨뜨리며 국방 분
야 옴부즈맨에 속하는 문민관리계층이 정말 독립적이며 불편부당하고
공정하며 시정권고의 실효성을 갖추고만 있다고 한다면 커다란 신뢰와
지지를 획득하게 된다.

하지만 이상에서 언급한 군사옴부즈맨 모델들에 대하여 문제해결을
위한 대안들을 개발하여 실행에 옮기기 위하여 시행하는 조직옴부즈맨
유형과 혼동하면 안 된다. 이 제도는 최근 기업과 대학 등의 교육 분
야, 그리고 각종 사회단체 등에서 유행하고 있다. 따라서 이 접근방법
은 국방 분야에서는 그다지 보편적이진 않다.

이상과 같이 각기 다른 여러 가지 군사옴부즈맨 모델들이 적용되고
있다고는 해도 군대에 대한 감시나 민주적 책임 제도가 아예 없거나

별 의미가 없는 경우도 있으며 독재국가와 민주주의에 실패한 국가들이 여기에 해당한다는 점을 지적할 필요가 있다.

사실 안보 분야 전반이 협력할 수 있도록 하는 것이 점점 더 중요해진 안보환경에서 등장하는 한 가지 물음은 과연 군사옴부즈맨이 안보 분야의 모든 행위자들을 감독해야 하는가 여부이다. 어느 경우가 되었든 군대 외에도 안보 분야 행위자들에 대한 감시수준을 제고해야 한다는 단호한 의지가 필요하다. 안보 분야에 대한 감시 기능은 국방 분야 감시보다 훨씬 뒤져 있는 경우가 많다. 군대와 안보 분야 행위자들은 점점 더 자기 국가의 국경과 전통적 군 배치 영역을 크게 넘어서는 환경에 처해 있음을 인식하고 있다. 이런 전개 상황은 감시기능에 대해서도 매우 중요한 의미를 부여하기에 이르렀다.

군사옴부즈맨 제도를 운영하는 국가들이 아직은 소수에 불과하지만 점점 더 많아지고 있는 추세이다. 군사옴부즈맨을 운영하는 국가들은 상호 관심사를 논의하는 다자간 국제회의체를 꾸려 군사옴부즈맨 제도에 대한 관심의 개발을 도모하도록 해야 한다. 여러 형태의 지역별 기구 혹은 국제기구들 역시 감시 영역에 직간접적인 몫을 감당해야 한다. 이 국제기구들은 지역별 그리고 포괄적 감시방법 및 감시기관의 윤리규범을 개발 방안 등을 검토하여 결정하도록 해야 한다.

미국 미주리 주 재향군인위원회는 제대군인들의 군사옴부즈맨(Veterans Ombudsman)이라는 이름으로 활동하고 있기도 하다.[61]

한편 제네바 민주적 군통제연구센터(DCAF) 측은 2005년 3월 21일 제네바에서 라운드테이블을 개최하여 선진국의 군사옴부즈맨의 여러 측면들을 정리하여 신흥 민주국가들에게 어떻게 적용할 수 있는가를 논의한 바 있다.[62] 당시 민주주의 이행기 국가들에게 가장 밀접한 이

---

61) Missouri Veterans Commission과 Missouri Military Preparedness and Enhancement Commission의 2005년 10월 19일 회의록 참조.

슈들을 토론하기 위하여 패널들이 제기한 질문들은 다음과 같다.

첫째, 누가 군사옴부즈맨에 민원을 제기할 수 있는가? 군인, 전직군
인, 제대군인, 군인의 아내와 부모와 자식들과 다른 가족, 군에 대해
민원인 있는 시민 등.

둘째, 그 밖에 누가 조사와 수사를 개시하게 만들 수 있는가? 의회,
국방장관, 군지휘부 등.

셋째, 군사옴부즈맨에게 직권조사와 수사권과 현장 감찰권을 부여하
고 있는가?

넷째, 군사옴부즈맨에게 민원을 낼 수 있는 사건의 종류는 어떤 것
들인가? 개인의 잘못, 일부 군 행태의 개선이나 개혁 청원 등.

다섯째, 군사옴부즈맨이 해당 사건을 인용하기 위해서는 어떤 전제
조건이 필요한가?

여섯째, 군사옴부즈맨은 어느 기관 소속으로 하는가? 국방장관, 총
리, 대통령, 의회 등.

일곱째, 문민 군사옴부즈맨(즉 일반 옴부즈맨이 군사옴부즈맨 기능
까지 겸하는 통합 옴부즈맨 형태)과 전문 군사옴부즈맨의 차이점은 무
엇인가?

---

62) 참석자들은 잉그리드 보이틀러 여사(Mrs. Ingrid Beutler), 한스 본 박사
   (Dr. Hans Born), 바바라 핀레이 여사(Mrs. Barbara Finlay), 필립 플러리
   박사(Dr. Philipp Fluri), 게발리 교수(Prof. V-Y. Ghebali), 데이빗 로우
   (Mr. David Law), 안드레 마린(Mr Andre Marin), 옥사나 미슐로부스카
   양(Miss Oksana Myshlovska), 테오도르 윙클러 대사(Amb. Theodor
   Winkler), 그레고르 조레 대사(Amb. Gregor Zore) 등이었다. 당시 회의에
   서 인사말(테오도르 윙클러 대사), 군사옴부즈맨의 기능: DCAF 프로그램
   에서 군사옴부즈맨의 중요성(필립 플러리 박사, 데이빗 로우, 한스 본 박
   사), 제1세션 캐나다 군인인권의 대표 캐나다 군사옴부즈맨의 역사적 배
   경과 관할범위 및 특성(안드레 마린), 제2세션 군사옴부즈맨의 구체적 수
   단: 연차보고서, 직권조사 및 수사권 등이 진행되었다.

여덟째, 군사옴부즈맨의 판정은 어떤 성격을 가지는가? 단순한 시정 권고에 불과한가 아니면 결정권을 갖는 것인가, 우수 사례와 우수 절차에 관한 것인가?

아홉째, 그 밖에 군사옴부즈맨의 영향력은 어디에서 나오는가? 군사옴부즈맨 활동 및 군의 위상에 관하여 의회에 직접 보고하며 의회 국방위원회에 연차보고서 제출과 공표 등.

열 번째, 어떠한 국가들이 군사옴부즈맨에 대해 제대로 파악 혹은 시행하고 있으며 현존하는 군사옴부즈맨에 가장 탁월한 유형화와 분류는 어떻게 하면 되는가?

열한 번째, 군사옴부즈맨 경험과 다른 문민 분야만 담당하는 옴부즈맨 경험 사이에 차이점은 무엇인가?

열두 번째, 신흥 민주주의 국가에서 군사옴부즈맨의 역할은 추가적으로 어떤 의미와 가치가 있다고 볼 수 있는가?

열세 번째, 군사옴부즈맨과 군사법제도, 이 둘은 어떤 관계에 있게 되는가?

열네 번째, 군사옴부즈맨은 비밀정보나 고급정보에 대해 접근권을 어느 정도 가질 수 있는가?

6. 우리나라 군사옴부즈맨

우리나라 군에서는 매년 200명가량의 장병들이 매년 군 복무와 관련하여 사망한다. 차량, 항공, 폭발, 추락, 익사, 화재 등 안전사고로 사망한다. 구타, 폭행, 가혹행위로 인해 사망하며 개인 신상문제 혹은 복무에 대한 불만이 동기가 되어 일어나는 자살로 사망하는 경우도 적지 않다. 그리고 1000명 가까운 장병들이 매년 정신질환에 시달린다.[63] 그래서 2007년 1월 시행에 들어간 우리나라 국민고충처리위원회 내의 군사옴부즈맨 부서는 원래 군인의 기본권을 보호하고 군내 각종 사건사고를 조기에 식별하려는 목적으로 독일 연방의회에 설치되어 있는 '국방옴부즈맨' 제도를 벤치마킹한 것으로 되어 있다.[64] 하지만 이 군사옴부즈맨 제도는 의회형인 독일 모델과는 아무런 상관이 없다. 저자는 국민고충처리위원회 소속 군사옴부즈맨을 우리나라 시민인권운동 진영의 패배라고 규정하고 이를 시정하는 데 인권현장에 서있는 이들이 긴 호흡으로 나서야 한다는 견해에 대해 전적으로 동의를 표한다.[65]

국방부는 2005년 11월 경기도 연천 최전방 GP 총기난사와 같은 유사사건을 막고 군인의 기본권을 보호하기 위한 병영문화 개선 후속 대책의 일환으로 독일이 운영하는 '국방옴부즈맨' 제도를 도입하겠다는 의도를 나타낸 바 있다. 국방부 차관보는 2005년 12월 독일을 방문해 군사옴부즈맨제도의 운영 전반에 관한 자료를 수집하였다. 독일 연방의회에 설치된 국방옴부즈맨은 군인의 기본권을 보호하고 군의 '내부지휘원칙'이 준수되도록 감독해 군을 헌정질서와 민주사회에 통합시키는 것을 주요 임무로 삼고 있다. 우리나라 국방부는 '군복을 입은 군인

---

63) 과거 통계지만 한 해 약 4백여 명의 군인들이 사망하며, 그 가운데서 죽음의 원인이 투명하게 밝혀지지 않은 '군대 의문사'는 1백20여 건에 달한다. 「시사저널」 1999. 5. 27.

64) 우리나라 군사옴부즈맨 설립배경이나 소개 글로는 다음을 들 수 있다.
안정애, "동생의 악몽" 한겨레 21 제482호 [논단], 2003년 10월 30일 제482호.
권세기, 국회에 「국방옴부즈맨」을 설치하자, 2003.
이계수, 군대 내 구타 가혹행위 및 그로 인한 사고를 방지하기 위한 법적 제도적 방안에 관한 연구, 민주법연 홈페이지.

65) 이계수, "가고 싶은 군대, 보내고 싶은 군대? 군 옴부즈맨, 혹은 군인 인권의 호민관", 월간 사람 18호 2006년 12월호.

은 정부의 정책에 철저히 따라야 하고 지원해야 하며 민주주의적인 민주군대를 지향해야 한다'는 참여정부의 국방 문민화계획과 일맥상통한다고 평가하였다. 독일 연방의회에서 비밀투표에 의해 재적 의원 과반수의 찬성으로 선출되는 임기 5년의 군사옴부즈맨(1인)은 군인과 군인 가족의 청원 접수, 부대방문, 자료요청 등의 방법으로 군인 기본권 향상 업무를 수행하고 있다.

독일식 군사옴부즈맨 제도를 국내에 소개한 권세기 국회 입법정보연구관이 "군의 민주화와 군인들의 인권보호에 관한 사회적 요구를 더 이상 간과해서는 안 되며 국회에서 군을 통제하고 군인의 인권을 개선할 수 있는 더욱 실질적인 수단이 필요하다"고 지적한 바 있으나 받아들여지지 않고 대신 대통령 소속 국민고충처리위원회 내의 일개 부서 형태로 우리나라 군사옴부즈맨이 설립 운영되기에 이르렀다.

그리고 2006년 12월부터 2007년 2월까지 국민고충처리위원회 군사고충민원으로 접수된 민원 내용과 일부 처리 상황은 다음과 같다.

○ 군복무구타, 퇴직금, 공상인정 및 의병전역요구, 군사시설편입보상, 군 장비개발 관련 이의, 군자살사건 원인규명 요청, 우선협상 지위 박탈, 국가유공자 등록, 전사보상, 군복무보상, 이중 복무 배상, 입영연기, 무죄증명 및 명예회복, 공중보건의 처분, 전역이의, 군 퇴직금 지급, 국가유공자지정, 청소년유격대 전사자 위령탑 건립, 독립유공자 취업보호 등 접수

○ 비공상처리 이의: 영내거주장병 서신으로 신청한 내용으로, 신청인(육군 일병)은 부대 내에서 운동 중 무릎을 다쳐 민간병원에서 수술을 받았으나, 중대장은 입대 전 질병이라 공상인정을 할 수 없다하니 해결해 달라고 요구.

○ 사관학교 퇴교 이의: 신청인은 해군사관학교 4학년 여생도로서 체력측정시험에 불합격하였으며 훈련 중 실신까지 함으로써 정밀신체검사결과 미주신경성, 재활성 환기장해(폐 기능 60%)라는 진단으로 2007. 2월 졸업사정 시 퇴교 예정인바, 소위 임관은 못하더라도 졸업 및 학사학위수여는 받도록 해 달라. 신청인이 임관은 못하더라도 학위수여는 가능한지 관련 법률을 검토하며, 1년간 휴학 후 체력검정 및 신체검사 재검정이 가능한지 여부를 확인 중이다.

○ 입소유예건의: 훈련소 입소와 퇴소를 3번이나 반복하고 있는데 재신체검사 7급(등외) 판정 시 질병을 치료할 수 있는 충분한 기간을 달라고 요구.

○ 병역면제요구: 신체등위 4급 판정으로 입소하였으나 훈련이 불가능한 사유로 3회에 걸쳐 귀가조치 되고 4년간 정신질환 치료를 받고 있어도 나아지지 않고 있으니 병역을 면제시켜 달라고 요구.

○ 벌금납부 이의: 운전병으로 작전 중(2006. 10.) 사망사고를 내어 합의는 보았으나 벌금 500만원을 납부해야 하는바, 벌금에 대해 국방부에서 책임져 달라고 요구.

○ 공상재심의 요구: 신청인은 현역 육군대위로서 2003. 3. 5. 출장 후 사단 영내 독신자숙소로 복귀하기 위해 택시를 기다리던 중 22:30 경 교통사고를 당하였으나, 일과이후 발생 사고라는 이유로 경찰에서 사고조사를 함에 따라 당시 소속부대에서 공상심의를 받지 못하고 위규보직 등의 불이익을 당하였음. 이후 타부대로 전출된 후 2006. 4. 7. 공상심의를 받았으나 공상으로 인정받지 못하였는바, 신청인의 의견을 반영하여 재심의 하는 한편, 위규보직을 근절해 달라고 요구.

○ 공익복무 면제 요구: 아버지가 구치소에 수감되어 있어 가족의 생계를 공익근무요원인 신청인이 책임지고 있으니 복무(파주 세무서)

를 면하게 해 달라고 요구.

○ 징병검사 이의: 징병검사 당시 "만성 유착성 화농성 중이염"으로 공익근무 대상인 4급에 해당 되었으나 담당군의관이 현역입영대상인 3급으로 판정하여 의경을 지원하게 되었고, 논산훈련소 입소 후 중이염이 악화되어 경찰병원에서 수술을 받았으나 전공상심의위원회에서 비공상으로 판정하였는바 징병검사와 전공상심의에 대해 조사해 달라고 요구.

○ 군복무중 질병 보상 요구: 군 입대 전 건강하였던 신청인 아들은 자대 배치 후 우울증과 불안증세로 치료를 받았으며, 결국 의병 전역하였는바, 이는 군 복무시절 구타 및 가혹행위에 원인이 있으므로 사실규명을 요청 함.

○ 공익근무요원의 출근 중 교통사고에 대한 공상인정 요구: 신청인은 대인기피와 폐쇄공포증을 이유로 병역신체검사결과 4급을 받은 후 현재 공익근무요원으로 근무하고 있는 자인데, 이러한 병을 이유로 일반 대중교통을 이용하기 어려워, 오토바이를 타고 출근하던 중 교통사고가 발생하였으나 공상으로 인정받지 못하였는데, 이를 공상으로 인정해주기 요청함.

한편 우리나라 국가인권위원회법은 군 교도소(지소, 미결수용실 및 헌병대영창 포함)를 구금, 보호시설의 하나로 분류하여 방문조사 대상지로 선정해 두었으나 실제로 장병 상호간에 이루어지는 인권침해의 대표적 현장인 내무반 등을 방문하여 조사할 수 있는 권한은 없다. 2007년부터 활동에 들어간 우리나라 군사옴부즈맨에 대해 국민고충처리위원회는 이상과 같은 문제점들은 도외시한 채 군 수사기관에서 수사를 개시하면 고충위의 군사소위원회의 조사업무는 중단된다고 밝혔

다. 즉 국민고충처리위원회 측은 2006년 국정감사자료를 통해 국민고
충처리위원회에 신설되는 군경옴부즈맨에 고충민원으로 군사 관련 민
원이 접수되더라도 군이 수사를 시작하면 해당 민원에 대한 조사업무
를 중단하며 수사 종료 후 군사소위원회에서 조사가 필요하다고 결정
한 경우에 조사를 재개하겠다고 밝힌 바 있다. 향후 우리나라도 군사
옴부즈맨 제도에 대해 개선할 부분은 입법을 통해 개선하거나 근본적
인 전환까지도 도모하도록 해야 할 것이다. 이는 시민사회 영역이 군
문제로 고통 받는 이들이나 단체와 연대하여 감당해 내야 할 몫이다.

제 4 부
법원옴부즈맨과 변호사옴부즈맨

제1장 법원옴부즈맨 이론과 실제:
스웨덴 옴부즈맨

왜 법원옴부즈맨인가?

2007년 2월 현직 법관(당시 전주지법 소속)이 지역 폭력세력과 골프를 치는 등 부적절한 행동을 했다는 이유로 사직을 종용받은 것으로 확인되어 2006년 고법 부장판사가 연루된 '법조비리사건'과 서울동부지검 제이유 수사팀의 '피의자 허위진술 강요사건' 등에 이어 법조계에 대한 신뢰가 끝없이 추락하는 충격을 던져주었다.

이 중 고법 부장판사가 연루된 김홍수 법조비리 사건의 경우 2007년 2월 8일 1심 선고에서 법원은 다시 팔이 안으로 굽는 판결을 내렸다. 이른바 '김홍수 다이어리'는 법조비리 수사를 촉발시킨 '폭탄'이었으나 법원에서 증거능력을 인정받지 못하면서 '불발탄'이 되었다. 특히 재판부가 김 씨 진술과 관련 어떤 부분은 신빙성을 인정하고 어떤 부분은 신빙성을 인정하지 않는 모습을 보여주었다. 법조브로커 김홍수 씨로부터 사건 청탁을 대가로 향응과 금품 등을 받은 혐의로 기소된 전직 판사 2명, 전직 검사 3명, 경찰관 2명, 전 국회의원 보좌관, 세무공무원 등 9명에 대한 1심 판결에서 혐의를 벗은 이들은 대부분 "김 씨 진술은 신빙성이 없다"고 판단한 재판부 덕분이었다. 검찰 출신에 대해서는 모두 유죄를 인정하였다. 김영광 전 서울중앙지검 검사의 경우, 검찰의 1년 구형에 그대로 1년을 선고한 1심 판결이 법조계 주변에서 화제가 됐다. 검찰 주변에서는 혐의를 깨끗하게 인정해 버린 김 검사가 다른 이들처럼 혐의를 부인했다면 "김 씨 진술은 믿을 수 없다"는 재판부에 의해 무죄가 선고되지 않았겠느냐는 냉소적 반응이 지배적이었다.

반면, '법원 식구'에 대한 판결은 솜방망이로 일관했다. 법조비리 '주역'인 조관행 부장판사에 대해 2006년 12월 형사26부는 징역 1년을 선고했다. 법원은 나름대로 '엄벌'에 처했다는 입장을 밝혔으나 검찰은 상당수 혐의가 무죄처리된 것에 반발했다. 당시 재판부는 김씨 진술을 믿지 않는 대신 제3자 진술이 있는 경우만 혐의를 인정, 결과적으로 총 1억 3천여만 원의 금품 수수 혐의 중 2천만 원 부분에 대해서만 혐의를 인정했다. 김 씨로부터 향응과 1천만 원을 받은 혐의로 기소된 김 모 전 대법원 재판연구관에게는 김 씨 진술을 믿을 수 없다는 이유로 2007년 2월 2일 무죄가 선고됐다. 검찰은 법원이 이번 사건 관련 피고인 9명의 재판과정을 통해 김 씨 진술의 신뢰도를 깎아내리려 했다는 의혹을 거두지 않고 있다. 김 전 대법원 재판연구관에 대한 판결에서 재판부는 김 씨 진술을 믿지 못하겠다고 했다. 사건 청탁 대가로 2천만 원을 받은 혐의로 불구속 기소된 이 모 전 경정(42)도 "김 씨 진술에 일관성이 없다"며 무죄가 선고됐다. 그러나 민오기 전 총경의 경우, 형사 21부는 징역 2년 6개월을 선고하며 "김 씨가 허위진술을 하고 있다고 볼 만한 특별한 사유를 찾을 수 없다"고 밝혔다. 결과적으로 김 씨 진술은 선택적으로만 신빙성을 인정한 것이다. 서울중앙지법 형사22부는 김 씨로부터 돈을 받은 혐의로 기소된 김 모 전 국회의원 보좌관과 송 모 전 서울세관 직원에 대해 다이어리의 조작 가능성을 이유로 각각 무죄와 선고유예를 선고했다.[66]

그럼에도 불구하고 흔히 사법기관과 판사 및 검사 등에 대해서는 옴부즈맨의 관할로 하지 않는 것이 여러 가지 이유로 사리에 맞으며 바람직하기까지 하다는, 우리나라에 잘못 전래되어 있는 기존의 옴부즈

66) 문화일보 2007. 2. 8.

맨 시각을 바로잡을 필요가 있다고 생각한다. 유신시대 박정희 대통령의 유신독재나 긴급조치 등을 기반으로 한 '한국적 민주주의'가 결국 일종의 파시즘 체제였다는 점을 상기한다면 외래 제도이면서 민주주의 완성의 중요한 축인 옴부즈맨 제도가 현재 우리나라에서는 시민사회나 국민으로부터 민주적 통제와는 전혀 관계없는 옥상옥의 관료주의 기구로 얼마나 왜곡되어 있는가를 제대로 가늠할 필요가 있다. 국회의원이나 판검사를 수사대상으로 하는 공직자비리수사처가 아예 입법조차 되지 못하고 있는 것은 우리나라 수구 사법 권력의 강고한 기득권 고수 전략이라는 벽에 막혔기 때문인 것으로 볼 수 있다. 우리나라 독자들이 스웨덴과 유럽 등의 외국 법원옴부즈맨를 소개하는 이 책을 통하여 이른바 '우체통'이라고 불리는 국민고충처리위원회가 아닌, 우리나라에서는 제대로 논의조차 되고 있지 못한 이 고위공직자비리수사처라는 기구야말로 바로 제대로 된 '법원 검찰 옴부즈맨'이라는 점을 인식할 수 있다면 다행이라고 생각한다.

사법부 독립의 신화, 그리고 법원옴부즈맨

옴부즈맨(Ombudsman), 시민도우미(Citizen's Aide), 공공민원담당 커미셔너(Public Complaints Commissioner) 등은 모두 관료지배에서 노정되는 문제점들에 대해 시민 입장을 대변하는 공직자라는 같은 의미를 갖는다. 통상 이런 정부옴부즈맨 혹은 국가옴부즈맨은 허공에 떠 있는 개념이 아니라 법에 의해 그 존재와 관할과 권한이 정해져 있다. 옴부즈맨이 될 자격은 정직과 청렴성이 가장 본질적인 요건이며 어느 나라든 옴부즈맨의 성패는 이런 옴부즈맨을 제대로 찾아 임명하는 데 달려 있다.

민주주의 국가에서 정부에 대해 시민이 정부 공직자의 잘못에 대해 구제를 청원하는 권리는 기본권에 속하며 가장 곤경에 처해 있는 시민과 정부기관 및 공직자 사이에서 이 업무를 담당하는 것이 곧 옴부즈맨이다. 따라서 이 옴부즈맨이 법원에까지 확장하여 적용되지 말아야 할 이유는 전혀 없다. 현대 민주주의 국가에서 사법부는 관료제 통치 구조의 본질에 속해 있으며 따라서 이 법원에 대해 외부의 독립적인 통제 메커니즘의 설치 운영 역시 법원의 잘못에 대해 신속한 시정을 보장하는 데 필수적이라고 하지 않을 수 없다.[67]

다음으로 법원옴부즈맨의 개념과 근거를 살펴보도록 하자. 먼저 법원옴부즈맨의 정당성을 위해 무슨 거창한 삼단논법이나 심오한 논리 전개가 필요한 것은 아니며 주권은 인민, 즉 국민에게 있다는 바로 이 점에서 결코 부인할 수 없는 것이라고 볼 수 있다. 사법부의 독립이라는 개념은 사법부의 민주적 책임 확보를 포함하고 있는 개념이며 사법부 역시 당연히 민주적 책임을 져야 한다. 사법부는 법적으로는 보다 상위의 법원에 의해 판결이 심사를 거치게 되며 공론 차원에서는 사회적 권력을 이루는 정치권 및 이익집단에 대하여 민주적 책임을 지고 비공식적으로는 판결에 영향을 받게 되는 법조계 및 일반 시민 모두가 자신들 영역에서 판결의 시시비비를 지적하게 된다는 점에서 민주적 책임을 진다고 말할 수 있다.

법원은 시민의 권리 보호를 위해 존재하므로 판사는 결코 시민의 권리를 침해하지 않는다는 그저 단순하기 짝이 없는 논리에 빠져서는 안 된다. 그와 같은 논리는 그와 같은 단언과, 법원에서 일상적으로 실제로 벌어지는 경험은 전혀 다르다는 점에서, 허위일 뿐만 아니라 향후 민주주의 제도의 발전을 부당하게 가로 막는다는 점에서 해롭기까지 하다.

---

67) 아돌프 드 카스트로는 이런 입장을 명확히 밝히고 있다. R. Adolfo de Castro, "The Ombudsman and the Myth of Judicial Independence", *UCI Ombudsman: The Journal 1994*, California Caucus of College and University Ombudsman. 카스트로는 푸에르토리코 학자이다.

그 외에도 법원의 확대와 전문화, 일부 판사의 인성이나 전문성 부족, 많은 판사들의 오만, 소정의 판사 해임절차의 활용 부재, 증인과 양 당사자 그리고 변호인 등이 당하는 고충이나 민원을 해결하기 위하여 법원 스스로 만들어 운영하는 제도의 절차의 실효성 부재 등등의 요인들이야말로 법원옴부즈맨의 필요성을 더욱 크게 하고 있다.

법원옴부즈맨은 법원 행정이나 판사 관리가 허술한 곳에서는 설 땅이 없다. 법원옴부즈맨이란 법원의 잘못을 도맡아 감독하여 조사 시정하는 배타적인 권한을 가진 것이 아니며 오히려 고품격 통제와 개선을 위한 제도이기 때문이다. 결국 법원옴부즈맨은 뛰어난 사법제도에서만 존립할 수 있는 것이라고 보아야 한다.

법원옴부즈맨은 법원 및 소속 판사들을 위해서도 필요하다. 잘못을 찾아내 시정과 복구 방안을 제시해 주기 때문이다. 그 결과, 헌법상 법원옴부즈맨에게 법원 감독권이 부여되어 있는 스페인의 경우 양자 간의 의사소통이 매우 원활하게 이루어지고 있다. 사법권총연합회 측은 소식지에 사법절차나 법원관리에 관련된 옴부즈맨의 시정권고 내용을 게재하며 이를 통해 양자는 서로 보조를 맞출 수 있다. 핀란드 법원담당 의회옴부즈맨의 경우, 법원에 대해 시정권고는 하나 지시는 할 수 없으며 시정권고도 행정적 잘못에 대해 극히 드물게 이루어질 따름이다. 핀란드 옴부즈맨이던 소더만은 "사법부가 아무런 통제나 감독도 받지 않는다는 건 옳지 않으며 현명하지 않다. 인류역사상 무한권력에 의해 잘못되고 만족스럽지 못한 일이 생긴 사례가 많음을 보여주고 있다"고 지적한 바 있다.

사실, 사법부 독립이라고 하는 것은 하나의 '신화'라는 측면이 강하다. 흔히 법원을 감독하는 법원옴부즈맨 제도에 있어서 당면한 가장 큰 문제는 사법부 독립을 침해하는 것은 아닌가 하는 점일 것이다. 하지만 이는 전혀 사실이 아니며 사법부의 독립은 헌법상 보장되어 있다. 나아가 법원의 법적 조직 이상으로 판사 개개인이야말로 건강한 법의 지배 원칙을 지키는 핵심 요소이다.

사법부의 독립이란 전혀 아무런 통제도 받지 않는 영역을 뜻하는 게 아니며 마치 서로 통하지 않는 쌍굴 터널처럼 사법부와 입법부 혹은 집행부가 전혀 의사소통이 되지 않는 것을 가리킨다고 생각해서도 안 된다. 스페인 헌법재판소는 입법부, 행정부, 사법부 등으로부터 독립된 헌법기관이다. 견제와 균형이란 그야말로 절대적인 사법부 독립이란 존재하지 않으며 따라서 신화에 불과함을 잘 보여준다. 한편 사법부의 독립에서 본질적 요소는 판사의 법적 요건(지적 역량, 능력, 윤리의식 등), 법적 승진요건, 임기 보장, 법원자치 보장, 독립에 필요한 충분한 봉급, 판사노조를 포함하여 판사 발전을 위한 자유로운 판사단체 설립 등이라고 할 수 있다. 이런 점들을 바탕으로 하여 법의 지배 원칙 고수 및 모든 정치권 인사에 대한 접촉 배제 등을 관철시켜 나가도록 해야 비로소 사법부의 독립이 지켜질 수 있다.

미국의 경우를 보면, 사법부의 독립에 필요한 여러 가지 요소들이 결여되어 있어서 사법부의 독립이라고 하는 게 법원옴부즈맨에 의해 저해될 가능성은 전무 하다시피 하며, 오히려 법원옴부즈맨 제도야말로 사법부의 독립을 보다 더 촉진시키며 잘 보장해 줄 수 있다. 그리고 법원옴부즈맨이야말로 정부를 통제하는 가장 효과적인 수단이라는 점을 유념할 필요가 있다.

스웨덴 옴부즈맨

개 요

2백여 년 전 옴부즈맨을 창설하고 지금까지 그 원형을 유지하고 있

302 제 4 부 법원옴부즈맨과 변호사옴부즈맨

는 스웨덴 옴부즈맨은 JO(Justitieombudsmannen) 혹은 의회옴부즈맨
(Parliamentary Ombudsmen, Riksdagens ombudsmän)이라고 불린다.[68]
현재의 스웨덴 옴부즈맨은 시민의 기본권 및 자유 보장 업무를 담당하
며 이를 위해 정부나 지방정부 혹은 그 공무원에 대해 잘못이나 부당
함에 대해 민원제기[69]를 접수하여 처리한다. 이때 국회의원, 장관, 국
가법무관(Chancellor of Justice),[70] 지방의원, 그리고 별도의 자체 분야
의 옴부즈맨 제도가 있는 신문, 라디오, TV 방송, 노조, 은행, 보험회
사, 민간의사, 변호사 등은 이 의회옴부즈맨에 민원을 제기할 수 없다.

원래 스웨덴 옴부즈맨은 왕정시대인 1809년 최초로 왕권(구스타브 3
세의 전제정치)에 대해 몽테스키외의 권력분립론 사상을 실현하면서
법령이 제대로 지켜지도록 하기 위하여 의회가 의회옴부즈맨을 선출한

---

68) 스웨덴 옴부즈맨 홈페이지 주소는 http://www.jo.se 이다.
69) 스웨덴 옴부즈맨은 법원과 공공기관의 활동을 감독한다. 그러나 옴부즈맨
   은 판결과 결정 내용 그 자체에 대해서는 심사하지 않는다. 판결이나 결
   정의 변경을 원하는 시민은 옴부즈맨에게 민원을 제기하지 말고 통상 행
   정법원 혹은 항소법원에 항소토록 해야 한다.
70) 스웨덴의 국가법무관(혹은 정부법무관, the Chancellor of Justice)은 1713
   년 도입되었으며 정부가 임명하는 비정치적 공무원이다. 임명 시기와 임
   기는 정해져 있지 않으며 국가법무관은 연금을 받으며 퇴임할 때까지 본
   인이 원하는 동안 재임한다. 일단 임명되면 정부가 바뀌어도 그대로 재임
   한다. 국가법무관은 엄격히 법적인 관점에서 그리고 완벽하게 독립적으로
   업무를 수행하도록 하고 있다. 국가법무관의 업무범위는 다음과 같다. 1.
   재판 및 법적 분쟁에서 국가를 대리한다. 2. 국가를 대상으로 한 민원 및
   손해배상 청구를 접수하며 이에 대해 재정적 보상액을 정한다. 3. 법적 문
   제에 대해 국가를 자문한다. 4. 정부 각 기관과 공무원 감독에 있어서 정
   부 옴부즈맨으로서 활동하며 잘못이 있는 경우 상응하는 조치를 취하도
   록 한다. 5. 신문과 미디어의 자유가 제한된 범위를 넘어서지 않도록 보장
   하며 언론의 자유를 침해하는 경우 유일한 공공기소자로서 임하도록 한
   다. 6. 여러 분야에서 프라이버시 보호의 수호자로서 역할을 하도록 한다.
   출처 http://www.justitiekanslern.se/

것으로서 지금까지도 그 원칙에 따라 활동하고 있으며, 전세계 옴부즈맨 확산의 요람 역할을 훌륭하게 수행해오고 있다. 최초 옴부즈맨은 판사와 공직자에 대해 시민의 권리를 보호해 주도록 하는 것이 임무였으며 국가법무관과 마찬가지로 기소권을 갖도록 하였다. 그러나 점차 경미한 것은 기소 대신 훈계에 그치는 방향으로 바뀌어나갔다. 현재까지 스웨덴 옴부즈맨이 기소자 역할을 하는 경우, 기소자에 관한 법령에 따라야 하도록 되어 있다. 1957년 의회옴부즈맨은 지방정부에 대해서도 관할하게 되었다. 그리고 당초 기소자의 처벌 위주에서 점차 권고나 협력기능으로 바뀌어 왔다. 최초 옴부즈맨은 1명이었으나 현재는 4명의 옴부즈맨이 분야별로 맡고 있다.

현재 스웨덴 옴부즈맨은 4년 임기로 재선이 가능하고 자격요건은 따로 없으나 통상 법조인이 선출되며 지금까지 초대 옴부즈맨만 법조인이 아니었다. JO라는 용어는 의회옴부즈맨 직책과 옴부즈맨 개개인을 함께 가리키는 용어이다. 연간 총 6천 건 정도의 민원을 접수하여 처리하고 있다. 스웨덴 옴부즈맨의 법적 근거는 헌법과, 정부조직법 제12장 제6조와 제8조, 국회법 제8장 제11조, 제9장 제8조, 의회옴부즈맨조직법, 비밀보장법 제11장 제4조, 의회옴부즈맨 사무처 훈령 등으로 이루어져 있다.[71]

스웨덴 옴부즈맨의 권한을 보면 기소권까지 갖는 일종의 특별검사로 자리매김 되어 있다. 그러나 통상 이 권한은 거의 사용하고 있지 않으며 단지 그런 권한을 갖고 있다는 것만으로도 옴부즈맨이 커다란 권위를 가지고 있음을 보여준다. 그리고 징계 개시권도 보유하고 있다. 하

---

71) 꽤 기다란 해당 법조문은 다음 웹사이트에서 영문으로 볼 수 있으며 이 부분에서 제시한 스웨덴 옴부즈맨의 법적 표현이 잘 드러난다.
http://www.jo.se/Page.aspx?MenuId=37&MainmenuId=12&ObjectClass=DynamX_Documents&Language=en

지만 가장 흔히 사용하는 권한은 시정권고 조치권이라는 형태의 비판적 자문과 지적이라는 방식으로 되어 있으며 법적 구속력은 없다. 한편, 옴부즈맨은 정치적 중립성을 가지고 있다. 의회 역시 옴부즈맨 활동에 대해서는 관여하지 못하며 다만 예산배정 및 촉구 정도를 할 수 있다. 옴부즈맨 예산도 재무부나 행정부가 아닌 의회만 관여하여 조정할 수 있다.

조직과 옴부즈맨 인사

다음 조직을 보면, 우선 스웨덴 옴부즈맨 사무소는 스톡홀름 단 한 곳에만 있다. 4명의 옴부즈맨 중 1명은 수석옴부즈맨으로 되어 있긴 하나 동등한 권한을 갖고 있으며 노란색 옴부즈맨, 하얀색 옴부즈맨, 푸른색 옴부즈맨, 빨간색 옴부즈맨으로 불리고 있다. 총무국장과 8개 과장 및 각 옴부즈맨별로 사건처리 담당자가 있으며, 이들은 옴부즈맨 사무국장이 임명한다. 직원 수는 총 50명 정도이며 이 중 30~35명은 변호사로 충원되어 있다. 현재 스웨덴 옴부즈맨의 인원수는 4명의 옴부즈맨을 포함하여 55명가량이다. 각 옴부즈맨은 2명의 과장과 5~7명의 사건처리 담당자를 거느리며 총 10명 정도의 직원을 두는 셈이다. 이 중 사건처리 담당자는 대부분 젊은 판사들로 이루어져 있으며 이들은 옴부즈맨 밑에서 5~7년 정도 근무하다가 판사로 복귀하고 있다. 의회는 두 명의 옴부즈맨 대리를 임명하여 옴부즈맨 유고 시나 병가 혹은 장기 여행 시 대행토록 하고 있다.

민원처리 실태를 보면 스웨덴 옴부즈맨은 연간 5천 건 정도인 접수분 중에서 40~45%는 아무런 조치도 취하지 않는다. 이는 해당 민원이 옴부즈맨의 관할이 아니거나 법원판결 변경을 요구하거나 2~3년 이내라는 제한에서 벗어났거나 의사나 다른 전문성이 요구되는 경우들에

닐스-올로프 버그렌(Nils-Olof Berggren) 옴부즈맨의 담당 분야는
① 행정법원, ② 법률부조, 범죄상해보상, 사면청원, ③ 노동시장, 실업
보험, 인종차별, 평등기회위원회, ④ 지적(地籍)분야, ⑤ 지방행정, ⑥
공공기업, 주류취급 라이센스, 차량등록 등, ⑦ 환경법원 분야, ⑧ 조달,
소비자보호, 공정거래, 가격규제, 유한회사, 상표, 특허 등 산업고용커
뮤니케이션부 관련사항, ⑨ 외국인, 국적, 이민 등, ⑩ 구조 서비스, 공
공질서와 복권과 도박 유흥주점과 폐차장 면허 등, ⑪ 주택, ⑫ 화장
장, 장묘, 종교기관에 대한 정부 지원, ⑬ 문화부 관련사항, ⑭ 외무부
관련사항, ⑮ 의회행정처, 의회소속기관, 총선 관련사항 등이다.

스웨덴 옴부즈맨과 법원감독

이 부분은 2001년 당시 스웨덴 수석옴부즈맨이던 클라이스 에클룬드
(Claes Eklundh)의 글을 중심으로 옴부즈맨이 법원과 판사에 대해서
어떻게 감독하며 업무를 처리하는가를 정리한 것이다.72)

(1) 배 경

고전적 유형의 강력한 옴부즈맨 제도를 운영 중인 스웨덴 옴부즈맨
조차도 실제 법원을 감독하는 경우란 매우 드문 현상으로 되어 있다.
그러나 스웨덴과 핀란드는 옴부즈맨의 법원감독에 있어 오랜 역사를
자랑하고 있다. 이 두 나라를 포함하여 소수이나마 상당수 국가들에서

---

72) 이 글은 2001년 당시 스웨덴 수석옴부즈맨인 클라이스 에클룬드의 글을
중심으로 소개한 것이다. 출처는 다음과 같다. Claes Eklundh(Chief
Parliamentary Ombudsman), "Supervision of the Courts by the
Ombudsman", 2001. 11. 14. 웹주소는 다음과 같다.
http://www.varuh-rs.si/fileadmin/user__upload/word/Mednarodna__poro
cila/Relationship__between__Ombudsmen__and__Judicial__Bodies/Svedska
__-__zadnja__verzija__.doc

옴부즈맨은 '사법행정'이라고 불리는 분야, 즉 사법절차의 예비단계에 대해 감독권을 보유하고 있다.

대부분 국가에서 법원은 옴부즈맨 관할에서 제외되어 있다고 해서 이것이 곧 판사에 대한 감독이 필요 없다고 판단한다는 것을 뜻하진 않는다. 많은 국가들이 판사에 대해 징계 방법을 동원할 수 있으며 소임에 부적합한 것으로 판명되는 경우 해임도 할 수 있게 되어 있다. 이런 조치의 주도권은 법원 자체적으로 진행하게 되어 있는 경우도 있으며 법무부 장관이 하는 경우도 있고 흔히는 이 문제를 결정하는 특별 기구를 두고 있는 국가가 많다.

일반적으로 판사 역시 오류가 없는 게 아니며 판사가 소임을 하는 방식 혹은 해야 하는 소임을 하지 않는 것을 이유로 판사에 대해 징계나 처벌을 가해야 하는 것으로 승인되어 있다.

(2) 옴부즈맨과 헌법

스웨덴 옴부즈맨의 법원 감독방식을 자세히 보기에 앞서 스웨덴 옴부즈맨의 역할에 대해 간략히 언급하면 다음과 같다. 스웨덴 옴부즈맨은 헌법에 규정되어 있다. 즉 스웨덴 헌법에 따르면, 스웨덴 의회는 1명 이상의 옴부즈맨을 선출하여 법령에 규정된 대로 공공서비스가 이루어지는지 감독하도록 규정하고 있는 것이다. 그리고 옴부즈맨설치법은 옴부즈맨이 "특히 법원과 공공기관이 객관성과 불편부당함이라는 헌법규정을 준수하며 시민의 기본권과 자유가 공공행정에서 침해되지 않도록" 보장하도록 규정하고 있다. 옴부즈맨은 정부로부터 완전하게 독립되어 있으며 의회로부터도 매우 커다란 독립성을 갖고 있다. 의회는 옴부즈맨에게 특정사건 조사나 수사를 지시할 수 없으며 어느 경우에도 의회는 옴부즈맨의 결정과 시정권고 내용에 대해 관여할 수 없게 되어 있다. 대신 옴부즈맨은 오로지 법에 의거해서만 활동하도록 되어 있다.

옴부즈맨 설치법은 결정은 "해당 공공기관이나 공무원이 취한 조치는 법령을 위반하거나 잘못되거나 부당하다는 의견의 형태로 내려야 하며 통일되고 적합한 법적용을 촉구하기 위하여 입장을 표명할 수 있다"고 규정하고 있다.

옴부즈맨은 헌법에 규정된 특별검사로서 자신의 직위상의 의무나 임무를 무시하고 형사상 범죄를 저지른 공직자에 대해 법적 절차를 개시(기소)할 수 있다. 이때에는 공적 권한의 오남용과 해태에 관한 형법규정은 특별한 관심사가 된다.

오늘날 스웨덴에서 이 특별검사로서의 옴부즈맨 권한은 그리 자주 사용되지는 않지만 통상 옴부즈맨의 결정은 권위를 가지고 있음을 담보하는 한 가지 방식으로서 매우 큰 중요성을 갖고 있다고 간주되고 있다. 이것은 중대사건의 경우 옴부즈맨이 아닌 법원이 여전히 최종결정권을 갖는다는 것을 뜻하는 것이기도 하다.

옴부즈맨은 징계를 당할 만한 잘못을 저지른 공무원에 대해 결정권을 가진 해당 기관에 대해 통보토록 하고 있다.

(3) 역사적 배경

스웨덴 옴부즈맨의 법원감독제도의 역사적 유래는 다음과 같다. 1810년 스웨덴 옴부즈맨이 만들어졌을 때 법원과 행정기관 사이에 명확한 구별이 없었다. 당시 스웨덴 왕은 수백 년 동안 행정수반인 동시에 최고사법권을 행사해 왔다. 그런데 1989년 최고법원이 설립되자, 이 기관은 곧바로 '폐하의 최고법원'이 되었으며 20세기 초까지만 해도 왕은 이 최고법원에서 두 표의 결정권을 가지고 있었다. 하지만 그렇다고는 해도 법원은 오로지 법에 따라서 독립적으로 업무를 처리하였다. 스웨덴 행정기관은 개인의 권리와 의무에 관한 사항들을 처리함에 있어서 역시 법원처럼 동일한 독립성을 누려왔다. 이에 덧붙여 1810년 1심 법원은 가장 중요한 지방기관이었다. 이 지방기관들은 사법권뿐만 아니라 행정권까지 함께 가지고 있었으며 이때 판사는 공무원과 마찬가지로 자신의 공직에 있어서 형법에 따른 책임을 지고 있었다.

이와 같은 상황에서 의회옴부즈맨이 공직수행 과정에서 범죄를 저지른 판사나 공무원을 기소하는 업무를 함께 담당하는 검사의 역할을 하도록 한 것은 논리적으로 당연한 귀결이었다. 그 후 지금까지 스웨덴 행정부와 사법제도가 크게 변하긴 했지만 옴부즈맨의 관할에서 법원을 배제해야 할 필요성이 있다거나 그렇게 하는 것이 바람직하다는 판단을 결코 내릴 수 없었다.

(4) 옴부즈맨의 법원감독에 대한 찬반논쟁

옴부즈맨에게 법원감독권을 부여한 것에 대해 가장 흔히 제기되는 반대 논거는 이것이 법원독립성과 양립할 수 없으며 따라서 법의 지배 원칙이라는 통치구조의 근본원칙과 상충된다는 주장이다.

그러나 다른 모든 시민과 마찬가지로 법원 역시 법의 지배를 받아야 하며 판사는 인간이며 따라서 무류적인 존재는 아니라는 점을 인정한다면 필연적으로 소임을 제대로 하지 못하여 사법부에 대한 시민들의 신뢰도를 손상시키는 판사에 대해 응분의 조치를 취할 수 있는 제도가 있어야 함을 인식할 수 있다. 법원의 독립이라는 원칙이 국민들의 대사법부 신뢰도를 유지하는 데 필수적인 이런 조치까지 막을 수는 없다는 것은 명약관화하다.

다른 국가들의 관련 제도와 비교하여 보았을 때 스웨덴 옴부즈맨의 법원감독 제도는 실지로 여러 가지 중요한 장점들을 가지고 있는 것으로 입증되고 있다.

첫째, 무엇보다도 먼저 당사자든 증인이든 막론하고 누구든지 판사나 법원에 대해 잘못된 처우를 받았다고 생각하면 손쉽게 옴부즈맨에게 이에 관한 민원을 낼 수 있다는 점이다.

둘째, 설령 판사에 대해 징계, 기소, 해임 등에 들어가야 할 만큼 커다란 잘못이 저질러졌다고 볼 만한 이유가 없더라도 옴부즈맨은 조사와 수사에 착수할 수 있다는 점이다.

셋째, 옴부즈맨은 경미한 사항에 대해서도 조사할 수 있으므로 상급법원에 항소해 가지고서는 얻어낼 수 없는 양질의 판사행위기준과 윤리 및 절차규범의 적용에 대한 입장을 표명할 수 있다는 점이다.

마지막으로 넷째, 특히 중요한 측면으로서 옴부즈맨은 판사와 같이 독립적인 존재이므로 옴부즈맨의 조사나 수사가 시민을 보호하며 법의 지배원칙을 제고시키고자 하는 것 이외의 다른 의도를 가지고 혐의를 둘 만한 아무런 근거도 없다는 점이다.

그러나 옴부즈맨이 법원을 감독할 때 특별히 신중해야 한다. 옴부즈맨은 무엇보다도 법률사항에 대한 전문가라야 한다. 이 분야에서 옴부즈맨의 실수가 있어서는 안 되기 때문이다. 실지로 그간 스웨덴 옴부즈맨으로 임명되어 활동한 인사들은 대부분 임명 당시 최고법원 판사들이었다는 점에 유의할 필요가 있다.

(5) 사법부 독립과 옴부즈맨의 법원 감독의 한계

옴부즈맨의 활동은 어느 경우에도 법원의 독립을 침해하면 안 된다. 따라서 스웨덴 옴부즈맨의 법원 감독활동에 있어서 전제로 삼는 것은 법원이란 법에 따라 독립적이긴 하지만 그렇다고 법 위에 군림해서도 안 된다는 점이다. 결국 옴부즈맨은 법원이 구체적인 사건에서 증거를 어떻게 평가하며 법을 어떻게 해석하는가에 대해서는 그것이 용인될 수 있는 것이라고 간주되는 한, 조사대상으로 삼지 않는다. 그러나 옴부즈맨은 법원의 결정이나 판결이 명백히 법과 모순되거나 예컨대 피고가 유죄인 범죄의 최고형량을 초과하는 처벌이 내려지는 경우 필요한 조치를 취할 수 있다.

하지만 자기 사건에 대해 특정 정황에 대한 고려가 너무 없었다거나 자신은 무죄라며 심리가 잘못되었다는 민원이 가장 흔하다. 이 경우 옴부즈맨은 법원의 판결을 통상적으로 검토는 하지만 옴부즈맨이 법원의 관할에 속하는 사항에 대해 조사하는 것은 오직 특정한 경우에만 국한한다는 이유로 해당 민원을 기각한다.

법원 관련 민원 대부분에 있어서 옴부즈맨은 오히려 절차 측면에 집중하고 있다. 예컨대 스웨덴에서 법원감독을 담당하는 옴부즈맨은 사건처리가 부당하게 지연되고 있다는 이유로 판사에게 문제점을 지적하는 경우가 많다. 판사에 대해 잘못된 절차나 편견이나 무례한 언행에 대해 조사를 벌이기도 하며 법원에 대해 형소법이 규정한 대로 판결이유를 적시하지 않았다는 이유로 문제점을 지적하는 경우도 왕왕 있다.

통상 옴부즈맨은 법원민원이 해당 민원인 사건이 진행되는 동안은 이를 조사나 수사를 하진 않는다. 법원활동에 대한 부당한 간섭으로 비쳐질 수 있기 때문이다. 그러나 예외적으로 진행 지체에 대한 민원은 그렇지 않고 조사에 들어간다.

(6) 법원감독 방식

옴부즈맨은 기관이 가지고 있는 모든 자료와 문서에 완벽하게 접근할 수 있는 권한을 가지고 있으며 옴부즈맨의 감독을 받는 모든 공직자와 공무원은 요구하는 모든 자료와 지원을 해 주어야 할 의무가 있다.

법원감독 업무에 있어서 접수된 민원 처리야말로 옴부즈맨 활동의 대다수를 점한다. 모든 시민(외국인, 외국 거주 시민 포함)은 옴부즈맨에게 민원을 낼 수 있다. 민원인은 반드시 해당 사건과 직접 관련되어 있어야 한다는 규정도 없다. 사건 발생 이후 기간 제한은 정해져 있진 않으나 특별한 이유가 없으면 2년 이내라야 한다.

즉각 기각되지 않은 민원은 조사나 수사에 들어간다. 가장 흔한 첫 번째 조치는 해당 법원에 대해 전화나 구두로 내용을 알아보고 관련 문건을 요청하는 방식이다. 이렇게 하면 대부분 민원은 정말 민원을 낼만한 충분한 이유가 있는지 여부를 판단할 수 있다.

그다음(이것이 첫 번째 조치인 경우도 적지 않다)은 민원내용에 대해 법원으로부터 서면으로 해명을 요청하는 것이다. 이 요청은 해당 법원장에게 하며 법원장은 사실관계를 규명하여 옴부즈맨에게 보고하고 사실관계에 대한 법원장 자신의 입장을 적시해 주어야 하게 되어 있다.

옴부즈맨은 조사과정에서 해당 판사가 형사상 혐의, 즉 공권력 사용에 있어서 태만 행위가 있다고 볼 이유가 있음을 밝혀내면 특별검사장(Prosecutor General)으로서 범죄수사에 착수해야 한다. 즉 옴부즈맨은 판사를 기소할 권한을 가지고 있는 유일한 검사로 자리매김 되어 있는 것이다. 이때 수사는 형소법 규정에 따른다. 즉 이때에는 판사업무에 관한 자료나 정보를 제공해야 하는 공직자의 의무에 관한 규정은 더 이상 적용되지 않음을 뜻한다.

옴부즈맨은 독자적으로 수사를 개시할 권한도 보유하고 있다.

그리고 스웨덴 옴부즈맨이 생겨난 이후 지금까지 옴부즈맨은 각급 법원 및 공공기관 등을 방문하여 현장감사 업무를 벌여오고 있다. 법원 감사 시 옴부즈맨은 장기간 동안 진행되어 온 공개된 사건들을 면밀히 조사하며 해당 법원의 재판진행이 지체되고 있지 않도록 해야 하는 의무를 충실히 지키고 있는지 여부를 규명하게 된다. 옴부즈맨은 판결문이 시행가능하게 되어 있는지, 원고와 피고가 제대로 진술하였는지, 판결이유는 받아들일 수 있게끔 적시했는지 등에 대해서도 조사를 벌인다. 옴부즈맨은 최근 판결이 난 사건을 조사하여 형소법 규정이 제대로 적용되었는지에 대해서도 조사를 벌인다.

(7) 옴부즈맨의 법원감독 사례

2001/2년 옴부즈맨은 법원관련 360건에 대해 결정을 내렸다. 이는 전체 처리 건의 8%에 달한다. 이 중 14건은 해당 법원에 대해 판사의 잘못을 지적하였다. 1건에 대해서는 해당 판사를 기소하기로 결정하였다. 이를 차례로 살펴보면 다음과 같다.

사례를 보면 지난 10년 동안 옴부즈맨은 판사 5명에 대해 기소하였다.

이 중 2건은 피고가 이전의 감옥형을 보호관찰 조건으로 면제한 형사사건에 관한 것이었다. 석방된 자가 보호관찰 기간 중 새로운 범죄를 저지른 경우 법원은 잔여형기를 채우도록 명령할 수 있다. 그러나 이들 사건의 경우 피고는 최초의 형을 받기 전에 범한 범죄에 대해 재판을 받았다. 하지만 법원 측은 실형면제를 철회하고 감옥으로 보내는 명령을 내렸다. 한 사건에서 잘못을 범한 담당 판사는 권한사용 태만죄가 밝혀졌으며 벌금형으로 처벌을 받았다. 나머지 다른 한 사건의 경우 잘못은 경미한 것으로 인정되었으며 판사는 무죄로 처리되었다.

세 번째 사건의 경우 폭행과 매질에 관한 범죄에서 법원은 피고가 증인 중 한 사람에 대해 협박을 가하며 그래서 사법방해죄, 즉 재판 중인 사건에서 기소되지 않은 혐의로 그를 구금하도록 직권 명령했다는 의혹이 있었다. 그러나 법원은 기소가 있어야만 직권 구금명령을 내릴 수 있게 되어 있다. 기소가 있기 전에 그런 명령과 판결을 내렸다면 이는 검사의 청원에 의해서만 가능하다. 이 경우에도 해당 판사는 공권력 사용 태만죄가 인정되어 벌금형을 받았다.

네 번째로, 옴부즈맨은 어느 한 큰 사건에서 한 판사에 대해 21건의 민사사건 처리 방식과 관련하여 29개에 달하는 공권력 남용 혹은 공권력 사용 태만죄를 이유로 기소한 바 있다. 해당 판사가 범한 가장 흔한 잘못은 이 사건진행 준비가 제대로 되어 있지 않음에도 불구하고 구두 심리 없이 사건에 대해 판결을 내렸다는 점이었다. 판사는 기소가 이루어진 19건의 공권력 사용 태만죄가 인정되었으며 중한 벌금형을 받았다.

다섯 번째 사건은 판결에 대한 항소기간이 거의 다 지난 다음에서야 비로소 서면 판결문 최종본을 작성해 준 판사에 대해서였다. 해당 판사는 공권력 남용 혐의가 있는 것으로 밝혀져 벌금형을 받았다.

○ 한 사건에서 옴부즈맨은 직권으로 어느 한 판사에 대한 징계절차를 개시하였다.

해당 판사가 법적으로 불가능한 도청을 승인하였기 때문이다. 그러나 이를 다룬 국가징계위원회 측은 해당하는 잘못이 징계를 내릴 만큼 중대한 것은 아니라고 밝혔다.

○ 옴부즈맨은 판결과 결정의 형식에 관련된 사항을 조사하는 경우들도 가끔 있다.

어느 한 사건에서 옴부즈맨은 디스트릭트 법원과 항소법원 양측에 대해 모두 어린이에 대한 성범죄 사건에 대해 판단근거를 설명하는 방식에 있어 문제가 있음을 지적하였다. 이 사건에서 옴부즈맨은 양 법원 측이 판결이유로 내세운 방식이라고 하는 것들이 도대체 피고가 어느 형법조문에 대해 유죄인 것인지, 그리고 전체적으로 범죄라고 판결하게 된 이유로 제시한 성관계 지속 기간, 즉 성범죄 기간이라고 하는 게 도대체 무엇을 가리키는지 등등에 대해 애매한 태도로 일관했음을 밝혀냈다. 옴부즈맨은 항소법원의 판결이 과연 형소법 요건을 충족했는지 여부에 대해서도 의문을 표시했다. 피고의 탄원내용 및 피고가 기소내용에 대해 반대증거로 내세운 정황 등에 대한 간략한 논거들에만 비추어보아도 그와 같은 의문을 당연히 가질 수밖에 없었다. 항소법원 역시 피고의 보충심리 신청에 대해 거부하는 이유를 밝히지 않았다는 문제점이 있었다.

○ 지연된 진행 사례는 꽤 흔하다.

어느 한 사건에서 한 디스트릭트 법원 판사는 본 심리에 대해 제대로 준가되지 않은 상태임을 발견하고도 이런 문제점을 고치는 아무런 조치도 취하지 않은 채 심리를 연기해 버림으로써 옴부즈맨의 지적을 받게 되었다.

다른 어느 사건의 경우 판결문 교부의 지연과 관련된 건이었다. 형소법에 따르면 판결문은 본안심리가 결심이 이루어진 직후 교부하도록 규정되어 있다. 중대한 장애가 있는 경우에만 2주 이후 교부해도 되게끔 규정하고 있다. 그런데 어느 한 디스트릭트 법원 측이 8주가 지나도록 판결문을 교부하지 않아 문제점을 지적받기에 이르렀던 것이다.

어느 한 항소법원 측이 옴부즈맨으로부터 문제점을 지적받게 된 것은 기간제한을 준수하지 않은 채 사건재개 신청에 대한 결정을 내리는데 9개월이나 걸린 점에 대해서였다. 처음에 이 신청이 허용되었을 가능성이 매우 높아서 결정지연으로 인해 상황이 극도로 악화되었다.

어느 한 행정항소법원의 경우 두 사건에 대해 항소를 허용하는 데 아무런 전제조건이 없음이 명백함에도 불구하고 3년 반이 다 지나도록 결정을 내리지 않았다는 지적을 받았다.

최고행정법원의 어느 한 사건도 옴부즈맨으로부터 문제점을 지적받았다. 이 법원은 공문서에 대한 시민의 접근권 문제를 결정하는 최고심급에 해당하였다. 이 경우 옴부즈맨은 법원 자체의 문건에 대한 접근을 요청하는 사항을 처리하는 데 있어서 법원 측이 사용한 절차에 대해 문제점을 지적한 것이다. 이때 과연 법원이 동원한 절차라고 하는 게 언론의 자유에 관한 법률 및 비밀에 관한 법률에 규정되어 있는 엄격한 신속성이라는 요구 원칙에 부합하는지 여부에 대한 것이 이슈였다. 하지만 이런 종류의 사건에서 최종심급 법원의 막중한 역할이라는 측면에서 옴부즈맨은 이때의 최고행정법원 절차가 용인될 수 있다고 보았다.

○ 옴부즈맨은 잘못된 재판진행이 개재된 사건들에 봉착하는 경우가 자주 있다.

이 경우는 폭행과 매질로 부상당한 측이 나이 어린 소년인 사건이었다. 디스트릭트 법원 측이 신문에 출석하도록 소환장을 보냈을 때 소년은 자신의 아버지와 혼동을 일으켰으며 법원 측은 한 걸음 더 나아가 증인을 소환하고 마는 부주의와 태만함을 저지르고 말았다. 법원 측은 부상당한 측이 해당 사건의 재판에서 심리가 이루어지지 않는 청구에 대해 상해보상을 청구하는 문서를 해당 재판부에 제출한 점을 무시했다는 지적도 함께 받았다.

다른 어느 한 사건의 경우, 행정법원 측은 너무 짧은 기간을 두고 구두심리하기로 기일을 정했다. 한쪽 당사자의 변호사는 해당 심리에 출석할 수 없어서 연기신청을 했으나 이런 상황에도 불구하고 심리가 진행되었다. 이에 옴부즈맨은 심리를 며칠만 더 연기하는 것을 거부한 이유에 대해 주목했으며 한쪽 당사자는 실제로 심리에서 변호인의 도움을 받는 것을 거부당하였기 때문에 더욱더 의심할 수밖에 없었다.

○ 판사윤리 및 판사의 당사자에 대한 처우에 관계된 사건들도 있다.

어느 한 사건의 경우 옴부즈맨은 구금사건의 구두심리에서 판사가 한 말에 대해 각기 다른 두 사람으로부터 해당 판사에 대한 민원을 제기 받아 처리하였다. 이때 판사는 심리 도중 양측이 진술한 사항들에 대하여 편견을 가지고 빈정대며 야유하듯이 대꾸하였다는 민원이었다. 하지만 조사를 해 보아도 정확히 판사가 뭐라고 했는지 밝혀낼 수 없었다. 하지만 옴부즈맨은 판사가 법정에서는 부적절한 방식으로 양 당사자에게 '조크'하였으며 해당 여성판사의 언급은 양 당사자의 법원에 대한 신뢰도를 크게 손상시켰다는 사실을 규명해 내기에 이르렀다.

부동산과 관련된 어느 한 사건 심리에서 판사는 증거로 제출한 지도가 위조되었다는 혐의를 갖게 되었다. 그래서 판사는 법원을 대리해서 이 문제를 공공기소자, 즉 검사에게 통보하여 위조범죄 행위가 저질러졌는지 여부를 조사해 주도록 하였다. 옴부즈맨은 결정문에서 법원의 청렴성을 보호하기 위해서 법원 측은 예외적인 성격의 중대한 정상참작이 필요한 경우에만 사건 심리 도중 출현한 범죄혐의에 대해 통보를 해야 하며 그렇게 하지 않으면 이런 식의 통보는 명백히 법원 측이 반대편 당사자를 편드는 신호로 간주될 수밖에 없기 때문이라고 입장을 밝히게 되었다. 결국 옴부즈맨은 해당 판사의 통보조치가 명백히 부당하다고 결정하였다.

그리고 검사가 판사와 비공식적으로 접촉한 것과 관련된 건이 있었다. 이로 인해 검사는 부주의한 항해로 인한 어느 한 사건을 기각하는 결과를 낳게 되었다. 해당 판사는 이 접촉에 대해 다음과 같은 이유를 댔다. 판사는 소환장을 발부한 이후 검사와 피고 측 변호인뿐만 아니라 75세이며 스웨덴 벽촌에 사는 부상당한 당사자, 덴마크에 살고 있는 피고와 피고 측 증인까지도 모두 함께 소환해야 한다고 보게 되었다. 하지만 고소내용이 기각당하지 않는다고 할 경우에조차도 미미한 벌금 결정밖에 내릴 수 없는 가능성을 염두에 둔다면 그렇게 모든 당사자들을 소환하려 한다면, 소요되는 엄청난 비용과 불편함을 감안하도록 해야 하는 것이 마땅했다. 판사는 자신을 모르며 경험이 일천한 소 제기 검사보가 해당 사건의 증거의 성격에 대해 도대체 제대로 알고 있는지 여부에 대해 확신할 수 없었다고도 밝혔다. 즉 피고 측 변호사가 엉뚱하게도 원고 측이 제시한 입장을 지지할 것으로 기대되는 증인을 요청했기 때문이다.

옴부즈맨은 시민에 대해 불리하게 공권력을 행사하거나 의회가 정한 법률을 달리 적용하는 경우, 옴부즈맨의 결정문은 법원의 독립성 및 공공기소자, 즉 검사와 같은 행정기관의 독립성을 지키도록 되어 있는 헌법규정을 언급하면서 시작하였다.

옴부즈맨은 그다음 대목에서 법원제도 내의 법적용방식에 대한 시민들의 신뢰를 위해서는 판사와 사건 양 당사자의 어느 한쪽 간의 비공식적인 접촉이라고 하는 것은 한쪽 당사자가 공공기관이든 아니면 사적인 개인이든 막론하고 법원의 불편부당함에 대해 의문이 결코 제기되지 않도록 보장하는 극도의 신중함 속에서만 가능한 것이라고 지적하였다. 이 사건에서 판사의 행위는 부상당한 측에게 모든 당사자 소환으로 인하여 초래되는 엄청난 비용을 핑계로 하여 법원과 검사가 고소 건을 기각해 버리기로 담합했다고 믿는 결과를 초래했다. 이는 사건 심리를 맡은 판사가 법원의 불편부당함에 의혹을 불러일으키는 실체적 근거를 배제하면서 그런 행위를 하도록 하는 게 얼마나 중요한가를 단적으로 보여준 사례였다.

○ 올로프 팔메 총리 피살 사건으로 인하여 옴부즈맨이 사법절차 전반의 원칙에 대해 입장 표명을 하기도 했다.

옴부즈맨은 한 결정문에서 살인혐의 피고인 재판에서 라디오 생방송으로 심리를 중계하는 것을 금지하는 권한을 법원 측에게 부여하는 문제를 제기하였다. 이 문제는 과연 법원심리를 사적으로 녹음하는 것을 금지토록 형소법에 규정되어 있는 법원의 권한이 과연 심리가 방송에 생중계되어서는 안 되는가를 결정하는 권한까지도 포함하는가 하는 것이었다. 옴부즈맨은 해당 규정이 애매하며 따라서 그와 같은 권한이 있다고 판결한 해당 디스트릭트 및 그와 같이 해석한 항소법원 측에 대해 문제점을 지적하지 않아야 한다고 결정했다.

다른 형사사건에 관한 옴부즈맨 결정문은, 몇몇 고참 경찰관들이 살인사건 수사과정에서, 스웨덴에서는 언제나 불법으로 되어 있는 숨겨둔 마이크로폰을 사용하도록 지시한 혐의의 범죄 건에 대한 것으로 되어 있다. 옴부즈맨은 결정문에서 도청당한 시민이 기소내용을 뒷받침하여 지지하며 피해를 당했다고 주장하고 따라서 사건 당사자이기도 한 이 도청당한 시민의 권리문제에 대하여, 해당하는 정보를 담고 있는 증거를 제출할 때 도청당한 해당 시민이 심리에 출석하거나 그러한 정보를 담고 있는 사건에서 문서로 여기에 접근할 수 있어야 한다고 보는 결정을 내렸다.

(8) 연차보고서

스웨덴 옴부즈맨이 내린 중요 결정문은 모두 의회에 제출하는 연차보고서에 모두 수록한다. 이 보고서는 옴부즈맨의 감독대상이 되는 모든 기관에도 배부하고 있다. 그리고 법학계와 다른 관심 있는 이들에게도 널리 읽혀지고 있다. 이 보고서는 법원을 포함한 각급 기관에서 사법절차 및 행정절차의 판례법 총서로 간주되고 있다.

(9) 스웨덴 법원옴부즈맨의 경험 요약

사법 분야의 옴부즈맨 활동은 광범위하며 법원에서 재판이 진행되는 당사자들에게 극히 중요한 사항을 취급하고 있다.

스웨덴 옴부즈맨은 통상 절차법 해석 및 법원윤리 발전 측면에 있어서 엄청난 기여를 한 것으로 정평이 나있다. 옴부즈맨이 이런 측면에 대해 밝힌 입장이나 결정문은 법학교과서나 법학논문에 빈번하게 인용되고 있다.

판사의 행위에 대해 옴부즈맨에게 민원을 낼 수 있는 권리는 안전판으로서 매우 중요한 사회적 기능에 속하는 것이기도 하다. 법의 지배 원칙을 승인하고 있는 국가들은 모두 법원에게 핵심적 역할을 맡기고 있다. 따라서 모든 시민들이 자신은, 판사들이 편견을 갖고 있거나 아니면 부당한 처신을 하지 않고 대신 독립적이며 불편부당하며 고도의 자질을 갖춘 사법기관을 통해서 보호를 받고 있다고 생각하도록 해야 한다는 측면은 지극히 중요하다. 이처럼 스웨덴 사법 분야에서 옴부즈맨의 활동은 사법제도에 대한 시민들 신뢰도를 유지 강화하는 데 엄청난 기여를 하고 있는 것으로 정평이 나 있다.

〈표〉 스웨덴 옴부즈맨 독자조사에 대한 결정 내역

(2003.7.~2004.6.)

분　야	지적사항 없이 종결	경고나 문제점 지적	기소 혹은 징계요구	총
법　원	-	15	-	15
공공기소자(검사)	1	7	-	8
경찰기관	1	14	-	15
군　대	1	2	-	3
교도소	3	5	-	8
사회복지시설	3	9	-	12
의료보호시설	-	3	-	3
음주허용시설	-	2	-	2
교　육	1	2	-	3
세무서와 세관	-	1	-	1
환경관리, 공중보건 농업, 동물보호 등	1	9	-	10
건축허가, 건설 등	-	3	-	3
주택정비	-	3	-	3
집　행	-	1	-	1
교통 통신	-	2	-	2
이　민	-	1	-	1
대외교민 등	1	2	-	3
수석후견기관	1	2	1	4
기　타	-	2	-	2
총	13	88	1	102

출처: Redogorelse 2004/05:JO1(Annual Report 2004/05 of the Parliamentray Ombudsmmen of Sweden), p.484.

〈표〉 스웨덴 옴부즈맨 민원접수 결정내역

(2003.7~2004.6)

분　야	조사 없이 기각	타 기관 회부	조사 후 문제없음	경고나문제점지적	기소나 징계	행정개선 지도	예비범죄 수사 후 기소 안 함	총
법원	147	1	190	22	1	-	-	361
행정법원	42	-	47	5	-	-	-	94
공공기소자(검찰)	94	2	105	13	-	-	-	215
경찰기관	174	10	230	43	-	-	-	457
군대	8	-	4	-	-	-	-	12
교도소	285	-	199	39	-	1	-	524
사회복지시설	277	18	297	54	-	-	-	646
의료보호시설	183	8	103	20	-	-	-	314
사회보험	176	1	76	17	-	1	-	271
노동시장 등	61	-	67	11	-	-	-	139
건축허가, 건설	61	-	47	31	-	2	-	141
집행	65	-	46	-	-	-	-	111
지방정부	53	-	8	3	-	-	-	64
교통, 통신	85	-	35	16	-	2	-	134
세무서, 세관	98	2	30	9	-	-	-	139
교육, 문화	104	17	71	21	-	-	-	213
문화	9	-	7	2	-	-	-	18
교회	3	-	-	-	-	-	-	3
수석후견기관	21	-	28	-	-	-	-	49
농업, 환경관리, 공중보건, 동물보호 등	52	-	81	20	-	-	-	153
이민	43	-	43	11	-	-	-	97
카운티 건, 복권통제 등	17	-	16	2	-	-	-	35
공무원 임용 등	70	-	14	3	-	-	-	87
공문서 접근, 표현의 자유 등	98	1	92	90	-	-	-	282
의회행정, 대외교민, 총선 등	13	-	7	2	-	-	-	22
기타	45	-	33	6	-	-	-	84
관할 외, 애매한 건	93	-	-	-	-	-	-	93
총	2,377	60	1,877	440	1	6	1	4,762

출처: Redogorelse 2004/05:JO1(Annual Report 2004/05 of the Parliamentray Ombudsmmen of Sweden), p.485.

스웨덴 옴부즈맨 연차보고서

아래는 2004/05년 스웨덴 옴부즈맨 보고서에서 총 4명의 옴부즈맨 중 경찰 검찰 법원 교정 등의 분야를 담당하는 마츠 멜린 수석옴부즈맨과 안나-카린 루딘, 이 2명의 옴부즈맨이 쓴 총괄적인 글을 소개한다. 부분적이나마 경찰과 사법 분야에서 스웨덴 옴부즈맨이 어떻게 활동하는가 하는 그 일단을 엿볼 수 있다.

마츠 멜린 수석옴부즈맨
일상적 범죄와 청소년 탈선에 대해 얼버무리기 일쑤인 경찰

시민들이 특별한 주목 대상이거나 여러 유형의 엄청난 범죄들에 대한 경찰의 수사 역량에 대해 여러 논의들을 벌이는 것은 전혀 이상하지 않다. 그러나 일상적 범죄라고 불리는 것에 대해서도 경찰이 어떻게 처리하는가에 대해서 주목해야 할 여러 가지 이유가 있는 것 또한 사실이다. 본 옴부즈맨의 감독 경험에 비추어보았을 때 이 점에서 스웨덴 경찰이 심각한 결함을 가지고 있다는 명확한 인상을 받게 되었다. 이 기간 중 경찰에 대한 문제점을 지적하는 내용 대부분은 형법상 신속처리규정에 반하여 그 처리가 지연된 범죄수사 건들에 대한 것들이다. 최근 몇 년 동안에 걸친 옴부즈맨의 현장감사 결과 사기, 절도, 일상적 형태의 폭행 등의 사건들에 대해 장기간이 경과했음에도 불구하고 수사가 이루어지지 않은 수많은 사례들을 밝혀낸 바 있다. 관련 범죄자 신원이 밝혀져 있는 경우도 있었다. 경찰이 이런 사건들에 대해 수사에 늑장을 부리는 바람에 기소조차 할 수 없는 일이 벌어지는 것도 전혀 이례적이라고 볼 수 없는 지경이다.

전임 옴부즈맨과 마찬가지로 본 옴부즈맨도 청소년 범죄에 대한 늑장 수사도 커다란 절차상 문제점으로 지적한다. 특히 이런 범죄 수사에 대하여 법에 기한이 정해져 있음에도 불구하고 지켜지지 않는다면 더욱더 심각한 문제일 수밖에 없다. 민원인이 18세 이하인 사건들의 경우 특별히 신속하게 수사하도록 최근 법에 명문 규정이 신설된 바 있다.

이상과 같은 늑장수사에 대해 본 옴부즈맨이 별도의 세밀한 분석은 하지 않지만 상당수 사건들의 경우 인력 부족, 수사업무에 요구되는 교육이나 경험의 부족, 높은 이직률과 결원 사태, 행정업무를 만족스럽게 수행하지 못한 경찰간부 등의 문제점들이 있다는 사실을 확인하였다. 본 옴부즈맨은 경찰관들 사이에 그다지 중하지 않은 범죄를 수사하는 것에 대해 개별 경찰관들이나 그 상관들이 그다지 중요하지 않게 여기는 경향이 있다고 본다. 다른 한편 이런 종류의 범죄수사에 대해 보다 많은 경찰력을 투입하도록 해야 하며 일상적 범죄수사를 담당하는 경찰관들을 대상으로 표준화된 교육훈련을 실시해야 한다고 본다. 실효성 있는 범죄수사야말로 중요한 범죄예방 및 사회안전 확보 수단이 된다. 따라서 범죄 신고에 대해서 경찰이 부당한 지체 없이 제대로 수사하도록 하는 것이야말로 시민들의 대 경찰 신뢰도에 대해 사활적인 것이 된다.

경찰의 권한

보다 더 구체적인 경찰활동에 대한 스웨덴 옴부즈맨의 감독 활동과 관련하여 2003년 6월 클라이스 에클룬드 전임 옴부즈맨이 전임 디스트릭트 경찰국장에 대하여 불법적인 시민자유 박탈행위 혹은 총체적인 직권남용 혐의로 기소한 바 있다. 당시 디스트릭트 경찰국장은 법적 근거 없이 수많은 시민들을 구금하거나 체포하였다는 혐의를 받고 있다. 이들 중 대부분은 젊은 학생들이었다. 때는 2001년 6월 유럽연합 정상회담 당시 괴테보르그 시의 한 학교에서 발생한 일이었다. 이 기소 건에 대하여 괴테보르그 시 법원 측은 2004년 2월 20일 이 건을 기각한다고 판결하였다. 옴부즈맨은 이에 항소하고 예비수사를 확대한 바 있다. 이 기소 건이 실체적으로 극히 중요한 이유는 범죄예방을 위해 경찰에게 부여된 권한이 과연 당시 학생들 구금체포 사건에서 취한 경찰조치들에 대해서도 적용되는가 여부에 대한 것이기 때문이다.

경찰과 검사의 협력 수준

경찰이 사건 처리 지연으로 인하여 여러 사건에 대해 문제점을 지적받는 경우 수사책임은 검사에게 있었다. 이 경우 검사에 대해서도 사건처리의 원활한 진행을 위하여 충분한 역량을 투입하지 않은 문제점에 대해 지적할 만한 여러 가지 근거들이 있다. 검사가 수사를 지휘할 때 경검의 협력은 필수적이며 이때 경찰이 인력을 투입하여 수사를 진행하는 한편으로 검사는 어떤 조치들을 취해야 하는가 결정해야 한다. 따라서 부당한 늑장수사를 시정하기 위해서는 경검 조직 간의 협력을 제고하기 위한 건강한 틀을 발전시키는 것이 매우 중요하다. 이 점에 대해서는 별도로 따로 시간을 갖고 깊게 논의해야 하지만 여기서도 이 점을 간략하게나마 환기시켜야 할 만한 이유가 있는 것이다. 전임 옴부즈맨과 마찬가지로 본 옴부즈맨도 개별 사건에 있어서 경찰에 대한 검사의 지시나 주의 환기가 별로 실효성이 없는 것이라면 결국은 경찰과 검찰 두 조직의 고위 레벨에서 협력관계 증진 방안에 대해 모색하도록 해야 한다.

법원의 업무처리 부담

법원에서도 여러 가지 사건들에 대한 늑장 처리가 문제점으로 제기된 바 있다. 이 경우 일부 법원 측은 엄청난 압력을 받고 있는 것으로 드러났다. 스카니아 항소법원과 블렉킨지 항소법원의 경우 상당 기간 동안 처리하지 못한 사건들이 많다고 밝히고 많은 직원들이 완전 녹초가 되어 있는 데 대하여 우려를 표명하였다. 따라서 옴부즈맨은 법무부 및 의회 법사위 측에 대하여 이 혼란상황에 대해 의당 주목하여 해결책을 모색해야 한다는 결정을 내렸다.

공개재판과 판결

옴부즈맨이 문제점으로 지적한 다른 대상은 법원 측이 시민의 재판 접근과 비밀 문제 등을 처리하는 방식에 대해서였다. 정부조직법 제2장 제11조와 제12조는 법원의 재판은 법적으로 다른 제한 규정이 없는 한 공개하도록 규정하고 있다. 시민들의 접근 또한 예컨대 유럽인권조약 제6조의 자유와 인권을 위한 필수 요건으로 보장하도록 하고 있다.

재판과 판결에 대해 시민들 접근을 허용해야 한다는 기본원칙은 개인정보가 공개되기를 원치 않는 당사자들 측의 우려와 상충되는 경우가 곧잘 발생하며 이는 어느 정도 그럴 만한 이유가 되는 것 또한 사실이다. 하지만 본 옴부즈맨은 그와 같이 비공개하려면 매우 설득력 있는 이유가 있어야만 한다고 본다. 요컨대 재판은 완전히 공개되어야 하며 법의 지배 원칙이 바로 서있는 국가에서 예외적인 사건을 제외하고는 비공개 재판을 허용해서는 안 된다. 다만 본 옴부즈맨은 전임 옴부즈맨 클라이스 에클룬드와 마찬가지로 구금자의 신원은 드러나지 않게 익명으로 처리할 수 있다는 원칙은 견지할 필요가 있다고 본다.

과거 2000/01년 스웨덴 옴부즈맨 연차보고서는 법원 측이 '비공개' 개인정보에 대해 어떻게 처리해야 하는가 하는 원칙에 대한 결정문을 담고 있다. 이번 연차보고서에서 이 점에 대해 다시 한번 우려를 표명하고자 한다. 예컨대 공직자에 의한 두 차례 구금 사건에 대한 재판에 있어서 시민들의 접근 허용 문제를 처리해야 하는 사건에서 직권남용 혐의에 대한 예비심문을 모두 결심한 후 일부 진술들에 대해서는 무제한적인 재판 공개 조치하에서 이루어지도록 하였다. 옴부즈맨 입장에서는 향후에도 이 문제에 대해 지속적으로 관심을 기울이고자 한다.

안나-카린 루딘 옴부즈맨

"재소자들은 인간성을 존중하도록 처우해야 한다. 재소자들에 대해서는 감옥형에 수반되어 나타나는 특정의 구체적 어려움들을 감안하여 처우하도록 해야 한다"(재소자처우법 제9조).

재소자 처우 원칙과 실태

들어가며

본 옴부즈맨의 업무는 재소자 처우에 관한 것이다. 본 옴부즈맨은 여기서 교도소 및 구금센터의 과밀문제라는 단 하나의 문제점에 대해서만 집중하고자 한다. 이 연차보고서는 이 문제에 대한 판단결과와 이유에 대한 설명이 포함하고 있으며 이 부분은 그 판단문에 대한 요약임을 밝혀둔다.

2004/05년 본 옴부즈맨은 교도소 및 구금센터 관련 민원을 5백 건 정도 처리했으며 새롭게 7백 건에 달하는 민원을 접수하였다. 현장감사는 5개 소에 달하는 교도소 및 구금센터에 대해 실시하였다. 현장감사에서 본 옴부즈맨은 교도소 직원이 임석하지 않은 상태에서 재소자들을 면담하는 기회들을 가졌다. 물론 본 옴부즈맨은 직원들도 면담하며 교도소 시설들에 대하여 감사와 조사를 실시하였다.

그렇다고 해서 실태를 완벽하게 파악했다는 것은 아니다. 하지만 이를 통해서 본 옴부즈맨이 거기에 심각한 문제가 있다는 판단을 내리기에 충분한 경험과 통찰력을 얻을 수 있었다. 궁극적으로 과밀 문제에 원인이 있다. 과밀현상으로 인하여 다른 여러 가지 형태로 교도소와 구금센터 시설 이용에 대해서도 커다란 영향을 미치고 있다. 여기서는 단지 몇 가지 측면들에 대해서만 지적하고자 한다. 이에 앞서 본 옴부즈맨은 의회 측이 재소자의 몇 가지 권리를 보장토록 하는 입법조치를 취했다는 점을 지적해 두고자 한다. 이 법률은 재정상 이유든 다른 이유로든 간에 법령상 요건을 충족시키지 못할 여지를 전혀 허용하고 있지 않다. 본 옴부즈맨은 바로 이 법률이야말로 구금시설 과밀문제를 논의하는 매우 중요한 출발점이라고 본다.

적절한 배치

가장 최근 통계에 따르면 교도소 시설 점유율은 102%였다. 이 수치는 그다지 놀랄 만한 것은 아닐지도 모른다. 그러나 제도적으로 보면 상당 수준의 융통성이 있어야만 한다는 점을 명심해야 한다. 필수적인 보안수준은 예컨대 제공되는 처우의 형태와 방식과 마찬가지로 매우 다양하다. 감옥형을 사는 재소자들이 그들에게 가장 적절한 필요에 부응하는 시설에 배치될 수 있도록 하기 위해서는 점유율이 지금보다 훨씬 더 낮아지도록 해야 한다. 현재 실정에서는 재소자들이 가족이나 가까운 친척을 면회하거나 접촉을 유지하는 것에만도 상당한 난관에 가로막힐 수밖에 없는 실정이다.

선고 이후 교도소 배치 지연

과밀문제로 인하여 발생하는 한 가지 문제점은 감옥형을 선고받은 구금자들이 형기를 시작하기 위하여 교도소 여석이 생길 때까지 경찰서 유치장에서 오랜 기간 대기해야 한다는 점을 받아들이기 힘들다. 정상적이라면 이 대기 기간은 일주일을 초과해서는 안 되게 되어 있다. 2005년 6월 1일 기준 416명이 교도소에서 형기를 시작하기 위해 적합한 교도소 자리가 생길 때를 위해 대기 중이며 이 중 290명은 대기 기간이 8일 이상 되었다.

편의시설

교도소 구금실 부족: 경찰서 유치장을 교도소와 보호관찰 기관이 차지하는 문제로 인하여 경찰서 유치장 상당 부분이 대용 감방화되고 있는 실정이다. 이 구금시설은 빈약하며 형편없는 경우가 많다. 다음과 같은 묘사가 이런 현상을 잘 보여주고 있다.

> 바닥은 콘크리트로 되어 있으며 페인트칠을 했을 따름이고 벽은 온통 타일이 붙여져 있다. 비치된 것이라곤 침대 하나 식탁 하나가 전부이며 둘 다 벽에 고정되어 있으며, 뚜껑 없는 변기가 하나, 조그만 세면대, TV 한 대가 고작이다. 외부로 난 창문은 철제 셔터가 수직으로 고정되어 있으며 빛이 들어오기는 하나 바깥을 바라보거나 내려다보는 것은 불가능하게 되어 있다. 도대체 무엇인가를 보려면 창에 바짝 붙어 서야 한다. 빛도 겨우 가느다란 한 줄기만 비쳐 들어올 따름이다.

본 옴부즈맨은 하나의 침대와 식탁조차 갖춰져 있지 않아 재소자들이 바닥에 앉아 식사해야 하는 유치장을 방문해 본 적이 있다. 본 옴부즈맨은 구금시설에서 보내야 하는 기간은 여러 가지 이유로 매우 중요하다는 점을 지적해 두고자 한다. 거꾸로 구금자들은 범죄가 확정된 기결수가 아니어서 스스로 남은 인생에 결정적인 영향을 받을 수밖에 없는 재판을 준비해야만 한다.

동일 구금실에 재소자 중복 배치: 일부 시설에서 재소자 둘이 한방을 쓰도록 함으로써 과밀문제를 대처하고 있다. 이를 금지하는 규정은 따로 없는 실정이다. 그러나 구금센터와 교도소의 편의시설은 정상 상태에서는 한 사람이 쓸 수 있도록 설계되었거나 시설이 갖추어져 있다. 이 경우 두 재소자가 하나의 방을 같이 써야 하는 경우 둘 중 한 명은 바닥에서 잠을 자야 하는 것은 이례적인 게 아니다. 본 옴부즈맨은 자신은 비흡연자임에도 불구하고 흡연자와 한방을 쓰도록 강요받았다고 비난하는 재소자들을 면담하였다. 한방을 같이 써야 하는 경우는 다른 여러 가지 이유로도 여러 가지 문제들을 야기하는 것은 두말할 나위가 없다.

면회자 편의시설: 일부 사례들을 보면 재소자 수용 목적이 아닌 용도로 지어진 건물에 수용된 경우도 있다. 세탁실이나 이러저러한 유형의 휴게실에 수용되어 있는 경우도 있다. 면회자 시설이 재소자 수용 시설로 둔갑한 경우도 있다. 이 경우 면회 자체를 못하게 만듦으로써 특히 불행한 경우에 속하였다.

편의시설 요약: 많은 재소자들이 수용시설에 대해 민원을 제기하며 불만을 토로하고 있다. 본 옴부즈맨은 인도주의 견지에서 전혀 받아들일 수 없으며 스웨덴의 관련 법률과 이 법률이 바탕으로 하고 있는 원칙과도 모순되는 처우를 받고 있다는 재소자의 주장들이 정당하다는 점을 충분히 이해하며 그렇게 판단한다.

사회적 접촉, 고용, 운동, 기타 활동 등의 권리

과밀현상으로 인한 문제는 수용시설 차원에 그치지 않고 그 밖의 여러 가지 부정적인 악영향을 초래하게 되는 것은 어쩌면 당연한 귀결이다. 그 중 하나는 재소자들이 면회나 운동을 위해 사용해야 하는 시설까지도 수용시설로 써야 한다는 점이다. 노동이나 이러저러한 고용과 같은 다양한 활동의 요구들도 민원으로 제기되고 있다. 하지만 과밀문제로 인한 직원 부족으로 인하여 재소자 그룹 만남, 노동이나 운동 진행, 바깥 활동 등이 어려워지는 결과를 초래할 수밖에 없게 된다. 게다가 직원들이 재소자 면담을 할 기회가 줄어들 수밖에 없게 되기도 한다. 여러 시설에서 범죄자 처우에 대해 감독을 제대로 하여 그런 잘못이 일어나지 않도록 필요한 조치들을 취하도록 해야 한다.

다른 부작용은 재소자끼리 함께 시간을 보내도록 기회를 보장해 주어야 한다는 원칙이 있음에도 불구하고 과밀상황에서는 그렇게 할 여지가 크게 줄어들 수밖에 없다는 점이다.

우리나라 교도소 가혹행위에 대하여

2007년 4월, 부산구치소에서 사형수 전모(50)씨가 신병 비관으로 자살한 것으로 추정되는 사고가 있었다. 의정부교도소에서도 2007년 4월, 피를 토하던 미결수가 치료 중 숨져 교도소가 늑장 대처한 것이 원인이라는 논란이 일었다(노컷뉴스 2007. 5. 3).

2007년 4월, 부산교도소 교도관들의 수감자 집단폭행 의혹으로 사회적 파장이 확산되고 있는 가운데 폭행 수준을 벗어난 상습적인 가혹행위뿐 아니라 심지어 안정제 주사나 약물을 탄 음료까지 사용되고 있다는 출소자들의 충격적인 증언이 잇따랐다. 2006년 7월 새 교도소장이 부임한 이후 징벌 대상 수감자에 대한 교도관들의 계구(수갑 포승 쇠사슬 등) 사용이 무분별하게 남용되고, 가족이나 면회 오는 사람이 없는 속칭 '개털'(홀몸 재소자)에 대한 집단폭행이 위험수위를 넘어섰다고 한다.

2006년말 부산교도소를 출소한 김철수(가명) 씨는 "교도관들이 신분장(범죄전력과 면회횟수가 기록된 명부)을 보고 '개털'이다 생각되면 관구실 안쪽 창고에 끌고 가 먼저 커튼을 펼친 뒤 창고 안 군용 매트리스 위에 눕혀놓고 매트리스에 땀이 흥건히 젖을 정도로 집단폭행을 가했다"며 "눈두덩에 멍이 드는 것은 물론이고 장이 파열되거나 어깨가 탈골되는 재소자도 있었다"고 말했다. "교도소장의 징벌방 재소자에 대한 점검이 워낙 철저해 하루에도 수차례 순시를 나왔다. 수갑과 쇠사슬에 틈이 있는지 확인하고 느슨한 경우 담당 교도관의 무릎팍을

발로 차며 '나랏밥 먹기 싫으냐'고 호통을 친 뒤 직접 계구를 조이기도 했다."."계구를 너무 조여서 징벌방 재소자들의 손목에 핏줄이 터지는 경우가 많아 교도소 내 양재공장(옷 만드는 공장)에서 수갑 안쪽 틈에 끼워 넣을 천을 따로 제작했을 정도였다."

사동 복도를 드나들며 청소를 하거나 교도관의 심부름을 하는 속칭 '소지'였던 하민식(가명) 씨는 "가혹행위가 무차별적으로 이뤄져 일흔을 앞둔 수감자도 흔히 당했다. 힘없는 노인을 너무 심하게 다뤄 다른 동료 교도관들조차 혀를 차기도 했다." 하씨는 지난해 9월 교도소장 앞으로 고소장을 제출했다가 집단폭행을 당한 전모(68·수감 중) 씨의 사례도 소개했다. 전 씨는 징벌위원회에서 '그만하시오'라는 교도소장의 제지에도 불구하고 계속 억울함을 토로했다는 이유로 집단폭행을 당했다는 것이다. 전 씨는 쇠사슬로 팔다리를 등 뒤로 묶여 한 달간 제대로 잠도 못자고 식판의 밥을 핥아먹어야 했다는 게 하 씨의 설명이다. 그는 "교도관들이 폭행한 뒤에 팔다리를 등 쪽을 향해 쇠사슬로 묶는데 비명을 지르면서 반항하면 안정제를 주사하거나 커피에 타서 먹여 2~3일간 징벌방에 잠을 재우는 것을 직접 목격하기도 했다"고 밝혔다. 지난해 12월 출소한 장재훈(가명) 씨는 "고소·고발이나 진정을 넣은 재소자 중 개털들은 무조건 끌려가 두들겨 맞는다. 젊은 사람도 3분을 견디기 힘든 상태로 사지가 묶여 얻어맞고 한 달간 멍이 삭을 때까지 방치된다. 오기로 1~2주는 버티지만 결국엔 '무조건 잘못했다. 모두 내 잘못이다'고 빌고 나온다"고 증언했다.

부산변호사회 인권위원회 소속의 한 변호사는 "집단으로 폭행하고도 모자라 약물을 주사한다는 것은 국가기관에서 제 정신으로 할 수 있는 일이 아니다"며 "국가권력이 인권을 유린하다 못해 인간성을 말살하는 처사"라고 비난했다. 출소자들의 이 같은 증언에 대해 부산교도소 측

은 "열악한 환경에서 근무하는 교도관들은 수감자에게 말도 한마디 제
대로 못하는 게 현실"이라며 "출소자의 말이 '사실이다, 아니다'라고
밝힐 입장은 아니지만 피해 당사자들이 고소·고발을 통해 법률적으로
구제를 받으면 되는 것 아니냐"고 말했다(국제신문 2007년 4월 25일).

우리나라엔 교도관노조도 없지만 교도소를 감독하는 외부의 독립적
인 감독기관 및 시정기관으로서 독립적인 기관으로서 '교도소옴부즈맨'
도 따로 존재하진 않는다. 다만 국가인권위원회가 그 역할을 대신하고
있는 실정이다. 차제에 우리나라도 이 문제에 대해 교도소옴부즈맨 설
치운영이나 일반옴부즈맨 기관에서 그 역할을 대신할 수 있도록 할 필
요가 있다.

맺으며

사실 과밀문제는 전혀 새로운 문제는 아니다. 1990년대 말 전임 옴
부즈맨들도 교도행정 및 보호관찰 당국이 상황을 바로잡는 조치를 취
하기를 희망하였다. 그러나 그런 희망은 이뤄지지 않았으며 지난 몇
년간 오히려 사태가 더욱 악화되었다.

교도소 수용자와 재소자 수용규정에 대한 스웨덴 법령은 우리 모두
가 살아가는 사회의 기본 가치, 즉 인간의 존엄성에 바탕을 두고 있다.
이 법령들을 떠받치는 주춧돌 중 하나는 구금시설이나 교도소에서 인
간의 자유와 권리에 대하여 꼭 제한해야 하는 조건들이라고 하는 것들
은 정말 신중하게 규정해야 하며 다른 분야들에서의 엄격한 법적 요구
들에도 부합하도록 해야 한다는 요건이다. 최근 상황들을 보면 구금시
설과 교도소 업무를 담당하는 직원들이 실제로는 그러한 법령상 요건
들을 전혀 지키지 못하는 경우가 자주 발생한다.

문제가 매우 심각하며 특히 법률적 견지에서 더욱 그러하다. 더욱더

문제가 심각한 것은 사태가 더욱더 악화되고 있다는 점이다. 경험적으로 보아 건강한 사회제도란 일순간 붕괴될 수 있으며 그러나 이를 복구하는 데에는 엄청난 시간과 노력이 필요하다. 사태 악화를 중단시키며 지체 없이 이를 역전시키기 위한 조치를 취해야 한다.

범죄자 처우에 있어서 근본 목적은 사회적 재활을 촉진하는 데 있다. 하지만 오늘날 과밀문제로 인해 이 목적은 도저히 가망이 없다.

제 2 장 핀란드 옴부즈맨

법원옴부즈맨과 우리나라 고위공직자비리수사처

우리나라는 사법부 비리가 잊혀질 만하면 법조 브로커, 검사, 판사, 경찰고위직으로 연결된 똑같은 비리가 터지곤 한다. 2006년 당시 언론에 따르면 "검찰은 법조 브로커 김 모 씨가 금품을 제공했다는 사람들의 리스트를 확보해 놓았다. 지금까지 조사한 바에 의하면 김 씨의 진술은 신빙성이 높다. 더욱이 청탁 대상이 된 사건들 중 90% 가량은 김 씨 의도대로 처리되어 사안이 중대하다고 판단하고 있다"고 하였다. 하지만 판검사들은 "일부의 사실로 너무 과장한다" "대다수 판검사들은 묵묵히 열심히 일하는데 억울하다"는 식이다. "우리 조직의 일부 잘못된 관행은 더 이상 용납할 수 없다" "내부 감찰기능을 강화해야 한다. 부정비리를 저지르고도 옷만 벗으면 모든 것을 용서하는 방식은 안 된다" 등의 말은 듣기 힘들다.

이 사건은 잠시 후 조용히 잊힐 것이다. 사법부 개혁도 되지 않을 것이다. 또한 지금 이 시각에도 법조 브로커들이 일부 검사, 판사 영감님을 모시고 향응과 금품을 바치고 있을지도 모른다. 왜 이런 문제가 끝도 없이 발생하는가? 검사와 판사를 견제, 감시할 기구가 없고 내부감찰기능은 자기 조직 보호를 위해 존재하기 때문이다. 검사가 판검사를 제대로 수사하지 못하는 것은 서로 얽혀 있기 때문이다. 지난 대선 당시 여야가 '고위공직자비리수사처'를 공약으로 내세웠다. 이 기구 설치방안은 원래 '부패방지법' 원안에는 포함돼 있었다. 그러나 입법 과정에서 논란을 빚자 없었던 것이 되고 말았다. 기존 검찰과 별도의 공직비리 특별조사기구 설치 방안은 정치인이나 고위공직자의 비리에 대한 검찰수사의 공정성을 믿을 수 없어서 나온 것이다. 그러나 이는 검찰과는 별도로 독립된 기관으로 상설화하는 것은 특별검사제를 상설화하는 것과 같다거나 특별검사제의 폐해가 만만치 않기 때문이라는 논리가 동원되었다.

그러나 정치인이나 고위공직자 비리 수사에서 공정성을 담보하기 위해 싱가포르 부패행위 조사국처럼 독립된 특별 기구를 설치하자는 것이었다. 고위공직자 범주도 대통령, 국무총리, 국회의원, 행정 각부의 장, 차관, 감사위원, 사무총장, 국가정보원장 및 차장, 지방자치단체장, 경찰청장과 차장, 지방경찰청장, 법관 및 검사, 군장성 등으로 한정했다. 고위공직자비리수사처의 잠재적 수사대상은 권력기관 수뇌부들이다. 그 자체가 이 기구 탄생을 어렵거나 불가능하게 만들고 있는 것이다. 과연 누가 나서서 자신에게 족쇄를 채우는 법이나 조직을 만들 것인가? 하지만 언젠가 만들어야 한다. 2006년 당시 미디어오늘이라는 매체에 김창룡(인제대 언론정치학부) 교수가 쓴 칼럼은 그 이유를 다음과 같이 정리하였다.

첫째, 국민들은 우리나라 부패문제 해결을 위한 가장 큰 걸림돌은 '권력 및 사회지도층의 부패'를 지목하고 있다. 감사원도 있고 검찰청도 있지만 이들이 제대로 적발하고 응징했다면 이런 국민인식이 형성됐을 리가 없다. 그리고 '부정부패에 대한 관대한 처벌'이 우리나라 부패문제 해결을 위한 가장 큰 걸림돌이라고 보고 있다. 요컨대 이를 담당하는 검찰과 법원이 잘못 되었다는 것이다.

둘째, 권력층이나 사회 지도층의 부패는 규모와 영향력 면에서 대규모이며 종합부패로 구조화되어 통제가 곤란하다. 이 부패의 특성은 상하, 수평적으로 유기적으로 관계를 형성하고 서로 협조해서 사법조직을 역통제함으로써 통제가 원천적으로 곤란해지고 말며 각종 게이트, 대선자금 사건 등이 이를 증명하고 있다.

셋째, 권력층이나 사회 지도층 부패는 사회적으로 가장 큰 영향력을 미쳐 국민의 법규준수의식까지 방해한다. 사회 상층부의 비리와 부패상은 자연스럽게 도덕불감증, 비리불감증으로 연결되고 자신의 부정, 비리를 합리화, 정당화하게 만든다. '큰 도둑 작은 도둑' 운운하며 사회 정의와 원칙을 뒤흔든다.

넷째, 검찰, 경찰, 법원, 국회, 국가정보원 등 내부 감찰기관이 제 역할을 못해 자정능력이 없다. 한국처럼 가족문화, 끼리 문화가 만연한 사회에서 감찰기관이 제 역할을 하기는 불가능에 가깝다. 내부 비리를 적발하고도 쉬쉬하거나 솜방망이 처벌로 일관하는 것이 일반화됐다. 결국 상호 견제, 감시가 없기 때문에 이런 고위공직자, 검사, 판사, 국회의원에 대한 전문수사기관이 필요한 것이다.

하지만 고위공직자비리수사처가 설치되면 검사, 법관들이 수사대상이 되고 경찰청장, 국회의원 등도 포함되기 때문에 이들이 가만히 있지 않았다. 온갖 법논리를 동원하여 그 부당성을 부각시켜 현 정부는 물론 앞으로도 탄생하기는 힘들다. 무엇보다 법을 만드는 국회의원들이 이를 반대한다고 보아야 하기 때문이다. 소신껏 성실하고 청렴하게 일하는 대다수 판사나 검사들에게는 대단히 안타까운 일이다. 그러나 판사들이 죄의식 없이 금품과 향응을 받고도 '떡값' 운운하는 사회, '직무관련성은 없다'고 오리발 내미는 사회는 병든 사회다.

스웨덴과 핀란드, 그리고 일부 유럽 국가들이 운영하는 법원옴부즈맨 역시 막강한 권한을 가지고 있으면서도 실제로는 법원감독 권한을 거의 행사하지 않고 있다. 하지만 법원옴부즈맨의 존재 그 자체야말로 바로 이 고위공직자비리수사처와 같은 역할을 십분 발휘하고 있다고 볼 수 있다. 이런 측면에서 핀란드 옴부즈맨 제도를 눈여겨 볼 필요가 있으며, 사법개혁이 절실한 우리나라에서 벤치마킹 하는데 주저함이 없어야 하겠다.

핀란드 옴부즈맨 제도

핀란드 옴부즈맨은 1명의 옴부즈맨과 2명의 옴부즈맨 대행이 있다. 옴부즈맨 대행은 옴부즈맨과 동일한 권한을 갖고 옴부즈맨처럼 독립적으로 활동한다. 세 명 모두 의회가 4년 임기로 선출하며 옴부즈맨 업무에 대해서는 핀란드 헌법과 옴부즈맨설치법에 규정되어 있다. 2005년 3,300건 이상의 민원을 접수하였으며 이 민원 외에도 매년 400여 건 이상의 서신을 접수하여 심사 처리하고 있다. 처리 기간은 사안마다 다르나 통상 6개월이 소요된다. 민원관련 상담은 당직 변호사가 항상 해 주며 민원은 5년을 초과한 건에 대해서는 옴부즈맨이 조사하지 않는다. 그리고 옴부즈맨은 법원에서 소송 중인 사건은 조사하지 않는다.[73]

핀란드 옴부즈맨 제도의 특징을 보면, 첫째, 극소수 국가의 옴부즈맨들만 가지고 있는 기소권이 핀란드에서는 옴부즈맨에게도 부여되어 있다. 둘째, 옴부즈맨의 감시대상 및 관할이 매우 광범위하다. 즉 대통령과 장차관, 지방자치단체, 종교기관의 행정까지도 옴부즈맨의 감시대상이며, 핀란드처럼 군부대 등 국방 분야까지도 관할하는 옴부즈맨은 세계적으로 거의 유례를 찾아보기 힘들다. 셋째, 법원도 관할 대상으로 하고 있는 것은 핀란드 옴부즈맨의 중요한 특징이다. 물론 이는 사법부의 독립성을 해치지 않는 범위 내에서 이루어지며 실제로는 주로 심리절차가 법적 요건을 충족했는가, 판사 개개인의 윤리 문제, 소송의 지연 문제, 자료 공개 문제 등에 국한하여 감시 감독하고 있다. 그리고 소송 중인 사건은 옴부즈맨의 관할은 아니지만 이 경우에도 소송 지연이나 판사윤리가 문제되는 경우에는 옴부즈맨의 조사 대상이 되며 옴부즈맨은 판사에 대한 기소권도 가지고 있다. 핀란드 옴부즈맨은 보안기관, 군부

---

73) 핀란드 옴부즈맨에 대해서는 대부분 다음과 같은 영문 연차보고서를 정리하였다. Parliamentary Ombudsman of Finland, Summary of the Annual Report 2005.

대, 법원 등을 포함하여 필요한 경우 어느 기관으로부터도 필요한 모든
자료와 정보에 접근할 수 있으며 실제로 자료를 제출받고 있다.

핀란드 옴부즈맨이 취하는 조치는 첫째, 공직자 부정행위에 대한 가
장 중한 조치인 기소가 있으며 둘째, 공식 경고징계, 셋째, 대부분의
경우에 하게 되는 '의견 표명', 즉 불법이나 명백히 태만에 이르게 된
경위 및 해당자에게 어떻게 시정해야 할 것인가에 대해서 의견을 표명
하는 방식이 있다. 마지막으로 넷째, 시정권고 방안 제시로서 이는 과
오시정 및 정부가 잘못된 법규를 개정하도록 주의를 환기시키는 것을
가리킨다.

하지만 핀란드 옴부즈맨이 할 수 없는 것도 많다. 첫째, 정부기관의
결정 및 법원의 판결의 개정이나 번복을 할 수 없다. 둘째, 해당 기관
이 법적으로 가지고 있는 재량권 행사(실제로 남용하거나 월권하지 않
은 경우) 방식에 대해 개입할 수 없다. 셋째, 보상금 지급을 지시할 수
없다. 넷째, 법적 자문이나 절차에 대한 카운슬링을 제공할 수 없다.

핀란드 옴부즈맨에게 접수되는 민원의 경향은 대체로 법원의 경우
공정한 재판을 요구하는 내용, 교도소나 다른 수용시설에 구금된 사람
들의 경우 담당 공무원의 처신에 대한 내용, 사회복지 및 의료시설의
경우 서비스 이용의 문제점에 대한 내용 등으로 이루어져 있다.

핀란드 옴부즈맨의 감독 분야는 다음 기관이나 소속 공무원으로 되어
있다. 즉 법원, 정부기관과 사무소, 지방자치단체 및 각종 지방자치단체
위원회 등의 기관 및 판사, 경찰관, 집행관(압류 담당 공무원), 시장, 지
방의회 의원, 건축건설 감리자, 사회복지사, 초등학교 교사, 건강센터 의
사, 그리고 실업기금 및 연금보험 기관 등이 대상이다. 반면 옴부즈맨이
감독하지 않는 분야는 의회의 입법관련 업무, 의원의 활동, 국가법무관,
외교공관, 국제기관, NGO, 은행, 주택건설회사, 전문직(변호사, 의사, 민

간경비회사 등), 그리고 사기업, 사적인 개인, 개인 간의 법적 분쟁, 상속이나 채무 관계 등이다. 한편 1995년 개정된 헌법규정에 따라 기본권과 인권은 핀란드 옴부즈맨에서 매우 중요하게 다뤄지고 있다.

아동의 권리도 중요하게 다뤄진다. 핀란드는 1989년 유엔 아동의 권리에 관한 조약을 1991년 승인하였으며 1998년 핀란드 의회가 관심을 표명하면서부터 옴부즈맨이 아동의 권리문제에 대해 적극 개입하기 시작했다. 예컨대 아동보호시설, 사회복지시설(정신병원 포함), 경찰, 법원, 의료보호, 교육기관(기숙학교 포함) 등에서 벌어지는 아동의 권리문제에 대하여, 부모들 사이에서 자녀의 구속이나 방문권을 둘러싼 분쟁에 대해서 관심을 기울이고 있다. 한편 같은 아동권 감독 차원에서 2000. 10. 11~2001. 20. 17 핀란드 전역의 기숙학교 현장에 대한 일제점검과 감사 활동을 벌인 바 있다.

핀란드는 2001년 경찰법개정으로 경찰의 비밀수사를 허용한 바 있으며, 중대 조직범죄 대처를 위해 스파이경찰 활동 및 허위구입 활동도 허용하고 있다. 그런데 이때 핀란드 옴부즈맨은 바로 이 통신 도감청 행위에 대한 감시감독 활동도 옴부즈맨 활동의 중요한 분야로 삼고 있으며 경찰의 비밀수사에 대한 감시감독활동을 치밀하게 전개하고 있다.

2006년 민원 건수는 3,662건(전년도 3,352건)이었으며, 결정 건수 2006년 3,529건(전년도 3,008건)이었다. 이 중 514건에 대해 이러저러한 조치가 이루어졌다. 즉 징계, 의견 표명, 방안 제시 등이 이루어졌다. 57건의 경우 옴부즈맨이 조사를 시작하자 조사 도중에 해당 기관에서 부랴부랴 시정조치를 하였다.

핀란드 옴부즈맨은 2005년 직권조사를 49회 실시하였다.

현장감사는 교도소, 폐쇄시설, 군부대, 사회복지시설, 의료기관, 정신병원, 아동보호시설, 경찰서, 공공기소자 사무소(검찰), 법원 등을 대상으로 실시하며, 2005년의 경우 76회에 걸쳐 현장감사활동을 벌였다(총 45일 소요).

핀란드 옴부즈맨은 각종 청문회에 참석하고 각종 관련법안의 제정과 개정 입장을 제출하였다. 즉 의회는 옴부즈맨, 옴부즈맨 대행, 옴부즈맨 직원 등에 대해 법안초안 작성 과정에 이들을 전문가로서 공식적으로 청문회 참석을 요청한다. 2005년의 경우 4회 청문회에 참석하였다(법사위원회 2회, 사회복지위원회 1회, 행정위원회 1회 등). 2005년 법무부 및 각 부처에 대해 총 39건의 법안의 제정과 개정 방안을 제출하였다. 이 모두가 기본권과 인권 보호와 강화를 위한 것들이다.

핀란드 옴부즈맨 직원은 사무총장, 법률 자문관, 법무관 등이 있으며 이들은 모두 변호사 자격이 있는 사람들이다. 그 외에도 '민원처리 담당관'(referendary)으로 변호사, 공보관, 수사관, 공증인, 기록관, 서류정리관, 사무간사 등을 두고 있다. 이들은 행정부와 법원을 포함한 다양한 분야 경력자들 중에서 옴부즈맨 기관의 상근직 직원으로 선발한 분들이다. 총 직원 수는 54명(2005년 말 기준)이며, 이 중 절반 이상이 민원처리 담당관이 차지하고 있다. 그 내역은 다음과 같다. 옴부즈맨 3명, 사무총장 1명, 법률 자문관 5명, 법무관 24명, 법률자문 담당 변호사 2명, 공보관 1명, 수사관 2명, 공증인 4명, 기록관 1명, 서류정리관 2명, 사무간사 9명 등이다.

핀란드 옴부즈맨 사무소에는 경찰관 교육을 받은 수사관도 2명이 있으나 이들의 권한은 경찰관과 동일하진 않다.

의회와 관계를 보면 의회는 3명의 옴부즈맨을 선출한다. 옴부즈맨은 저명한 법률 전문가라야 하며 의회 헌정위원회 청문회를 거쳐야 하며 임기는 의회 임기와 다르도록 하고 있다.

민원 및 기타 감시 업무

	2005년	2004년
민 원	3,352	2,950
직권조사	49	52
의견제출 청문회참석	43	28
기타 서면심사	385	317
총	3,829	3,347

(2005년 민원 3,352 중 26건은 국가법무관이 옴부즈맨에게 회부한 건임)

적법성 감시 결정 건수

	2005년	2004년
민 원	3,008	2,889
직권조사	52	54
의견제출 청문회참석	48	29
기타 서면심사	383	314
총	3,491	3,286

2005년 공공기관 감시 통계

민 원			3,008
-사회복지		652	
-사회복지	329		
-사회보험	323		
-경 찰		505	
-보건기관		286	
-법 원		217	
-민형사법원	217		
-전문법원	1		
-행정법원	27		
-교도소		235	
-노동기관		123	

-지방자치단체		104	
-세무서		100	
-집행기관		95	
-교육기관		90	
-환경기관		80	
-공공기소자(검사)		62	
-농업삼림기관		54	
-이민기관		47	
-운송통신기관		41	
-최고위 국가기관		35	
-군대기관		32	
-세 관		31	
-후견자기관		30	
-교회기관		11	
-감시대상 아닌 사적 단체		11	
-기타 감시대상		139	
직권조사			52
-경 찰		13	
-사회복지기관		10	
-사회복지	6		
-사회보험	4		
-군부대		10	
-법 원		4	
-교도소		4	
-보건기관		2	
-노동기관		2	
-조세기관		2	
-최고위국가기관		1	
-지방자치단체		1	
-집행기관		1	
-농업삼림기관		1	
-교육기관		1	
총			3060

출처: *The Ombudsman Institution in Finland(Brochure)*, 2005. p.15.

구체적 조치 내역, 2005년

민 원			3,008
-옴부즈맨이 구체적 조치 결정 내린 건수		471	
-기 소	0		
-징 계	39		
-입장표명	398		
-시정권고	11		
-조사도중 복구조치 취해진 건수	23		
-구체적 결정을 내리지 않은 건수		1,828	
-절차상 잘못이 없는 것으로 밝혀져서	628		
-절차상 잘못이라는 근거가 없어서	1,200		
-아예 조사에 들어가지 않은 건수		709	
-옴부즈맨 관할이 아니어서	86		
-재판 중이거나 항소기간 중이어서	376		
-명확하지 않아서	82		
-국가법무관에게 회부	7		
-검찰총장에게 회부	12		
-기타 기관에게 회부	16		
-5년 이상 경과	49		
-기타 이유로 민원 접수 불가	81		
직권조사			52
-기 소	0		
-징 계	1		
-입장 표명	31		
-시정권고	5		
-조사 도중 복구조치 취해짐	5		
-불법이나 절차상 잘못을 확정할 수 없음	3		
-절차상 잘못이라는 근거가 없음	5		
-기타 이유로 소멸	1		
-재판 중이거나 항소기간 중이어서	1		
총			3,060

출처: *The Ombudsman Institution in Finland(Brochure)*, 2005. p.15.

조치 취한 건수, 2005년

기 소	0
징 계	40
입장표명	429
복구	28
시정권고	16
총	513

총 513건은 전체 결정건수의 17% 민원 조사 건수의 22%에 해당한다.
출처: The Ombudsman Institution in Finland(Brochure), 2005. p.15.

주요분야별 민원통계

		2005년	2004년
사회보장	661	595	20.2%
경 찰	518	438	14.9%
의료보호	289	253	8.6%
법 원	249	218	7.4%
교도소	239	208	7.1%
환 경		155	5.3%
노 동	125	121	4.1%
지방자치단체	105	120	3.8%
조 세	102		
압 류	96	90	3.1%

출처: The Ombudsman Institution in Finland(Brochure), 2005. p.15.

옴부즈맨과 국가법무관

핀란드라는 국가의 최고 감독기관은 옴부즈맨과 국가법무관[74] 둘이
다. 정부기관과 공무원의 적법성을 감독하는 이 두 기관의 권한과 업
무는 대체로 동일하다. 핀란드의 국가법무관은 스웨덴의 국가법무관과

74) 핀란드 국가법무관 홈페이지는 http://www.chancellorofjustice.fi/index.
html이다.

거의 같다. 따라서 민원인은 이 둘 중에서 선택할 수 있다.

핀란드 국가법무관은 핀란드 국가 내의 적법성 감독을 그 임무로 하며 법의 최고 수호자, 정부 감독, 공무원 감독(법원, 정부기관, 공무원, 공공기업 고용인 등), 변호사 등 법조인 감독(변호사 비리 접수 처리) 등을 담당하고 있다. 우리나라 검찰과 같은 기구는 별도로 존재한다. 핀란드 국가법무관은 대통령이 임명하며 헌법에 그 근거 규정과 관련 독립 법률이 있다. 직원 35명 대부분은 법학 전공자들이다. 그리고 핀란드 국가법무관 제도는 18세기까지 거슬러 올라간다. 1917년 독립선언 이후 초대 국가법무관은 페르 에빈드 스민후브드였다. 그는 국가법무관으로 임명되기 전 국회의장을 역임했으며, 나중에는 핀란드 제3대 대통령이 되었다.

그리고 핀란드 국민은 누구든지 공공기관 공직자가 불법행위를 하였거나 변호사 등 법조인 등이 소임을 다하지 못한 경우 국가법무관에게 민원을 낼 수 있다. 연간 약 1,600건 정도의 민원을 접수 처리한다.

국가법무관과 달리, 핀란드 옴부즈맨은 군부대, 교도소, 기타 폐쇄시설 등에 대한 민원을 조사 수사하는 전권을 가지고 있다. 체포나 구금 등에 관한 측면도 옴부즈맨의 고유 업무이다. 국가법무관이 이에 관한 민원을 접수하면 옴부즈맨에게 회부해야 한다. 그 외의 사건들의 경우, 두 기관은 동일 사건을 동시에 조사나 수사를 하지는 않게 되어 있다. 하지만 먼저 민원을 접수한 기관에서 해당 민원을 조사나 수사를 하도록 원칙이 정해져 있다.

국가법무관 측의 민원처리에 대해 불만이 있다고 해도 특별한 이유가 없는 한 옴부즈맨이 다시 이를 조사하거나 수사를 하진 않게 되어 있으며 그 거꾸로도 마찬가지이다. 이는 법적 안정성 견지에서 그러한 것이다.

한편 국가법무관은 민원처리 외에도 정부의 각종 조치들의 적법성 여부에 대해서도 감독권을 가지고 있다. 따라서 국가법무관은 내각회의에 참석하여 관련 문건들을 미리 검토하도록 되어 있다. 옴부즈맨의 경우 해당 정부 문건들을 검토할 권한은 있으나 그렇게 해야 할 의무는 없다.

그리고 국가법무관이 대통령이 상근직으로 임명하는 정부기관의 직위인 반면, 옴부즈맨은 의회가 임명하는 임시직(임기제)으로서 자체 옴부즈맨 기관조직 체계 속에서 활동한다는 차이점이 있다. 다른 또 하나의 중요한 차이점은 국가법무관은 핀란드 변호사협회에 대한 감독권 및 이들에 대한 징계권을 가지고 있는 반면, 옴부즈맨은 그렇지 않다는 점이다. 마지막으로 양 기관은 서로에 대한 감독권은 전혀 가지고 있지 않다.

핀란드의 전문옴부즈맨

핀란드에는 옴부즈맨, 국가법무관 외에도, 데이터보호옴부즈맨, 평등옴부즈맨, 소비자옴부즈맨, 소수자옴부즈맨, 파산자옴부즈맨. 어린이옴부즈맨 등의 전문옴부즈맨이 있으며, 이들은 모두 사적 영역에 대하여 지도, 조언, 교육훈련 등을 주 임무로 하고 있다. 그리고 이들 전문옴부즈맨은 국가옴부즈맨의 감독을 받도록 되어 있다.

핀란드 옴부즈맨과 국제 옴부즈맨 동향

옴부즈맨과 국가법무관이라는 두 제도를 함께 운영하는 나라는 세계적으로 스웨덴, 핀란드, 에스토니아 등 3개국이 전부이다. 정부기관이나 공무원의 공적 행위에 대한 적법성을 감독하는 것이 스웨덴과 핀란드의 옴부즈맨이라고 한다면, 프랑스 등의 옴부즈맨은 정부기관과 개인의 갈등관계를 중재하는 것을 주요 임무로 삼고 있다.

한편 신흥 민주주의 국가는 인권옴부즈맨이라는 제도가 주류를 이루고 있다. 그리고 이탈리아와 미국 등은 지방(주나 시군)옴부즈맨만 운영하고 있다. 독일의 경우, 의회 부속기관으로 개인의 민원을 처리하는 소위원회만 운영하는 정도에 그치고 있다. 현재 전 세계적으로 140여 개 국가에서 이러저러한 옴부즈맨 제도를 운영하고 있다.

핀란드 옴부즈맨 운영실태

법원과 사법행정

옴부즈맨의 소임은 법원과 판사가 법을 준수하여 자신의 소임을 다하도록 보장하는 데 있다. 이는 모든 시민의 기본권과 인권이 보장되는 공정한 재판이 실제로 이뤄지도록 옴부즈맨이 감독하도록 되어 있다.

옴부즈맨에 민원을 내는 법원 이용자들은 옴부즈맨에 대해 과도한 기대를 하고 있다. 옴부즈맨은 법원의 사건처리나 판결에 대해 아무런 영향도 미칠 수 없기 때문이다. 옴부즈맨은 법원이 법이 정한 재량권 한도 내에서 제대로 처리했는가에 대해서만 감독한다. 항소는 옴부즈맨 아닌, 법원 상급심에 해야 한다.

적법성 감시의 핵심은 법적 안정성을 절차상 보장토록 하는 데 두고 있다. 요컨대 헌법에서 보장한 공정한 재판이 실제로 이루어지고 있는가를 감독하는 데 중점을 두고 있다. 다른 사법수단이 미치지 못하는 사각지대에 대해 옴부즈맨의 법원감시 초점이 맞춰져 있다.

2005년 법원 관련 민원 건수는 250건이며 대부분의 법원의 사건처리 지연에 대한 것이며 다시 이는 대부분 법원의 업무과중 때문으로 되어 있다. 그 외에 판사의 이해관계 충돌이나 법집행의 불편부당함 문제에 대한 것들도 있다. 이는 판사의 처신이나 법원 이용자의 전반적인 처

우와 관련되어 있다. 판사는 불편부당하게 처신하는 것만으로는 충분
치 않으며 법원 이용자가 판사가 불편부당하게 처신한다고 인식할 수
있도록 해야만 하는 것이다. 하지만 불편부당함을 위태롭게 한 것이
객관적인 것으로 인식된다고 한다면 여기에는 반드시 그 이유가 있어
야만 한다. 당사자들이 스스로 공정한 재판을 받았는가 여부는 법원에
서 판사가 이들을 어떻게 처우했는가에 달려 있다.

판사직은 특히 신뢰와 존경이 필수적이며 거꾸로 이는 판사의 적절
한 처신을 전제로 하는 것이기도 하다. 분쟁상황에서도 판사는 조용해
야 하며 모든 당사자와 견해들에 대해 절제된 태도를 보이도록 해야
한다.

법원과 관련하여 옴부즈맨은 재판과 문서의 공개 여부에 대한 민원
을 많이 받는다. 그리고 판결 작성 방식, 판결 이유의 설명, 정보 통지
소환 관련 규정 등에 대한 민원도 발생한다. 혈연이나 연령으로 인한
혼인 제한이나 방청권 문제 등도 민원이 제기되고 있다.

2005년 법원 현장감사도 10회 시행하였다.

기소업무(검찰)

기소 관련 사항은 공공기소자, 즉 검사에 초점이 맞춰져 있다. 법원
과 경찰 관련 민원 중에는 검사가 따라야 하는 절차에 관해서 조사와
수사를 요청하는 건들도 포함되어 있다. 기소업무는 검찰청(Office of
the Prosecutor General) 및 64개 지검이 담당한다. 검찰청은 검사 업
무에 대한 지휘, 개발, 감독 등을 담당하고 있다. 검찰청장은 검사에
대해 일반적 지시권 및 지침 제시 권한을 가지고 있다.

2005년 62건의 검찰민원에 대한 결정이 내려졌다. 대부분 고발 조사
및 결과, 절차, 추가조사 요구, 결정지연, 결정이유 등에 관한 것들이다.
옴부즈맨과 검찰청은 검사에 대한 감독 중복, 동일 사안의 조사 등을

피하고자 노력하고 있다. 고발혐의에 대한 항소 유형의 민원들은 다시 검찰청에 회부한다. 그러면 검찰청은 재량권 범위 내에서 옴부즈맨이 할 수 없는 고발 염부에 대해 새로이 심의하기도 한다. 이 유형의 민원에 대해 옴부즈맨은 검사가 내린 조치의 적법성만을 따질 수 있을 따름이다. 이런 민원을 검찰에 회부하는 것이 곧 민원인의 전반적 이익에도 부합한다고 본다. 이런 유형이 2005년의 경우 12건이었다.

예컨대 2007년 2월 19일 우리나라 검찰 구치소에 수감됐던 1급 지체장애인이 욕창 치료를 제때 받지 못해 사망한 경우 이는 민원인의 민원신청이 없더라도 정상적인 옴부즈맨 제도가 있는 나라라면 당연히 검찰과는 독립적인 검찰옴부즈맨의 직권조사 대상이 된다. 우리나라의 경우 국가인권위원회가 이를 대신하고 있다고 볼 수 있으나 그 역할은 지극히 제한적이다.

당시 하반신불수로 1급 지체장애인인 정 모(56) 씨는 서울구치소에 수감 중이던 2006년 11월 중순 엉덩이에 욕창이 생겨 병원치료를 요구했지만 구치소 측은 이를 거부하고 자체적으로 치료하다가 1개월여 뒤인 12월 20일께 정 씨의 환부는 오히려 커졌고 구치소 측은 인근 소형 병원으로 옮겼지만 '욕창이 커져 피부이식이 필요하다'며 대형 병원에서 수술을 받을 것을 권유했으나 구치소 측은 하루 만에 정씨를 구치소로 데려왔고 결국 자체 치료가 한계에 이르자 2007년 1월 7일에야 비로소 안양의 대형 병원으로 정 씨를 입원시켰다. 정 씨는 이때서야 구속집행정지가 됐지만 25일 만인 2007년 2월 1일 패혈증으로 숨졌다.

유족들은 "병원 측에서 '욕창이 심해져 패혈증으로 사망했다'고 밝혔다"며 "구치소 측이 처음 욕창이 생겼을 때 병원에 옮겨 치료를 받게 했다면 억울하게 숨지지는 않았을 것"이라고 주장했다. 이에 대해 법무부 관계자는 "정 씨 치료에 최선을 다했다"고 말한 것으로 알려졌으

며 정 씨 유족들은 국가인권위원회에 진상 조사를 요구했다.[75]

영국의 경우지만 교정을 담당하는 우리나라 법무부와 검찰이 눈여겨 보아야 하는 것은 교정옴부즈맨 제도이다. 물론 우리나라 교정당국이 시행하는 교정옴부즈맨은 아무런 법적 근거나 독립성을 보장하는 제도 는 아니라고 보아야 할 것이다. 어쨌든 영국에서 희대의 살인자로 잘 알려진 헤롤드 시프만 (Harold Shipman)이 2004년 1월 13일에 수감 중인 교도소에서 목매어 자살한 것을 계기로 재소자 자살문제에 대한 영국의 반응은 여러 가지로 우리나라에 시사하는 바가 적지 않다. 시 프만은 의사로 근무하면서 25년 동안 밝혀진 것만 총 215명의 환자를 살해한 희대의 살인마였다. 당시 교도소에서 그의 자살로 인해 왜 그 런 엄청난 살인을 저질렀는지 이유를 밝혀낼 수 없게 되었으며 많은 피해자 가족과 영국 국민들이 '속았다'는 감정을 느꼈다. 자살하기 얼 마 전까지만 해도 '자살 감시대상'이었으나 특이점이 없는 것으로 여겨

---

75) "구치소에서 제때 치료 못 받아 사망" 연합뉴스 2007년 2월 20일.
   한편, 자료에 따르면 우리나라 교도소내 폭행과 자살 사고가 매년 증가일
   로에 있는 것으로 밝혀졌다. 2004년 639건, 2005년은 1999년 292건에 비
   해 세배에 육박하는 885건이었으며, 폭행사건 비율은 2004년 67.6%, 2005
   년 64.7%를 차지하여 가장 빈발하는 사고 유형이었다. 자살도 2003년 5
   건에서 2004년 12건, 2005년 16건으로 매년 크게 증가하고 있다.

교정사고 발생현황

연도	하루평균 수용자수	교정사고 건수	수용자 1천명당 발생건수
2001	62,235	504	8.1
2002	61,084	571	9.3
2003	58,945	611	10.4
2004	57,184	639	11.2
2005	52,403	885	16.9

출처: 박형민 류종하, 「교정사고의 처리실태와 개선방안」, 한국형사정책연구
원, 2007.

지면서 일반 감시 대상으로 전환되었다가 자살 사건이 발생하였다.

영국에서 교도소 내 자살문제는 국무부 아닌 교정옴부즈맨 (Prison Ombudsman)이 객관적이며 독립적으로 조사하게 되어 있다. 그리고 영국은 다른 EU국가들의 종신수를 모두 합한 것보다 많은 20명 이상의 종신수가 수감 중이며 이들은 언젠가 감형되어 유기수가 될 수 있는 무기수와 달리 출감될 확률이 전무하다시피 하다. 그래서 모든 희망을 종식시키기 때문에 종신형 증대방안은 재고해야 한다는 지적이 일고 있다. 한편, 영국의 교도소에서 죄수의 책임으로 인한 사망자 수는 지속적으로 증가하고 있다(1992년 41명, 1993년 47명, 1994년 62명, 1995년 59명, 1996년 64명, 1997년 70명, 1998년 83명, 1999년 91명, 2000년 81명, 2001년 72명, 2002년 94명, 2003년 94명). 연구에 따르면, 이 중 40% 이상의 자살이 수감 후 일주일 내에 이루어졌으며 대부분 교도소에 오자마자 정신적 불안감을 나타냈거나 자해경력이 있고 대부분 재판 중에 수감된 상태였다.

영국 교도소 의료진에 따르면 교도소 내 자살의 1/5은 세밀한 감독과 교도관들에의 적절한 훈련, 그리고 다른 죄수와 같이 쓰는 감방을 늘렸다면 줄일 수 있다고 한다. 영국 정부 역시 안전한 감방을 만들기 위해 무엇인가 걸 수 있는 곳을 없애는 작업을 3천5백 개에 걸쳐 진행했다.

경 찰

핀란드에서 경찰민원은 가장 빈번한 민원 유형 중에 속한다. 2005년 504건은 전년보다 증가한 것이다. 단지 몇 년 동안의 통계만으로 증가원인이 무엇인가, 단순한 증감에 불과한 것인가 가늠하기란 쉽진 않다. 그리고 2005년 통계적으로 경찰민원은 구체적 조치 결정 비율이 전체 민원 평균보다 높은 24%였으며 징계가 10건이었다. 그 이유 중의 하나는 경찰업무의 특성에 있다. 경찰은 시민의 기본권에 간섭하며 그것도 강제력을 행사하고 많은 경우 신중히 고려할 만한 시간적 여유가 거의 없는 것이기도 하다. 온갖 경찰조치들에 대해 항변할 기회가 주어져 있지 않기 때문이기도 하다.

경찰민원 중 압도적 다수는 경찰의 범죄수사 및 강제력 행사에 대한 것이다. 범죄수사 과정에서 경찰의 실수가 있었다거나 수사하지 않기로 한 결정이 잘못되었다거나 수사 기간이 너무 길다거나 등과 같은 주장이 전형적이다. 강제력 사용에 관한 민원의 경우 가택수색이나 여러 유형의 자유의 박탈 등에 대한 것이다. 경찰이 편파적이라는 민원 역시 적지 않다.

노골적인 폭행 같은 경찰의 중대한 직권남용의 경우 대부분 곧장 범죄수사 대상이 되지만 이런 민원 건 자체는 극히 드물다. 통상 이런 경우 시민들이 분노가 치밀어 올라 곧장 범죄를 신고하며 검찰 측에 회부되어 범죄수사 여부를 결정하기 때문이다.

민원 외에도 옴부즈맨은 경찰에 대하여 직권조사 및 현장감사를 벌인다. 2005년 두 명의 옴부즈맨 대행이 내무부 경찰국 및 3개의 중소형 경찰서에 대해 현장감사를 벌였다. 중앙경찰에 해당하는 중앙수사국도 현장감사를 했다. 이들에 대해서는 강제력 사용, 도감청, 내부 감찰 등에 대해 중점을 두었다. 중앙교통경찰 및 여러 곳의 유치장도 현장감사를 받았다. 현장감사는 기습적으로 하지 않으며 미리 자료를 받아 검토한 후 현장감사에 들어가며 현장감사를 통하여 상세한 감사를 벌이게 된다. 그리고 민원과 현장감사는 상호 보완적이다. 현장감사는 민원 내용들을 바탕으로 하여 계획이 세워지며 민원에 대한 구체적 조치를 결정할 때 큰 도움을 주고 있다. 유치장, 가정폭력 사건과 아동에 대한 폭력 사건 등에 대한 경찰 수사 등에 대해 현장감사의 초점이 맞춰져 있다.

악성 스파이 사건에 대한 수사(사건번호 1585/4/03)

보안경찰이 자신을 범죄수사하면서 관련 범죄혐의에 관한 정보를 일반 시민들이 알 수 있도록 제공한 것이 적법하게 이루어진 것인지 여부에 대해 민원을 제출하였다.

옴부즈맨은 보안경찰이 해당 범죄수사에서 불법적이진 않았다고 보았다. 악성 스파이활동에 대한 범죄수사 개시는 물론 과잉된 것이었지만 구체적으로 민원인에게 집중된 혐의는 뒷받침하는 근거는 어느 단계에서도 나타나지 않았다. 하지만 예비수사단계에서 법적으로는 용의자 신문을 위해 강력한 혐의가 있어야 한다고 되어 있지 않은 실정이다. 옴부즈맨은 보안경찰이 민원인을 신문하여 검찰에 회부하였을 때 민원인의 법적 안정성도 무시하지 않았으며 범죄해결의지를 부당하게 강조하지도 않았다고 보았다.

그러나 옴부즈맨은 정부 측에게 한 시민을 피고로 세우기 위해 충족시켜야 하는 전제조건들을 법에 규정하도록 시정권고 조치를 내렸다. 옴부즈맨은 공공기관이 민원인에 대해 성급하게 일반 시민들에게 낙인을 찍음으로써 보호하지 않은 것은 심각한 문제라고 보았다. 법적으로는 민원인이 범죄수사 대상이라고 공개해서는 안 된다고 선험적으로 규정하고 있으며, '정부활동공개법'상으로도 범죄수사가 진행되는 동안 이를 공개하지 않도록 규정하고 있다.

옴부즈맨은 중앙수사국 측에 대해 용의자 정보가 어떻게 새나갔는가 확정하기 위한 범죄수사를 해 주도록 요청하였다. 그러나 이는 실패했다. 드러난 사실관계에 비추어보았을 때 옴부즈맨은 수사비밀 준수 의무를 위반한 용의자인 보안경찰국장도 범죄를 저지른 것은 아니라고

356 제 4 부 법원옴부즈맨과 변호사옴부즈맨

보았다. 보안경찰국장은 어느 단계에서도 언론에 누설했다는 용의점이 없었다.

어떤 경우 용의자 정보공개는 적법하다. 법적으로 용의자 정보공개가 피고인에게 해롭더라도 정부활동공개법상 보도에 강력한 이유가 있는 경우 공개가 가능하게 되어 있다. 하지만 사안별로 따져봐야 한다. 언론매체에는 비밀로 유지한 채 다른 기관이나 사적인 개인에게 누설되기도 한다. '범죄수사법'은 대중 공개와 관련하여 별도 규정을 두고는 있으나 이 사건에는 적용되지 않는다. 이 사건의 경우 보안경찰은 타자 할로넨 대통령, 전임 대통령 마르티 아티사리, 몇몇 장관과 공직자 등에게 해당 정보를 전달하였다. 옴부즈맨은 이때 보안경찰이 적법하게 전달한 것으로 밝혀냈다. 야당인 중도당 에스코 아호 당수에게도 해당 정보가 전달되었다. 이는 보안국장, 당시 총리와 내무부 장관 등의 결정에 따른 것이었다. 옴부즈맨은 이것이 모두 담당자의 재량권 범위 내의 것이었으며 민원인에게 해롭더라도 그렇게 할 만한 강력한 이유가 있었다고 보았다.

옴부즈맨은 비밀 준수 의무가 있는 자 이외의 사람에게 용의자 정보를 전달한 문제점, 해당 범죄혐의의 중대성, 해당 정보가 갖는 극도의 민감성 등등이 보다 더 신중한 검토가 필요한 문제이긴 하지만 원활한 정국 운영이야말로 설득력 있는 강력한 이유가 된다고 보았다. 옴부즈맨이 조사와 수사를 했지만 아호 국장의 용의자 정보 인지와 사건 공개 사이에 어떤 연관성이 있다는 증거를 밝혀내지 못하였다. 게다가 옴부즈맨이 요청한 수사정보와 비밀이 지켜져야 하는 정보들이 미리 공개되었다. 이런 유형의 누설행위는 다른 사건들에서도 관찰되었다. 경찰의 문제점으로 지적해야 하는 사항은 이러저러한 공익관점에서 언론이 경찰정보전산망을 통하여 재빨리 해당 범죄정보를 입수해버리기 때문에 경찰정보전산망 접근에 특별한 제한을 가하도록 해야 하는데 아직 그렇게 하지 못하고 있다는 점이다.

옴부즈맨은 비밀이 지켜져야 하는 사항에 대하여 해당 정보가 불법적으로 누설되지 않도록 특단의 조치를 취해야 할 필요성이 있다고 본다. 옴부즈맨은 경찰법상의 비밀 준수 규정을 보다 상세하게 규정하여 개정하도록 시정권고 조치하였다.

압수 연기(사건번호 1166/4/04)

핀란드 동부지역 한 타운에서 경찰이 마약사범 수사과정에서 어느 한 주택을 수색하다가 마약을 압수하고 엽총을 발견하였다. 그러나 경찰은 이 주택 거주자에게 수색을 미리 알려주게 되어 있음에도 불구하고 그렇게 하지 않았다. 린드스테드 옴부즈맨 대행은 불법절차를 따른 4명의 경찰에 대해 징계를 내리도록 하였다.

경찰은 해당 주택에 대해 상습적으로 야간수색을 반복해 왔다. 즉 첫 번째 수색에서 경찰은 엽총, 탄약통, 서부텍스(Subutex)정 등을 적발했다. 그러나 수사목적상 압류하지 않고 사진만 찍어 두었다. 두 번째 수색 때는 엽총과 서부텍스정 등이 그대로 있었으며, 세 번째 수색 때는 서부텍스정 여러 알이 사라졌고, 네 번째 수색 때는 엽총도 사라지고 없었으며 서부텍스 정 반 알만 남아 있었다.

옴부즈맨 대행은 수사 당시 법적으로 경찰이 수사상 이유로 압수를 지연시키도록 하는 것은 허용되지 않는다고 지적했다. 그러나 경찰은 특히 마약수사에서 관행적으로 소량의 마약을 적발할 때마다 수사를 개시하는 대신 대량의 마약을 적발해 내는 데 수사력을 집중해 오고 있다.

옴부즈맨 대행은 이런 문제 있는 관행이 경찰 최고위 지휘계통에서까지 자리 잡고 있음을 알게 되었다. 해당 관행이 점차 문제가 있는 것으로 드러나 마침내 불법화된다는 두려움이 있었음에도 불구하고 경찰간부 조직이나 내무부조차도 해당 관행을 중단하거나 필요한 입법조치를 취하지 않았다.

그래서 일선경찰은 애매한 상황에서 전술적 고려가 더욱더 필요할 때 스스로 규정을 만들어 할 수밖에 없다. 통상 일선 경찰의 첨예한 상황에서 결정은 더욱더 신속하게 내려져야 한다. 사용방식이 법에 규정되어 있는 경우 특히 더 그러하다. 옴부즈맨 대행은 이런 입장을 법무부 및 내무부에 전달하였다.

교도소

최근 몇 해 동안 핀란드 재소자 민원 건수는 이례적으로 높은 수준을 계속해서 기록하고 있다. 2005년 235건이었는데 반해 1990년대 후반은 그 절반 수준에 불과하였다. 구체적 조치가 내려진 결정은 매우 광범위한 분야에 걸쳐 있으나 분야 자체는 고정적이다. 예컨대 강제조치, 안전조치, 징계조치, 직원의 처신, 옷이나 소지품 같은 생활조건, 휴가증 서신 전화사용 가족면회 횟수 등과 같은 외부 세계 접촉 기회 등등에 관한 것들이다.

일부 민원은 개방교도소로 이송해 달라는 요구이거나 다른 교도소로 이송 요구, 혹은 그 취소 등에 관한 것이다. 의료서비스에 대한 불만도 빈번한 민원사항에 속한다. 보호관찰 서비스의 경우 몇몇 절차에 대한 구체적 조치가 결정되기도 하였다. 재소자들은 교정업무 외에 교도소 당국이 취한 절차에 대해 민원을 내기도 하였다. 그러나 가장 많은 민원 건수는 기결수의 형량이나 해당 사건이 수사과정이나 법원 재판과정에서 처리된 방식에 대한 것으로 나타난다.

현장감사

옴부즈맨의 적법성 감시활동의 핵심 업무는 교도소 같은 폐쇄시설에 대한 현장감사를 수행하는 것이다. 연간 정기적으로 혹은 수시로 실시된다. 현장감사가 실시되기 전 사전에 충분히 통지한다. 2005년 교도소 12회, 개방교도소 1회, 노동시설 2회 등의 현장감사가 있었다. 현장감사에서는 교도소의 각종 시설과 상태, 재소자의 생활조건, 직원의 근무조건, 가족면회시설, 재소자와 외부세계 접촉, 시설 내 징계실태, 있을 수 있는 차별문제 등을 주목하게 된다. 교도소 책임자와 논의사항들 중에는 재소자가 저지른 혐의가 있는 건들에 대한 조사, 계구 등 강제수단 사용실태, 재소자 위생실태 감독 등이 포함되어 있다. 교도소 과밀상태와 이에 따른 재소자 생활조건이나 운동허용 실태 등도 논의되었다. 재소자들이 운동하려면 아주 오랜 시간을 기다려야 하는 경우도 왕왕 발생한다. 노동이나 운동을 원하는 재소자 모두에게 이를 모두 허용하기는 불가능하다. 이는 부분적으로 직원 수가 너무 적어서이기 때문이다.

현장감사의 특색은 옴부즈맨과 재소자 간 개별 대화 시간에 있다. 2005년 159명이 이런 기회를 가졌다(전년도 116명). 내용은 이미 현장감사에서 다뤄진 사항들이지만 재소자들은 10건 정도의 서면 민원을 따로 제출하였으며 이에 대해서는 별도 조사가 이루어졌다. 교도소 시설에 대한 민원이 주였다. 현장감사를 통하여 옴부즈맨 대행 직권으로 7건에 대해 조사가 이루어졌다.

군대사건과 국방행정

핀란드에서 옴부즈맨설치법은 징집병, 국방근무자, 평화유지요원 등에 대한 처우실태를 감독하며 군부대 현장감사 등을 하도록 규정하고 있다. 옴부즈맨과 국가법무관의 업무 분담에 따라 국방부, 국경수비대,

평화유지군 등은 옴부즈맨의 관할이며 실제로 징집병과 군인들의 기본권과 인권 등을 감독하는 유일한 외부기관은 옴부즈맨으로 되어 있다. 국제적으로 보더라도 핀란드처럼 군대와 군부대를 외부의 독립적인 감시기관이 감독하는 국가는 극소수에 불과하다.

옴부즈맨 민원은 국방부와 국경수비대 직업군인과 징집병이 내며 왕왕 징집병의 부모들이 내는 경우도 있다. 징집병이나 군복무자가 민원을 내는 기준은 꽤 까다롭게 되어 있다. 그래서 군복무를 거의 마칠 때나 아니면 제대한 이후에야 비로소 옴부즈맨에게 민원을 낸다. 그러나 징집병이 낸 민원들은 통상적인 민원보다 근거가 있는 것으로 밝혀지는 비율이 더 높다. 대종은 처우나 징계에 대해서이다. 상당수는 의료에 관한 것이며 특히 질병에 걸린 군인들에 대한 처우에 대한 경우가 많다.

이러저러한 형태의 집단따돌림과 왕따 문제도 수시로 발생한다. 집단따돌림과 폭력집단화 현상은 징집병 내부의 현상이긴 하지만 옴부즈맨은 감시책임은 군대 내의 정규직업군에게 있음을 강조하였다.

2005년 42건의 군 민원이 해결 처리되었다. 잭스캘네이만 옴부즈맨 대행은 전년도에도 이미 군부대에서 의사가 부족하다는 점에 대해 주목한 바 있다. 그는 2005년에도 국방부 측에 대하여 오래 전부터 제기된 이 문제를 제대로 해결하지 못하고 있다며 신속한 해결을 위해 어떤 조치를 취할 것인지 알려 달라는 입장을 전달하였다.

현장감사

군부대 현장감사는 군인 관련 적법성 감시의 핵심 업무이다. 최근 보다 효과적이며 더 빈번하게 현장감사를 실시하고 있다. 현장감사 실시가 예정된 군부대에 요구하여 제출받은 자료는 직업군인과 징집병

수, 징계실태와 상해 등에 대한 결정사항, 징집병의 근무배치와 의료보호 실태 등이 담겨있다.

현장감사에서는 징집병이 구체적으로 옴부즈맨 대행을 비밀리에 만나 면담하는 기회를 보장받는 것이 매우 중요하다. 물론 직업군인도 이런 기회를 보장받고 있다. 징집병과 면담은 상징성과 예방적 효과를 가지고 있다. 면담결과는 흔히 부대장과의 최종 면담에서 직업군인 등과 함께 논의하는 내용에 포함된다. 여러 가지 경미한 사항들과 문제들에 대해 유의하여 돌볼 수 있게 된다. 원칙이나 중대한 사항이 개재된 경우 옴부즈맨은 현장감사 후속조치로 별도 조사연구나 범죄수사를 진행한다. 현장감사에 임하기 전 수년 동안에 걸쳐 해당 군부대의 징계조치나 각종 기록을 검토한다. 해당 군부대 및 인근 지역의 징계통계도 심사토록 하고 있다.

핀란드 옴부즈맨의 법적 근거

헌법(개정발효 2000년 3월 1일)

제38조(옴부즈맨) 의회는 법률 지식이 뛰어난 자 중에서 4년 임기로 옴부즈맨 1명과 옴부즈맨 대행 2명을 선출한다. 옴부즈맨 규정은 옴부즈맨 대행에게도 그대로 적용한다. 의회는 헌정위원회 의견을 들어본 후 극도의 무거운 이유가 있는 경우 임기 전에 유효투표의 3분의 2 이상으로 옴부즈맨을 해임할 수 있다.

제48조(장관, 옴부즈맨, 국가법무관 출석권) 옴부즈맨과 국가법무관은 의회가 보고서나 관련 기타 사항에 대해 심의할 때 의회 전체회의에 출석하여 토론할 수 있다.

제109조(옴부즈맨의 임무) 옴부즈맨은 법원, 공공기관, 공직자, 공공기관 고용인 등이 법을 준수하여 소임을 다하도록 담보토록 한다. 옴

부즈맨은 기본권과 기본적 자유 및 인권의 침해 여부를 감독한다. 옴
부즈맨은 의회에 연차보고서 및 사법행정 및 입법미비 사항 등에 대한
입장을 제출한다.

제110조(국가법무관과 옴부즈맨의 기소권 및 업무분담) 판사의 불법
행위에 대한 기소 결정은 국가법무관이나 옴부즈맨이 담당한다. 국가
법무관과 옴부즈맨은 적법성 감독과 관련된 사항에서 발견한 혐의에
대하여 기소권을 갖는다. 두 기관의 업무 분담은 적법성 감독권에 대
하여 상호 제한하지 않도록 하되 이에 대해서는 따로 법으로 정한다.

제111조(국가법무관과 옴부즈맨의 자료 접근권) 국가법무관과 옴부
즈맨은 공공기관 등으로부터 적법성 감독에 필요한 자료를 제출받을
권한을 갖는다. 국가법무관은 각료회의 및 대통령에게 안건이 제출될
때 출석하여야 한다. 옴부즈맨도 각료회의 등에 출석할 권한을 갖는다.

제112조(정부와 대통령의 조치의 적법성 감독) 국가법무관이 정부,
각료, 대통령 등의 결정이나 조치에 대해 지적해야 하는 경우 이에 대
한 이유와 함께 지적하도록 해야 한다. 이것이 무시되는 경우 국가법
무관은 정부의사록에 지적 사항을 담도록 해야 하며 필요한 경우 다른
조치를 취해야 한다. 옴부즈맨도 상응하는 동일한 권한을 갖는다. 대통
령의 결정이 불법인 경우 국가법무관의 입장을 알아본 후 해당 조치를
집행할 수 없음을 대통령에게 통지하고 해당 조치를 수정하거나 철회
하도록 제시하도록 한다.

제113조(대통령의 형사책임) 국가법무관, 옴부즈맨, 정부 측이 대통
령이 반역이나 인간성에 반하는 범죄 혐의가 있다고 간주하는 경우 이
를 의회에 통보토록 해야 한다. 이때 의회는 유효투표의 4분의 3 이상
으로 가결할 수 있으며, 검찰총장은 대통령을 탄핵고등법원에 기소해
야 하고, 대통령은 이 절차가 진행되는 동안 권한행사가 유보된다. 이

외의 사건에 대해서는 대통령에 대해 공적 행위를 이유로 기소할 수 없다.

제114조(장관에 대한 기소) 장관의 불법행위에 대한 기소는 고등탄핵법원에 하며 세부적인 사항은 법으로 정한다. 기소 결정은 의회가 헌정위원회 의견을 들어본 후 결정하도록 한다. 의회가 기소 여부를 결정하기 전에 해당 장관에게 해명할 기회를 부여해야 한다. 이 사항을 심의하는 위원회 의사정족수는 의원 전원이 참석해야 한다. 장관에 대한 실제 기소는 검찰총장이 담당한다.

제117조(국가법무관과 옴부즈맨의 법적 책임) 제114~5조의 장관에 대한 규정은 국가법무관 및 옴부즈맨의 공적 행위의 적법성 문제, 국가법무관과 옴부즈맨의 기소나 재판절차 등에 대해서도 준용하도록 한다.

핀란드 옴부즈맨법 (197/2002)

제1장 적법성 감시

제1조(옴부즈맨의 감시대상) (1) 감시대상은 헌법 제109조에 따라 법원, 공공기관, 공직자, 공공기관 고용인 및 공적 업무를 수행하는 자 등으로 한다.

(2) 헌법 제112~3조에 따라 옴부즈맨은 정부, 장관, 대통령 등의 결정과 조치의 적법성에 대하여 감시한다. 이 법의 감시 규정은 정부, 장관, 대통령에게도 적용한다.

제2조(민원) (1) 옴부즈맨 관할에 해당하는 민원은 불법 조치를 취하거나 직무를 태만히 했다고 생각되는 공무원에 대해 누구든지 낼 수 있다.

(2) 민원은 서면으로 내야 한다. 민원인의 이름, 연락처, 민원내용

등을 담아야 한다.

제3조(민원에 대한 수사) (1) 옴부즈맨은 민원사항이 옴부즈맨 관할에 해당하며 민원대상이 불법이나 직무태만인 혐의가 있다고 볼 이유가 있는 경우 수사하여야 한다. 필요한 경우 관련 자료를 확보하여야 한다.

(2) 옴부즈맨은 특별히 수사해야 할 이유가 없는 한 5년을 초과한 민원에 대해서는 수사하지 않는다.

제4조(직권조사) 옴부즈맨은 관할에 속하는 사항에 대하여 직권 조사할 수 있다.

제5조(현장감사) (1) 옴부즈맨은 관할 사항이 있는 공공기관에 대하여 필요한 감독을 위하여 현장감사를 실시한다. 특히 교도소와 기타 폐쇄시설에서 재소자 처우, 여러 형태의 군부대와 평화유지군의 징집병과 기타 군사요원과 평화유지군 병사의 처우를 감독하기 위하여 현장감사를 실시하도록 한다.

(2) 현장감사를 위하여 옴부즈맨과 소속직원은 해당기관 구석구석 및 모든 자료에 대한 접근권 및 해당기관 소속 요원 및 재소자 등에 대한 비밀 면담권을 갖는다.

제6조(행정지원) 옴부즈맨은 필요하다고 간주하는 행정지원을 무료로 해당기관으로부터 받을 권한을 가지며, 각종 자료의 사본 및 해당기관이나 민원대상의 파일을 입수할 권한이 있다.

제7조(옴부즈맨의 자료제출요구권) 적법상 감시에 필요한 자료제출요구권은 헌법 제111조에 규정되어 있다.

제8조(경찰수사 혹은 예비수사 지시권) 옴부즈맨은 옴부즈맨이 조사 중인 사항을 명확히 밝혀내기 위하여, 경찰법(493/1995)에 규정된 경찰수사, 예비수사법(449/1987)에 규정된 예비수사를 지시할 수 있다.

제9조(민원대상에 대한 청문조사) 사안에 따라 조사대상의 행위에 문제점이 있다고 볼 만한 이유가 있는 경우 옴부즈맨은 결정하기 전에 해당자에게 소명을 기회를 준다.

제10조(징계와 입장표명) (1) 옴부즈맨 관할사항에 대해 조사대상이 불법 행위나 직무태만이 있다고 결론을 내리지만 형사상 고발이나 징계조치를 하기는 어렵다고 판단하는 경우 지도 차원에서 경고징계를 내릴 수 있다.

(2) 옴부즈맨이 적절한 법 준수 문제에 대하여 입장표명을 할 수 있으며, 혹은 양질의 행정을 해야 하는 요건이나 기본권과 인권 참작을 위하여 조사대상에 대하여 주의를 환기시킬 수 있다.

제11조(시정권고) (1) 옴부즈맨 관할사항에 대하여 잘못을 복구하거나 결함을 시정하도록 해당 기관에 대하여 시정권고 조치를 할 수 있다.

(2) 옴부즈맨은 법안준비를 담당하는 정부나 기관에 대하여 법률이나 각종 규정의 미비점에 대해 주의를 환기시키며 그 추이나 문제점 제거에 대하여 시정권고 조치를 할 수 있다.

제2장 의회보고와 이해관계 공개

제12조(보고) (1) 옴부즈맨은 의회에 옴부즈맨 활동, 법원행정, 공공행정, 공적업무 실적 등과 특히 기본권과 인권의 이행상황에 대해 주목하면서 각종 입법상 결함에 대하여 연차보고서를 제출해야 한다.

(2) 옴부즈맨은 중요하다고 보는 사항에 대해 특별보고서를 의회에 제출할 수 있다.

(3) 옴부즈맨은 보고서에 입법상 결함을 없애기 위하여 시정권고 사항을 함께 제출할 수 있다. 이 결함이 의회에서 심의 중인 사항인 경

우 의회 내 해당 상임위에 대해 관찰결과를 전달할 수 있다.

제13조(이해관계 공개) (1) 옴부즈맨과 옴부즈맨 대행으로 선출된 자는 지체 없이 옴부즈맨 활동 평가에 관련이 있을 수 있는 기업활동과 자산, 직책과 기타 이해관계 내역에 대해 의회에 제출해야 한다.

(2) 옴부즈맨과 옴부즈맨 대행은 임기 동안 위 항목의 변동 내역을 지체 없이 제출해야 한다.

제3장 옴부즈맨과 옴부즈맨 대행에 대한 일반 규정

제14조(임무) (1) 옴부즈맨은 법적으로 관할사항에 대하여 독자적 결정권을 갖는다. 옴부즈맨은 옴부즈맨 대행의 의견을 듣고 옴부즈맨과 옴부즈맨 대행의 업무분장을 결정한다.

(2) 옴부즈맨 대행은 옴부즈맨이 배정한 적법성 감시 사항에 대하여 옴부즈맨과 동일한 심의결정권을 갖는다.

(3) 옴부즈맨 대행은 정부, 장관, 대통령의 결정이나 조치에 대해 경고징계를 하거나 대통령, 최고법원이나 최고행정법원 판사에 대하여 고발해야 할 이유가 있다고 판단하는 경우, 이를 옴부즈맨이 결정하도록 회부해야 한다.

제15조(결정) 옴부즈맨이나 대행은 해당 사건에 대해 달리 스스로 결정하지 않는 한 판단을 담당하는 직원이 마련한 초안에 바탕을 두고 결정을 내리도록 한다.

제16조(대행) (1) 옴부즈맨이 재직 중 사망하거나 사임하고 의회가 후임자를 선출하지 않은 경우, 옴부즈맨 대행 중 선임자가 옴부즈맨 업무를 수행하도록 한다.

(2) 옴부즈맨이 기피당하거나 소임을 다하기 위하여 출석할 수 없는 경우, 선임 옴부즈맨 대행이 운영내규에 따라 옴부즈맨 임무를 수행하

도록 한다.

(3) 옴부즈맨 대행이 기피당하거나 소임을 다하기 위하여 출석할 수 없는 경우, 옴부즈맨이나 다른 옴부즈맨 대행이 운영내규에 따라 그의 임무를 수행하도록 한다.

제17조(기타 임무와 휴직) (1) 옴부즈맨과 대행은 임기 동안 다른 공직을 가질 수 없다. 이들은 적법성 감독자로서 옴부즈맨의 불편부당하다는 신뢰성을 흐리거나 적절한 임무 수행을 방해하는 공적이거나 사적인 직책을 가져서는 안 된다.

(2) 옴부즈맨이나 대행으로 선출된 자가 국가공무원인 경우 옴부즈맨이나 대행의 임기 동안 해당 직책에 대하여 휴직을 허가하도록 한다.

제18조(보수) (1) 옴부즈맨과 대행에게 보수를 지급한다. 옴부즈맨의 보수는 국가법무관 봉급에 동일하게, 옴부즈맨 대행의 보수는 국가법무관 대행의 봉급과 동일하게 지급한다.

(2) 옴부즈맨이나 대행으로 선출된 자가 공적이거나 사적인 고용관계에 있는 경우, 임기 동안 해당 고용관계에서 받는 보수는 포기하도록 한다. 임기 동안 선출 당시 보유하던 직책이나 다른 고용관계 조건들을 포기함으로써 적법성 감시자로서 불편부당하다는 신뢰성을 흐리지 않도록 해야 한다.

제19조(연가) 옴부즈맨과 옴부즈맨 대행은 한 달 보름의 연가를 떠날 수 있다.

제4장 옴부즈맨직 상세규정

제20조(옴부즈맨직) 옴부즈맨을 기관장으로 하는 사무소를 두고 여기에서 사건의 예비처리와 결정 및 다른 업무수행을 담당하도록 한다.

제21조(직원과 운영 내규) (1) 옴부즈맨 사무소 직위와 임용 요건은 직원내규에 따른다.

(2) 옴부즈맨과 옴부즈맨 대행의 업무분장과 대리, 직원의 업무분장과 공동결정 등에 대하여 운영내규를 정한다.

(3) 옴부즈맨 대행의 의견을 듣고 옴부즈맨이 운영내규를 승인한다.

제5장 발효와 경과규정

제22조(발효) 이 법은 2002년 4월 1일부터 발효한다.

제23조(경과규정) 옴부즈맨과 옴부즈맨 대행은 이 법이 발효된 지 1개월 내에 제13조에 따른 이해관계를 공개하여야 한다.

제 3 장 각국의 법원옴부즈맨

1. 미국의 법원옴부즈맨

옴부즈맨이 원래 행정기관에 대한 입법부와 사법부의 견제 내지 통제 수단의 성격에서 점차 경찰 및 법원 그리고 변호사 등에 대한 견제나 통제 기능까지 맡게 된 것은 세계적 추세로 되어가고 있으며 우리나라도 여기서 벗어나기 힘들게 되었다. 옴부즈맨이 법원에서조차 잘 응용되어 시민들에게 서비스의 질을 높이는 데 큰 기여를 할 수 있음을 깨닫게 되었기 때문이다.

미국의 법원옴부즈맨 제도는 각 주나 지방자치단체 시나 카운티 법원 수준에서 널리 확산되어가고 있다. 미국의 경우 각 지방권력의 상징이 곧 그 지역의 법원이라고 할 수 있는 정도이며 각 지방의 법원이 주 정부나 지방자치단체와 거버넌스 구조가 긴밀하게 연관되어 있기 때문에 법원옴부즈맨 역시 각 지방자치 옴부즈맨 제도의 발달과 함께 발전해 왔다고 볼 수 있다. 여기서는 뉴저지 주 등을 비롯하여 미국의 몇몇 법원옴부즈맨 제도를 소개하는 데 그치고자 한다.

스웨덴이 총 4명의 스웨덴 옴부즈맨 중 1명, 즉 수석옴부즈맨이 법원에 대해 감독권을 가지고 있다면, 미국과 캐나다는 법원위원회 형태로 그와 같은 옴부즈맨을 운영하고 있다고 볼 수 있다. 결국 이는 사법부에 대한 공식적인 민주적 책임확보 메커니즘이 어떠한가 하는 문제와 관련되어 있다.

먼저 미국은 연방수준에서 '1980년 법원윤리 및 장애인법'에 따라 징계수단으로 탄핵에 의한 해임제도가 도입되었다. 주 수준에서 보면 사법부의 독립과 민주적 책임확보 사이의 균형 정도가 각기 다르며 통상 민주적 책임확보 측면을 더 중시하는 것으로 나타나고 있다. 예컨대 캘리포니아 주 법원업무수행평가위원회 제도는 호주 뉴사우스웨일즈 주의 법원위원회 모델이 되었다.

1994년부터 캘리포니아 주 법원위원회는 법원비리민원 각하, 해당 판사에게 경고서한 발부, 해당 판사의 주의를 환기시키는 개별적인 훈계, 잘못이 중대하기는 하나 재발 염려는 없는 판사의 부적절한 행위에 대하여 공개경고 혹은 공개적인 책임을 묻는 서한 발부, 고질적으로 잘못을 일삼아 저지른 경우 소정의 심리절차를 거쳐 해임조치, 법원위원회 측이 해당 판사가 더 이상 판사로서 임무수행이 불가능하다고 결정하는 경우 소정의 심리절차를 거쳐 강제사임 등과 같은 수위별 징계 등을 내릴 수 있는 권한들을 가지고 있다. 그리고 판사의 업무수행평가 및 판사윤리규정은 법원의 민주적 책임확보를 위한 미국 전역의 일반화된 제도적 특징으로 자리 잡고 있다.

미국의 메릴랜드 주 항소법원 직제표를 보면 옴부즈맨이 직제표에 명확하게 포함되어 있음을 알 수 있다. 즉 메릴랜드 주 항소법원 옴부즈맨은 법원장과 수석판사 직속으로 감사관, 공보관 등과 나란히 편제되어 있다.[76) 소년법원 및 청소년 문제와 관련하여 청소년 사법옴부즈맨 제도를 여러 주에서 운영하고 있다.[77)

(1) 미시간 주 법원옴부즈맨

2005년 2월 22일 미시간 주 순회법원 동부지구 버나드 A. 프리드먼

---

76) Maryland Manual On-Line, Maryland State Archives, 29 January 2007.
77) Judith Jones and Alvin W. Cohn, "State Ombudsman Programs", in *Juvenile Justice Bullentin, Feb 2005*, Office of Juvenile Justice and Delinquency Prevention(OJJDP, US Department of Justice).

수석판사(미국 변호사협회 소속)는 조지 J. 베드로시언 변호사를 법원
옴부즈맨(Court Ombudsman)으로 임명하였다. 베드로시언 법원옴부즈
맨은 법원 측과 변호사 간 중재자로서 업무를 수행하고 있다. 법원옴
부즈맨은 구제제도가 없거나 재판절차가 없는 사항에 대해 비공식적인
방법으로 조화로운 해법을 찾으며 해결책을 건의하는 조치를 취하도록
하고 있다. 법원옴부즈맨과 접촉은 모두 비밀을 보장하며 무료이다. 베
드로시언 변호사는 1963년에서 1998년까지 굿맨, 에덴, 밀렌더와 베드
로시언 등과 같은 로펌에서 변호사로 일한 바 있다. 현재 그는 '대안적
분쟁조정' 분야에서 단독 개업하여 소통, 중재, 조정을 전문으로 하고
있는 상태이다. 법원옴부즈맨은 재판부와 변호사 측 양자 간의 지원과
협력을 보다 원활하게 해줄 것으로 보고 있다.[78)

(2) 뉴저지 주 대법원 법원옴부즈맨

뉴저지 주 대법원 측이 2001년 5월 설립 운영 중에 있는 머서 비시
나즈(Mercer Vicinage) 법원옴부즈맨에 대하여 소개하도록 한다. 현재
뉴저지 주 머서 비시나즈 법원의 경우 법원옴부즈맨은 주디스 이리자
리(Judith Irizarry)가 맡고 있다. 시민들은 법원 이용에 따른 불만사항,
질문사항, 도움이 필요한 사항이나 제안 사항 등은 법원옴부즈맨에게
직접, 전화 혹은 서면 등으로 제출하면 된다.[79)

뉴저지 주 대법원 측이 법원옴부즈맨을 설립 운영하는 목적은 대민
홍보, 대민관계개선, 시민들에 대한 지원 등의 세 가지 업무 분야를 실
효성 있게 함으로써 법원이 펴는 각종 정책과 규정 및 절차에 따라 고
객서비스와 평등한 법원 접근 등이 지속적으로 개선될 수 있도록 하는

---

78) http://www.mied.uscourts.gov/ombudsman.htm
79) http://www.judiciary.state.nj.us/mercer/ombuds.htm

환경을 조성하는 데 두고 있다. 위의 세 가지 법원옴부즈맨 업무 분야
에 대해 자세히 보면 다음과 같다.

첫째, 대민홍보이다. 법원옴부즈맨은 법원 각 부서, 각 시와 지방자치
단체 관계자 등과 협력하여 법원업무 및 법원절차에 관한 최신 정보들
을 고객들에게 제공토록 한다. 또 법원옴부즈맨은 나홀로 소송 진행자
들과 소수언어 사용자 등을 위한 표지판, 게시판, 현관 안내, 웹페이지,
각종 간행물과 자료 등을 잘 검토하여 안내가 잘 이루어지도록 한다.
그리고 법원옴부즈맨은 법원의 각종 정책, 절차, 대민홍보, 고객서비스
등에 대하여 교육을 실시토록 한다. 법원옴부즈맨은 언론과 접촉하여
각종 법원업무에 대한 정보를 제공하며 시민들에게 법원시스템을 잘 알
수 있도록 하는 교육을 담당한다. 법원옴부즈맨은 지역 내의 각종 사회
단체 및 법조단체 등에 관한 최신 자료들을 입수하여 관리하도록 한다.

둘째, 대민관계개선 업무이다. 즉 법원옴부즈맨은 대민접촉 업무를
담당하며 이를 통해 시민들이 법원시스템을 더 익숙하게 알 수 있도록
노력하며 결과적으로 시민들의 신뢰와 지원을 촉진하는 환경을 조성토
록 하고 있다. 법원옴부즈맨은 법원 투어 견학코스, 웅변협회 주관 웅
변대회, 법의 날, 각종 교육프로그램, 기타 행사 등에 주도적으로 참여
하며 여러 시민단체 사무실을 방문하고 각종 위원회에도 참여한다.

셋째, 시민들에 대한 지원 업무이다. 법원옴부즈맨은 법원에서 시민
들이 겪는 오해, 각종 갈등, 법원의 잘못된 처우 등에 관한 각종 민원
들을 접수하며 이를 관리하고 그 사실관계를 규명하여 법원의 고객서
비스를 개선하며 새로운 서비스를 개발하도록 각종 시정권고를 하고
있다. 법원옴부즈맨은 시민과 법원 간의 각종 분쟁을 조정하며 해결하
는 중재자 역할을 담당한다. 법원옴부즈맨은 법원에 대한 불만과 각종
민원 및 법원 소속에 대한 징계제도 등에 관한 각종 안내를 하며 관련

정보를 제공토록 한다. 법원옴부즈맨은 법원을 방문하여 한꺼번에 여러 가지 업무를 보아야 하는 시민들을 도와주는 원스톱 업무담당자로써 활동하고 있다. 법원옴부즈맨은 법원의 각종 업무처리절차, 각종 업무, 다른 기관에 이첩하거나 회부해야 하는 업무 등에 관한 문의 등에 대해 안내해 주는 업무를 담당한다. 법원옴부즈맨은 고객제안서들을 모두 모아 이를 잘 검토하여 정리하고 이를 법원발전에 활용토록 한다.

다음으로 같은 뉴저지 주의 에섹스 비시나즈 법원옴부즈맨의 유래를 살펴보도록 하자. 1992년 뉴저지 주 대법원의 소수인종문제 타스크포스팀은 시청 공회당에서 공개회의를 연속해서 개최하였다. 당시 일련의 회의에서 뉴저지 주 대법원 측은 시민들이 법원에 대하여 보다 더 잘 알고 이해했으면 할 뿐만 아니라 법제도에 대한 고충과 불만들에 대해서도 보다 더 잘 전달하여 해명을 해 주었으면 하고 바란다는 점을 알게 되었다. 이에 따라 당시 타스크포스팀은 뉴저지 주 대법원 측에 대하여 주차원 및 비시나즈(인접지대) 차원에서 법원옴부즈맨 기구 설립을 추진토록 권고하였다. 타스크포스팀의 권고내용은 법원옴부즈맨 측이 법원에 관한 각종 정보를 제공 안내하며 시민들로부터 법원절차에서 발생하는 직권남용이나 각종 불만이나 민원 등을 접수하도록 하였다. 이 법원옴부즈맨 설치 운영 방안은 주대법원소수인종위원회뿐만 아니라 주대법원여성위원회에서도 승인되었다. 마침내 이 법원옴부즈맨 방안은 대법원에 의해 승인되기에 이르렀다.

1996년 캠든 비시나즈 측은 최초로 법원옴부즈맨사무소를 오픈 했다. 물론 당시 이 법원옴부즈맨사무소는 임시로 오픈 한 것으로 2년 후 적절한 방식으로 성과를 평가해 보기로 했다. 실제 그로부터 2년 후 평가결과는 시민들이 매우 호의적이었으며 문의사항에 대해 잘 응

374 제 4 부 법원옴부즈맨과 변호사옴부즈맨

답해 주었고 시민들의 불만이나 민원처리에 매우 잘해 준 것으로 나왔
다. 1998년 주대법원은 이 법원옴부즈맨 도입과 운정 정책을 확대하도
록 승인하였으며 이에 따라 에섹스 비시나즈가 최초로 상설 주법원옴
부즈맨사무소를 오픈하기에 이르렀다. 에섹스 비시나즈는 시민들이 법
원옴부즈맨을 포함하여 법원업무 전반에 걸친 문의사항, 지적사항, 제
안 등을 환영하고 있다. 뉴저지 주 사법부는 청렴성, 공정성, 서비스정
신 등을 구현하기 위하여 법원옴부즈맨을 운영하고 있다.[80]

뉴저지 주의 법원옴부즈맨의 민원처리 절차는 다음과 같다.

① 민원 제기: 직접 법원옴부즈맨을 만나서 하는 방법, 전화, 팩스,
이메일, 민원서식 우송 등.

② 스크린: 법원옴부즈맨은 처음 해당 민원에 대해 스크린을 담당하
며 이름, 주소, 전화와 팩스 번호, 문의사항의 내력과 기본 내용, 민원
인의 지위(원고 피고 배심원, 법원방문객, 검사, 변호사, 기타 등), 접수
날짜 등과 같은 기본사항들을 수집한다.

③ 조사와 수사: 법원옴부즈맨은 상세하며 정확한 설명을 해 주거나
해당 기관이나 부서로 회부토록 하는 데 필요한 사항을 조사 혹은 수
사를 진행하도록 한다.

④ 평가: 법원옴부즈맨은 해당 건이 즉각 다른 심리절차(법원 사법
윤리위원회, 해당 디스트릭트 윤리위원회 등)를 통하여 해결절차에 들
어갈 수 있는 것인지, 추가 조사와 수사를 더 필요로 하는 것인지, 중
재위원회에서 처리하기가 좋은 것인지, 아니면 충분히 잘 설명하기만
하면 되는 사항인지 등을 잘 따져 보도록 한다.

---

80) http://www.judiciary.state.nj.us/essex/ombudsman/index.htm 미국에서 통
    상 카운티 지방자치단체의 상징은 카운티 법원으로 되어 있다. 에섹스 카
    운티의 경우 세계적 명성의 건축가가 설계한 하얀 대리석으로 장대하게 지
    어졌으며 뉴저지 주 및 국립 등기원에서 역사적 유산으로 등재되어 있다.

⑤ 회부: 법원옴부즈맨은 판사, 변호사, 법원 직원 등에 대해 제기된 민원처리절차에 따라 해당 부서에 회부토록 한다.

⑥ 후속진행 상황 체크: 법원옴부즈맨은 각종 문제점들이 제대로 그리고 제때 제대로 방식으로 설명될 수 있도록 계속해서 체크하도록 한다.

⑦ 시정권고: 법원옴부즈맨은 모든 문의사항과 불만과 민원 제기 사항에 대하여 조사, 수사, 기록 확보, 분석 등을 담당하며 현행 절차의 문제점을 개선하며 새로운 절차를 도입 발전시키도록 시정권고를 한다.

뉴저지 주 모리스 서섹스 비시나즈 법원옴부즈맨의 경우 2003년 1월에 도입 운영에 들어간 바 있다.[81]

(3) 제안 아담스 소년법원 개혁재단

제인 아담스 소년법원 개혁재단(he Jane Addams Juvenile Court Foundation:JAJCF)은 미국 각지의 법원 측과 협력하여 수십 가지 개혁조치를 이룩하였다. 그중 하나는 법원민주화 제고를 위한 조치가 들어있는데 이 중 한 가지가 바로 새로이 법원옴부즈맨 제도를 만들어 시민들의 관심 사항들에 대해 적절하게 대응해 주도록 한 점을 들 수 있다. 제인 아담스 재단 측은 '법원문화팀'과 협력하여 법원에 일 보러 오는 가족들을 돕는 여러 가지 좋은 방안들을 찾아내 카운티 예산으로 이를 실현에 옮기도록 하였다.[82]

(4) 시애틀 법원옴부즈맨과 자동차 운전면허 재발급

시애틀법원은 벌과금 미납으로 운전면허가 정지된 경우 재발급 절차

---

81) http://www.judiciary.state.nj.us/morris/ombudsman/english/ ombudsman. htm
82) http://www.janeaddamsfdn.org/key-accomplishments.html

라든가, 10대로서 최초로 운전면허를 받아야 하는 경우 유의사항에 대하여 비디오물로 제작하여 설명하고 있다. 나아가 시애틀법원은 매주 화요일 오후 1:30 운전면허 재발급 안내 프로그램을 갖고 있다. 이를 위해 법원옴부즈맨은 참석자의 운전면허증의 상태, 벌과금 미납상황 등을 체크해 주며 질의응답 시간을 갖고 있다. 운전면허증이 벌과금 미납, 아동지원금 미납, 법원 불출석 등으로 인하여 정지된 경우 법원 옴부즈맨이 어떻게 운전면허를 살릴 수 있는지 안내해 주고 있다. 시애틀법원은 추가사항에 대한 문제해결 장소나 누구를 접촉해야 하는지 안내해 주고 있다.83)

한편, 미국의 법원옴부즈맨에 대한 풍부한 문헌 소개는 〈법원 및 사법제도 분야의 옴부즈맨 제도〉라는 자료("[PDF] Ombudsman Programs in the Courts and Justice System")를 참조하면 된다.84) 호주 타스매니아 주 법조 옴부즈맨85), 호주 빅토리아 주 법조 옴부즈맨86), 아일랜드 법조 옴부즈맨 제도 및 활동실적87), 마케도니아 정부에 대하여 '열린사회연구소' 측이 제시한 여러 가지 사법 실태 및 법조 옴부즈맨 정책대안들88), 미국 뉴욕 가정법원의 이용자 편의도 및 만족도 심층조사 보고서89) 등도 법조옴부즈맨의 다양한 모습들을 잘 보여주고 있다.

---

83) http://www.seattle.gov/courts/comjust/relicensing.htm

84) http://www.superiorcourt.maricopa.gov/lawlibrary/Documents/ PDF/ Bibliographies/ Ombudsmanrev2.pdf

85) www.taslawsociety.asn.au/web/en/lawsociety/about/complaints.html

86) www.secasa.com.au/index.php/survivors/1/271

87) archives.tcm.ie/businesspost/2006/01/29/story11383.asp

88) Ana Pavlovska-Daneva, Ph.D. (J.D.), "POLICY PAPER: Establishing Administrative Judiciary in the Republic of Macedonia: Ideas and Prospects", International Policy Fellowship Open Society Institute, Budapest. 이에 대해서는 다음 사이트에 자세한 컨텐츠를 접할 수 있다. http://www.policy.hu/pavlovskadaneva/html/policy_paper.html

(5) 베라사법연구소

뉴욕에 소재한 베라사법연구소는 안전과 사법 분야 서비스를 개혁하기 위하여 정부 및 시민사회 지도자와 협력하고 있다. 베라사법연구소는 혁신적이며 적정한 프로그램을 개발하여 이를 바탕으로 독자적인 시민단체로 성장해나가도록 하며, 사회문제와 이에 대한 작금의 대응 등을 연구하고, 뉴욕 시와 주 정부 및 전세계 각국의 정부 측에게 실질적인 정책대안 및 도움을 제공하고 있다.

현재 베라사법연구소 직원은 20~30개의 프로젝트를 수행하고 있으며 모두 사법의 의미를 더욱 더 많이 밝혀내기 위한 것들이다. 여기에는 청소년 보호기관 아닌 가정에 있는 고통을 겪으며 탈선한 청소년 등을 위해 프로젝트, 여성에 대한 폭력 예방, 적정하며 인간적인 양형 정책 개발을 위한 뉴욕 주 정부 지원, 민경관계 강화 등의 프로젝트 등이 포함되어 있다.

각각의 프로젝트는 모두 사법시스템의 해당 부분이 어떻게 운영되고 있는가에 대한 경험적 조사에서 시작하는 형태로 되어 있다. 이 연구가 실제로 실험을 설계하도록 아이디어를 제공하는 경우도 많으며, 어떤 경우엔 베라사법연구소가 해당 공무원으로 하여금 합리적인 개혁방안을 세우도록 해당 지역주민과 다른 관련 기관들 소속 공무원 등을 결합시켜내기도 한다. 어느 경우가 되었든 간에 베라사법연구소는 정부 측에 대해 사법의 질을 크게 증진시킬 수 있도록 지원하는 동시에, 이런 경험을 전세계 시민들과 공유할 수 있도록 하는 것을 목표로 하고 있다.

---

89) Julia Vitullo-Martin Brian Maxey, "New York Family Court: Court User Perspective", Vera Institute of Justice, January 2000.

역 사

베라사법연구소가 탄생된 것은 40여 년 전 한 조그마한 실험적 연구 조사에서 시작되었다. 베라사법연구소를 만든 당시 루이스 슈와이처 (Louis Schweitzer)라는 자선 사회사업가와 젊은 잡지 편집인으로 있던 허브 스투르즈(Herb Sturz) 두 사람은 사법정의에 반하여 버는 돈이 얼마인가 하는 소득에 따라 석방하여 자유를 허용하는 보석제도의 문제점을 깨달은 데에서 출발하였다. 두 사람은 함께 이렇게 잘못된 보석제도를 개혁하여 형평성 있게 개혁하기 위한 방안을 찾아내기 위하여 '베라연구재단'(Vera Foundation, 여기서 Vera는 '진실'을 가리키는 라틴어)을 창설하기에 이르렀다. 이 연구소에 불과 몇 명의 연구원만을 둔 채 뉴욕 시 정부 측의 형사사법 분야 책임자와 협력을 통하여 보석제도의 문제점에 대해 연구하기 시작했으며, 마침내 모종의 해결책을 개발하고, 이를 엄정하게 검증하기에 이르렀다. 이로부터 2~3년 후 베라연구재단 측은 구속되었지만 보석금을 내기에는 너무 가난하긴 하지만 지역사회 측과 강력한 유대관계를 맺는 것으로 확인된 뉴욕시민들에 대해서는 재판을 받기 이전 단계에서 안전하게 석방될 수 있도록 하는 정책을 시행하게 만드는 커다란 성과를 거두게 된다.

당시 이 보석제도 대안의 성공이 입증되기에 이르자, 전세계에 걸쳐서 형사법원 판사들이 어떻게 석방 판결 즉 보석결정을 내려야 할 것인가를 둘러싸고 그 기준을 아예 피고인의 소득 수준이 아닌 사회적 유대관계 유무로 전면 바꾸도록 하는 엄청난 파급효과까지 거두게 되었다. 뉴욕 시에서 이 실험이 엄청난 성공을 거두게 되자, 베라연구재단 측은 마침내 체포되어 구속 상태에 있는 피의자들 전원에 대하여 앞서 지적한 사회적 유대관계가 가능한지 스크린을 담당하는 상설 비영리단체를 설립하기에 이르렀다. 1966년이 되자 포드재단 측은 위 두 설립자를 지원하여 가족적인 형태의 연구재단을 아예 정식으로 '베라사법연구소'라는 비영리민간단체로 전환토록 하였다. 슈와이처와 스투르즈가 1961년 최초로 베라연구재단을 설립한 이후 포드재단 지원로서 규모가 급격하게 확대는 되었으나 이 연구소 단체의 활동 방식은 거의 그대로 유지되었다.

이후 40여 년 동안 베라사법연구소는 줄곧 사법분야에서도 가장 험난한 여러 문제점들에 대해 기대하지 못하던 실질적이면서도 적정한 해결대안 등을 마련하는 동시에 사법시스템이 모든 사람들에게 보다 더 공정하며 인간적이고 효율적인 제도가 되도록 만드는데 있어서 선구자의 길을 걸어왔다고 해도 과언이 아니다. 베라사법연구소 측은 이 선구자적인 정신과 자세에 바탕을 두고 2004년 4월 설립된 알투스라는 국제사법개혁연구소연합회에 동참하기에 이른다. 알투스는 세계 각국 정부가 일반 시민들에게 안전(경찰)과 사법 서비스 수준의 제고와 개혁을 추진하도록 지원하는 활동을 하는데 있어서, 사법에 대하여 글로벌한 관점에서 접근하며, 각국을 넘나들며 협력하여 연구할 수 있도록 하고, 시민사회가 보다 더 커다란 역할을 할 수 있도록 하고 있다.

베라사법연구소가 지금까지 수행해온 프로젝트는 범죄와 피해자화 문제, 경찰활동 문제, 사법절차 문제, 양형과 교정제도 문제 등 사법 시스템의 핵심적인 분야 절반에 걸쳐 있다.

미국의 '사법통계국 보고서'에 따르면 미국의 재소자 수 증가는 전혀 놀라운 일이 아닐 정도이다. 최근까지 24년째 재소자 수 증가 통계를 발표하고 있는 것이다. 미국은 재소자 비율이 전세계 최고를 기록하고 있다.

미국의 각 주가 교정제도 개혁을 꾀하고 있으며 예산 증액, 비폭력 사범을 구속하거나 투옥하지 않도록 하는데 대한 지지여론의 증가, 재

소자 교육과 건강에 대한 반복된 강조 등이 모두 지난 수십 년 동안
교정제도 개혁에 유리한 환경을 조성하고 있다.

현재 베라사법연구소는 거의 30년 동안 이어져온 재소자 수 증가를
역전시키기 위하여, 각 주의화와 주지사 측에게 접근가능하며 양해할
수 있는 대안을 연구하며, '현실세계'의 실체와 정치적 전략을 만들어
내고, 교정시설에서 교육과 건강과 같은 다른 기초 서비스 쪽으로 예
산을 넘기도록 하는 것이야말로 장점이 더 많다는 점을 밝혀주고 있다.
베라사법연구소 측은 지금까지 법원과 경찰에 대한 연구에서 향후 몇
해 동안 이 교정제도 개혁 분야에 역량 투입을 확대할 계획으로 있다.

버크 마샬과 크리스토퍼 스톤

버크 마샬(Burke Marshall)은 20년 동안 재단운영위원회 의장을 맡
았으며 '민주사법'을 만들기 위해 헌신해왔다. 그래서 베라사법연구소
운영기금 이름을 '버크 마샬 기금'이라고 명명하였다. 그럼 버크 마샬
은 누구인가? 그는 '좋은 사회'란 편견이 없는 공정한 이들이 모여 집
단적 활동을 함으로써 이루어지는 것이며 오래 가는 개혁이란 결코 강
요나 무력으로 이루어질 수는 없다고 보았다. 1960년대 버크 마샬은
수완을 발휘하여 위험천만하게 양분된 미국사회에서 민권운동이 성과
를 거두도록 하였다. 당시 케네디 행정부 및 존슨 행정부에서 법무부
민권담당 검찰총장보 직책에 있던 그는 '1964년 민권법'을 만들어 지지
를 얻어내도록 하였다. 이 법안은 인종에 관계없이 모든 미국 시민들
에게 법 앞에서 동등한 기회를 부여하도록 했으며, 이후 이는 '1964년
투표법'으로 발전하였다. 1965년 당시 그가 법무부를 그만 둘 때, 존슨
대통령은 '그는 누구보다도 뛰어난 공직자의 자질을 갖췄습니다'라며
애석해 했다.

공직은 떠난 버크 마샬은 잠깐 동안 워싱턴의 한 로펌(Covington & Burling)과 IBM 고문대표 변호사로서 재직한 것 외에는 남은 여생을 모두 공적인 일에 몸을 바쳤다. 즉 그는 당시 지축을 흔드는 베라연구재단 측의 당시 보석제도 개혁 운동이 미국 전역에서 엄청난 호응을 받으며 성공을 거두도록 공적 연구소로 확대하고 20여 년 동안 베라사법연구소 운영위원장(1966~86)으로서 헌신하였다. 그는 베라사법연구소 업무를 직접 지시 감독하지는 않았지만 그의 지혜와 높은 윤리적 기준은 베라사법연구소가 수행하는 온갖 프로젝트가 보다 더 공정하며 인간적인 제도가 되도록 하는 목표를 견지하도록 하는데 커다란 도움을 주었던 것이다. 1970년 버크 마샬은 예일법대 부학장겸 교수가 되어 공정한 사법과 적정절차에 대한 믿음에 바탕을 두고 제자들을 길렀으며 후일 명예교수로 추대되었다.

연구소 운영위원장직을 그만 둔 뒤에도 그는 운영위원 겸 명예운영위원장으로서 베라사법연구소에 계속 관여했으며, 1996년 베라사법연구소 측이 파생하여 새로 만든 '고용기회연구소'(Center for Employment Opportunities, CEO) 운영위원장직을 수락하였다. CEO는 재소자가 뉴욕시 사회에 복귀한 직후 임시 일자리를 찾아준 다음 안정적인 일자리를 갖도록 지원하는 단체이다. 그는 '사회복귀 재소자들에게 실낱 같은 희망이라도 주고 있다'고 밝힌 바 있다. 그는 "베라사법연구소에서 일해 온 여러분들은 최선을 다해왔어요. 그 최선이라고 하는 것은 결국 무엇인가 하면 이루어진다고 하는 점을 보여줌으로써, 많은 사람들을 가르친다고 하는데 있어요. 나에게 베라사법연구소란 마치 선생님과 같아요. 이 연구소가 나에게 보여준 것은 결국 사람들에게 가르침을 받을 수 있는 기회를 주는 거지요."라고 밝혔다. 그는 2003년 6월 2일 80세를 일기로 사망하였다.

버크 마샬을 이어 베라사법연구소를 이끌었던 크리스토퍼 스톤 (Christopher Stone)은 현재 하버드대학 형사사법실무학과 교수(다니엘과 플로렌스 구겐하임 출연 강좌, 형사사법 정책과 운영)으로서, 연구 분야는 경찰의 민주적 책임과 형사사법제도에 초점을 맞추고 있다. 그는 미국 하버드대학 학사, 영국 캠브리지 대학 범죄학 석사, 미국 예일대학 로스쿨 법학박사 등을 거쳤다.

그는 1994~2004년 기간 베라사법연구소(Vera Institute of Justice) 소장으로 활동했으며, 당시 크리스토퍼 스톤 소장은 미국은 물론 각국의 경검과 공개변론 업무 분야의 개혁운동을 전개하였다. 그는 2007년 현재 러시아, 인도, 나이지리아, 칠레, 브라질, 미국 등지에서 공동으로 사법개혁운동을 전개하는 NGO 성격의 연구소들 연합조직인 알투스 (Altus Global Alliance) 대표를 맡고 있기도 하다.

2006년 크리스토퍼 스톤은 18년 동안 베라사법연구소에 재직하면서 영국 북아일랜드 형사사법개혁 프로젝트, 보석제도 개혁, 경찰로부터 검찰을 독립기관으로 독립시키는 프로젝트, 보호관찰 업무의 일대 혁신, 양형정책 개혁, 경찰감시활동과 경찰옴부즈맨 제도 발전, 법원 개혁 등 다양한 분야에서 영국의 형사사법개혁에 지대한 공헌을 했다는 이유로 영국정부로부터 OBE(Officer of the Order of the British Empire) 훈장을 받았다.

2. 스페인 연방옴부즈맨

독일의 군사옴부즈맨과 스페인 연방 옴부즈맨 모두 파쇼독재에서 민주화되는 과정에서 그 상징적 징표로써 옴부즈맨을 도입한 것으로 평가할 수 있을 것이다. 우리나라도 김영삼 문민정부 시대 형식적이며 형해화된 옴부즈맨 형태로나마 이 제도를 도입한 것은 사실이다. 물론 경찰, 검찰, 군사, 법원 옴부즈맨은 완전 배제된 형태였다. 반면 스페인 연방 옴부즈맨의 경우에도 스페인 정치의 민주화를 배경으로 하여 탄생했으면서도.[90] 스페인 민주화의 핵심으로 자리 잡고 실제로 민주화의 중심축 역할을 수행하였다. 즉 프란체스코 프랑코(1892~1975)에 의해 36년간 독재통치를 받은 스페인은 1975년 그가 암살되자 1981년까지 정치적 혼란을 겪었으며 이를 배경으로 1978년 헌법 제54조와 1981년 옴부즈맨법 제정을 통하여 연방 옴부즈맨을 설치하게 되었다. 스페인 옴부즈맨은 시민의 수호자라는 스페인어 'El Defensor del Pueblo'에서 나타나는 것처럼 헌법에서 정한 자유와 기본권 보호가 임무이다.

스페인 옴부즈맨은 의회에 의해 임기 5년으로 선출 및 임명되는 의회의 고등감독관(the high commissioner of parliament, 상하원합동위원회에서 후보를 추천한 후 상하원 총수의 3/5 이상의 찬성표를 얻은 자를 다시 상원의 3/5 이상의 동의를 얻어 임명) 지위에 있으며 옴부즈맨법에 의해 국회의원에 준하는 특권과 신분이 보장되어 있고 인권, 부패방지, 경찰, 국방 등 관할범위가 광범위하며 직무 수행 중 필요한 범위 안에서 비밀로 분류된 문서도 행정기관으로부터 요구할 수 있으며 행정기관의 적극적인 해결이 가능함에도 해결되지 아니한다고 판단할 때는 의회에 수시로 특별보고권 행사가 가능하다. 옴부즈맨은 2명의 옴부즈맨대행(Deputy Ombudsman)을 추천하고 의회는 상하원합동위원회에서 옴부즈맨 대행의 임명을 동의한다.

---

90) 스페인 옴부즈맨 영문 홈페이지는 역사나 운영실태, 연차보고서 등 풍부한 컨텐츠를 제공하고 있다. http://www.defensordelpueblo.es/web__ingles/index.asp

현재 스페인 옴부즈맨은 엔리크 무지카 헤어조그(ENRIQUE MÚGICA HERZOG)이다. 2000년 선출되었으며 2005년 스페인에서는 처음으로 재선출 되어 지금에 이르고 있다. 그는 현재 이베로 · 아메리카 옴부즈맨 연맹91) 회장(2005년 11월 파라과이 아순시온 총회에서 선출)을 맡고 있다. 그는 1932년 산 세바스찬에서 태어났으며 변호사로서 정치활동은 1953년 시작하였다. 1956년 청년작가대학평의회 회장이 되어 학생운동을 주도하였다. 이로 인해 3개월 동안 투옥되었으며, 프랑코 정권 반대운동으로 4회에 걸쳐 총 2년 반 동안의 감옥생활을 했으며 가택연금을 당하기도 했다.

옴부즈맨으로 선출되기 전 스페인 민주주의가 회복된 이후 그는 고향인 귀푸즈코아 주 지역구 상하 양원 의원을 지냈으며 첫 번째 임기 때 국방위원장 및 헌정위원회 부위원장 등을 역임하였다. 1988~91년 법무부 장관을 지냈으며 이때 형사법원 설립을 가능케 한 '재판절차 및 형사개혁법' 등을 포함하여 법원조직법, 기업법 등의 법안을 통과시켰다. 1997년 제2차 세계대전 당시 나치 독일과의 금괴거래 수사위원회 위원장으로 지명되기도 하였다. 그는 『자유에의 여정』이라는 책의 저자이며 스페인 주요 일간지에 활발한 기고인이기도 하다.

옴부즈맨의 관할범위는 헌법에 규정된 기본권과 자유를 보호하기 위해 행정부 활동을 감시하며 모든 중앙행정기관과 자치정부 등을 관할범위로 한다. 군사행정에 관해서는 국방에 지장을 초래하지 않는 범위 내에서 기본권 관련 민원도 처리한다. 의회 및 사법부는 일반적으로 옴부즈맨의 관할에서 제외하지만 사법행정에 관해서 민원을 접수하면 유형에 따라 검찰 또는 사법최고회의(the General Council of Judicial Power)에 이송 및 회부한다.

---

91) 스페인 · 포르투갈과 양국 식민지였던 중남미 19개국 옴부즈맨 협의체로
　　서 1991년 연례 정상 회담에서 발족시켰다.

조직 및 구성을 보면, 옴부즈맨 1명, 부옴부즈맨 2명, 사무처장 1명 등 약 200여 명의 직원이 근무하며 이 중 조사인력은 160여 명, 지원 인력은 40여 명이다. 옴부즈맨 직속의 공보실과 비서실, 그리고 국방과 내무, 사법과 가정폭력, 경제, 이민과 외무, 고용, 지역, 보건과 사회, 교육과 문화 등의 8개 분야 조사부서와 민원접수등록, 예산회계, 연구 와 기록물 관리, 전산 등의 4개 분야 지원부서로 구성되어 있다.

정당한 사유가 있는 개인 또는 법인은 국적, 거주지, 성별, 소수민족, 법적 불능자, 수감자, 공무원, 의원에 관계없이 민원 신청이 가능하며 다만 행정부의 경우 자기관련 민원은 제외한다. 모든 민원은 민원제기 이유 등을 소명하여 신청인의 서명이 되어 있는 서면으로 제출해야 하 며 문제발생 인지 후 최장 1년 이내 제기하여야 한다. 구금시설에 있 는 자가 옴부즈맨에게 서신을 보내는 경우 검열해서는 안 되며 조사과 정 중의 대화내용 또한 청취할 수 없다. 옴부즈맨은 신청된 민원에 의 한 조사뿐만 아니라 기본권과 관련된 사회적 문제에 대해 직권으로도 조사할 수 있다.

옴부즈맨 조사관은 관계 행정기관을 직접 방문할 수 있으며 관련 직 원, 문서 등에 대한 접근권이 보장되고 이를 방해할 수 없다. 비밀사항 으로 분류된 문서까지도 관련 기관에 요구 가능하며 관련 기관은 제출 불가능할 경우 내각의 거부결정을 인증하는 서면이 필요하다.

민원이 근거 있는 것으로 밝혀진 경우 옴부즈맨의 결정은 시정권고 (recommendation), 제안(suggestion), 법적 의무 고지(reminder of legal duties), 경고(warning) 등의 4가지 유형으로 이루어지며 해당 기관은 이에 대해 답변할 의무가 있다. 옴부즈맨은 시정권고 후 상당한 기간 내에 관련 행정기관이 적절한 조치를 취하지 않거나 시정권고 불수용 에 대한 합당한 이유를 통지하지 아니하는 경우 관련 장관 또는 최고 상급기관에 통보하거나 의회에 특별보고서를 제출할 수 있다. 조사 중 공무원의 행위가 실수나 권리남용 등으로 민원이 발생한 경우 상급자에게 적절한 조치를 통보(비위통보)할 수 있고 범죄사실이 밝혀진 경우 즉시 검찰총장에게 통보한다. 조사 중 법률의 위헌 여부에 대해서는 위헌법률심판청구 또는 헌법소원이 가능하며 불합리한 법률에 대한 개정을 요구할 수 있다.

연평균 11,000 ~ 14,000건의 민원이 접수되며 2003년에는 총 17,289건, 2004년에는 총 28,990건의 민원을 접수된 바 있다. 2004년 직권조사가 112건 일반 민원이 14,264건, 집단민원이 14,614건이었다. 전체 접수 민원 중 9,507건(32.79%)은 조사를 진행하였으나 16,846건(58.10%)은 각하되었다. 2,637건(9.09%)은 진행 중인 민원이었다. 결정유형별로는 시정권고 124건, 제안 183건, 법적 의무 고지 106건, 경고 0건으로 분류되었다. 분야별로는 교육(8,953건), 경제(3,446건), 사법(2,394건), 이민(2,183건), 고용(2,012건) 등이었다.[92]

스페인 옴부즈맨 2005년 연차보고서 중에서 국방과 내무 분야, 사법과 가정폭력 분야에서 제기된 민원 사례만을 간단하게 소개하면 다음과 같다. 우선 국방과 내무 분야를 보면, 교도소(구치소 포함) 재소자 수가 2.7% 증가하였다(전년도 증가율은 6.8%). 이 재소자 증가현상은 헌법상 교도소가 '재교육과 사회 재진입'을 위한 장소라는 점 및 이들의 기본권 보장 등과 관련하여 커다란 우려를 낳고 있다. 교도행정 감독 및 12곳에 달하는 교도소 방문 등을 통하여 재소자 사망사건 조사와 수사를 진행하였다. 이는 재소자들의 자살을 예방하며 마약사용을 막고 건강상태를 최대한 지켜내기 위한 일반 진찰과 특별 진찰, 에이

---

92) 국민고충처리위원회 사무처장 등의 일행이 2005년 하반기 스페인 연방 옴부즈맨을 직접 방문한 바 있는 것으로 알려져 있으며 이 부분은 그 보고서에 상당 부분 의존하였음을 밝혀둔다.

즈와 결핵과 성병과 정신질환 검사 등을 실시하였다. 시민안전 분야와
관련하여 피해자지원위원회 측의 요청으로 마련된 '테러피해보호법' 초
안에 대해 스페인 옴부즈맨은 지지를 표명하였다. 그리고 '로케스타스
사건'에 대해 직권조사를 벌였으며 청소년 갱단과 이른바 '라틴 갱단'
등의 격화로 인한 문제점들에 대한 조사를 벌였다. 그리고 특히 대도
시 지역에서 주차규정의 실효성과 관련된 민원들이 제기되었으며 각급
지방자치단체에게 주차위반에 대한 실효성을 확보하도록 시정권고 조
치하였다.

　다음으로 사법과 가정폭력 분야를 보면, 사법절차 지연을 막기 위해
여러 가지 조치들을 취하고 있음에도 불구하고 이에 관한 민원이 많았
다. 사법서비스의 문제점으로는 폭력범죄 피해자들에 대해 안내나 필
요한 자료 제공이 이루어지지 않거나 잘못되거나 경찰과 사법당국의
협조가 잘 이루어지지 않아 이들 폭력범죄 피해자들에게 피해가 가중
되고 있다는 민원들이 있었다. 2005년의 경우 소년교도소에서 민원이
많았으며 방문조사를 통하여 직권조사를 벌이게 되었으며 판사와 디스
트릭트 검사 등에게 수용자들이 치료를 받을 수 있는 장소를 제대로
알려주도록 필요한 조치를 취하였다. 가정폭력에 대한 조사를 통하여
피해자에 대한 보호시설과 안전조치를 마련해야 한다는 결과를 얻었
다. 베네수엘라, 모로코, 필리핀, 볼리비아 등지에서 사건에 연루된 스
페인 시민들의 영사조치, 이송요청, 대외행정관계 등에 대해서도 조사
를 벌였다. 마지막으로 가장 심각한 등기소의 업무과중으로 인한 시민
들 민원이 있다. 예컨대 엄청난 어려움을 극복해 가며 여러 해에 걸쳐
스페인 국적을 취득한 후 출생증명서를 발급받는데 7, 8개월씩 걸리는
사례가 여러 건 있었다.[93]

---

93) *The Ombudsman, Summary of Report to Parliament for 2005*, June 2006.

스페인 옴부즈맨 측은 신문, 대학, 심지어 로마 가톨릭 교회에서조차 도입하겠다는 옴부즈맨과 구별되는 제대로 된 정부 옴부즈맨이란 반드시 의회 소속이라야 한다고 못 박고 있기도 하다.94) 우리나라에서 옴부즈맨 명칭을 둘러싸고 치열한 경쟁을 벌이면서도 한결 같이 행정부 소속을 고수하고 있는 것과는 상반된다.

3. 기타 국가

국제투명성기구인 TI 측은 반부패와 관련하여 처벌과 예방을 함께 고려하면서 사법부 독립성, 옴부즈맨제도, 이해상충 방지법, 공직자재산 통제, 정당자금조달, 언론의 역할과 언론인 직업윤리, 학교교육에서의 부패방지에 대한 가치전달 등이 모자이크처럼 얽혀 있는 청렴체계(integrity system)를 제기하고 있다. 예컨대 최상의 법이 있더라도 판사가 부패하거나 질이 떨어지면 성공적인 결과를 얻을 수 없기 때문이라고 보고 있다.95)

그렇다면 제대로 된 법원옴부즈맨을 운영하는 스웨덴이나 핀란드 이외에 어떤 국가들이 말 그대로의 법원옴부즈맨을 운영하고 있을까? 미국과 캐나다의 일부 주와 폴란드 등을 비롯한 동유럽 국가들, 호주 등지가 여기에 속한다. 물론 우니나라엔 법원 옴부즈맨이 도입되지 않고 있다.

캐나다

캐나다의 경우 연방 차원에서는 자율규제 제도의 모델을 취하고 있

---

94) *The Book of the Ombudsman*, p.192.
95) TI의 아이겐 회장이 방한하여 기자회견에서 밝힌 내용이다. 연합뉴스 TV 2005년 5월 25일.

으며 이는 캐나다 법원위원회 형태로 되어 있다. 해임은 이 위원회 요청을 받은 상하 양원 통과에 의해서만 가능하게 되어 있다. 주 차원의 법원위원회는 징계권한이 보다 더 폭넓게 주어져 있다. 노바 스코티아 주 법원위원회만 일반 시민 자격의 위원을 포함하고 있지 않을 따름이다. 온타리오 주 법원위원회는 6명의 판사와 6명의 판사가 아닌 시민으로 법원위원회를 구성 운영하고 있다. 더욱이 온타리오 주는 법관후보에 대해 면접시험을 주관하는 법관임명추천위원회를 거쳐야만 임명될 수 있게 되어 있으며 이 법관임명추천위원 총 13명 중 7명은 일반시민위원으로 이루어져 있다.

호주 뉴사우스웨일즈 주 법원옴부즈맨

호주 뉴사우스웨일즈 주 법원은 법과 커뮤니티에 민주적 책임을 진다. 수석판사 브레넌(Brennan)은 판사란 정치인처럼 선거구민에게 책임을 지는 것은 아니라고 지적하였다. 사법부의 소임은 선거구민들에게 빚을 진 게 아니며, 모든 커뮤니티들의 평화와 질서와 양질의 통치가 이루어지도록 하는 법에 바탕을 두고 있다. 오늘날 대다수 공적 생활 영역들 대부분에서 민주적 책임을 요청하며 사법부 역시 예외가 아니다. 맥그라비 판사가 인정하고 있는 바와 같이 다른 공직자들과 마찬가지로 판사들도 커뮤니티에 대해 민주적 책임을 지도록 해야 한다.[96]

쟁점은 사법부의 독립과 민주적 책임이라고 하는 이 두 가지 가치가 과연 서로 양립할 수 있는가 아니면 필연적으로 서로 긴장관계에 놓일 수밖에 없는가 하는 점에 대해서 벌어지고 있다. 민주적 책임이란 과

---

96) Gareth Griffith, *Judicial Accountability: Background Paper 1/98*, Australia: The NSW Parliamentary Library, Mach 1998.

연 사법부의 독립이라는 것과 상호의존적일 수밖에 없는 것으로 보아
야 하는가?

사법부 독립이란 법의 지배 및 자유민주주의 정치구조에서 기본적인
것이다. 수석판사 브레넌은 사법부의 독립이란 원칙은 판사의 이익을
위해서가 아니라 공정하며 불편부당한 재판 및 법의 지배 원칙에 흔들
림 없이 복종하기 위해 규정하고 있는 것이라고 지적하였다. 사법부의
독립은 넓은 의미로 법원의 제도적 독립, 좁은 의미로 판사임기의 보
장 등을 가리킨다. 뉴사우스웨일즈 주는 판사의 임기를 보장하고 있다.

사법부의 민주적 책임을 보면, 통상 위계구조를 갖춘 민주적 책임
확보제도는 사법부에 대해서는 적용할 수 없다고 일컬어진다. 그러나
앵글로-호주 법제도에서 사법부는 커뮤니티에 대해 민주적 책임을 지
도록 운영해야 하는 매우 중요한 비공식 메커니즘들이 정착되어 있다.
즉 판사는 양측의 주장을 경청해야 하며 공개심리를 진행해야 하고 판
결이유를 적시해서 밝혀야 하며 판결은 항소 대상이 된다. 그리고 공
식적인 민주적 책임확보 메커니즘으로서 통상 상설 법원위원회 형태로
운영되고 있다. 뉴사우스웨일즈 주 법원위원회의 경우 '1986년 법원직
원법'에 따라 설치 운영되고 있다. 이 위원회가 사법부의 독립 수준을
저하시키느냐 여부에 대해서는 견해가 갈려 있는 실정이다.

'1986년의 법원직원법'에 대해서는 많은 논란이 있다. 비판론자들은
사법부에 대해 총체적이면서도 공식적인 민주적 책임 확보 제도를 설
치한다고 비판하며 다른 한편에서는 오히려 이 입법의 한계를 지적하
기도 한다. 예컨대 일반 시민들의 참여가 충분히 보장되었는가, 수사와
재판심리가 제대로 구분될 수 있는 것인가, 각종 판결들에 대하여 외
부에서 정기적으로 심사해야 하는가 등이 제기되었다.

사법반부패독립위원회(The Independent Commission Against Corruption:

ICAC, 홍콩의 염정공서와 같은 것)를 규정한 '1988년의 ICAC법'은 뉴
사우스웨일즈 주의 사법부에 대한 공식적인 민주적 책임 확보를 위하
여 판사의 부패행위 고발 건에 대하여 수사할 수 있도록 규정하고 있
다. 뉴사우스웨일즈 주의 이런 제도가 정말 잘 운영되고 있는가와 관
련하여 실제로 중요한 판사윤리 위반 건에 대해 실제로 공개심리가 진
행되었다는 점에서 그 자체는 실효성이 있는 것으로 볼 수 있다. 그러
나 이 제도의 실효성에 회의적인 인사들도 없진 않다.

폴란드 옴부즈맨과 법원

1988년 1월 폴란드 옴부즈맨이 설립되었다(근거 헌법 및 '국가통제
및 법수호 기관 설치법'). 정식 이름은 시민권 보호 담당 커미셔너이
다. 1997년 옴부즈맨 지위가 최고위직으로 격상되었다.[97] 폴란드 모델
은 스웨덴과 유사하다.[98] 즉 폴란드 옴부즈맨은 광범위한 권한 및 국
가기관 통제 및 법적 조치를 취할 권한을 가지고 있으며 완벽한 정보
요구권, 공공기관 출입감사권(의회, 군, 특별서비스기관 포함) 등도 가
지고 있다. 그리고 폴란드 시민은 누구든지 옴부즈맨에게 침해된 권리
나 자유에 대해 구제신청을 할 수 있다. 옴부즈맨은 침해 여부, 공정성
이 지켜졌는지 여부 등에 대하여 심사한다. 옴부즈맨은 법집행 및 사

---

97) 폴란드 옴부즈맨 설립의 역사적 배경과 법적 근거를 설명한 다음의 논문
    을 참조할 수 있다. Ewa Letowska, "The Polish Ombudsman" (The
    Commissioner for the Protection of Civil Rights), *The International and
    Comparative Law Quarterly*, Vol. 39, No.1 (Jan., 1990), pp.206-217.
98) 이 부분은 폴란드 옴부즈맨(즉, 시민권보호커미셔너)의 보좌관으로 법무
    관으로 맡고 있는 레팔 펠크의 다음 글을 중심으로 소개하는 것임을 밝
    혀둔다. Rafal Pelc, "Polish model of relations between ombudsmen and
    judicial bodies", in *Relationship between ombudsmen and judicial bodies*,
    International conference, november 2001. 당시 회의는 슬로베니아 수도
    류블랴나에서 개최되었다.

법당국에 대해 조처를 취할 수 있는 광범위한 권한을 갖고 있다. 특히 옴부즈맨의 법원소송 참여권이 중요한 것으로 되어 있다.

폴란드 옴부즈맨은 민사소송(가사사건, 고용, 사회보험 등 포함) 및 행정소송에서 소송을 제기하여 당사자가 될 수 있다. 이때의 공공기소자 입장이 아닌 옴부즈맨은 형사소송을 제기할 수는 없으며 다른 기관이 제기한 형사소송에는 참가할 수 없다. 그러나 이때에도 옴부즈맨은 법적으로 기소대상인 범죄가 개재된 경우 기소당국으로 하여금 예비소송을 제기하도록 요구할 수 있다. 최고행정법원이 내린 민형사상 사건 무효화와 특별 심판변경 요구권은 특히 중요하다. 통상 바로 이 지점에 와서야 비로소 법원판결이 민권과 자유를 침해했는지 여부에 대한 평가가 내려질 수 있기 때문이다. 개정된 형소법(1998. 9. 1. 발효)은 이 무효화 요구는 언제라도 옴부즈맨법 제521조에 의거하도록 하고 있다. 행정사건의 경우 옴부즈맨은 최고법원에 6개월 이내에 최고행정법원의 판결변경을 신청할 수 있다.

부당한 지체 기간 없이 공정한 재판을 받을 권리문제는 폴란드 옴부즈맨의 매우 중요한 관심 사항으로 되어 있다. 공간, 법정, 건물, 집행 절차 등에 있어서 많은 문제가 있는 법원은 예산이 부족하기 때문이다. 옴부즈맨 측은 민원접수 서신에만 답변하는 것이 능사가 아니라고 보고 미리 인권침해를 예방할 수 있어야 한다는 관점에서 최고법원장, 최고행정법원장, 국가사법위원회, 법무부장관, 상하양원 대표 등을 소집하여 사법부 붕괴를 막고 문제를 해결하기 위한 공간과 예산부족 문제에 대한 대책을 논의하기도 했다. 인권보호를 위한 조치를 옴부즈맨이 주도한 것이다.

다음으로 폴란드 옴부즈맨과 헌법재판소의 관계에 주목해 보도록 하자.

19세기가 대의민주주의와 의회제도가 꽃피운 시대라면 20세기 특히 20세기 후반은 헌법재판소 제도가 번성한 시대였다. 인권보호를 위해 폴란드 옴부즈맨은 헌법재판소에 법과 국제조약의 위헌 여부, 법의 국제조약 준수 여부, 법령이 헌법, 국제조약, 법 등에 일치하는지 여부 등에 대해 심사해 주도록 요청할 수 있다. 옴부즈맨은 해당 기관에 입법과정에서 특정 사항에 대하여 조치를 취하도록 신청할 권한도 부여되어 있다. 헌법 및 헌법재판소법은 옴부즈맨에게 헌법상 기본권을 법이나 시행령 등에 의해 침해당한 시민이 제기한 헌법소송에서 특별한 지위를 부여하고 있다. 이때 옴부즈맨은 당사자가 될 수도 있다. 옴부즈맨은 다른 어떤 공공기관보다 더 자주 헌법재판소에 제소하고 있다. 2000년 말 기준 옴부즈맨은 140회 이상 시행령의 위헌소송을 제기한 바 있다. 예컨대, 기업의 자유 원칙, 외국인법 및 외국인 구금의 정당한 절차와 개인적 자유 등을 보호하기 위한 것도 포함되어 있었다.

한편 불가리아 대법관 협의회(SJC) 측이 과연 법조 옴부즈맨 역할을 제대로 수행하고 있느냐 여부를 놓고 논란이 한창이다. EU 측은 사법의 독립성과 투명성 등이 EU 가입의 전제조건이라고 내세우는 데 반하여 SJC 측이 법조 옴부즈맨 역할을 제대로 수행하고 있지 못하다는 지적이 있다.[99]

루마니아 헌법

루마니아는 헌법에서부터 옴부즈맨을 규정하고 있다. 여기서 옴부즈맨을 '국민(인민)변호사'라고 칭하고 있으며, 구체적인 사항은 따로 법률로 정하도록 하였다. 법원 관련 규정과 나란히 옴부즈맨 규정을 헌

---

99) http://64.78.60.38/reports/2006/BULGARIA/scorecard.cfm?subcategoryID
    =42&countryID=6

법에 두고 있는 것은 고전적인 스웨덴 옴부즈맨과 같으며, 옴부즈맨
제도를 운영하는 대부분 국가들이 헌법상의 근거규정을 두고 있다. 루
마니아 헌법상의 옴부즈맨 관련 조문은 다음과 같다.

제4관 국민변호사(옴부즈맨)

제55조[임명과 역할] ①국민변호사는 국민의 자유와 권리보호를 위
하여 4년의 임기 하에 상원에서 임명한다. 국민변호사 기구의 조직과
활동은 조직법에 의하여 규정된다.

②국민변호사는 여타의 공·사직을 겸직할 수 없다.

제56조[권한의 행사] ①국민변호사는 법률에 규정된 한계 내에서 직
권으로 혹은 권리와 자유를 침해당한 국민의 요구에 의하여 권한을 행
사할 수 있다.

②국가는 국민변호사의 권한행사에 필요한 활동을 보장할 의무가 있다.

제57조[의회에의 보고] 국민변호사는 매년 정기적 혹은 의회의 요구
에 의하여 상하양원에 보고서를 제출한다. 보고서는 국민의 자유와 권
리의 보호를 위하여 입법 혹은 기타 기본적 수단에 대한 건의를 포함
할 수 있다.

필리핀 옴부즈맨

필리핀 옴부즈맨은 헌법에 의해 설립된 독립기관으로 되어 있으며, 옴
부즈맨(Ombudsman), 수석 부옴부즈맨(Overall Deputy Ombudsman)과
각 지역담당(루손섬, 비사야스지역, 민다나오섬 등의 지역별) 부옴부즈맨
및 군사담당 부옴부즈맨 등으로 구성되어 있다.

필리핀 옴부즈맨은 대통령이 임명하며 임기는 7년 단임제이다. 정부
관리들의 독직부패(Graft and Corruption) 등을 조사하여 형사, 민사,

행정 소추를 담당하고 있다. 그리고 필리핀 옴부즈맨은 정부 내 비효율성과 독직부패의 원인을 조사하여 개선책을 권고하고 있다.

이상과 같은 공식 라인의 옴부즈맨과 별도로 필리핀은 '상주 옴부즈맨'(Resident Ombudsman) 제도를 운영하고 있다. 상주 옴부즈맨은 중앙정부와 지방정부 내에서 옴부즈맨의 역할을 대행하도록 하고 있다. 수도권 정부기관 내의 상주 옴부즈맨은 옴부즈맨이 임명하며 지방정부기관 내의 상주 옴부즈맨은 해당 지역담당 부옴부즈맨이 임명한다.

4. 우리나라

옴부즈맨(Ombudsman)은 원래 스웨덴어로 대표자, 대리인, 후견인 등을 뜻하며 행정기관에 의해 침해받는 국민의 자유와 권리를 국민의 대표를 통하여 신속 공정하게 처리해 주는 제도이다. 스웨덴에서 1809년 사법민정관제가 창설된 이래 현재 세계 100여 개 국가에서 이 제도를 시행하고 있다. 본래 옴부즈맨 제도는 현대국가에서 행정기능의 확대강화 추세로 인해 행정에 대한 입법부와 사법부의 통제가 실효를 거둘 수 없게 되자 이에 대한 보완책으로 생겨났으며 국회가 임명한 옴부즈맨이 독립적이고 중립적인 입장에서 공무원의 권력남용 등을 조사 감시하는 제도로 발전하였다. 그러나 오늘날 이런 본래의 옴부즈맨 제도는 여러 나라에서 다양한 형태로 응용되어 활용되고 있다. 우리나라에서도 현재 각급 정부기관, 정읍과 부천 등 지방자치단체, 시민단체 등에서 옴부즈맨 등의 이름으로 국민의 불만이나 고충을 수집하고 그 해결책을 제시하는 경우가 흔하다.

대표적으로 한국형 옴부즈맨이라고 자처하는 독립기관은 행정옴부즈

맨인 국민고충처리위원회이다. 일반 행정기관에 예속된 옴부즈맨 제도
(?)로서는 수년 전부터 시행되고 있는 각급 경찰관서의 청문감사관이
그 효시이다. 그 밖에 세무서의 납세자 옴부즈맨, 환경부의 산하기관
감사를 담당하면서 시민옴부즈맨 기능을 담당토록 한 제도, 검찰의 시
민옴부즈맨 제도, 해양경찰청의 직원옴부즈맨 등이 눈에 띈다. 독일의
회에서 운영하는 군사옴부즈맨을 우리나라 국회에도 도입하자는 논의
도 있다(권세기 2003).[100] 정부산하기관의 경우 건강보험심사평가원의
시민 옴부즈맨, KOTRA의 외국인투자 옴부즈맨, 국민연금관리공단에
서 시민 옴부즈맨 제도를 운영하고 있다.

시민단체의 경우 청소년 옴부즈맨, 대선감시 시민 옴부즈맨, 지방선
거자금 시민 옴부즈맨 등을 운영하기도 한다. 심지어 일반 업체에서도
옴부즈맨 제도를 운영하기도 한다. 예컨대 홈쇼핑 채널의 시민 옴부즈
맨, 신문사의 독자나 방송사의 시청자 옴부즈맨 제도 등이다. 한편, 중
앙정부, 지방자치단체, 공기업, 은행, 병원 등이 채택하고 있는 청렴계
약제의 경우, NGO 등 외부 옴부즈맨 참여나 모니터링 활용이 관건으
로 되어 있으나, 실제로는 9.5% 정도만 그렇게 하고 있다고 한다(반부
패국민연대 조사결과).

하지만 독립기관인 국민고충처리위원회를 비롯하여 우리나라의 모든
옴부즈맨 제도에서 수사권과 기소권을 공히 제대로 갖춘 제도는 전무
하다시피 하다. 부패가 거의 없는 나라인 핀란드의 경우, 검찰, 옴부즈
맨, 특별사법위원회 세 기관이 모두 공히 수사권과 기소권을 보유하고
있어서 완벽한 견제와 균형 속에서 부패 발생이 크게 차단되고 있음에

---

100) 권세기, 「국회에 '국방옴부즈맨'을 설치하자」, 『평화여성회 주최 전문가
     포럼』, 2003. 9. 23. 그러나 잘 알다시피 우리나라 군사옴부즈맨은 법적
     근거도 없이 대통령 소속 국민고충처리위원회 군경고충민원처리소위원
     회로 귀착되었다.

비추어 보았을 때 검찰만의 기소독점주의 제도를 운영하는 우리나라 경우 옴부즈맨 제도의 올바른 도입과 시행에는 근원적인 한계가 있을 수밖에 없다. 국가인권위원회나 고위공직자비리조사처 등도 검찰의 반대로 이 맥락에서 벗어나지 못하고 있는 실정이다.

최근 우리나라는 군이나 국정원, 경찰 등이 자체적으로 과거사진상규명위원회를 설치해 활동 중에 있으나 유독 법원과 검찰은 말만 무성할 뿐 소극적인 태도로 일관하고 있다. 이런 상황에서 1970년대 긴급조치 위반 사건을 판결한 492명의 법관을 공개한 '진실·화해를 위한 과거사 정리위원회'는 헌법 아닌 법률적 근거만을 가졌으나마 스웨덴이나 핀란드에서나 찾아볼 수 있는 법원옴부즈맨의 한 전형을 보여주고 있다. 당시 수사와 공소제기와 유지를 담당한 검찰은 여전히 반성과 사과의 모습을 보이지 않고 있다. 법의 이름을 빌린 불법이었다는 고백과 함께 재심이나 특별법 방식을 통하여 당시의 오심을 바로잡도록 시정권고 조치를 진실화해위원회 측이 법조계에 하도록 하는 것이 바람직하다. 지금도 친일청산을 이완용 후손에게 맡겨야 한다거나 인혁당 사건의 재심을 당시 재판 담당 판사를 찾아내 다시 맡기도록 해야 한다고 주장하는 사람들도 없진 않다. 하지만 당시 박정희 유신독재 시대상황 때문에 어쩔 수 없었다거나 실정법대로 했다는 당시 판사들의 해명은 국민들이 알아서 판단할 것이다.

아직까지 우리나라에는 통상적인 의미의 법원과 검찰 '옴부즈맨'은 존재하지 않는다. 그럼에도 불구하고, 전 성균관대 수학과 김명호 교수의 석궁오발 사건과 관련하여 대검 중수부의 한 검사는 "테러는 있을 수 없는 일"이라면서도 "예컨대 사법 옴부즈맨제도 같은 것을 만들어서 판결에 불만을 가진 사람들의 이야기를 듣고 함께 고민하면서 왜 그런 판결이 나왔는지를 차근차근 설명해 줄 필요는 있다"고 지적했다.[101]

하지만 우리나라에서도 시민단체 요청에 따라 지방에 있는 한 법원에서 법원옴부즈맨을 도입 운영해보고자 하는 시도가 있었다. 즉 창원지방법원 판사 40여 명은 2006년 8월 14일 청사 회의실에서 '투명하고 신뢰받는 법원을 위한 우리 다짐'안을 결의했다. 이들은 당시 불거진 법조비리에 유감의 뜻을 표명하고 법조불신이 법원의 폐쇄성에 있다고 보고 투명성을 높이기 위해 외부 인사가 참여하는 법조윤리자문회의를 구성, 옴부즈맨 형태로 운영하기로 했다. 판사와 검찰, 학계, 시민단체 대표 등 10명 안팎으로 구성되는 자문회의는 법관들의 윤리의식과 업무수행 태도를 모니터링하고 조언하는 기능을 수행하고 법원은 이들의 조언과 의견을 수렴해 적극 반영키로 했다. 창원지법은 그간 비공개로 운영하던 법원홈페이지 '창원지법에 바란다' 코너를 시민들에게 개방하여 누구든지 법원에 대한 불만이나 건의사항 등을 실을 수 있도록 했으며 온라인 조언에 대해서도 귀를 기울이기로 했다. 한편, 법정에서 피고와 원고, 증인 등이 자신의 입장을 충분히 진술할 수 있게 하고 질의답변과 대화를 통해 재판을 진행하는 등 구술 변론주의와 공판 중심주의를 전 재판부로 확대 적용하고 법정 언행도 개선해 나가기로 했다.[102] 물론 이 창원지법 옴부즈맨이라고 하는 것은 스웨덴 등지의 옴부즈맨 법제도와 같은 정부옴부즈맨 아닌 해당 법원 내부에서만 국한하여 운영하는 극히 미미한 조직옴부즈맨에 불과하다는 점은 두말할 나위가 없다.

한편, 국정원과 국방부, 경찰은 별도 위원회를 구성, 여러 차례 자신들의 잘못을 공개하고 머리를 숙였지만 유독 검찰만 뻣뻣한 자세를 취하고 있다.[103] '검찰 과거사위원회'는 물 건너갔으며 참여정부 출범

101) 조선일보 2007년 1월 18일.
102) 연합뉴스 2006. 8. 14.
103) 참고로 국정원 과거사위원회는 부일장학회 헌납 및 경향신문 매각의혹 사건, 동백림 간첩단 사건, 인혁당 사건, 중부지역당사건, KAL기 폭파

후 역대 검찰 총수들은 앞다퉈 "과거를 반성하겠다"는 의지를 밝혀왔
지만 임명장을 받을 때의 '말'과 임명장을 받고 난 뒤 '행동'은 항상 차
이가 있었다. 노무현 대통령 임기 5년이 다 지나가도록 검찰은 반성할
만한 과거가 있는지 찾아봤지만 아직 자체 진상규명위원회를 구성할
만큼 문제점을 찾지 못하고 있다고 보고 있는 것이다.

공안사건을 담당하던 법무부 검찰3과를 '공공형사과'로 이름을 바꿨
으나, 공공형사과는 개명과 함께 2006년 2월부터 1970~1990년대 공안
사건 가운데 고문이나 조작, 불법연행 등에 의해 작성된 수사기록을
중점 분석하였지만 아직까지 검토해야 할 사건 목록조차 완결하지 못
했으며, 기록검토를 마친 사건도 10여건 안팎에 불과하여, 그저 시늉만
하고 있는 셈이다. 하지만 법원은 비슷한 시기 전국의 법원을 동원, 문
제판결 224개를 추렸다. 업무량 아닌 의지가 문제이다. 1991년 강경대
군 사망 이후 위기에 몰린 정권이 국면 전환을 위해 사건을 조작했다
는 의혹을 받아온 '강기훈씨 유서대필 사건'에 대해 경찰청 과거사위가
2005년 재조사를 위해 검찰에 유서원본과 수사기록을 넘겨줄 것을 요
청했으나 검찰은 끝까지 거부했다. 검찰은 특유의 오기나 독선 때문인
것으로 보이며 "고문과 조작은 경찰과 중앙정보부(안기부) 등 1차 수
사기관에서 이뤄진 게 대부분이다. 법에 따라 기소한 검찰이 과거 반
성의 주체가 되는 것은 억울하다"는 입장을 견지하고 있다. 과연 그런

사건, 김형욱 실종사건(이상 결과 발표),김대중 납치사건(미발표) 등을.
경찰청 과거사위원회는 서울대 깃발사건, 민청련사건, 강기훈유서대필사
건, 남민전사건, 49년 10월 대구민간인 사살의혹사건, 보도연맹원 학살
의혹사건, 나주부대사건(이상 결과발표), 진보의련 사건(미발표) 등을.
국방부 과거사위원회는 삼청교육대 사건, 실미도 사건, 강제징집 녹화사
업(이상 결과발표), 12.12 쿠데타, 5.17 비상계엄 확대, 5.18 민주화운동,
10.27 법난사건, 언론인 해직 언론통폐합사건, 5,6공의 민간인 사찰사건,
재일동포 및 일본 관련 조작간첩 의혹사건(미발표) 등을 조사하였거나
조사 중에 있다.

가 하는 것은 국민들이 판단할 몫일 수밖에 없다. 한마디로 말해 검찰
은 진정한 의미의 국가옴부즈맨 차원의 활동에 대해서는 외면으로 일
관하고 있다.

반면, 검찰은 각종 검찰비리로 인한 국민신뢰의 추락을 막아보기 위
하여 2007년 3월 수년 전부터 검찰이 운영해오던 검찰 내부의 이른바
'시민옴부즈맨'의 활동실적을 홍보한 바 있다.104) 즉, 검찰 측은 법대
로 해도 대책 없는 '기소중지' 사건에 대해 민원인 상담을 통해 고충과
응어리를 풀어줬으며, 2006년에만 해도 총 1,803건 접수 처리하고, 그
중 사건 관련 상담이 1,174건으로 가장 많았고 단순의견 개진이 552건
으로 뒤를 이었다고 밝혔다. 이밖에 제도개선을 요구한 것도 45건이
있었고 수사 결과 등의 시정을 요구한 것도 33건이며, 실제 제도 개선
으로 이어진 것은 39건이라는 것이다. 검찰시민옴부즈맨 제도는 민원
인과 검찰 사이에서 감시 조정 역할을 하는 사람이 필요하다는 지적에
따라 2003년 7월 대전지검 등 3개 검찰청에 시범 도입됐고 2005년 7월
부터 전국 검찰청에서 시행되고 있다. 검찰청이 있는 지역의 시민단체,
언론계, 교육계 등에서 덕망과 식견을 갖춘 인사 중 위촉된 옴부즈맨
은 검찰 수사나 민원 처리와 관련된 민원인의 불만을 듣고 해당 검찰

104) 이에 대해서는 곽무근 차장검사(서울서부지검), "검찰시민옴부즈맨제"
    2004년 11월 15일 제3314호를 참조할 수 있다. 한편 법무부는 무보수
    명예직인 인권옴부즈맨 제도를 운영하고 있으나 이 역시 국가옴부즈맨
    과는 아무런 상관이 없다. 예컨대 법무부는 정부의 인권정책에 대한 모
    니터링과 국민들의 불편사항 개선에 대한 직접적인 의견을 수렴하기 위
    해 2005년 3월 31일 황병돈 변호사 등 변호사 19명, 교수 15명, 여성·장
    애인단체 등 인권운동가 13명, 목사 등 종교인 18명과 기자, 대학생, 회
    사원 등 1백4명의 인권옴부즈맨을 선정, 위촉한 바 있다. 당시 총 1백23
    명이 신청, 자체 심사를 거쳐 최종 1백4명을 위촉한 것이다. 이들은 법
    무부 관련 각종 제도와 정책에 대한 의견을 제시하거나 법무부 인권정
    책협의회에 참석해 정책협의를 할 수 있으며 필요시는 법무부 산하기관
    을 방문할 수도 있다.

청장에게 조치를 건의하는 역할을 한다. 검찰이 제시한 몇 가지 사례를 보면 다음과 같다.

사례 1: 채무 사기로 7,000만원을 날린 40대 가정주부 N씨는 채무자인 여행사 대표 S씨를 상대로 민사재판을 벌여 전액 승소판결을 받았지만 S씨는 '배째라'식으로 돈을 갚지 않았다. N씨는 참다못해 거짓말로 일관하는 S씨를 경찰서에 사기죄로 고소했지만 S씨는 이사를 하면서 잠적해버렸다. 1년이 넘도록 경찰 수사는 진전이 없는데 S씨의 관광여행사는 멀쩡히 운영되고 있는 것을 지켜보노라니 이 세상이 절망스러울 뿐이었다. 평생 모은 돈을 몽땅 잃어버린 N씨는 '자살'을 각오하고 마지막으로 검찰청 인터넷 홈페이지 상담코너에 억울한 사정을 호소했다. 광주지검 옴부즈맨 허갑순(광주YWCA 이사)씨는 N씨의 화병을 풀어줬다. 허씨로부터 법률 조언과 상담을 받으면서 인간적인 유대관계를 형성하게 됐고, 결국에는 피의자를 용서하고 화를 풀게 됐다. 인터넷으로 N씨의 사연을 접하고 수개월동안 상담을 벌인 끝에 N씨는 결국 S씨를 용서키로 마음먹고 제 2의 삶을 살고 있다. N씨처럼 법의 사각지대에 놓여있고 억울한 사정을 풀 데도 없어 인생의 막다른 골목으로 내몰리고 있는 민원인에게 검찰의 '시민 옴부즈맨' 제도는 톡톡한 해결사 노릇을 하고 있다.

사례 2: 최모 씨에게 5000만원의 빚을 진 A씨는 자신의 아파트와 월급통장 을 강제집행 당했다. 최씨는 결국 A씨가 진 빚에다 이자를 덧붙여 5500만원을 받아갔다. A씨는 이 사실이 못내 억울해 최씨를 사기죄로 고소했지만 최씨는 무혐의 처분됐다. A씨는 그러나 "검찰 처분이 잘못됐다"며 수차례 민원을 제기하다 급기야 창원지검에서 자해소동까지 벌이기에 이르렀다. A씨처럼 검찰의 처분을 이해할 수 없어 거듭 민원을 제기하다 시위나 고소·고발에 매달리게 된 민원인들에게

속 시원한 '고충 처리 창구'가 돼주고 있다. 창원지검 옴부즈맨인 경남대 하태영 교수는 이렇게 검찰의 사건 처리에 불만을 품고 검찰청에서 자해 소동까지 벌였던 A 씨를 상담했다. 상담 후 이 민원인은 "여러 번 고소를 했지만 그저 관련 서류를 떼어 보라는 등 누구 하나 내 이야기를 충분하게 들어주는 사람이 없었다. 마음 속 쌓여 있는 이야기를 다하고 나니 후련하다"며 사건에 대한 집착을 버렸다고 한다.

사례 3: 2007년 3월 전국 검찰 우수 옴부즈맨 사례에 따르면, 서울서부지검 옴부즈맨 임덕기(서울 마포구 자치연합회 회장) 씨는 폭행사건으로 벌금 50만원 형을 선고받은 민원인 B씨의 이야기를 진지하게 들어줘 마음속 응어리를 풀어줬다. B씨는 벌금액이 너무 과하다고 생각해 무려 5년간 검사와 판사 등에 대한 고소와 진정을 반복해온 사람. 임씨는 B씨에게 먼저 연락, 이틀간에 걸친 대화를 나눴고 B씨는 "내 이야기를 경청해 주는 사람이 없어 격분했었다.

이상과 같이 우리나라 검찰은 원래 의미의 검찰옴부즈맨과는 전혀 동떨어진 형태로나마, 전국 지검에서 이른바 '시민 옴부즈맨' 제도를 통하여 법이 못 푸는 시민들의 억울함을 해결하고 있다. 어찌 되었든 간에 검찰 시민옴부즈맨이 활성화 되는 경우 경찰 수사 지휘권을 갖고 있는 실질적 수사 문제 처리를 담당하므로, 차마 통상적인 '정부옴부즈맨'(혹은 국가옴부즈맨)이라고는 보기 힘드나마 국민고충처리위원회의 경찰 고충민원 처리부서의 입지 역시 그 의미를 크게 상실할 수밖에 없다.

한편, 대검찰청 감찰부는 2007년 2월 28일 동부지검 백모 검사의 '피의자 거짓진술 강요' 사건과 관련하여 백모 검사 등에 대해 그간 무리한 수사와 검사 품위 손상 등의 잘못을 저질렀다고 결론을 내리고 중징계를 청구하면서, 이런 감찰 결과와 잘못된 수사 관행을 개선하기 위한 '검찰수사의 뉴패러다임 구축방안'을 내놓고 50대 정책과제를 제시하였다.

여기에는 검찰수사 심의위원회 구성 방안이 포함되었으며, 첩보→내사→구속→기소로 이어지는 각 수사 단계마다 각계 인사로 구성된 인력풀을 만들어 이들 의견을 참고하기로 했다. 그리고 특수수사의 경우, 검사와 일반인으로 구성된 특별수사 옴부즈맨을 지정해 사건 관계인의 고충과 불만을 반영할 수 있도록 했다.

검찰의 기존 시민옴부즈맨이나 이 특별수사 옴부즈맨이라는 것은 모두 이 책에서 제시하는 검찰옴부즈맨, 즉 정부옴부즈맨이 아닌, 일반 언론사나 기업에서 운영하는 조직옴부즈맨에 불과하다는 점은 두말할 필요가 없다.

〈표〉 검찰 정책목표별 세부과제

(2007.2.28. 대검 자료)

구 분	내 용	시행시기
인권존중 수사시스템	신(新) 신문방식(반말, 자백강요 등의 행위금지 등) 도입 특별수사 영상녹화 확대실시 대검 인권침해사건 조사 전담 인권부 설치	3월 시범실시 시행 중 법무부 건의예정
신(新)특별 수사제도	서울중앙지검 '부패범죄 특별수사본부' 설치 부장검사 중심 '팀제수사체제' 운영 대검 고검 지검에 '특별수사 옴부즈맨' 지정	3월 3~4월 지침마련 3~4월 지침마련
국민참여 검찰권	각계 인사로 구성된 '수사심의위원회' 설치 국민참여형 고소조정제도 입법안 마련 사건처리기준 수립 시행 고검 감찰부 신설 대검 감찰위원회 전담위원제 도입	6월 최종안 마련 12월 7~8월 법무부 협의 3월
수사역량	형사부 부(副)검사제 도입 플리바게닝 등 입법추진	2009년 입법추진 입법추진
대국민 서비스	알기 쉬운 검찰 결정문 시행	6월

제 4 장 변호사옴부즈맨

1. 들어가며

법원, 검찰 및 판검사는 이 나라의 사법정의를 바로 세우고 시시비비를 제대로 가려주는 곳으로 되어 있으며 실제로 법원에 가보지 않은 많은 국민들은 정말 사법부야말로 정의의 보루라고 생각한다. 헌법도 그렇게 규정하고 있다. 우리나라 헌법은 국민들의 기본권 보장과 정의 구현 수단으로서 사법관련 조문들을 담고 있다. 그러나 헌법이 검찰과 법원 등 사법부에게 부여한 국민 기본권보장 임무는 실제 제대로 지켜지기는커녕 오히려 바로 그 검찰과 법원이 기본권을 유린하여 사법피해자들을 양산하고 있는 것이 현실이다. 이렇게 정작 판검사가 저지른 잘못과 그들의 비리로 인한 사법피해자들은 과연 누가 어떤 절차로 구제토록 할 것인가?

행정부 공권력에 의한 피해는 그나마 사법부에라도 호소할 수 있으나 정작 이를 맡아 법의 올바른 집행을 담당해야 할 검찰과 법원에 의한 사법피해자들의 경우 검찰과 법원 내부의 상급기관에 호소하거나 불복 상소하는 방법 외에는 해결책이 없다. 가재는 게 편이라서 피해자들의 정당한 호소는 받아들여지지 않는다. 사법피해자들이 겪는 고통은 사실 그 사법비리가 밝혀져도 사법심사를 거칠 통로가 원천 봉쇄되어 있다는 점에서 그 심각성이 더욱더 크다.

그간 법학교육이 법의 기술적인 측면에만 치중하다 보니 법조윤리에 관하여 많은 문제점들을 노정해 왔다고 보고 법조인에 대한 윤리교육을 한층 강화하는 것이 중요하다는 시각[105]도 있지만 변호사업무의 경우 법률지식을 도구로 하는 일종의 비즈니스, 즉 대가를 받는 법률 서비스업무라는 점에 유의할 필요가 있다. 법의 형식 논리적 판단에 젖어 있는 법조계에서 변호사들이 오로지 승소하기 위하여 위증을 교사하는 등 온갖 형태가 난무하고 있음[106]에 비추어보았을 때에도 윤리교육 강화만으로는 한계가 있을 수밖에 없다. 변호사윤리의 현실적 합성이나 법조 서비스의 한 형태로서 변호사 업무에 대한 적정한 시장논리 및 그 규제 방식에 대한 기존 논의나 연구 역시 말 그대로 변호사나 법조인의 관점에만 치중한 측면이 있으며 일반 시민이나 사법피해자 관점에서 실태를 분석 평가한 바탕 위에서 논리를 전개하는 연구는 드문 것이 사실이다.[107]

---

105) 「이영란 교수인터뷰」, 『쥬리스트』 2003. 5.

106) 변호사 비리문제를 비교적 잘 정리한 글은 다음을 제시해 볼 수 있다.
배성룡, 「변호사 수임 비리를 통해 본 법조계 부정부패의 구조: 내외적 비경쟁 융합구조」. 출처: http://www.clean.or.kr/bbs2/view.html?idx=474
위택환, 「법률업자들의 탐욕에 종지부를 찍자!」, 『인물과 사상』 1998년 11월호.
위택환, 「언론보다 전문 직업인 집단이 더 문제다」, 『인물과 사상』 1998년 9월호.
손광운, 「브로커 변호사의 부패실태」, 『한국부패학회 학술대회 논문집』, 1998. (사법개혁국민연대 편, 『재판이냐 개판이냐 짜고 치는 고스톱 청산을 위하여』, 정의로운 재단, 2004에 재수록되어 있음).
신고산, 「전천후 인기의 비결 – 변호사수임료와 병원비를 내리려면」, 『월간 사회평론 길』, 사회평론, 1994.

107) 다음과 같은 기존 연구 성과들이 있다.
권오승, 「변호사 보수에 관한 검토」, 『법과 사회』, 법과사회이론학회, 1995.
김재원, 「변호사 업무의 윤리적 딜레마」, 『법과 사회』, 법과사회이론학회 (구 법과사회이론연구회, 2003.
김재원, 「변호사비용과 법조윤리 – 미국의 수임료 규제를 중심으로 –」, 『법과 사회』, 법과사회이론학회, 1995.
김철수, 「소송비용, 변호사비용, 변호사강제」, 『사법행정』, 한국사법행정학회, 1969.
남효순, 「변호사와 의뢰인 사이의 법률관계」, 『법률가의 윤리와 책임』(서

이 장에서는 이상과 같은 문제의식에 입각하여 우선 외국은 물론 우리나라에서도 법조인의 절대다수를 차지하고 있는 변호사의 잘못이 적지 않다고 보고 이로 인한 피해 구제를 위한 제도개선 필요성에 대해 간략히 살펴본 다음 영국의 변호사 잘못이나 비리로 인한 피해 구제 제도에 대해 소개하고자 한다. 영국은 예닐곱 분야에 걸쳐서 각각 구성되어 있는 각종 변호사협회 측이 자체적으로 변호사비리민원 처리제

울대학교 법과대학 편), 박영사, 2000.

양승규, 「변호사제도의 개선방안」, 『서울대학교 법학』, 서울대학교 법학연구소, 1988.

양창수, 「변호사의 과오와 책임」, 『법률가의 윤리와 책임』(서울대학교 법과대학 편), 박영사, 2000.

엄동섭 · 김천수 · 박영규 · 오종근 · 정태윤, 『변호사책임론』, 소화, 1998.

오세립, 「판례연구: 변호사비용과 당사자 간의 약정의 효력 - 대법원 1986. 8. 19 선고 86다카 70 판결 법원공보 785호 57면 게재 -」, 『사법행정』, 한국사법행정학회, 1987.

이상욱, 「변호사책임과 제3자 - 특히 부당소송, 부당집행, 명예훼손을 중심으로 -」, 『영남법학(고 최엽 교수 추모특집호)』, 영남대학교 법학연구소, 2000.

이장현, 「한국변호사의 사회적 이동」, 『한국사회학』, 한국사회학회, 1970.

이창희, 「변호사 보수의 적정성과 투명성」, 『법률가의 윤리와 책임』(서울대학교 법과대학 편), 박영사, 2000.

차봉호, 「'변호사가 보는 법관, 법관이 보는 변호사' 설문 결과를 보고」, 『사법행정』, 한국사법행정학회, 1979.

『한겨레 21』(2000. 9. 21.) 제326호 「재판을 재판한다」.

최진구, 「변호사책임의 사적 구성에 관한 소고」, 『법학논총(송천 김명규 교수 및 둔촌 장석권 교수 화갑기념호)』, 단국대학교 법학연구소, 1997.

최창규, 「변호사의 적정수에 대한 경제학적 이해」, 『법과 사회』, 법과사회이론학회, 1994.

호문혁, 「송무변호사의 윤리와 책임」, 『법률가의 윤리와 책임』(서울대학교 법과대학 편), 박영사, 2000.

Moon Sung-Ho, "The Development of Korean Judicial System and its Future"(Asia Human Rights Course at Kwangju), Asia Human Rights Commission, 2004. 5. 15.

도를 두고 있는데 이 논문에서는 그중 법정변호사협회가 운영하고 있
는 제도를 중심으로 소개하고자 한다. 그다음 각종 변호사협회와는 별
개로 정부기관으로 운영되는 영국의 '법조옴부즈맨' 제도를 우리나라에
변형시켜 도입할 수 있는 모델로써 제시하고자 한다. 법조옴부즈맨이
라는 영국의 이 제도는 변호사협회와 마찬가지로 나름대로 법적 근거
를 가지고 있으며 의회에 연례보고를 하도록 되어 있다.

저자는 사법개혁추진위원회 측에서 제시한 바 있는 법조윤리위원회
방안 역시 법조계 일색으로 구성하거나 그 산하에 둘 것이 아니라 영
국의 법조옴부즈맨 제도처럼 판사, 검사, 변호사 모두를 대상으로 하는
관련법 제정과 개정 등의 정비를 통해서 법조계로부터 완전 독립된 형
태로 설립토록 하는 것이 바람직하다고 본다.

2. 제도개선 필요성

변호사 비리와 부패 문제는 현재 진행되고 있는 배심제와 참심제 및
검찰 기소독점주의 폐단 시정 등 판검사 중심의 사법개혁으로부터 상
당히 멀리 벗어나 있는 실정이다. 2004년 말까지 활동했던 대법원 산
하 사법개혁추진위원회가 당초 설정했던 5개 분야에도 변호사제도 개
혁문제는 포함되어 있지 않았다. 요컨대 변호사는 판검사와는 달리 민
간 영역에 속해 있으므로 변호사 비리에 대한 자정노력과 개혁은 변호
사 집단 내부에서 자율적으로 이루어져야 한다고 본 것이다. 다만 로
스쿨 제도나 법조일원화 문제를 통한 간접적인 변호사 제도 개혁방안
은 본격적인 논의에 들어가 있는 상태이다.[108]

---

108) 우리나라 법조계를 대표하는 사법개혁위원회가 법조윤리 제고방안을 쟁

현재 변호사가 저지르는 비리와 부패로 인한 피해자들에 대한 구제는 사법절차에 의존해야 하는 형편이며 현실적으로 이 문제는 판검사 비리와 부패와 마찬가지로 동일한 법조계 인사들의 판단에 따르도록 되어 있다. 그래서 이들 피해자에 대한 제3자의 객관적이며 공정하고 실질적인 구제는 지극히 어려운 것이 사실이다. 사법피해자 그중에서도 변호사 비리와 부패에 의한 피해자의 양산 사태를 최소화하거나 이를 구제하기 위해서는 기본적으로 변호사 단체가 회원 변호사의 비리와 부패를 제대로 가려내 올바르게 처리하는 역량을 갖추어야 한다. 예컨대 대한변협 측이 앞장서서 사기꾼 변호사나 고의적 부실변론을 한 변호사들에 대한 자격증 박탈 등 징계를 엄격히 해야 한다.[109] 이들에 대한 징계시효도 10년 이상으로 연장하는 문제에 대해서도 적극 검토해야 한다. 어찌 보면 변호사 개개인의 잘못에 대해 또다시 사법적 심판을 거쳐 시정받도록 하는 것에 앞서서 바로 이 변호사 자치단체가 올바로 세워짐으로써 법조인의 절대다수를 점하고 있는 변호사의 비리와 부패 문제를 자정할 수 있도록 하는 것이야말로 사법개혁의 요체이다.

의뢰인이 선임한 변호사의 고의적 부실변론, 승소하고도 한 푼의 보상도 못 받게 한 변호사, 과다한 수임료, 원피고의 이중 변론, 소송사기

점별로 정리한 것을 보면, 형사사건 수임금지, 법조윤리위원회 설립, 법관과 검사의 윤리강화, 변호사 징계절차 정비, 기타(형사사건의 성공보수 금지, 변호인 선임계 미제출에 대한 제재강화) 등을 제시한 바 있다. 사법개혁위원회, 제24회 회의 자료「법조윤리 제고방안」, 2004. 11. 15.

109) 예컨대 2005년 인천지방변호사회장 경선대회에서 제시된 자정안은 첫째, 비리변호사에 대한 징계를 강화. 둘째, 법원, 검찰, 경찰 등 재직 시에 뇌물을 수수한 전력이 있는 사람에 대해 사무요원 등록 제한. 셋째, 과당수임경쟁 자제 등으로 제시하고 이를 위해 조사위원회와 윤리위원회, 감찰위원제도 등을 신설하거나 강화한다는 방침을 세웠다. 인천일보,「인천변협의 자정선언 기대크다ㄹ」, 2005년 1월 27일. 그러나 이런 자정 노력만으로 국민의 신뢰 회복은 이미 힘든 상황임을 변호사 업계 스스로 잘 인식하고 있는 것으로 보인다.

변론 등과 같은 변호사 비리나 부패로 인한 피해의 경우에도 사법피해
자 범주에 포함시킬 수 있다. 이때 이들에 대한 구제는 같은 법조인이
맡고 있으며 더욱이 앞서 지적한 변호사 자치라는 이름 아래 그 징계
는 솜방망이에 그치고 마는 것이 우리나라 변호사 업계의 작금의 현실
이다. 이런 법조계의 자기 식구 감싸기는 경찰의 경찰범죄 처리 수준이
나, 이른바 국회에서의 서청원 탈옥사건, 비리의원 구속 동의안 부결,
국회윤리위원회의 유명무실화 등과 하등 다를 바 없으며 법조계에서는
오히려 더욱더 교묘하며 지능적으로 이루어지고 있다고 봐야 한다.

이런 비리나 부패가 어쩔 수 없이 저질러진다 해도 이것을 적발하여
징계만이라도 제대로 이루어진다고 한다면 이것도 일정 정도는 사법비
리나 사법부패 방지책이 될 수 있다. 그런데 현실은 이와 동떨어져 있
다. 법관 및 검사에 대한 견책 이상 징계 통계를 보면 1998~2003년이
라는 6년 동안 6-2(1998), 0-2(1999), 0-2(2000), 0-0(2001), 0-0(2002),
0-9 (2003)(앞 숫자는 징계판사 수, 뒤 숫자는 징계검사 수)으로 되어
있다. 판사의 경우 의정부 법조비리가 있던 1998년에만 징계자가 있었
을 따름이다. 주요 법조비리 사건 당사자가 징계당하지 않고 사임하거
나 가벼운 징계만 받고 변호사로 개업한 것만 봐도 1998년 의정부 법
조비리 8명, 1999년 대전 법조비리 8명, 1999년 조폐공사 파업유도사건
2명, 2000년 이용호 게이트 6명, 2002년 범박동 재개발비리 1명, 2002
년 피의자 고문치사사건 2명, 2004년 인천지법 골프접대사건 2명, 2004
년 춘천지법 향응사건 3명 등으로 나타나 있다.[110] (홍승면 2004, 석진
환·황예랑 2004). 제 식구 감싸기로 일관한 것이다.

2004년 11월, 국민 여론에 밀려 '법조윤리 제고방안'을 내놓게 된 사

---

110) 이에 대해서는 석진환·황예랑, 「법조비리, 이번에 뿌리 뽑자」, 한겨레
     신문 연재기사, 2004. 12. 9, 10, 11. 및 홍승면(2004), 법조윤리 제고방
     안, 사법개혁위원회 제25차 회의자료, 2004. 11.을 참고할 수 있다.

법개혁위원회 측은 법조비리의 원인을 변호사 시장의 불황에서 찾고 있으며 법조비리의 양상으로 변호사 선임 시 우대, 전관예우, 소개료, 실비·전별금·급행료, 소정 외 변론 등으로 분석하였다. 그리고 법조 브로커 실태는 형사사건, 교통사고 산재사고 의료사고 경매 등으로 나누어 제시했다. 이어서 판검사 및 변호사 징계제도를 실태와 문제점을 소개하였다.

이 중 현행 변호사 징계제도의 문제점은 피해자인 진정인이 징계에 관여할 기회가 막혀 있다는 점, 선거로 선출되는 변호사협회장이 변호사징계에 소극적이라는 점, 징계조사가 형식적이라는 점(예산상, 정의적 이유), 징계 불회부나 관대한 징계에 대해 불복절차가 없다는 점, 징계양형이 관대하다는 점을 들고 있다. 마지막으로 사법개혁위원회 측은 법조윤리 제고방안으로서 개업 및 수임제한, 법관윤리의 강화, 브로커 근절방안(상시적 감시기구인 법조윤리위원회 설립), 소개금지규정의 홍보, 변호사 징계절차의 강화, 선임계 미제출 변호 금지, 형사사건 성공보수의 금지, 법관면담 규정의 실천 등을 제시하였다(홍승면 2004).

하지만 사법개혁위원회 측이 제시한 법조윤리위원회 설립방안은 많은 문제점을 안고 있다. 예컨대 법조윤리위원회 설립의 맥락을 보다 폭넓은 법조 전체를 대상으로 하지 않고 단지 브로커 근절방안으로서만 제시한 것이라든지, 법률 소비자의 권익이나 공정거래 차원이 배제된 채 단지 법조계 일색(법관, 검사, 변호사 각 2명, 법학교수 및 외부 인사 3명 등 총 9명)으로 구성토록 한 점이라든지, 그 기능으로 법조비리 해당인사 척결 기능과는 무관하게 법조윤리 현황 파악이나 법조윤리 제고방안 마련 등에 국한토록 한 것이라든지, 이 법조윤리위원회가 단지 추상적으로 브로커 근절을 위한 감시기구로 자리매김해야 한

다고 선언하는 데 그친 점, 그나마 전문위원 보고에 이어 위원들 논의
는 국민들 관심이 지대하여 보다 깊이 있는 논의가 필요하며 다음에
논의가 필요하다는 정도에 그치고 만 점 등이다. 결국 법조윤리위원회
설립 방안 제시는 이 기구에게 실질적인 법조비리 예방 및 척결기능을
맡기려 하기보다는 다만 이 기구를 법조비리 근절을 바라는 국민들 입
막음용으로 제시한 것에 불과하다는 점을 여실히 보여주고 있다. 이것
은 국가청렴위원회 산하 고위공직자비리조사처에 기소권 부여 여부가
논란이 되었을 때 법조의 한 축인 검찰 측이 여기에 대해 강력 반대했
던 정황으로부터 법조윤리위원회 방안 역시 유명무실한 기능으로 전락
할 수밖에 없는 징조를 읽어낼 수 있었다고 봐야 한다.111)

111) 이것은 법률 소비자들을 배제하다시피 하면서, 공개적인 의견수렴 과정
　　없이 법조계 일색인 정부 당연직 인사가 과반수를 차지하도록 '사법제도
　　개혁추진위원회 구성 및 운영에 관한 규정'(대통령령)을 공포한 것에서
　　그 이유의 일단이 잘 드러난다고 볼 수 있다. 앞으로도 사법관료 중심의
　　사법개혁론이 위주가 될 것으로 전망된다. 참여연대는 향후 사법개혁추
　　진위원회 구성은 비법학계, 경제계, 노동계, 여성계 등 각계 대표들을 참
　　여시켜 정부 대 민간을 1:2로 구성하고 각계 대표의 경우 지방의 이해를
　　대변할 수 있는 인사들을 포함해 사법의 지역분권도 도모해야 한다고 주
　　장했다. 참여연대 성명서, "사개추위 밀실구성 및 운영방식 문제 있다",
　　2004. 12. 27. 다른 한편 2004년 12월 27일 사법개혁위원회 제27차 전체
　　회의는 판검사 등 전관 변호사의 사건수임을 중앙법조윤리협의회를 통해
　　2년간 감시하도록 하는 데 합의했다. 이에 따르면 앞으로 판검사, 군법무
　　관 출신 변호사는 퇴직 후 2년간 형사사건과 산업재해, 교통사고, 손해배
　　상 등 일부 민사사건은 물론 내사나 불기소 사건에 대한 수임자료를 새
　　로 구성되는 중앙법조윤리협의회에 제출토록 했다. 중앙법조윤리협의회
　　는 법원과 검찰에서 이들 '전관'변호사의 수임사건 수사결과와 재판결과
　　도 함께 제출받아 전관예우 관행이 있었는지 여부와 함께 사건의 불법수
　　임 여부 등을 감시하며 필요시 징계나 수사의뢰 등을 하도록 하자고 합
　　의했다. 법관 및 검사윤리규정도 유형화해 실천적 규범이 되도록 하고
　　판검사 징계위원회에 외부인사를 참여시켜 투명한 징계절차가 이뤄지도
　　록 하며 변호사의 경우 의뢰인 등에게 징계를 청원할 권리를 부여해야
　　한다는 데 의견을 모았다.

그럼 현행 제도의 철저한 시행을 넘어선 보다 개선된 해법은 무엇이 있는가? 한마디로 그것은 과거로 돌아가 기존 대한변협의 징계제도나 자정능력을 박탈하여 법무부가 다시 이를 제대로 행사토록 하는 것이 바람직하지 않거나 불가능한 상황에서 변협 스스로 제대로 자정할 수 있도록 필요한 제도를 도입하거나 보완하는 것 외에는 달리 방법이 없는 것으로 보인다. 우리나라는 극히 예외적인 경우를 제외하고는 공공성을 지닌 법률전문직인 변호사의 잘못을 따지는 제도가 제대로 갖춰져 있지 않다. 한발 더 나아가 변호사의 잘못에 대해 소송을 내봤자 승소 가능성이 극히 희박하다는 일반인의 인식이 널리 퍼져 있기도 하다.

남은 대안이 있다면 그것은 변호사 자격증이 없는 외부인사가 각급 변호사협회 징계책임자가 되어 비리나 범죄를 심리하여 징계 결정을 내릴 뿐만 아니라 이를 철저히 감독하는 법조옴부즈맨을 운영하고 있는 영국의 예에 비추어 우리나라도 앞으로도 계속해서 변호사협회가 징계를 결정하는 형식은 취하도록 하되 실질적으로 그 심의 결정 과정에서 변호사 아닌 제3의 객관적이며 공정하고 변호사업계로부터 독립적인 사람이나 기관을 통해 이를 담당하도록 하는 방안을 새롭게 도입할 필요가 있다. 즉 어쩔 수 없이 변호사 업계 자치권의 일정 부분을 국민의 위임을 받은 정부가 회수하는 형태를 띨 수밖에 없다.

우리나라도 이제 법원, 검찰, 변호사 업계 등이 더 이상 제 식구 감싸기 식 비리법조인 징계라는 비판을 덜 받기 위해서는 사법개혁위원회가 구상하고 있는 법조계가 자체적으로 징계를 강화토록 한다거나 법조계가 주도하는 법조윤리위원회를 설립 운영하는 것과 같은 이미 실패로 점철되어 온 고식적인 방안에서 벗어나 차제에 법조계로부터 독립적인 근원적인 제도 도입이 시급하다. 이를 위해 저자는 이른바 외부 인사의 징계위원 및 위원장 위촉과 '법조옴부즈맨'이라고 하는 영

국식 제도의 도입을 제안하고자 한다.[112] 이하에서는 이 문제를 간략
히 소개하고 우리나라에 도입하는 방안을 모색해 보고자 한다.

3. 영국의 변호사 비리민원 처리제도

(1) 의 의

영국의 경우 변호사를 포함한 법조 서비스에 대한 불만에 대해서 일
반 제품이나 용역에 대한 고객 서비스와 그 A/S 차원에서 접근하고
있다. 요컨대 변호사 관련 불만사항 등에 대한 민원처리 방식은 한마
디로 말하면 일반 상품에 대해 우선적으로 해당 기업에서 A/S 처리를
정말 제대로 하고 그래도 안 되면 소비자 고발센터나 공정거래위원회
등에 호소하여 이를 시정토록 하는 제도와 유사하게 되어 있으며 이것
은 영국식 법조옴부즈맨 제도로 실현되고 있다.[113] 실제로 사무변호사

---

112) 영국이나 미국 아닌, 독일과 일본의 변호사 제도 및 그 개혁과 우리나
라에 적용하는 방안에 대해서는 신우철, "감시하는 자를 누가 감시할
것인가?"-변호사징계에 관한 비교사법제도론적 일 고찰-(출처: http://
ynucc.yeungnam.ac.kr/~erectus/gung.html)_안경환, 「영국법과 미국법
의 비교연구(3)-변호사제도-」, 『서울대학교 법학』, 서울대학교 법학연
구소, 1991 등을, 그리고 독일, 일본, 미국 등의 변호사 징계제도에 대해
서는 오종근, 『변호사 징계제도』, 집문당, 2002.를 참조할 수 있다.

113) 영국의 공공 분야 옴부즈맨 종류는 은행, 건축협회, 부동산중개사협회,
장례협회, 회계사협회, 지브롤터 지역사회업무, 보건업무, 주택협회, 독
립하우징협회, 보험업무, 투자업무, 법조업무, 지방자치업무, 북아일랜드
지역사회업무, 북아일랜드 경찰업무, 의회업무, 연금업무, 개인투자관리
업무, 경찰비리민원조사위원회 업무, 스코틀랜드 법조업무 등을 망라하
고 있다. 이 외에도 시민들 불만을 처리하는 기관으로는 부동산평가업
무, 방송윤리위원회, 법조변호사비리민원 조사위원회, 아동보호 및 사회

와 법정변호사를 합해 변호사에 대한 민원제기 전체 건수는 연간 2만
여 건을 상회하고 있다〈표 1〉.

〈표 1〉 영국의 변호사 민원제기 전체 건수(2002/2003)

	소송의뢰 건수	민원제기 건수
사무변호사	89,045	22,830*
법정변호사	13,601	461
부동산변호사	780	126
법조행정직원	6,382	41
특허변호사	1,450	13

* 민원제기건 총수(14,880)와 문의 건수(7,950)를 합한 것임.
* 사무변호사와 법정변호사의 경우 고용된 직원에 대한 것도 함께 포함한 것임. 이
  중 다시 2003년 4월 현재 법조옴부즈맨에 제기된 민원 건수는 3,119건이며 이 중
  처리된 사건은 1,554건이 처리가 아직 진행되지 않고 있는 상태임.
출처: 영국 법조옴부즈맨 2002/2003 연례보고서
http://www.olso.org/AR2003/06-factsandfigures.asp#figure2

보장 평가를 위한 독립조사위원회, 토지등록 · 공공기록보관 · 기부제도
실태조사를 위한 독립조사위원회, 북아일랜드 정세조사를 위한 민간감
시위원회, 사무변호사 감독위원회, 교도소 및 보호관찰소 조사위원회,
부양지원조사위원회, 수로조사위원회 등이 있다. 이 모두가 자체 인터넷
홈페이지를 운영하고 있으며 영국정부는 이를 하나로 묶어 http://
www.bioa.org.uk/라는 사이트를 통해 각 분야 옴부즈맨들을 자세히 소
개하고 개별 옴부즈맨 사무소에 링크해 들어갈 수 있도록 하고 있다.
영국의 의회 옴부즈맨 및 경찰옴부즈맨에 대한 자세한 설명은 문성호,
「경찰부패와 경찰옴부즈맨: 각국 사례를 중심으로」, 『한국부패학회보』
제6호(2001. 1.), 143-74쪽을 참조하면 된다.

〈표 2〉 민원제기 사유별 통계(2002/2003)

	2002/2003	2001/2002
민사건	34%	40%
계약상 분쟁	6.1%	
채무회복	2.7	
이민관련	0.7%	
임대차	4.2%	
기 타	6.5%	
대인상해 및 진료태만	10.6%	
변호사 직무태만	2.5%	
교통사고	0.7%	
부동산건	12.4%	12.7%
형사건	9.3%	7%
고용관계	4.8%	3%
가족법 관계	16.9%	16%
기 타	7.2%	8%
경계선 분쟁	3.2%	2.3%
상속분쟁	10.0%	11%
잡다한 분쟁	2.3%	

출처: http://www.olso.org/AR2003/06-factsandfigures.asp#figure2

이렇게 변호사에 대한 불만과 잘못에 대한 보편화된 민원제기 실태
와 처리절차 운영은 우리나라의 고질적인 변호사 비리나 부패를 방지
하거나 시정할 수 있는 좋은 대안이 될 수 있다. 이때 이른바 영미법
체계와 우리나라가 바탕으로 하고 있는 대륙법 체계는 근본적으로 다
른데 어떻게 영국 제도를 받아들일 수 있겠는가와 같은 논란은 전혀
소모적인 것에 불과하다. 그 정신과 원리를 보고 받아들이려는 자세가
보다 중요한 것이기 때문이다.

(2) 변호사 비리 민원처리절차

〈그림 1〉 영국 법정변호사협회 민원처리절차

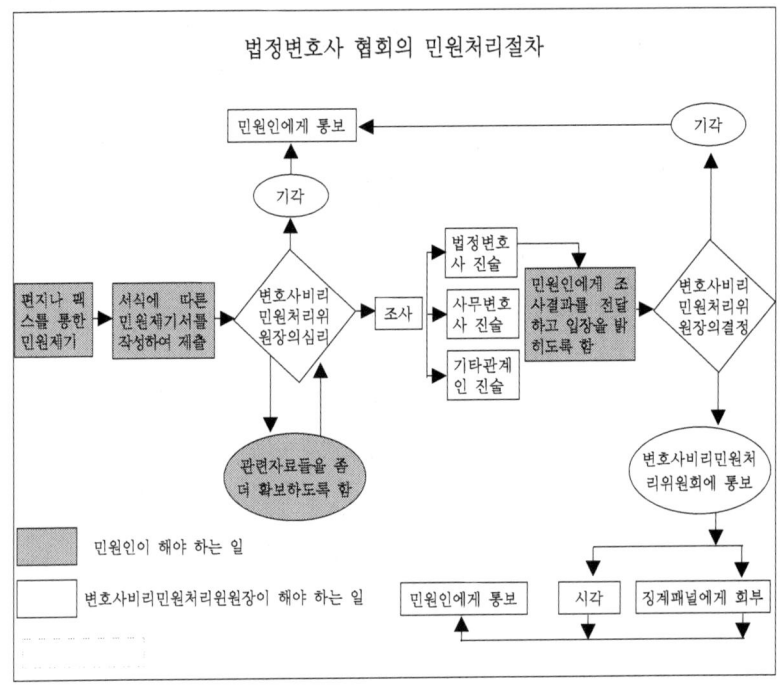

1) 의뢰자 입장의 반영

영국에서 법조옴부즈맨에게 호소하기 이전 단계로서 먼저 법정변호사(barrister)의 서비스에 잘못이 있는 경우 의뢰인은 이에 대해 민원을 제기(complaining)할 수 있으며 민원제기 서식은 법정변호사협회 홈페이지에서도 다운받을 수 있게 되어 있다.114) 물론 이 단계에서도 일반상품 A/S와 같은 마인드가 철저히 관철되고 있다. 영국 법조계가 이와

---

114) http://www.barcouncil.org.uk/documents/ComplaintsForm_Dec04.pdf

관련된 법률을 제정하여 법조인에 대한 민원 제기와 그 처리에 대해서
관련 규정과 절차를 마련해 운영하고 있는 점은 우리나라와 같다. 우리
나라가 변호사법을 통해 이런 점을 규정하고 있다면 영국은 '1990년의
법원 및 법률서비스법'(Courts and Legal Services Act 1990) 제21-26
조에서 법조옴부즈맨 제도에 대해 상세하게 규정하고 있다.[115]

이때 비리민원 혹은 불편불만 사항이 제기된 해당 변호사는 자신에
대해 제기된 민원인 측에 대해 다른 변호사를 내세워 자신에 대한 변론
을 담당케 할 수는 있다(영국 법정변호사협회 홈페이지). 우리나라도
변호사 윤리장전, 감찰위원, 징계위원, 분쟁조정 등의 제도를 운영하고
는 있으나 민형사상 사법심판에 호소하는 것 외에도 영국과 같이 통상
적인 절차로 변호사를 비롯한 법조인들의 잘못에 대한 통상적인 민원제
기를 통해 해결할 수 있도록 보장된 제도나 절차는 존재하지 않는다.

의뢰인은 법정변호사의 '직무상 잘못' 혹은 '부당한 서비스' 등에 대
하여 사무변호사와의 협의를 거쳐 6개월 이내에 법정변호사협회 측에
별도 비용을 들이지 않은 채 무료로 민원을 제기할 수 있다. 여기서
'직무상 잘못'은 재판 진행상 잘못, 비밀유지를 지키지 못한 점, 신속하
게 진행시키지 못한 점, 의뢰자의 요구나 이익에 반한 점들을 가리키
며 이에 대해서는 단순 경고에서 제명에 이르는 처벌을 내리며 나아가
일정 기간의 자격정지, 벌금, 수임료 반환 등의 처분도 내릴 수 있다.
'부당한 서비스'의 경우, 서류처리 지연, 사건처리 소홀 혹은 잘못, 의
뢰인에 대한 중대할 정도의 무례한 태도 등을 말하며 이에 대해서는
의뢰인에 대한 사과, 수임료 반환, 5천 파운드(한화 약 1천만 원) 이하
의 보상금 지급 등의 처분을 내릴 수 있다.[116]

---

115) Courts and Legal Services Act 1990(HSMO, UK).
　　출처: http://www.hmso.gov.uk/acts/acts1990/Ukpga__19900041__en__
　　3.htm#mdiv21

그 외에도 판사,117) 사무변호사,118) 부동산변호사(부동산변호사협회),
법조행정직원(법조행정직원협회), 특허변호사(특허변호사협회) 등도 각
각 구성되어 있는 해당 변호사협회에서 이를 담당하고 있다. 한편 공
공기소국이나, 정부와 지방정부에 법무담당관실에 근무하는 변호사들
에 대한 것일 경우에는 해당 기관에 먼저 민원을 제기해 본 다음 그
민원처리가 여전히 만족스럽지 못한 경우에 한하여 변호사협회에 해당
변호사에 대한 민원을 제기할 수 있게 되어 있다. 그리고 위에서 제시
한 '직무상 잘못'과 '부당한 서비스'라는 두 범주 외에 변호사의 직무태
만 문제는 영국에서도 변호사협회에서 다루고 있지는 않으며 이 문제
에 대해서 의뢰인은 따로 해결책을 모색해야 한다.

2) 각급 변호사협회 민원처리위원 구성과 평결

현재 영국의 이 제도에서 각 분야의 각급 변호사협회에 설치토록
되어 있는 민원처리 절차 책임자인 '변호사 비리민원처리 위원장'
(Complaints Commissioner: CC)은 반드시 변호사가 아닌 인사가 맡도
록 되어 있으며 변호사윤리 및 비리민원처리 위원장은 변호사 관련 민
원에 대한 판결을 내림에 있어서 해당 변호사협회로부터 완전한 독립
성을 가지고 있다. 법정변호사협회의 경우 2004년 현재 '변호사윤리 및
비리민원처리 위원회 위원장'은 마이클 스콧이 맡고 있다. 비리민원처

---

116) 법조옴부즈맨의 경우에는 해당 변호사협회 측에 대해 의뢰인에게 보상
해야 하는 액수에 대해 상한선은 정해져 있진 않다. http://www.olso.org/
lsoexplained.asp
117) 판사는 2003년 폐지된 기존의 대법원부(Department of Lord Chancellor)
대신, 새로 만들어진 입헌사항담당부(Department for Constitutional Affairs)
에서 담당한다.
118) 사무변호사는 법조협회 및 사무변호사협회(Office for the Supervision of
Solicitors: OSS)에서 담당한다.

리위원회 위원장은 조사를 통해 근거가 없다고 보게 되면 물론 기각 결정을 내린다. 변호사윤리 및 비리민원처리 위원회 위원장은 민원 건에 대해 법정변호사, 사무변호사, 기타 증인을 심문할 수 있으며 이들의 진술이나 언급은 반드시 민원 제기자에게 보내게 된다.

'변호사윤리 및 비리민원처리 위원장'이 해당 민원 건에 대해 나름대로 근거가 있다고 판단하게 되는 경우 PCC(Professional Conduct and Complaints Committee: 변호사윤리 및 비리민원처리 위원회, 우리나라의 변호사 윤리위원회, 분쟁조정위원회, 감찰위원회 등에 해당함)의 심리에 회부한다. PCC는 변호사협회의 한 기구로서 법정변호사, 협회 회원, 일반 시민대표 등으로 구성되어 있다. PCC 결정은 소속해 있는 '일반 시민대표'의 동의 없이는 해당 민원 건에 대한 기각결정을 내릴 수 없게끔 되어 있다. PCC가 해당 민원에 대해 나름대로 근거가 있다고 보면 그 최종 결정을 위해 징계위원회에 송부하여 해당 변호사에 대한 처분을 결정토록 하고 있다.

이때 근거가 있는 민원에 대해서 PCC는 직무상 잘못이나 부당한 서비스 혹은 양자 모두인 것인지 여부를 먼저 결정해야 한다. 부당한 서비스인 경우 PCC는 이를 판결팀(Adjudication Panel)에 회부한다. 이 판결팀은 '변호사윤리 및 비리민원처리 위원장'이 의장을 맡고 있으며 2명의 법정변호사 및 시민대표 1인으로 구성되어 있다. 그리고 비리 혐의자로 지목된 해당 변호사는 이 판결에 대해 항고할 수 있다. 다른 한편 직무상 잘못인 경우 PCC는 첫째 비공식 심리, 둘째 즉심재판팀, 셋째 징계재판소 등의 세 개 기구 중 어느 하나에 회부하게 된다(이 중 뒤의 두 가지 경우에서 내려진 판결에 대해서 해당 변호사는 고등법원 판사에게 항고할 수 있다).

(3) 변호사 징계내용의 공개제도

법정변호사협회 측은 중요한 징계결정 및 판결사항들에 대해서는 이를 홈페이지의 '징계평결 결과'(Disciplinary Tribunal Results)라는 난을 통해 평결이 있을 때마다 수시로 일일이 공개발표하고 있다.[119] 동 협회 측은 2004년 9월 20일 이후 기존 공개항목에 대해 세부적인 위반 내용, 해당 법정변호사가 위반 당시 소속해 있던 법무법인 이름, 고용 혹은 휴업 여부 등에 대한 항목까지 추가하도록 방침을 정했다.

이렇게 해서 현재 공개사항은 해당 법정변호사 이름, 개업 여부 및 소속 법무법인명, 변호사 자격취득일과 출신 법학원명, 위반사항을 심리한 재판소명, 위반규정 조문, 세부적인 위반 내용, 징계결정 내용, 결정 일자, 지위(항소가능 여부) 등으로 되어 있다. 2004년의 경우 1월에서 12월까지 최종 징계결정을 내린 96건(90여 명에 이르는 법정변호사에 대한 징계내용)에 대하여 항목대로 자세한 내용을 웹사이트에 그대로 공개하고 있다. PCC(직업윤리와 민원처리 위원회, Professional Conduct and Complaints Committee) 측은 이런 사항들이 공적 영역에 속하는 내용이기 때문에 이렇게 웹사이트를 통해 자세히 공개하는 것이 공익에 부합한다는 결론을 내린 바 있다.[120]

이때 민원인은 협회 판결에 대해 협회에 대해 다시 항고할 수 있는 여지가 없다. 그러나 '변호사윤리 및 비리민원처리 위원장'이나 PCC는 추가 증거가 있는 경우 재심을 요청할 수는 있다. 그렇지만 민원인은 협회 판결에 대해 이의가 있는 경우, 법조옴부즈맨 측에 제소할 수 있으며 이 법조옴부즈맨 민원제기와 처리 역시 무료로 이루어진다. 민원 제기 방법과 표준 서식이 변호사협회 홈페이지상에 제공되어 있다. 처

---

119) http://www.barcouncil.org.uk/document.asp?documentid=617
120) http://www.barcouncil.org.uk/document.asp?documentid=617

리과정 내용은 당연히 민원제기자에게 자세하게 통보되며 대부분의 내용이 인터넷 홈페이지에 공개되고 있다.

이 제도에서 이색적인 점은 앞서 지적한 것처럼 영국의 이 제도에서 '법정변호사가 당한 민원제기 건들에 대한 상담서비스 제도'(The Barristers' Complaints Advisory Service; BCAS)라고 불리는 비리나 부패관련 변호사의 권익옹호를 위한 일종의 법률구조제도라는 게 운영되고 있다는 점이다. 이 BCAS 제도는 의뢰인이 법정변호사협회 측에 대해 민원을 제기한 해당 변호사를 돕기 위해 자발적으로 지원하기 위해 나선 변호인 그룹을 일컬으며 이들은 각 전문 분야별로 60여 명의 변호사들로 이루어져 있다.

이것은 우리나라에서 주로 인권변호사들이 억울하거나 소외된 이들을 지원하는 데 반해, 영국에서는 이에 덧붙여 법률서비스 분야에 있어서도 역시 법률 '소비자가 왕'이어서 오히려 변호사가 인권(?)변호사의 도움을 받아야 하는 상황에까지 나아가게 되었음을 잘 보여주고 있다. 의뢰인들로부터 부당하게 비리 변호사라고 민원을 제기 당한 변호사들을 돕기 위해 변호사들이 스스로 발 벗고 나서는, 우리나라로서는 낯설고 생소한 풍경이 벌어지고 있는 셈이다.

4. 영국의 법조옴부즈맨 제도

(1) 구성과 구조

〈그림 2〉영국 법정변호사협회 비리민원 처리절차와 옴부즈맨

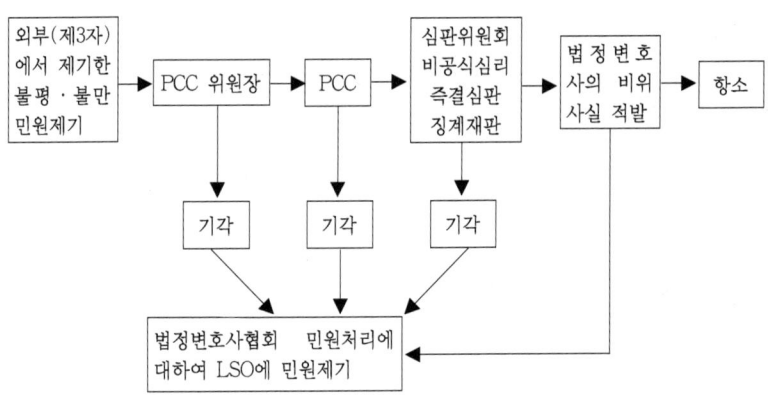

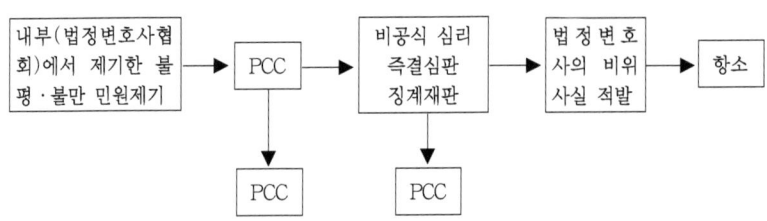

출처: www.barcouncil.org.uk/documents/AnnexAMar04.doc

영국의 법조옴부즈맨 제도란 앞에서 설명한 것처럼 의뢰인들이 각급 변호사 단체의 민원처리 및 징계처리 절차나 내용에 대해 문제가 있거나 다시 불만이 있을 때 한 번 더 호소할 수 있도록 하기 위해 마련된 제도이다. 이 법조옴부즈맨 제도는 영국의 독특한 제도이다. 〈그림 2〉

는 〈그림 1〉과 대동소이하나, 법조옴부즈맨과 연결되는 측면을 강조한 것이다.[121]

물론 영국에서는 의회, 은행, 언론, 경찰 등 온갖 분야들에서 이 옴부즈맨 제도가 나름대로 효율적으로 운영되고 있다. 그리고 법정변호사협회의 민원 책임자인 '변호사비리 민원 처리위원장'이 변호사 아닌 인사로 이루어져 있는 것처럼, 이 법조옴부즈맨도 철저하게 법조인 아닌 인사들로 이루어져 있음은 두말할 나위가 없다.

영국의 이 법조옴부즈맨(Legal Services Ombudsman: LSO)은 직역하면 '법조업무담당 옴부즈맨'이 될 것이다. 그러나 영국의 경우 법조일원화가 이루어져 있으며 실제 이 옴부즈맨의 업무는 의뢰인과 각급 변호사 및 변호사협회 간의 분쟁과 관련된 민원을 처리하고 있으므로 우리나라에서는 이를 '변호사 옴부즈맨'이라고 불러도 무방하다.

영국의 법조옴부즈맨에서 근거법인 '1990년의 법원 및 법률서비스법'(Courts and Legal Services Act 1990) 제21조는 법조옴부즈맨은 대법원부(Department of Lord Chancellor: 현재는 입헌사항담당부 Department for Constitutional Affairs) 장관이 3년 임기(재임할 수 있음)로 임명하도록 규정하고 있다. 각급 변호사협회의 변호사윤리 및 비리민원처리 위원장과 마찬가지로 이 법조옴부즈맨 역시 변호사 유자격자는 될 수 없으며 법조옴부즈맨은 변호사 및 법조계와 완전 독립적인 위상을 갖도록 하고 있다.

2006년 기준 영국의 이 법조옴부즈맨은 자히다 만주어(Zahida Manzoor CBE) 여사가 맡고 있었다. 이 법조옴부즈맨은 매년 의회에 대해 활동보고서를 제출하고 있다. 직원 수는 35명이며 여기에는 전문성을 갖춘 조

---

121) 2006년 최근 영국은 치안판사를 포함하여 판사임명과 판사윤리 담당 옴부즈맨(the Judicial Appointments and Conduct Ombudsman)이라는 기관을 만들어 운영하고 있다. http://www.judicialombudsman.gov.uk/

사관들이 포함되어 있다. 이 기관은 의뢰인들이 영국 변호사들에 대해 제기한 민원 건에 대한 처리 측면을 감독하는 것을 그 주 임무로 한다. 이 기관의 장인 옴부즈맨 본인을 포함하여 35명의 직원 그 누구도 어떤 형태로든 변호사 자격증을 가진 사람은 이 기관의 임직원으로 임명될 수 없게끔 되어 있다(영국의 법조옴부즈맨 홈페이지).

(2) 업무처리절차

법조옴부즈맨의 권한은 해당 변호사협회로 하여금 민원을 제기한 의뢰인에게 민원처리 잘못에 대한 보상을 하게 하거나 수임료를 깎거나 해당 변호사에 대해 징계조치를 내릴 수 있도록 지시할 수 있는 권한을 해당 법에 규정하고 있다. 예컨대 징계의 경우 법조옴부즈맨은 이렇게 징계권 그 자체는 가지고 있진 않으나 해당 의뢰인, 해당 변호사, 해당 변호사협회, 법조옴부즈맨 등과 같은 민원 및 징계처리 절차에 대한 사각거버넌스 구조를 통해 나름대로 형평성 있는 결과를 도출해 내고 있으며 이는 보상액 지급이나 수임료 인하에 대해서도 마찬가지로 적용되고 있다.

한편, 의뢰인들이 법조옴부즈맨에게 민원을 제기하기 위해서는 다음 세 가지 조건이 충족되어야 한다.

첫째, 변호사에 대해 해당 변호사협회에 민원을 이미 제기했어야 한다.

둘째, 해당 변호사협회로부터 어떤 결정을 이미 받아 보았어야 한다.

셋째, 해당 변호사단체의 결정을 받은 지 3개월 이내에 옴부즈맨 사무소에 다시 민원을 제기해야 한다.

법조옴부즈맨 사무소 측에서는 이렇게 개별 변호사에 대한 민원 건을 의뢰인들로부터 접수하게 되면 이미 한 번 민원처리 과정을 거친 해당 변호사협회에 대해 관련 파일 자료를 보내주도록 요청하게 된다. 이러한 자료 요구 사실은 민원 의뢰인에게 통보한다. 실제로 법조옴부즈맨 사무소가 관련 파일을 받게 되면 옴부즈맨 조사팀이 이를 검토하고 옴부즈맨이 이를 다룰지 여부를 확정하게 된다.

곧바로 이를 다루기로 하는 경우, 민원인에게 옴부즈맨 사무소 입장이 무엇인지를 통보하게 된다. 곧바로 다루지 않고 나중에 조사하게 되는 경우에도 조사 기간이 어느 정도일지에 대해 통보해 준다. 전혀 다룰 수 없는 경우 그 사유를 통보한다. 그리고 일련의 조사과정을 거쳐 조사보고서(민원 내용 요약 및 해당 변호사단체의 처리의 결정 내용이 제대로 된 것인지 여부에 대한 부분 등)를 해당 변호사와 소속단체에게 보낸다.

법조옴부즈맨 사무소에서 해당 변호사협회에서 의뢰인이 제기한 민원을 잘못 다뤘다고 보는 경우 재심토록 조치한다(2003년 4월 1일에서 9월 30일까지의 경우 이 비율은 전체 민원 제기 건수의 7%였음). 제대로 된 결정이 지체되어 해당 변호사협회가 민원인에게 보상하도록 법조옴부즈맨 사무소가 조치한 것은 2003년 동기간 중 제기된 전체 민원 중 23%에 해당하였다. 옴부즈맨 사무소 측은 이렇게 민원이 제대로 처리되었는지 검토하며 '해당 변호사 단체 직원이 무례하거나 아예 답변해 주지 않았다', '이들이 민원 내용을 전혀 이해하지 못했다', '민원 내용에 대한 조사를 거부했다' 등과 같은 결론을 내리게 된다.

하지만 현재까지 영국에서는 옴부즈맨이 해당 변호사에 대한 징계권까지 동원하진 않고 있으며 대부분의 결정은 해당 변호사협회가 재심하도록 한 것이었으며 조치 유형은 3분의 1 정도에 해당한 민원 건들에 대해서는 보상조치, 수임료 인하조치, 해당 변호사 징계 요구 조치 등을 취한 것으로 나타났다. 이렇게까지 조치했음에도 불구하고 민원인이 해당 변호사 단체에 대해 불만이 있는 경우, 옴부즈맨 사무소에 다시 가져갈 수 있다. 하지만 대체로 변호사나 변호사단체는 옴부즈맨의 결정에 대해 이의가 있더라도 승복하고 보상토록 한 조치를 그대로 따른다. 결국 영국 제도에서는 일반적으로 옴부즈맨 측에서 강제 집행까지 해야 할 필요성은 크게 대두하고 있지 않다.

〈표 3〉 법률분쟁관계 유형별 통계(2002/2003)

잘못된 자문		11.5%
커뮤니케이션 문제		22.8%
지시 없이 소송한 것	1.5%	
잘못된 정보 제공	2.0%	
서신에 대해 잘못된 답변	1.2%	
지시를 이행하지 않은 것	9.5%	
제대로 알려주지 않은 것	6.3%	
기 타	1.1%	
무례하거나 고압적인 것	1.1%	
소송비용문제		10.6%
조건부 수임료 문제	0.2%	
잘못된 정보	4.1%	
법률구조	0.7%	
기 타	1.6%	
과다수임료	3.9%	
지 연		8.9%
변호사 의뢰 종료문제		1.7%
위법행위(misconduct)		23.3%
비밀준수의무 위반	1.4%	
이해관계 충돌	4.3%	
배임이나 사기	9.4%	
미착수	0.7%	

기 타	7.1%	
지시받기를 거부함	0.5%	
기 타		5.1%
기타 태만 문제		14.0%
포괄적 태만	4.0%	
기 타	0.9%	
엉터리 처리나 판단	5.0%	
엉터리 대변	4.0%	
압력을 가하거나 학대함		2.0%

출처: http://www.olso.org/AR2003/06-factsandfigures.asp#figure2

(3) 업무처리실적

세부적으로 본다면 법조옴부즈맨은 민원인이 재정적 손실, 고통, 불편, 그리고 이 셋의 각각의 조합에 대해 변호사 측에서 보상하도록 조치할 수 있다. 2003년 동 기간 중 옴부즈맨은 2건을 제외한 나머지 모든 민원 건에 대해 보상하도록 조치했다. 동 기간 중 옴부즈맨이 보상토록 한 평균액수는 4백 파운드(한화 약 80만 원)였다. 2003년 10월 1일 현재 조사 중이거나 대기 중인 민원 건은 231건이었다. 2003년 동 기간(4~9월) 중 3개월 이내에 처리 완료한 비율은 약 80%였다.

한편 2003/2004년도 연례보고서에 따르면 법조옴부즈맨이 시정을 요구한 건수는 683건이다. 이 중 의뢰인이 제기한 민원처리를 전면 재검토하도록 시정 요구한 것은 124건, 각급 변호사협회가 보상하도록 한 건수는 556건, 해당 변호사가 보상하도록 한 것은 3건이었다. 한편 보상하도록 지시한 액수 통계를 보면 사무변호사(및 동 협회)의 경우 499건에 총 196,208.10파운드, 건당 평균 425.85파운드였으며 법정변호사 및 동 협회의 경우 9건에 총 4,700파운드, 건당 평균 522.22파운드였다. 이때 보상 명목으로 제시된 것은 민원처리 절차에 대한 불편, 고통과 불편, 고통 등 3개항으로 나뉘어져 있으며 사무변호사 및 동 협회의 경우 불편 337건, 고통과 불편 103건, 고통 8건, 손실보상 1건 등으로 나타났다.[122)

바로 전해인 2002~03년 기간 중의 경우, 법조옴부즈맨이 시정명령을 내린 것은 총 2,180건이었으며 이 중 20%인 440건에 대해서는 해당 법조단체 혹은 개별 변호사로부터 이의 제기가 있었으며 69%에 대해서는 이의 제기가 없었다. 같은 해 법조옴부즈맨 측이 내린 보상금 지급조치와 관련하여, 사무변호사감독사무소(OSS) 측은 50파운드에서 5,150파운드에 이르는 보상금(평균 271파운드. 사무변호사의 경우 지급해야 하는 보상금은 평균 300파운드에 달했음)을 지급해야 했으며 법정변호사의 경우 500파운드에서 2,500파운드였다.

법조옴부즈맨 사무소 판결에 대해 민원인은 더 이상의 항소를 할 수 없게 되어 있다. 근원적인 실수가 있거나 다른 중대한 증거가 누락된 예외적인 경우 재심될 수 있을 따름이다. 물론 영국에서 다른 공공기관이 내린 결정과 마찬가지로 법조옴부즈맨 측의 결정도 사법심사의 대상이 되긴 한다. 단순히 법조옴부즈맨 사무소가 수행하는 일상적인 업무 그 자체에 대한 민원에 대해서는 당 사무소 회계행정과장에게 민원사항을 써 보내면 되며 그것은 그것대로 처리절차가 마련되어 있다. 그리고 '법률서비스위원회(Legal Services Commission: 우리나라의 법률구조공단, 국선변호인제도 등을 합한 제도라고 볼 수 있음), 법원업무, 판사'등에 대한 문제나 비리 건들에 대해서도 법조옴부즈맨이 처리해야 하는 대상이 아닌 것으로 하고 있다.

영국의 법조옴부즈맨 사무소가 작성한 통계에 따르면 사무변호사협

---

122) Legal Services Ombudsman(2003), *Annual Report 2002/2003*, Legal Services Ombudsman. 93-4쪽.

회에 대해서는 민원 건수가 2002년 1월 4,434건에서 2003년 9월 8,545 건으로 급증했으며 당시 시점에서 2년 이상 경과된 민원이 281건 있으며 이 중 28건은 3년 이상 된 것이라고 보고하면서 그 처리율이 매우 저조하며 사무변호사에 관한 한 변호사민원처리 절차가 매우 불량하다며 그 시정을 요구한 바 있다. 그 외에도 이 사무변호사협회의 경우 다른 많은 사항들도 불비한 것으로 지적되었다. 2002~03년의 경우 법조옴부즈맨 사무소에 제기된 법조비리민원의 절대다수는 사무변호사에 관한 것(89%)이었으며 그다음 법정변호사 관련이 10.3%, 부동산변호사 0.1% 등의 순서였다. 그 외의 변호사협회들에 대해서도 실태를 자세히 제시는 하고 있으나 별 다른 지적 사항은 없다고 밝히고 있다.

(4) 법조옴부즈맨 제도의 장단점

한편 영국의 법조옴부즈맨 제도가 갖는 장점은 첫째 각급 법조단체들로부터 완벽하게 독립적인 위상을 갖고 있다는 점, 둘째 옴부즈맨에게 법조비리를 신고한 내용이 철저히 비밀로 지켜진다는 점, 셋째 무료라는 점, 넷째 신고한 법조비리에 대해 조사 및 수사가 이뤄질 수 있다는 점, 다섯째 법조 서비스를 받는 과정에서 당한 불편이나 고통 그리고 손해에 대해 보상받을 수 있다는 점, 여섯째 각급 법조단체들 내부의 법조비리 척결이나 제도 개선을 도모하도록 할 수 있다는 점 등이 손꼽히고 있다.

반면, 영국의 법조옴부즈맨 제도가 안고 있는 단점도 전혀 없진 않다. 즉 법조옴부즈맨 제도는 법조비리 신고처리 절차에서 최종 단계라는 점이 가장 큰 약점으로 지적되고 있다. 법조비리 신고자 및 제기자들은 법조옴부즈맨이 자신들을 위해 뛰어주는 변호사라거나 자신들의 권리를 대신 행사해 주는 기관이 아니라는 인식을 미리부터 갖고 있어

야만 한다. 그리고 이들과 법률 소비자들은 법조옴부즈맨 제도의 목적
이 첫째 제기된 법조비리가 과연 각급 법조단체들에서 공정하며 철저
하고 불편부당하게 처리되었는지 여부를 판단하며 둘째 각급 법조단체
들이 내린 결정들이 과연 합리적인 것인지 여부를 평가하고 셋째 감독
대상인 각급 법조단체들이 각종 법조비리 제기 건들에 대해 잘 처리할
수 있도록 하는 관행을 몸에 배이도록 압박을 가하는 정도에 국한하고
있다는 점 등에 유의해야 한다.

이 법조옴부즈맨 제도에 대한 법률소비자 고객의 만족도를 조사한
결과를 보면 우리가 상식적인 수준에서 능히 짐작할 수 있는 반응들이
나와 있다. 한 독립적인 기관이 1999년 3월과 2001년, 이렇게 두 차례
실시한 조사를 보면.[123] 법조옴부즈맨의 사건 처리에 있어서 민원처리
시간이 단축된 성과가 있지만 그래도 숱한 처리단계들과 지연과 불만
요인들이 여전히 많이 남아 있음을 보여 주었다. 이 두 시점 사이에
긍정적인 답변 비율은 17%에서 23%로 증가했다. 이 조사에서 난점은
법률 소비자들이 법조옴부즈맨의 업무 영역 및 법조옴부즈맨이 내린
조치들에 대해 혼동을 일으키고 있다는 점에서 비롯되고 있다. 즉 법
조비리민원 제기자들 중 거의 절반(49%)이 법조옴부즈맨이 해줄 수
있는 부분에 대해 비현실적인 높은 기대치를 갖고 있었으며 최초 각급
법조단체들에 제기했던 민원들이 처음부터 다시 법조옴부즈맨이 도맡
아 처리해 줄 것으로 오판하고 있었다.

---

123) 이것은 Customer Management Consultancy Ltd에서 실시한 *Satisfaction in a 'Super-Escalated' Complaint Environment*을 가리킨다.

〈표 4〉 자금조달별 통계

	2002/2003	2001/2002
개인부담	44.3%	43.4%
법률구조	20.6%	23.4%
무 료	19.7%	20.5%
조건부	0.8%	0.4%
보 험	1.2%	2.3%
노 조	0.9%	0.7%
모 름	12.0%	9.1%
비보험	0.4%	

출처: http://www.olso.org/AR2003/06-factsandfigures.asp#figure2

5. 우리나라 도입문제

(1) 사법기관의 옴부즈맨 시행실태

우리나라 법원의 경우 최근에서야 비로소 사법에 대한 국민 참여 방식으로 지극히 제한적이나마 배심제와 참심제 도입을 '추진'하고 있는 실정에 머물러 있다. 법조의 다른 한 축인 검찰은 2003년 7월 대전지검, 안산지청, 김천지청에서 시민옴부즈맨 제도를 시범 실시하기 시작했으며 2004년부터는 서울 중앙, 부산, 대구, 광주, 대전, 서울 서부 등 전국의 8개 지점에서 확대 시행 중이다.

검찰 시민옴부즈맨제도는 각 지검별로 신망이 높고 검찰행정에 식견 있는 시민 1~3명을 시민옴부즈맨으로 위촉하며 일반 시민들이 검찰에 대해 제기하는 불만 사항들을 접수하고 해당 업무 담당자나 상급자에게 시정을 요구하거나 의견을 제시토록 하고 있다. 검찰의 자체 평가에 따르면 이 제도의 장점은 국민이 쉽고 편안하게 접근할 수 있으며 불편불만 사항에 대해 신속한 조치를 기대할 수 있고 선거로 선출되진 않았지만 나름대로 국민의 대표 자격으로 활동토록 함으로써 검찰 업무에 대해 국민의 참여를 확대시키는 효과가 있다고 본다(법률신문 2004. 11. 12).

한편 법원 쪽의 판사들도 이른바 '판결 옴부즈맨 제도' 도입 필요성을 제기하고 있기도 하다. 예컨대 2007년 1월 김명호 전 성균관대 교수의 재임용 소송과 관련하여 발생한 이른바 '판결불복 석궁테러'와 관련하여 국민들 사이에 급증하고 있는 사법 불신에 대처하기 위하여 당사자를 납득시키는 절차를 마련해야 한다고 보고 민원인들에게 판결만 설명해 주는 전담법관을 '판결옴부즈맨'으로 두도록 하는 제도 시행이 필요하다는 것이다. 예컨대 이강국 헌법재판소 소장은 취임 인터뷰에서 "'석궁 테러'가 우리사회의 한 지식인에 의해 벌어졌다는 게 더욱 충격적이다. 소장 지명 이전에 3개월가량 변호사 생활을 해 보니 판결 내용을 이해하지 못하는 당사자가 많았다."고 지적하면서 판결옴부즈맨 제도의 도입 필요성을 거론한 바 있다.[124]

같은 달 인혁당 사건으로 32년 전 사형이 집행된 건에 대해서 만일 당시 사법제도에서 이강국 헌재소장이 말하는 단순히 판결문만 설명해 주는 '판결옴부즈맨' 아닌, 재판절차 자체가 공정하지 못했던 점에 대해 이의 제기를 할 수 있는 어떤 법조 절차나 제도가 있었더라면, 그리고 김명호 전 교수가 항소심에 가기 전에 공정하지 못한 재판절차나 진행에 대해 이의를 제기하는 법원 이외의 어떤 구제 절차나 제도가

---

124) 문화일보 2007. 1. 22.

있었더라면 하는 아쉬움이 있는 건 사실이다.

그러나 근본적으로 판결이 내려지기까지의 잘못된 절차나 판결 그 자체의 잘못을 지적하여 시정 요구를 해야 하는 '사법옴부즈맨' 혹은 '법원옴부즈맨'은 성립하기 힘든 것으로 보인다. 따라서 옴부즈맨 제도는 아직까지 법원이나 판사에게는 적용되지 않고 있다. 요컨대 옴부즈맨 제도는 사법적 절차에 의한 구제가 아닌 그리고 그와는 별도의 절차이자 제도로 되어 있기 때문이다. 다만 김명호 교수 사건의 경우 상급심, 인혁당 사건의 경우 대통령 등 최고지도자의 사면권에 호소하는 방법이 남아있을 수 있었다.

그리고 2006년 4월 20일 창원 지방법원 판사들과 10여개 시민단체 대표들이 한자리에 모여 법원 업무에 대해 평가하고 개선 방안을 모아 반영키로 하는 등 법원혁신 간담회를 가진 바 있다. 법원혁신 사례로 법원 측은 법정언행과 개인파산제도 개선, 재판부 증설, 판결문 간이화 방안, 뇌물죄 등 화이트칼라 범죄 양형 기준과 불구속재판 원칙 강화, 국선변호인 전담 변호사 지정, 법원장의 민원상담, 민원안내 도우미 배치, 민원업무혁신팀 구성, 친절 마일리지제 등을 설명했다. 이어 시민단체 대표들이 법원에 대해 갖가지 개선 사항을 제시했다. 전점석 창원 YMCA 사무총장은 "판사는 유연한 사고로 일반 상식을 중요하게 생각해 줄 것이며 시민들이 법원 행정의 제도적 개선을 모니터해 결정하도록 하는 옴부즈맨제도를 도입할 것"을 요구했다. 한편 경남 민주언론시민연합 측은 시민 253명을 대상으로 법원 재판과 행정 등에 대한 설문 조사한 결과를 발표하면서 재판 과정에서 판사의 고압적인 자세를 지적했다. 특히 설문 조사 대상에 기결수와 미결수 등 50명도 포함돼 이례적이라는 평가를 받는 가운데 실제 재판을 받았던 수용인들은 법관의 고압적인 자세에 대해 불만이 높았다. 그리고 선거 범죄에 대한 신속한

재판, 시민의 법에 대한 참여 기회를 확대해 달라는 주문도 있었다.[125]

마지막으로 우리나라 법조의 절대다수를 차지하고 있는 변호사업계
만은 법조옴부즈맨 설치운영 등의 차원에서 무풍지대로 남아 있다. 변
호사 업계는 어떠한 형태의 옴부즈맨 제도 도입도 허용치 않고 있다.
2005년 들어서서는 오히려 대한변협의 직역이기주의 행보를 가속화하
고 있는 실정이다. 대한변협 측은 변호사 수임료에 부과하고 있는 부
가가치세를 면제해 달라며 관련법 개정 건의서를 국회 등에 제출한 것
이다. 그동안 변호사업계는 법조계의 주요 현안과 관련해 공익성보다
는 자신의 이익을 우선 챙기려 한다는 비판을 받고 있으며 변리사·세
무사·부동산공인중개사 등 인접 전문직 단체와도 영역 싸움을 벌이고
있다. 변호사 수 급증으로 인한 치열한 경쟁, 사무실조차 운영하기 힘
든 변호사 속출, 수년 내 불가피해진 국내 법률시장 개방 등의 요인이
없는 것은 아니다. 하지만 제 몫 챙기기에만 몰두한다면 국민들 지지
를 얻는 것은 불가능에 가깝다. 변호사들이 부가세를 내기 시작한 것
은 1999년부터인데 이제 와서 이를 되돌리자고 하는 것은 다른 서비스
에도 점차 부가세를 매겨가고 있는 조세정책 흐름과도 맞지 않다.

(2) 변호사 징계제도 강화 방안

결국 이제 우리나라도 변호사 자치는 계속해서 허용하더라도 일정
정도 정부와 국민들이 그 잘못을 실효성 있게 감시하고 비리를 시정할
수 있는 제도 도입이 시급한 실정이다. 그 형태는 기본적으로 법조인
및 법조기관으로부터 독립된 기관으로서 정부(대통령 혹은 법무부 장
관)가 임명하는 법조옴부즈맨 형태가 가장 바람직하다고 여겨진다. 영
국에서는 법조일원화가 이루어져 있으나 우리나라는 그렇지 못하기 때

125) 연합뉴스 TV 2006. 4. 21.

문에 영국의 법조옴부즈맨 제도를 차라리 '변호사 옴부즈맨' 제도라고 명명하여 변형시켜 도입하는 것이 우리 실정에 더 적합하다.

한편, 우리나라 사법개혁위원회는 2004년 11월 변호사 징계절차의 강화 방안을 제시한 바 있다. 변호사 징계제도 강화는 기실 변호사 옴부즈맨 제도의 전제조건이라고 할 수 있다. 영국의 경우 법조옴부즈맨이 비리 변호사에 대해 직접 징계권을 갖고 있지 않은 채 각급 변호사협회 자체적으로 징계권을 행사하도록 지시하는 수준에 있음을 앞에서 살펴본 바 있다. 따라서 우리나라도 변호사협회의 징계절차가 일반 시민이 참여하는 형태가 도입되는 것은 그 이후 단계인 변호사 옴부즈맨 제도 도입의 전제조건이 됨은 지극히 당연한 조치라고 볼 수 있다.

2004년 11월 당시 우리나라 사개위 전문위원 보고 자료에 따르면 1970년 미국변호사협회의 클라크 보고서, 2000년 일본의 사법개혁 등에서처럼 변호사 징계절차의 강화가 결국은 변호사 시장의 정상화를 가져오며 결국 국민들은 물론 변호사에게도 이익이 될 것이라고 보았다. 일본의 개정변호사법을 본떠 국민의 징계청원권과 이의신청권을 부여하며 동료 변호사가 징계대상 변호사에 대해 서면조사하는 데에서 벗어나 미국처럼 상근직원(1/2은 비변호사로 임명)이 심사토록 하고 징계에 불복할 때에는 일본과 독일의 예에 따라 고등법원에 소송을 제기하도록 하며 징계조사기관의 전문화와 관련된 예산을 확보하고 제명요건을 완화하도록 하자는 방안을 제시했다.

변호사 제명의 경우 3년이 지나면 다시 변호사등록을 할 수 있으며 (변호사법 제5조), 변호사법상 별도의 징계유형으로 영구제명이 있기는 하나 그 요건이 매우 까다롭기 때문에 영구제명이 아직까지도 전무한 실정이다.[126] 따라서 사법개혁위원회 측은 이것이 외국에 비해 요건은

---

126) 그럼 변호사 징계제도의 실상은 어떤가? 변협의 징계는 이순호 씨 등 제명된 변호사 모두 검찰 수사로 혐의가 드러난 뒤 이후에야 비로소 제

너무 엄격하고 효과는 너무 관대하다고 보고 비위사실이 중대할 경우
바로 영구 제명할 수 있도록 하고 제명되었을 경우 재등록기간도 5년
이상으로 늦추자고 제안했다. 독일의 경우 제명되면 8년간 변호사등록
을 할 수 없고 미국은 주에 따라 변호사자격 회복이 아예 불가능하거
나 매우 엄격해서 2002년 변호사자격 회복은 연 24명이었는데 이는 변
호사자격 박탈자 총 900명의 2%에 불과했다(홍승면 2004).

사법개혁위원회 측이 제시한 변호사 징계 절차도는 다음 그림과 같다.

명처분을 했을 뿐이며 변협 자체 조사에 의한 경우는 전무하다시피 하다.
그리고 제명되었어도 3년이 지나면 다시 변호사 등록이 가능하므로 제
명 조치는 그나마 실제 효과마저도 없다(1987년 통일민주당 창당 방해
사건 당시 용팔이 김용남 씨에게 자금을 댄 혐의로 제명됐던 이택돈 변
호사, 사기죄로 실형을 살았던 백승권 변호사의 경우). 부패방지위원회
나 국가인권위원회 창설 이전까지 대한민국의 대표적 옴부즈맨으로 자
처해 온 국민고충처리위원회 위원장을 역임하고 변협 윤리위원회 위원
장 재임 중에 있던 최종백 변호사가 대구대 비리와 관련하여 뇌물죄로
검찰의 수사를 받았으며 출국금지 당한 사례도 있었다. 그렇다면 우리
나라 변호사단체의 어떤 점 때문에 변호사 비리와 부패를 제대로 예방
하거나 처벌하지 못하게 되었는가? 한마디로 무용지물이 된 징계제도
때문이라고 해도 과언이 아니다. 예컨대 송무 변호사의 경우 비리와 부
패는 승소가 불가능한 사건의 수임, 잘못된 소송수행으로 인한 패소, 과
다 수임료, 브로커의 개입, 승소를 위한 간계 등의 형태로 나타나며 해
당 변호사는 이에 대해 재판을 통한 민형사상의 책임과 함께 소속 변호
사단체로부터 징계도 받게 되며 징계에는 영구제명, 제명, 3년 이하의
정직, 3천만 원 이하의 과태료, 견책 등 5개 종류가 있고 징계위원회의
징계의 심의 결정에 대해 이의신청은 법무부 징계위원회가 담당하도록
하고 있는데 이 같은 징계제도가 아무런 실효성도 발휘하고 있지 못하
고 있는 것이다.

그림 3 사법개혁위원회 변호사징계강화방안

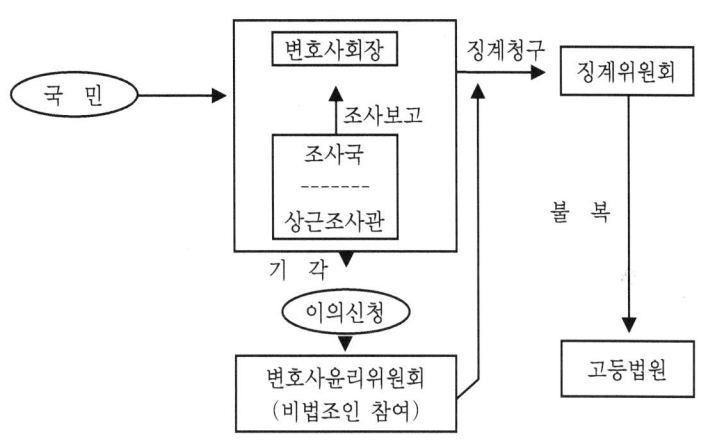

출처: 홍승면, 「법조윤리 제고방안」, 사법개혁위원회 제25차 회의자료, 2004. 11.

(3) 변호사 옴부즈맨 제도 도입 필요성

사실 변호사 징계제도의 강화는 변호사 옴부즈맨 제도 도입의 전제이기도 하지만 영국의 경험에서 알 수 있는 것처럼 그 역도 그대로 성립한다. 왜냐하면 의뢰자의 징계요구 등 민원처리 과정에 대한 법조옴부즈맨의 치밀한 감시와 시정 요구(최근 수년 동안 영국의 사무변호사협회의 민원처리 수준의 증진이 그 생생한 사례가 된다)로 말미암아 영국에서도 변호사 징계가 변호사나 각급 변호사협회 자체의 제 식구 감싸기가 작동될 수 없게 만드는 측면이 강하기 때문이다.

과거 우리나라 법무부는 1993년 비리 변호사에 대한 징계 권한을 대한변협으로 이관한 바 있다. 의사협회의 경우에는 지금도 징계권은 없다. 그 후 대한변협이 1996년까지 4년간 적발한 브로커 고용 건수는 겨우 9건이었으며 1997년 말까지 제명된 변호사는 4명에 불과했다. 1998년 우리나라 전국 개업변호사 수는 3천4백49명이며 이들 중 절반 이상이 브로커를 고용하고 있는 것으로 추산되었으나 1%도 안 되는 수치만을 징계했을 따름이다. 징계의 강도도 턱없이 약했다. 그나마 공개 항목이나 공개 수준도 극히 저조한 실정이다. 그리고 이런 현상은 앞에서 본 것처럼 회원 수가 9,375명(준회원, 법무법인 구성원, 공증합동 포함)인 2004년 현재에도 크게 다르지 않은 것으로 나타나고 있다.

과거 민관 합동의 규제개혁위원회(당시 공동위원장 총리 김종필, 이진설)는 사업자 단체 규제 개혁안을 발표하면서 사업자 단체의 복수화, 법령을 근거로 한 독점적 지위의 폐지, 강제적인 회원 등록 및 회비 부담 폐지 등을 제시한 바 있다. 당시 사업자 단체가 징계권을 행사한 것은 잘못이며 정부가 인정한 자격증 소지자에 대한 징계권은 정부에 있다고 밝힌 것이다. 이익집단에 대해 공정한 징계권 행사를 기대하기 어렵다는 게 당시 규제개혁위 측의 주장이었다.127) 사실 변협의 경우에도 그동안 변호사법을 근거로 변호사를 징계해 왔으나 변호사 징계 실적이 미약했으며 처벌내용도 지극히 가벼운 것으로 일관해 왔다. 징계위원 구성 자체가 이를 잘 보여준다.

현재 우리나라 대한변협 윤리위원회 규정 제2조는 윤리위원을 대한 변협 회원 중에서 10명 내지 40명을 임명하도록 하고 있다. 한편 변호사 징계 규칙 제2조는 징계위원회는 판사 1인, 검사 1인, 변호사 5인, 법과대학 교수 1인, 경험과 덕망이 있는 자 1인의 위원(총 9명 중 과

---

127) 당시 규제개혁위원회에서 확정·발표한 〈사업자단체 규제개혁추진안〉(국무총리지시 제1998-29호, 1998. 11)은 대한변협 등 155개 국가자격사 사업자단체의 회원등록업무·징계권의 국가기관 이관 그리고 회원강제가입 폐지 및 복수사업자단체 허용 등을 골자로 하고 있었다. 당시 정부에서는 변호사단체의 복수·임의단체화 및 변호사 등록권·징계권의 국가환수 등을 내용으로 하는 변호사법 개정안을 1999년 2월 26일자로 국회에 제출한 바 있다. 하지만 이 개정안에 대해 법조계의 반발이 매우 강력했다(예컨대 "변호사법개정법률안 및 청원에 관한 공청회" 1999. 5. 25; 박승룡, "변호사법 개정 논의에 대한 검토,"「민주법학」 15(1999), 277-279쪽 등).

반수인 5명이 대한변협 회원이며 판검사 역시 우리나라에서는 향후 변호사 개업 가능성이 있는 법조인이며 법과대학 교수나 이른바 경험과 덕망이 있는 자라는 범주 역시도 대한변협에 대해 동조적인 인사라고 봄이 타당할 것이다)으로 구성토록 규정하고 있다. 따라서 우리나라 제도는 그런대로 합리성이 갖춰져 있는 영국의 제도와는 거리가 멀다.

기본적으로 우리나라 변호사와 변호사협회 측은 오히려 변호사 자치의 강화를 주장하면서 변호사 비리나 부패에 대해 자정에 의한 자체 징계를 주장하고 있다. 하지만 결과는 언제나 그런 것처럼 이들의 움직임이나 조치 수준은 국민들 신뢰 회복과는 거리가 멀다. 결국 피해자들은 사법심판에 의한 구제를 추구하는 것 외에는 방법이 없지만 사법당국에 대한 이런 호소가 실효성이 별로 없는 것도 사실이다.

6. 맺는 말

결국 사법심판에 의하지 않으면서도 그리고 변호사협회의 자치권을 정부가 회수하지 않고서도 가능한 해법이 무엇이 있는가를 새롭게 모색할 필요가 있으며, 이때 이 장에서 소개한 변호사단체 소속의 민간인 변호사윤리 및 비리민원처리 위원장 및 변호사협회로부터 완전 독립성을 갖추고 있는 별도의 민간인 '법조옴부즈맨' 등과 같은 영국의 제도 도입 문제를 주목해보면 매우 유용할 것으로 본다.

일본 변호사업계는 2001년 사법제도개혁심의회 의견서에 따라 2004년 4월 징계제도에서 외부 인사가 평결권을 갖도록 했으며 의뢰자의 이익보호 견지에서 변호사회의 고충처리 개혁을 도모하도록 하기 위해 각 지역별로 고충처리 기구를 신설 운영하고 있다. 이것은 일본도 영

국의 제도와 유사한 방향으로 나아가고 있음을 잘 보여주고 있다.[128]

우리나라의 경우 대한변협 내의 징계위원장 및 절반에 이르는 징계 위원들을 변호사 자격이 없는 민간인으로 하는 문제, 한국형 변호사 옴부즈맨 사무소를 과연 대한변협이나 법무부 산하가 아닌 별도 기관 (예컨대 공정거래위원회 산하나 혹은 한국소비자연맹과 같은 위상)으 로 설치할 것인가 하는 문제, 이들의 민원 제기 처리를 무료로 하는 데 따른 부담을 결국 정부예산으로 귀착시킬 수밖에 없는데 이 예산의 확보 문제 등이 제기될 수 있다. 그러나 공정거래위원회, 대한변협, 법 무부, 검찰청, 관련 시민단체 등이 모두 머리를 맞대면 이것은 해결하 지 못할 문제는 절대 아니다.

나아가 법조삼륜 중에서 변호사집단만을 정부기관을 통해 감시하도 록 하는 것에 대해 위헌논의가 제기될 수 있다. 하지만 영국의 법조옴 부즈맨의 경우 직접적인 변호사 징계권 아닌 각급 변호사협회 측에 대 해 요구(권고 recommendation 형태로 되어 있긴 함)할 수 있는 권리 를 법적으로 보장(각급 변호사협회는 법조옴부즈맨의 요구를 거의 그 대로 수용하여 관련 징계절차를 밟고 있음)하고 있으며 변호사가 공공 성을 띠고 있다는 점에서, 그리고 급격하게 팽창되고 있는 변호사 수 로 인해 변호사 비리가 급증하거나 그렇지 않더라도 이 문제가 크게 부각될 수 있으며 이에 대한 감시 필요성이 증대되고 있다는 점에 비 추어 보았을 때 그 수용가능성이 결코 낮진 않다고 판단된다.

한편, 이 장에서 초점을 맞추고 있는 변호사보다 사법피해를 훨씬 더 많이 양산하는 것으로 알려져 있는 판검사 비리를 대상으로 하여

---

128) 일본의 사법제도개혁심의회 의견서, 「21세기 일본을 생각하는 사법제도」(국 회 해외자료관 나혜숙 번역), 2001년 6월 12일. 이후 일본은 2004년까지 연차 적으로 사법제도개혁추진본부라는 기구를 꾸려 연차적으로 사법개혁 관련 입법을 추진해 오고 있다. http://www.nanet.go.kr/eyefriend/ lawinfo/k03__ foreinfo__ read.html?nav=030500&gubun=03&seq=1726&page=1

수사권과 기소권을 갖는 별도의 사법기관(예컨대 공수처)을 설립하려는 시도는 정작 검찰 등 법조계 내부로부터 격렬한 반대에 부딪쳐 번번이 좌절 혹은 변질되고 있는 것이 우리나라 실정이다. 하지만 특검제의 사실상 상설화의 예에서 보는 것처럼 공수처나 변호사 옴부즈맨의 도입도 그리 불가능한 것만으로 치부할 필요는 없을 것이다. 다만 우리나라 실정에 맞는 법조옴부즈맨 제도의 모델을 보다 정교하게 발전시키기 위한 모색과 노력이 절실하다고 여겨진다.

사법피해자 구제를 위해 정부기구를 통해 감시하도록 하는 영국의 법조옴부즈맨 제도 도입은 법조일원화가 이루어지지 못한 우리나라의 경우 적지 않은 문제점들이 극복되어야 할 것으로 보며 제대로 된 고위공직자비리수사처 등과 같은 판검사 감시기구 신설과 조화를 이룰 때 비로소 실효성이나 형평성 제고가 좀 더 잘 이루어질 수 있을 것이다.

〈자료〉 우리나라 유사 옴부즈맨 기관

이 자료는 우리나라에서 운영 중인 '유사' 옴부즈맨 기관들 중에서 진실화해위원회, 국가인권위원회, 국가청렴위원회, 국민고충처리위원회 등의 홈페이지 소개 자료를 그대로 정리한 것임을 밝혀둔다.

진실화해위원회

※ 진실화해위원회가 생기기 훨씬 전인 1998년 4월27일 한국전쟁 전후 민간인 학살 유족 측에서 청와대, 국회의장, 감사원장, 국민고충처리위원회 등에 진상규명 및 명예회복을 요청하는 탄원서를 제출한 바 있다.

○ 위원장 송기인
○ 상임위원 김갑배, 김동춘, 이영조
○ 위원 강정혜, 김경남, 김영범, 김영택, 신광수, 법타스님, 오진환, 이현희, 이삼, 정병석, 최일숙, 도진순

□ 위원회 설립목적
「진실·화해를위한과거사정리 기본법」에 의거 항일독립운동, 일제강점기 이후 국력을 신장시킨 해외동포사, 광복이후 반민주적 또는 반인권적 인권유린과 폭력 학살 의문사 사건 등을 조사하여 은폐된 진실을 밝혀 과거와의 화해를 통해 국민통합에 기여하기 위함.

□ 위원회 구성과 운영

▶ 위원회 구성

1) 위원수: 15명(국회 선출 8, 대통령 지명 4, 대법원장 지명 3)

○ 상임위원: 4명(국회 선출 2, 대통령 지명 2)

- 위원장: 장관급 정무직 1명

- 상임위원: 차관급 정무직 3명

○ 비상임위원: 11명

2) 위원장 및 위원 임명: 대통령

▶ 위원회 임기

1) 위원장을 포함한 위원의 임기는 2년이고, 연임 가능

2) 결원시 후임자: 30일 이내에 선출 또는 지명 후, 즉시 임명

- 후임자의 임기는 새로이 개시됨

▶ 위원의 의안 심의 · 의결시 제척 · 기피 · 회피사유

○ 위원, 배우자(배우자이었던 자 포함)가 사건의 가해자 또는 피해자인 경우

○ 위원이 사건의 가해자 또는 피해자와 친족관계에 있거나 있었던 경우

○ 위원이 해당 사건의 수사나 재판에 관여하였던 경우

○ 위원이 해당 사건에 관하여 증언이나 감정을 한 경우

○ 위원이 해당 사건에 관하여 당사자의 대리인으로 관여하거나 관여하였던 경우

○ 신청인이나 조사대상자가 위원회에 기피신청을 한 위원

▶ 의사 및 의결정족수

○ 재적위원 과반수의 찬성으로 의결함

▶ 의사의 공개

○ 위원회의 의사는 원칙적으로 공개함

다만, 위원회나 소위원회가 인정한 경우 공개하지 아니함

□ 위원회의 활동기간

○ 기본 활동기간: 위원회가 구성되어 최초의 조사개시 결정일로부터 4년간

○ 연장 가능기간: 2년의 범위

- 연장절차: 기본활동기간 만료3월 전에 대통령 및 국회에 보고 후 연장 활동

○ 기본활동기간 만료 이전에 만료: 위원회에서 의결

※ 위원회는 정부에 소속되지 않는 독립된 기관임

□ 위원회의 특징

○ 개별법에 의해 설치된 위원회에서 진상규명이 이루어지고 있는 사항 이외의 모든 과거사정리 관련 업무를 포괄적으로 담당

○ 어느 부처에도 소속되지 않은 독립된 위원회임

- 유사 독립위원회: 국가인권위원회, 방송위원회

○ 진실을 규명한 후 피해와 명예회복조치 및 가해자와 피해자간 화해 권유

○ 과거사 연구재단 설립 지원 등

□ 알아두기

○ 진실·화해를위한과거사정리 기본법: 「기본법」

○ 진실·화해를위한과거사정리 기본법 시행령: 「시행령」

○ 진실·화해를위한과거사정리위원회 직제규칙: 「직제규칙」

○ 명칭: 진실·화해를위한과거사정리위원회(공식약칭: 진실화해위

원회, 통칭「진실위」, 영문「Truth and Reconciliation Commission, Republic of Korea」)

○ 진실화해위원회 홈페이지: www.jinsil.go.kr

국가청렴위원회

○ 위원장 정성진
○ 상임위원 성해용
○ 위원 정덕홍, 소순무, 김거성, 박인제, 박선영, 신광영, 장태평(사무처장)

구성 및 연혁

출범배경: 부패문제에 대한 국내외의 흐름에 능동적으로 대처하고 이를 획기적으로 개선하기 위해 부패문제를 종합적, 체계적으로 담당한 전담 기구의 설치 필요성이 대두됨에 따라 2001년 7월 24일 부패방지법을 제정하였으며 이에 근거하여 2002년 1월 25일 직무상 독립성을 가진 대통령 소속하의 합의제 국가 기관인 부패방지위원회가 출범하였다. 그리고 2005년 6월 29일 국가청렴도를 높이고 부패방지관련 업무를 효과적으로 수행하기 위해서는 '부패방지'라는 소극적인 목표보다 '국가 청렴도 제고'라는 적극적인 목표 달성을 위해 '부패방지법중개정법률'이 국회에서 의결되었으며 2005년 7월 21일 국가청렴위원회로 새롭게 출범하였다.

구성: 국가청렴위원회 위원은 9명으로 구성되어 있으며 위원 중 3인(상임위원)은 대통령이 임명하고 비상임위원 중 3인은 국회, 3인은 대법원장 추천자를 대통령이 임명 또는 위촉하며 임기는 3년이다. 또한

위원회 기능을 보좌하기 위하여 사무처를 두고 있으며 사무처는 부패
방지정책 등을 위원회에 상정하고 위원회의 결정에 따라 이를 처리하
는 역할을 한다.

연 혁

1999년 8월: 부패방지 종합대책 마련, 대통령 보고 - 부패방지기본
법 제정 및 반부패특별위원회 설치 등

1999년 9월: 반부패특별위원회 설치 (대통령자문기구)

2000년 12월: 경실련, 참여연대, YMCA등 38개 시민단체
'부패방지입법시민연대' 결성, 「부패방지법(안)」 입법 청원

민주당과 한나라당 부패방지관련법(안) 제출

2001년 7월 24일: 「부패방지법」 제정·공포 (법률 제6494호 2002. 1.
25 시행)

2002년 1월 25일: 「부패방지위원회」 출범 (부패방지법 제10조 근거)

2005년 7월 21일: 「국가청렴위원회」 출범 (부패방지법 제10조 근거)

전 략

정책 - 반부패 정책의 수립 조정 및 평가

예방 - 부패 유발제도 시스템의 개선

척결 - 부패행위 감시 신고 적발 처벌의 실효성 강화

홍보 - 반부패 청렴문화의 확산

협력 - 민간 및 국제 반부패 협력 강화

역량 - 위원회 위상 정립과 전문역량 제고

중점 추진방향

1) 국제적 흐름에 부응한 선진 청렴문화 정착

○ 온정 연고주의 등 부패친화적인 문화 개선

○ 선진 청렴시책 추진 및 국제 홍보 노력 강화

○ 선진 청렴문화 정착을 위한 실천적 노력 전개

2) 반부패 청렴시책의 실효성 및 완성도 제고

○ 기존의 반부패 청렴시책 성과분석 환류 강화

○ 취약 분야 제도개선을 통한 가시적 성과 도출

○ 공공기관의 청렴정책에 대한 컨설팅 기능 강화

3) 국민의 입장에서 국민의 청렴체감도 증진정책 추진

○ 부패행위의 엄정한 퇴치를 통한 국민신뢰 확보

○ 사회지도층 비리 방지대책 추진

○ 지역사회 토착비리 척결

국가인권위원회

○ 위원장 안경환

○ 상임위원 최영애, 김호준, 정강자, 김칠준(사무총장)

○ 비상임위원 정인섭, 최금숙, 신혜수, 원형은, 김태훈, 윤기원, 정재근

설립목적

○ 민주적 기본질서 확립

○ 모든 개인의 기본적 인권보호 향상

○ 인간으로서의 존엄과 가치 구현

※ 국가인권위원회법 제1조

"이 법은 국가인권위원회를 설립하여 모든 개인이 가지는 불가침의
기본적 인권을 보호하고 그 수준을 향상시킴으로써 인간으로서의 존

엄과 가치를 구현하고 민주적 기본질서 확립에 이바지함을 목적으로
한다."

위원회 설립과정

국제적 논의과정
유엔: 1960년 이래 "국제인권법의 국내적 실현을 위해 각국에 특별
한 인권기구 설치 적극 권장"
1978. 9 유엔 인권위원회에서 '국가인권기구 (NI)의 구조 기능에 관
한 가이드라인'(제네바 원칙)을 제정하고 총회에서 인준
1991. 10 제1회 국가인권기구(NI) 워크숍(파리) → 파리원칙 초안 마련
1993. 6 제2회 세계인권대회 → 국가인권기구(NI)에 관한 회의 개최
1993. 12 제2회 국가인권기구(NI) 워크숍 (튀니지)
1993. 12 유엔총회 → 파리원칙 채택
※ 파리원칙: 국가인권기구설립에 관한 국제사회의 보편적인 기본준칙
"국가 인권기구는 다른 국가권력으로부터 독립적 지위를 보장받기
위하여 그 구성과 권한의 범위를 헌법 또는 법률에 의하여 구체적으로
부여받아야 한다."
국내 논의과정
1993. 6 비엔나세계인권회의 참여 '한국민간단체공동대책위원회', 정
부에 국가인권기구 설치 요구
1997. 11 김대중 대통령 후보 '인권법제정 및 국민인권위원회 설립'
대선공약 발표
김대중 정부 100대 국정과제 포함 추진 '국민인권위원회설립준비단'
발족
1998. 9 '인권법제정 및 국가인권기구설치 민간단체 공동추진위원회'

(공추위) 결성

"법무부 산하기관화 반대, 헌법기관에 준하는 독립성과 자율성 보장 요구"

1999. 4~2001. 4 '올바른 국가인권기구 실현을 위한 민간단체 공동 대책위원회'(공대위)로 재편. 국가인권기구의 지위와 권한 문제 등으 로 법무부와 인권단체 3년간 갈등

2001. 5 국가인권위원회법 제정 공포(5.24.) 및 발효(2001. 11. 25.)

2001. 11. 25 국가인권위원회 출범

위원회의 성격

○ 종합적 인권전담기구-인권보호 향상에 관한 모든 사항을 다룸

○ 독립기구-입법 사법 행정에 속하지 않음

○ 준사법기구-인권침해와 차별행위에 대한 조사와 구제조치

○ 준국제기구-국제인권규범의 국내적 실행 담당

위원회 지위와 독립성

○ 인권전담 국가기관: "이 법이 정하는 인권의 보호와 향상을 위한 업무를 수행하기 위하여 국가인권위원회를 둔다"(인권위법 제3조 제1 항) 국가인권위원회법에서 정한 인권의 보호와 향상을 위한 업무를 수 행하는 국가기관이다.

○ 업무수행의 독립성 보장: "국가인권위원회는 그 권한에 속하는 업무를 독립하여 수행한다."(인권위법 제3조 제2항) 국가인권위원회 는 입법, 사법, 행정 등 3부 어디에도 소속되지 않은 국가기구로서 누 구의 간섭이나 지휘를 받지 않고 국가인권위원회법에 정해진 업무를

독자적으로 수행하는 독립기구이다.

○ 직무의 독립성과 다양성을 보장: 국회 선출 4인(상임위원 2인 포함), 대통령 지명 4인, 대법원장 지명 3인. 위원회의 독립성과 다양성을 확보하기 위하여 국회, 대통령, 대법원장이 인권위원을 선출 또는 지명하여 구성한다.

위원회 기능

정책적 기능
○ 인권 관련 법령, 제도, 정책, 관행의 조사 연구 및 개선권고 의견 표명
○ 인권침해의 유형 판단기준과 예방조치 등에 관한 지침 제시와 권고 조사·구제 기능
○ 국가기관 지자체 구금보호시설의 인권침해 조사 구제
○ 법인 단체 또는 私人에 의한 평등권 침해의 차별행위 조사 구제 교육·홍보 및 실태조사 기능
○ 국민인권의식 향상을 위한 교육 홍보
○ 인권상황 실태조사
국내/외 협력 기능
○ 국내 인권단체 및 개인과 협력
○ 인권 관련 국제기구 및 외국인권기구와 교류 협력

국민고충처리위원회

○ 위원장 송철호
○ 상임위원 심재민, 안준태

○ 위원 박종렬, 최일숙, 최상림, 정노찬, 함인선, 최은순, 신철영(사
  무총장)

연 혁

○ 1994년 4월 8일 국무총리 소속 국민고충처리위원회 발족
  국무총리 소속하 합의제 행정기관으로 설치.
  행정기관의 위법 부당한 처분이나 잘못된 제도를 독립적 중립적
  입장에서 국민의 고충을 처리하는 행정부형 옴부즈맨.

○ 1996년 12월 31일 국민고충처리위원회 사무처 설치
  정부합동민원실을 위원회 사무처로 개편. 효율적 민원처리를 지
  원하기 위한 사무처 설치.

○ 1997년 12월 31일 소위원회 제도 도입
  3개 소위원회 제도 도입. 심도 있는 민원처리를 위한 소위원회
  제도 도입.

○ 2005년 10월 30일 대통령 소속 국민고충처리위원회 출범
  대통령 소속 국민고충처리위원회로 새롭게 출발. 국민고충처리위
  원회의 설치 및 운영에 관한 법률」 제정('05. 10. 30)

위원회의 기능

1. 행정기관으로부터 위법 부당하게 당한 억울한 일들을 국민의 입
장에서 해결해 드립니다.

○ 주택 건축, 도시계획, 재정 세무, 산업자원, 도로 교통, 보건복지,
국방 보훈, 노동 임금, 형사 법무, 산림 해양, 문화 교육, 환경, 토지,
자치행정, 정보통신등의 모든 행정과 관련하여 국민의 권리 이익이 침
해된 경우

○ 조사결과 행정기관의 처분 등이 위법 부당하거나 잘못되었다고 판단될 때 우리위원회는 해당기관에 그에 대한 시정조치를 권고하거나 처리과정에서 관련 행정제도 및 운영의 개선이 필요하다고 판단되는 경우 해당기관에 이의 개선을 권고하거나 의견표명을 함으로써 민원의 재발방지를 위한 사전 예방적 기능을 수행합니다.

2. 비용 없이 신속 공정하게 처리해 드립니다.

○ 전문조사관들이 친절하게 모든 것을 조사합니다.

○ 절차나 형식에 얽매이지 않기 때문에 쉽고 빠르게 처리됩니다.

3. 고충민원 뿐만 아니라 생활관련 일반민원에 대해서도 친절하고 성실하게 상담 안내해 드립니다.

○ 변호사, 법무사, 노무사, 감정평가사 등의 전문가와 풍부한 행정경험을 가진 전문조사관 들이 성심껏 여러분의 고민을 해결해 드립니다.

4. 민원종결 기능

○ 위원회는 민원인에게 충분히 자기주장을 소명할 수 있는 기회를 부여하고, 이를 바탕으로 비상임위원이 다수를 이루는 위원회가 독립적 중립적 입장에서 신중하고 적절한 결정을 내림으로써, 민원인의 주장이 인용되지 아니 하더라도 민원인이 위원회의 결정을 신뢰하고 받아들이게 됨에 따라 민원인이 다른 행정기관에 동일 민원을 반복적으로 제출하는 행정력 낭비현상을 방지하는 등 고질 반복민원 등에 대한 종결기능을 수행합니다.

처리유형

1. 시정조치권고

○ 위원회 조사결과 행정기관의 처분 등이 위법 부당하다고 인정할 만한 상당한 이유가 있는 경우 관계 행정기관장에게 시정조치할 것을

권고하는 사안

2. 제도개선권고 또는 의견표명

○ 법령 제도 정책 등의 개선이 필요하다고 인정될 경우 해당 행정
기관의 장에게 합리적인 개선을 권고하거나 의견을 표명하는 사안

3. 안내회신

○ 부정안내 - 민원인의 요구를 수용하기가 곤란하다고 판단되는 사안

○ 단순 안내 - 민원내용이 위원회의 관할이 아닌 경우 적정처리 기
관을 안내하거나 법령의 해석 또는 절차들을 문의하는 경우 이에 대해
위원회가 직접 안내하는 사안

4. 이첩 회송

○ 이첩 - 위원회의 관할범위에 속하나 성격상 관계기관에서 처리함
이 타당하다고 판단되어 그 기관에서 처리하도록 위원회가 결정한 사
안(위원회로 처리결과 통보)

○ 이송 - 위원회의 관할범위에 속하지 않는 사항으로서 해당기관에
서 직접 처리해야 할 것으로 위원회가 판단한 사안

집행력

1. 위원회의 결정을 관계행정기관에 강제하는 방법

○ 위원회의 결정은 법적구속력 또는 강제집행력이 없으나 국민고충
처리위원회의 설치 및 운영에 관한 법률 제39조에 "권고 또는 의견을
받은 관계 행정기관 등의 장은 이를 존중하여야 하며"라고 규정하고
있어 실질적인 집행력을 보장하고 있습니다.

2. 위원회의 집행력 범위

○ 관계 행정기관에 대한 시정조치 또는 제도개선의 결과 통보요구권

○ 일반국민에 대한 위원회 의결내용 및 관계기관의 처리결과 공표권
○ 위원회 운영상황에 대한 대통령 국무총리 보고권 등을 통하여 간접적인 집행력보장

관할 외 범위

1. 위원회의 고충처리
○ 위원회의 결정은 법적구속력 또는 강제집행력이 없으나 국민고충처리위원회 설치 및 운영에 관한 법률 제39조에 "권고 또는 의견을 받은 행정기관의 장은 정당한 사유가 있는 경우를 제외하고는 이를 존중하여야 한다"고 규정하고 있어 실질적인 집행력을 보장하고 있습니다.
2. 위원회에서 다루지 않는 사항
○ 정치적인 문제, 국가기밀에 관한 사항
○ 국회 법원 헌법재판소 선거관리위원회 감사원 지방의회에 관한 사항
○ 수사기관에서 수사가 진행 중인 사항
○ 행정심판, 소송, 조정, 중재 등의 절차가 진행 중인 사항
○ 판결, 결정, 재결 등에 의해 확정된 권리관계에 관한 사항
○ 개인간의 권리 의무관계 또는 개인의 사생활에 관한 사항
○ 공무원 또는 직원에 관한 인사행정상의 행위에 관한 사항
○ 위원회의 업무에 관한 사항
○ 위원회가 민원으로 처리함이 부적절하다고 인정하는 사항

『국민고충처리위원회』의 한계

당초 우리나라에서 민주화가 이루어진 1980년대 말 1990년대 초반

옴부즈맨제도는 국회의원의 직무와의 중복, 검찰과 경찰 및 사법부나 법률구조공단 및 감사원 등과 같은 다른 기관이나 제도와의 기능중복, 행정 관료의 기득권이나 비밀성의 침해 등을 이유로 하여 도입이 사실상 좌절된 바 있다. 그래서 옴부즈맨은 아니지만 무늬만이라도 옴부즈맨이라고 자처하는 『국민고충처리위원회』가 탄생하기에 이르렀다. 우리나라의 기묘한 이 『국민고충처리위원회』라는 제도는 입법부와 사법부가 행하지 못하고 있는 사소한 민원의 문제, 경제적인 국민구제와 간편한 절차 등의 이점을 바탕으로 하여 국민의 권익을 보호하는 측면이 있는 것은 사실이다. 그러나 이 위원회는 도입 당시부터 행정 관료들의 기득권 보호와 변화에 대한 강력한 저항으로 인하여, 본래의 도입취지와는 달리 소속기관이나 행정부 공무원 파견 등과 같이 독립성 측면 등에서 결정적으로 태생적 한계를 안고 있는 것 또한 사실이다. 한마디로 옴부즈맨의 취지와는 정반대로 행정부 관료 등에 대한 보호막 이상도 이하도 아니라는 지적을 받고 있는 실정이다.

1. 국민고충처리위원회 민원신청안내

민원신청이란 참여마당신문고에 행정기관의 위법, 부당하거나 소극적인 처분 및 불합리한 행정제도로 인한 권리, 이익의 침해, 불편 부담되는 사항의 해결요구 등에 대한 내용을 민원으로 제출하실 수 있다. 제출하신 고충민원은 민원사무처리에 관한 법률 제3조, 동법 시행령 제2조 제3항 및 제21조에 의거하여 7일 이내에 해결하도록 하고 있다.

여기서 '행정기관'은 중앙부처, 자치단체 등(입법·사법기관이 아님)을 가리키며 '위법'이란 법을 위반한 것을 말하고 '부당'은 도리에 벗어나서 정당하지 않거나 사리에 맞지 않은 것을 가리키고 '사실행위'는 법률효과의 발생에 일정한 의사표시가 필요하지 않는 행위(주소 설정·유실물 습득·가공(加工) 따위)를 말하며 '부작위'란 마땅히 해야 할 행위를 일부러 하지 않는 것을 가리킨다.

국민고충처리위원회에서 처리할 수 없는 관할 외 민원은 다음과 같다.

○ 고도의 정치적 판단을 요하거나 공무상 비밀에 관한 사항

○ 국회, 법원, 헌법재판소, 선거관리위원회, 감사원, 지방의회에 관한 사항

○ 수사 및 형 집행에 관한 사항 또는 감사원의 감사가 착수된 사항

○ 행정심판, 소송, 헌법재판소의 심판, 헌법소원이나 감사원의 심사 청구 기타 법률에 의한 불복구제절차가 진행 중인 사항

○ 화해, 알선, 조정, 중재 등 당사자 간의 이해조정 절차가 진행 중인 사항이나 판결, 결정, 재결, 화해 등에 의해 확정된 권리관계에 관한 사항

○ 공무원 또는 직원에 관한 인사행정상의 행위에 관한 사항

○ 위원회의 업무에 관한 사항 등이다.

옴부즈맨이란?

옴부즈맨(Ombudsman)은 스웨덴어로 「대표자·대리인·변호인·후견인」이라는 뜻이며 옴부즈맨제도란 행정기관에 의해 침해받는 각종 국민의 자유와 권리를 제3자의 입장에서 신속·공정하게 조사·처리해 주는 보충적 국민권리 구제제도라고 할 수 있음. 옴부즈맨제도는 1809년 스웨덴에서 관료와 법관의 법규 준수 및 임무수행을 감독하는 의회의 대리인으로 시작되었으나 제2차 세계대전 이후 행정부의 역할과 기능이 강화되자 이에 대한 통제와 국민의 권리구제 차원에서 세계 각 국가에 널리 보급되어 나라마다 고유의 역사적 전통 및 정치·행정·문화 속에서 다양한 형태로 현재 100여개 국가가 이 제도를 도입·운영하고 있다.

※ 국민고충처리위원회는 대한민국의 유일한 한국형 행정옴부즈맨이다.

국민고충처리위원회의 주요 기능

○ 민원사항에 관한 안내, 상담 및 고충민원에 관한 조사, 처리

○ 고충민원에 관한 조사결과 위법, 부당한 처분 등에 대한 시정조치의 권고

○ 고충민원 처리과정에서 관련 행정제도 및 운영의 개선이 필요하다고 판단되는 경우 이에 대한 권고 또는 의견 표명 등이다.

2. 이용방법

1) 신청서 작성: 성명, 주민(외국인)등록번호, 연락처, 주소, 민원내용 공개 여부, 결과통보방식, 민원제목, 민원내용 작성

2) 민원처리기관 선택: 처리기관을 선택하지 않으면 국민고충처리위원회에서 접수 후 적정한 기관으로 분류해 주도록 하고 있다.

3) 접수: 신청완료, 접수 여부 알림 (이메일, 휴대전화 문자메시지 등)

4) 처리: 관련 법령에 따라 민원처리기관에서 처리

5) 완료: 민원처리가 완료되었을 때 민원신청인이 선택한 결과 통보방식(서신, 이메일, 휴대전화 문자메시지)으로 통보

6) 만족도 조사: 민원처리결과에 대한 만족도 조사

민원처리가 완료되기 전까지 민원내용을 제외한 민원신청정보의 수정과 민원신청취하가 가능하다.

3. 단 아래 경우는 고충민원으로 보지 않는다.

○ 행정기관과 사법상의 계약관계에 있는 자가 사법적 효과를 얻기 위하여 행정기관에 특정한 행위를 요구하는 경우

○ 익명, 가명, 허위 주소 등 민원인 정보가 불분명한 자가 행정기관에 특정한 행위를 요구하는 경우

○ 행정기관이나 공공단체 또는 소속직원이 공무와 관련하여 행정기
관에 특정한 행위를 요구하는 경우

국민고충처리위원회 대언론 해명자료[129]

2005. 2.1.동아일보와 2005.2.2.세계일보 보도에 해명자료

1. 대통령 직속으로 할 경우 정치적 독립성 확보 우려

○ 국민과 행정의 조정역할을 수행하는 옴부즈맨이 제대로 역할을
수행하기 위해서는 정치적 독립성과 중립성을 확보하는 것이 중요하
다. 이를 위하여 외국의 경우 의원내각제 국가는 국회 소속으로, 대통
령제 국가는 국정최고 책임자의 소속으로 옴부즈맨을 설치하고 있다.

○ 국무총리 소속인 국민고충처리위원회를 대통령 소속의 국가행정
옴부즈맨으로 개편하는 것은 일반 행정기관과 차별화된 옴부즈맨으로
서의 독립성을 강화하고, 강제력 없는 권고를 특징으로 하는 옴부즈맨
의 활동에 대해 국정최고권자의 관심과 지원을 확보하여 신속하고 원
활한 국민고충의 해결을 가능하게 하려는 것이다.

○ 옴부즈맨은 권력을 행사하는 권한을 가진 기관이 아니라 국민의
권리를 구제하기 위하여 "권고"를 통하여 행정기관의 자기시정을 촉진
하는 기관의 성격을 가지고 있으므로 대통령의 정치적 권한이 증가한

---

129) 아래 두 개의 국민고충처리위원회 자료를 참조하였다.
http://www.ombudsman.go.kr/handi/report/view.asp?seq=366&page=1
0http://www.ombudsman.go.kr/handi/report/view.asp?seq=365&page=
10그 외에도, 아래 옴부즈맨에 관한 국회입법공청회 자료집을 참고할
수 있다. 국회정무위원회, 『옴부즈맨에 관한 국회입법공청회 자료집』,
2005. 여기에는 다음 발표문들이 수록되어 있다.
이기우, "옴부즈맨으로서 국민고충처리제도의 개선방안"
이선우, "국가행정옴부즈맨의 의미와 기능"
김해룡, "최근 옴부즈맨 기구의 개편 논의에 대한 소견"
홍완식, "옴부즈맨제도와 관련한 3개 법률안에 대한 검토"

다고 보기 어렵다

○ 비록 대통령 소속으로 되더라도 옴부즈맨은 법안 제3조(독립성)에서 "국가행정옴부즈맨과 시민옴부즈맨은 그 권한에 속하는 업무를 독립하여 수행한다"라고 규정하고 있는 바와 같이 업무수행에 있어서 대통령의 지시를 받지 않고 독립적으로 판단하여 결정하기 때문에 정치적 독립성의 확보에 문제가 없을 것으로 판단된다.

2. 조사권한 확대는 3권 분립의 원칙위배

○ 국민고충처리위원회는 행정기관 등(중앙행정기관, 지방자치단체, 정부투자기관 등)에 관한 고충민원의 조사·처리 및 이와 관련된 행정제도의 개선을 주요 기능으로 하고 있으며, 이는 국가행정옴부즈맨으로 개편된 경우에도 변화가 없다.

○ 따라서 이에 해당되지 않는 "고도의 정치적 판단을 요하는 사항, 국회·법원·헌법재판소·선관위·지방의회 관련 사항 등"은 옴부즈맨의 설치 및 운영에 관한 법률(안) 제34조에서 각하 또는 이송하도록 하고 있다.

○ 결국, 옴부즈맨의 조사는 행정기관의 위법·부당한 사안에 한하여 이루어지므로 3권분립의 원칙에 위배하여 입법부나 사법부의 고유권한까지 침해하는 일은 발생될 수 없는 일이다.

3. 부방위, 인권위, 정부혁신위, 규개위와의 업무중복

○ 국민고충처리위원회를 국가행정옴부즈맨으로 개편하고자 하는 목적은 옴부즈맨으로서 그 역할을 보다 충실히 수행할 수 있도록 제도적 기반을 마련하자는 데 있으며,

○ 현재 고충위와 향후 개편될 국가행정옴부즈맨은 일반옴부즈맨으로 행정기관으로 인하여 발생한 국민의 고충을 해결하는 권리구제기관으로서

○ 각 기관들은 모두 다음과 같은 고유 업무를 가지고 있어 업무 내지는 기능의 중복문제는 현재도 발생하지 않고 있으며 향후도 발생되지 않을 것으로 본다. 부패방지위는 공직자의 부패행위에 대한 적발, 처벌 업무, 인권위원회는 국가기관, 지자체 또는 구금시설의 인권침해 조사, 구제, 정부혁신위는 국정전반에 걸친 혁신을 통해 국가발전을 도모하고 자율과 책임이 함께하는 지방자치를 실현, 규제개혁위는 정부의 규제정책을 심의·조정하고 규제의 심사·정비 등에 관한 사항의 종합적 추진하여 시장의 자율성과 경쟁력을 제도화 등으로 나뉘어져 있다.

4. 옴부즈맨이라는 영어 표현의 문제

○ 국민고충처리위원회는 1994년 설립되어 현재까지 연간 1만5천여 건의 고충민원을 처리하여 국민의 실질적인 권리구제를 위해 노력하여 왔으나, "국민고충처리위원회"라는 명칭은 옴부즈맨으로서의 기관 성격을 제대로 드러내지 못하여

○ 일반행정기관의 입장에서는 단순한 민원처리기관으로 인식되어 옴부즈맨으로서의 권위와 정체성을 인정받지 못하여 왔고

○ 국민의 입장에서는 국민이 가진 모든 고충을 처리해 주는 기관이라고 오해하여 옴부즈맨의 관할범위에서 벗어난 각종 사적인 애로사항까지 해결해 주기를 신청하고, 이것이 해결되지 못하는 경우 정부에 대한 신뢰가 악화되는 악순환을 겪어오고 있다

○ 이에 따라 옴부즈맨의 기관성격을 제대로 드러낼 수 있는 명칭으로 개칭하자는 주장이 지속적으로 제기되어 왔고 이에 대한 여러 대안을 검토하였으나, 적절한 대안을 찾기 어려워 "옴부즈맨"이라는 용어를 그대로 사용하기로 결정한 것이다.

○ "옴부즈맨"이라는 용어를 그대로 사용하는 것이 장기적으로 옴부즈맨 기관에 대한 이해를 넓히고 조속히 하나의 제도로 정착되는 데

도움이 될 것으로 판단되며 다만 옴부즈맨이 외래어임을 감안, 향후 적극적인 홍보를 통하여 국민의 이해를 확산시키고자 노력해 나갈 것이다.

2005. 1.31.자 중앙일보 보도에 대한 해명자료

1. 국가행정옴부즈맨은 수사내용이나 판결등도 재검토가능

○ 현재 위원회의 근거법인 민원사무처리에관한법률은 고도의 정치적 판단을 요하는 사항, 국회·법원·헌법재판소등과 관련된 사항 등을 고충처리위원회의 "관할범위에 속하지 아니한다"라고 규정하고 있으나, 고충위가 국가행정옴부즈맨으로 개편되는 근거법이 될 옴부즈맨의 설치 및 운영에 관한 법률 제34조 제1항에서는 국가행정옴부즈맨은 이를 "각하하거나 관계기관에 이송할 수 있다"고 규정하고 있다. 고도의 정치적 판단을 요하는 사항, 국회·법원·헌법재판소·선관위·지방의회 관련 사항, 수사 및 형집행 관련 사항, 감사가 착수된 사항 및 법원의 재판 등과 관련된 사항 등의 본질적 내용을 침해하는 사항은 옴부즈맨이 처리하는 것이 부적절하여 관련기관에 각하 또는 이송하게 될 것으로 이 조항은 직접 조사 및 처리할 수 없는 사항을 열거하고 있다.

○ 다만, 규정형식상의 차이가 발생한 것은 국민 권익구제의 사각을 방지하기 위해, 다른 기관의 권한을 침해하지 않는 범위 내에서 국민 권리구제를 위하여 반드시 필요하다고 인정되는 사항의 경우(요건불비 등의 사유로 법률판단을 받지 못하고 각하된 경우 등) 옴부즈맨이 관여할 수 있는 여지를 두고자 한 것이다.

2. 국가행정옴부즈맨 민원인과 행정기관의 이견에 대한 직권조정권한 보유

○ 새로운 법률안 제36조에 규정된 조정은 해결이 어려울 것으로 생

각되는 고충민원을 보다 신속하고 실질적으로 해결하기 위하여 민원인
과 담당 행정기관을 한자리에 참석시켜 의견을 교환하고 합리적인 해
결방안을 모색할 수 있도록 하기 위한 것으로,

○ 고충민원의 조정은 민원인이 신청하거나 옴부즈맨이 판단하여 실
시할 수 있고, 옴부즈맨의 일방적인 조정이 아니라 양 당사자의 합의
에 의해 조정이 성립하며

○ 조정은 재판상의 효력을 갖는 것이 아니라 당사자간의 계약(민법
상의 화해)와 같은 효력을 갖게 된다.

참고문헌

국내문헌

강경근, 김상겸, 김성환, '감사원 직무감찰기능의 체계화를 위한 법·제도적 방안 연구 I', (계간) 『감사』, 통권 제90호 (2006. 봄호), pp.68-71, 감사원, 2006.

경제정의실천시민연합(세미나자료), '검찰개혁, 어떻게 할 것인가?', 경제정의실천시민연합, 2003.

경실련(건의서), '국민의 정부는 국민이 원하는 근본적 사법개혁을 시급히 완결하여야 한다', 경실련, 1999.

경실련, '국민을 위한 사법개혁 대 토론회', 경실련, 1999

곽노현, '국가인권위원회의 법과 현실: 운영 첫해의 경험을 중심으로', 헌법학연구 제8권 제4호 (2002. 12) pp.9-34, 한국헌법학회, 2002.

구자용, 『행정통제의 이해』, 전예원, 1995.

국가인권위원회, '범죄수사 절차상 피의자의 인권침해 현황 조사', 국가인권위원회, 2003.

국가인권위원회, '행정과 인권', 국가인권위원회 인권교육담당관실, 2003.

국가인권위원회, '국가인권정책기본계획 권고안: 2007-2011', 국가인권위원회, 2006

국가인권위원회, '군 수사과정 및 군 영창 인권상황 실태조사', 국가인권위원회, 2004

국가인권위원회, '구금시설 내 인권침해유형 및 예방지침(안) 개발을 위한 공청회', 국가인권위원회, 2003

국가인권위원회, '구금시설 내 진정권 보장 현황 실태조사', 국가인권위원회, 2003

국경복역, '덴마크의 옴부즈맨(Ombudsman)제도', 입법조사월보 204('91.11) pp.80-88, 국회사무처, 1991.

국민고충처리위원회, 『선진옴부즈맨제도 연구 자료집: 옴부즈맨제도의 세계적 동향』, 국민고충처리위원회, 2003.

국민고충처리위원회 편, 『우리나라 옴부즈맨제도의 발전방향』, 국민고충처리위원회, 2004

국민고충처리위원회, 『세계 각국의 옴부즈맨제도』, 국민고충처리위원회, 1995

국민고충처리위원회, 『특수옴부즈맨제도의 현상과 동향: 국제 옴부즈맨 심포지엄참가 수집자료』, 국민고충처리위원회, 1995

국민고충처리위원회, 『옴부즈맨제도의 세계적 동향: 국제옴부즈맨 심포지엄 관계자료』, 국민고충처리위원회, 1994.

국회운영위원회 전문위원실, 『주요국 의회의 민원처리제도』, 국회운영위원회 전문위원실, 1993

국회환경노동위원회, 『비정규 근로자 차별 시정을 위한 노동법 개정 방향: 노동입법과 구제절차를 중심으로』, 국회환경노동위원회, 2003

국회법제사법위원회, '검찰중립화 정치적 독립 방안 연구', 국회법제사법위원회, 2004.

권세기, "국회에 '국방옴부즈맨'을 설치하자", 평화여성회 주최 전문가포럼, 2003. 9. 23.), 2003.

권오승, '변호사 보수에 관한 검토', 『법과 사회』, 법과사회이론학회, 1995.

김갑배, '법무부와 검찰의 구조개선', JURIST 통권391호 (2003. 4) pp.43-45, 청림인터렉티브, 2003.

김광식, 김인식, 『장병 기본권 지침 연구』, 한국국방연구원, 2006.

김규원, '무늬만 국가인권위원회 아녜요?: 조사대상·권한 등 제한 시민단체 등 반발 … 여당도 "기대 못 미친다"', 한겨레21 228('98.10.15) pp.34, 한겨레신문사, 1998.

김남진, 『행정법 I』, 법문사, 2000.

김남진, '옴부즈맨과 민원처리', 『고시계』278('80.4) pp.84-92, 국가고시학회, 1980.

김만기, '한국형 옴부즈맨으로서의 국민고충처리위원회의 발전방안', 『사회과학논집』17,1('99.8) pp.1-15, 한국외국어대학교사회과학연구소, 1999.

김병섭, '부패방지위원회의 독립성', 『행정논총』제40권 제4호 (2002. 12) pp.25-54, 서울대학교행정대학원, 2002.

김시관, 정호재, '노심이 천심'… 검찰 개혁 어찌하오리까: 천정배 법무 참여 정부 도덕성 회복 카드 … 이해관계 조정·통합 천 리더십 본격 시험대, 『주간동아』. 통권493호 2005-07-12, pp.16-19, 동아일보사, 2005.

김완순, 외 1인, 『아젠다 코리아』한국경제신문사, 2002.

김원배, '검찰 개혁, 발상의 전환이 시급하다', 『시민과 변호사』통권97호 (2002. 2) pp.22-27, 서울지방변호사회, 2002.

김유환, "행정옴부즈맨의 기능과 국민고충처리위원회의 역할", 제1회『옴부즈맨 포럼 및 창립총회 자료집』, 2005년 11월 21일, 5-19쪽.

김이열, '옴부즈맨의 연구', 『법률행정논집』16('78.6) pp.47, 고려대학교 법과대학법률행정연구소, 12978.

김인철, '제외국 옴부즈맨 제도에 관한 고찰 Ⅰ', 『입법조사월보』162(87.9) pp.8-29, 국회사무처, 1987.

김일수, '참여정부와 검찰개혁의 과제', 『인천법학논총』제6집 (2003) pp.1-15, 인천대학교법과대학법학연구소 2003.

김재기, 『행정학』, 법문사, 1999.

김재원, '변호사 업무의 윤리적 딜레마', 법과사회이론학회(구 법과사회이론연구회), 『법과 사회』, 2003.

김재원, '변호사비용과 법조윤리 - 미국의 수임료 규제를 중심으로,'『법과 사회』, 법과사회이론학회, 1995.

김종용, '옴부즈맨과 그 도입가능성', 『자치연구』제3권 제2호 통권 제10호 (1993. 여름) pp.5-19, 한국지방자치연구소 1993.

김중규, 『뉴밀레니엄 행정학』, 성지각, 1999.

김창석, '인권위 5년 사회에 인권을 선물하다', 『한겨레21』. 통권637호 2006-12-05, pp.18-20, 한겨레신문사, 2006.

김창석, '인권위는 솜방망이를 들었다: 국회 통과한 허울뿐인 국가인권위

　　　법안 … 국제기준 무시한 독소조항으로 얼룩져', 『한겨레21』 358
　　　(2001.5.17) pp.12-13, 한겨레신문사, 2001.

김철수, '소송비용, 변호사비용, 변호사강제', 『사법행정』, 한국사법행정학
　　　회, 1969.

김호진, "각국의 옴부즈맨제도의 비교분석" 『한국행정학보』 제13호 1979,
　　　pp.147~148

남일호, '홍콩부패방지위원회: 외국의 감사제도', 『감사』 8('86.12) pp.116-119,
　　　감사원, 1986.

남효순, '변호사와 의뢰인 사이의 법률관계', 서울대학교 법과대학 편, 『법
　　　률가의 윤리와 책임』, 박영사, 2000.

대한변호사협회(1999), "변호사법개정법률안 및 청원에 관한 공청회"
　　　1999. 5. 25.

류지태, '옴부즈맨 유사 권익구제기관 현황과 평가', 『법학연구』 제15권 1호
　　　(2004) pp.577-601, 충북대학교법학연구소, 2004.

맹장섭, '옴부즈맨에 대한 소고', 『법학논고』 14('82.7) pp.69-86, 청주대학교
　　　법과대학법학회, 1982.

문성호, 『경찰대학 무엇이 문제인가?』, 한울, 2004.

문성호, "경찰부패와 경찰 옴부즈맨: 각국 사례를 중심으로", 『한국부패학
　　　회보』 제6호(2001. 1.), pp.143-74.

문성호, "청문감사관제도의 조기 정착 및 향후 운용방안-시민참여와 반부
　　　패 전략을 중심으로", 『제8회 치안정책 학술세미나 자료집』(치안
　　　연구소, 한국경찰학회 1999. 10. 19.)

문성호, "사법비리와 영국의 '법조옴부즈맨' 제도", 『한국부패학회보』 제
　　　10-1호, 2005년 3월. 31-60쪽.

문성호, "경찰활동에 대한 시민참여와 민주적 통제", 최응렬 편저, 『경찰
　　　개혁론』(법문사, 2006), 76-131쪽.

문성호, 『영국경찰옴부즈맨』, 한국자치경찰연구소 경찰청, 2006.

문준영, '검찰제도의 연혁과 현대적 의미: 프랑스와 독일에서의 검찰제도
　　　와 검찰개념의 형성을 중심으로', 『비교형사법연구』. 제8권 제1호

특집호 (2006. 7), pp.669-698, 한국비교형사법학회, 2006.

문준영, '검찰권 행사에 대한 시민적 통제와 참여: 검사의 기소재량 통제를 위한 한국과 일본의 최근의 개혁', 『민주법학』, 통권29호 (2005. 12), pp.173-208, 관악사, 2005.

문준조, 『외국의 인권위원회설치 법률에 관한 비교법적 연구』, 한국법제연구원, 2000

민주사회를 위한 변호사모임, '국가인권위원회법제정 1주년 토론회', 민주사회를 위한 변호사모임, 2002.

민주사회를 위한 변호사모임(세미나자료), 『검찰, 공안부를 어떻게 할 것인가』, 민주사회를 위한 변호사모임, 2004.

바튼, 앤디, 김경화 역, "'효과적인 민원해결'과 옴부즈맨제도', 『자치단체국제교류』 18('97.10) pp.75-77, 한국지방자치단체국제화재단, 1997.

박수영 외, 『현대사회와 행정』, 대영문화사, 2001.

박승룡, "변호사법 개정 논의에 대한 검토," 『민주법학』 15, 1999, 277-279쪽

박용치, 『최신 행정학원론』, 경세원, 2006.

박용치, '행정통제와 옴부즈맨 제도', 『월간고시』 236('93.9) pp.162-173, 법지사, 1993.

박정이, "지휘통솔과 연계된 정신교육체계 정립"

박창로, '옴부즈맨안의 국내이식을 위한 진단과 처방', 『행정논집』 11, 12('82.12) pp.77-92, 동국대학교행정대학원, 1982.

반부패국민연대 국제투명성기구한국본부, 『부패방지관련 법제의 방향과 과제 토론회』, 반부패국민연대, 2005.

반부패국민연대 국제투명성기구한국본부[공편], 『부패방지 시민참여 활성화방안 연구: 시민 옴부즈맨 제도의 도입을 중심으로』, 부패방지위원회 홍보협력국 시민협력팀, 2004.

배성룡, '변호사 수임 비리를 통해 본 법조계 부정부패의 구조: 내외적 비경쟁 융합구조', 2001.
출처: http://www.clean.or.kr/bbs2/ view.html?idx=474

백광훈, 신동일, 이천현, '바람직한 검찰개혁의 방향', 『형사정책연구』제14
　　권 제2호 통권 제54호 (2003 여름) pp.203-242, 한국형사정책연구
　　원 2003.

백완기, 『행정학』, 박영사, 1996.

백완기, '한국행정에 있어서 옴부즈맨 제도의 정착화 가능성', 『한국행정학
　　보』제13권..

백완기, '한국행정에 옴부즈맨 제도의 도입가능성', 『고시연구』 140('85.11)
　　pp.161-176, 고시연구사, 1985

백완기, '한국행정에 있어서 옴부즈맨 제도의 정착화 가능성', 『한국행정학
　　보』 13('79.12) pp.199-216, 한국행정학회, 1979.

백운조, '국가인권위원회 시대의 한국사회의 민주주의와 사법권', 『법학연
　　구』 제4호 (2001. 12) pp.297-321, 인하대학교법학연구소, 2001.

백운조, '한국사회의 민주주의와 인권보장: 국가인권위원회를 중심으로',
　　『법학연구』 제4호 (2001. 12) pp.323-351, 인하대학교법학연구소,
　　2001.

변재옥, '옴부즈맨 제도', 『월간고시』 127('84.8) pp.74-86, 법학사, 1984.

법무부, 『수용자 출원사례 연구』, 제1집: 청원 · 민원 · 국가인권위원회진
　　정 · 직원고소 등, 법무부 보안제1과, 2003

법무부 편, 『국가인권위원회 어떻게 운영되는가』, 법무부, 2001

백완기, '한국행정에 옴부즈맨체제의 도입가능성', 『승진강좌』 126('85.10)
　　pp.2-17, 대명고시연구회 고시연구사, 1985.

백승현, '새 정부와 인권 분야 제도개혁', 『시민과변호사』 통권108호 (2003.
　　1) pp.42-45, 서울지방변호사회, 2003.

사법개혁국민연대(세미나자료), 『참여정부의 출범과 사법개혁의 과제』, 사
　　법개혁국민연대, 2003.

사법개혁정의연대, 『사기 치는 법 사기당하는 법』, 정의로운 재단, 2007.

사법개혁국민연대, 『재판이냐 개판이냐, 짜고 치는 '고스톱'식 재판의 청산
　　을 위하여』, 정의로운 재단, 2004.

사법개혁위원회(2004), "제24회 회의 자료: 법조윤리 제고방안", 2004. 11. 15.

서부지방검찰청사람들, 『내일을 생각하며』, 영진미디어, 2005.

서울대학교행정대학원 한국정책지식센터, '옴부즈맨의 설치 및 운영, 어떻게 할 것인가', 서울대학교행정대학원 한국정책지식센터, 2004

서울시립대학교 반부패행정시스템연구소, '경찰분야 부패방지시민참여 실천방안 연구', 부패방지위원회 홍보협력국 시민협력팀, 2004.

서준원, '옴부즈맨 제도의 국회 도입에 관한 고찰', 『국회보』 364('97.2) pp.100-105, 국회사무처, 1997.

석진환·황예랑(2004), '법조비리, 이번에 뿌리 뽑자', 『한겨레신문』 연재 기사, 2004. 12. 9, 10, 11.

소종섭, "인권위법' 갈수록 누더기 꼴: 법무부, 영향력 축소 우려 … 시민단체 "알맹이 빠진 겉치레 법안"강력 반발', 『주간동아』 273(2001.3.1) pp.10-11, 동아일보사, 2001.

손광운(1998), '브로커 변호사의 부패실태', 한국부패학회 학술대회 논문집 (사법개혁국민연대 편, 『재판이냐 개판이냐 짜고 치는 고스톱 청산을 위하여』, 정의로운 재단, 2004에 재 수록되어 있음).

송창석, '지방옴부즈맨제도 활성화 방안', 『자치행정연구』 제1호 (2000. 1) pp.267-288, 한양대학교 지방자치연구소, 2000.

송창석, '시민 옴부즈맨 제도의 도입방안', 『자치공론』 43('98.11) pp.60-71, 한국지방자치연구원, 1998.

신고산(1994), '전천후 인기의 비결 – 변호사 수임료와 병원비를 내리려면', 『사회평론』, 월간 사회평론 길.

신우철, "감시하는 자를 누가 감시할 것인가? -변호사징계에 관한 비교사법제도론적 일 고찰,"
    출처: http://ynucc.yeungnam.ac.kr/ ~ erectus/gung.html

신윤표, 『행정학』, 전영사, 1997.

신중섭, 『국가인권위원회 어디로 가야 하나』, 자유기업원, 2006.

신혜수, '정부 입맛대로 왜곡된 인권법', 『신동아』 471('98.12) pp.364-371, 동아일보사, 1998.

심익섭, '「시민옴부즈맨제도」의 구조와 기능을 중심으로', 『행정논집』

24('96.12) pp.195-218, 동국대학교행정대학원, 1996.

안경환(1991), 「영국법과 미국법의 비교연구(3) - 변호사제도 -」, 『서울대학교 법학』, 서울대학교 법학연구소, 1991

양동구, '옴부즈맨 관련 행정조직의 정비방안', 『고황논집』 제36집 (2005. 7), pp.169-187, 경희대학교대학원, 2005.

양승규(1988), '변호사제도의 개선방안', 『서울대학교 법학』, 서울대학교 법학연구소.

양창수(2000), '변호사의 과오와 책임', 서울대학교 법과대학 편, 『법률가의 윤리와 책임』, 박영사.

엄동섭 · 김천수 · 박영규 · 오종근 · 정태윤(1998), 『변호사책임론』, 소화.

엄상현, '인권의 수호천사냐 현실과 타협이냐: 인권위 출범 5년 엇갈린 평가… 갈등과 시행착오 딛고 한국사회 변화 촉매제', 『주간동아』 통권569호 2007-01-16, pp.16-19, 동아일보사, 2007.

오동석, '국가인권위원회의 민주주의적 정당성과 그 정당화 과제', 『아 · 태공법연구』 통권 제9호 (2001.9) pp.113-132, 아세아 · 태평양공법학회, 2001.

오석홍, 『행정학』, 나남출판, 2001.

오세립(1987), '판례연구: 변호사비용과 당사자 간의 약정의 효력 - 대법원 1986. 8. 19 선고 86다카 70 판결', 『법원공보』785호 57면 게재 -, 『사법행정』, 한국사법행정학회

오종근, 『변호사 징계제도』, 집문당, 2002.

오준근, '국민의 권리구제 효율화를 위한 옴부즈맨 관련 법제정비방안', 『공법연구』 제33집 제3호 (2005. 5), pp.401-425, 한국공법학회, 2005.05.28

올바른 국가인권기구 설치를 위한 민간단체 공동대책위원회편, 『국가인권기구 설치를 위한 자료집』, 2000.

유영선, '경찰대 폐지론 어디로…: 경찰대, 과연 경찰의 하나회인가?: "경찰개혁 견인해 온 젊은 피 … 폐지론은 이해관계 산물"', 『월간중앙』31권 11호 통권360호 (2005. 11), pp.80-87, 중앙일보, 2005.

윤길주, 고성표, "고위공직자비리조사처' 설치 놓고 청-검 알력: 청와대 '검찰 다스리기' 시작됐나', 『월간중앙』 30권 7호 통권344호 (2004. 7) pp.98-103, 중앙일보사 2004.

윤숙희, 인도의 '국가인권위원회', 『사람이사람에게』 통권14호 (2002. 3·4) pp.70-74, 국제민주연대, 2002.

위택환, '법률업자들의 탐욕에 종지부를 찍자!', 『인물과 사상』 1998년 11월호.

위택환, '언론보다 전문 직업인 집단이 더 문제다', 『인물과 사상』 1998년 9월호.

유기준의원실, 『의회형 옴부즈맨 도입을 위한 공청회』, 유기준의원실, 2005.

이관희, '국가인권위원회의 현황과 발전방향: 특히 경찰권과의 관계를 중심으로', 『공법연구』제31집 제3호 (2003. 3), pp.241-265, 한국공법학회, 2003.

이광종, 『행정책임론』 대영문화사. 1998.

이광종, '한국적 옴부즈맨 제도의 특징과 기능쇄신에 관한 고찰', 『사회과학논총』18('98.2) pp.63-84, 청주대학교사회과학연구소, 1998.

이상욱, '변호사책임과 제3자-특히 부당소송, 부당집행, 명예훼손을 중심으로', 『영남법학』(고 최엽 교수 추모특집호), 영남대학교 법학연구소, 2000.

이승희, 『한국 옴부즈맨 제도의 정착을 위한 제안』, 이승희의원실, 2004.

이승희, 『의회주도 옴부즈맨의 바람직한 실현을 위한 입법공청회』, 이승희의원실, 2005

이영조외 3인, 『행정학원론』 학우사, 2004.

이웅혁, 최규범, '경찰대학에 대한 국민의 평가 :소위 '경찰대학 폐지론'에 대한 타당성 검토를 중심으로', 『경찰학연구』 제9호 (2005. 가을·겨울), pp.159-204, 경찰대학, 2005.

이장현, 한국변호사의 사회적 이동, 『한국사회학』, 한국사회학회, 1970.

이정은, '의회 옴부즈맨 도입의 필요성: 국민고충처리위원회의 비판적 검토를 중심으로', 『의정자료』 28(2001.3) pp.213-225, 한국의회발전연구회, 2001.

이종수, 『지방정부이론』, 박영사, 2002.

이종수, '자치경찰제도 도입을 위한 모형의 설계: 한국경찰 개혁방안으로서의 분권화 전략', 『연세행정논총』 제24집 (1999.7) pp.54-75, 연세대학교행정대학원, 1999.

이종영, '부패방지법의 문제점과 개선방안', 『중앙법학』 제5집 제1호 (2003. 7) pp.169-193, 중앙법학회, 2003.

이창수, '인권문제 해결하는 실천적 국가기관으로 거듭나야: 국가인권위원회 5년의 궤적과 전망', 『말』 통권 247호 (2007년 1월), pp.78-81, 월간 말, 2007.

이창호, '검찰개혁의 방향과 과제', 『민주법학』 통권24호 (2003. 8) pp.427-450, 민주주의법학연구회 2003.

이창희(2000), '변호사 보수의 적정성과 투명성', 서울대학교 법과대학 편, 『법률가의 윤리와 책임』, 박영사.

인권법 제정 및 국가인권기구 설치 민간단체공동추진위원회, 『국가인권위원회 어떻게 만들어야 하는가?』, 인권법 제정 및 국가인권기구 설치 민간단체공동추진위원회, 1999

인천일보, "인천변협의 자정선언 기대 크다", 2005년 1월 27일.

일본 사법제도개혁심의회 의견서(2001), 「21세기 일본을 생각하는 사법제도」(국회 해외자료관 나혜숙 번역). 2001년 6월 12일

임성한, 옴부즈맨(Ombudsman)제와 대표적 관료제(Representative Bureaucracy)의 한국 도입의 필요성과 그 적용방법 연구', 『성곡논총』 19('88.6) pp.447-484

임재형 역, '국회 옴부즈맨의 직무등에 관한 법률', 스웨덴, 『입법조사월보』 108('78.3) pp.61-67, 대한민국 국회도서관, 1978.

장병욱, '억울하고 분하고 … 쏟아지는 진정: 국가인권위원회 출범, 관료조직에 등 돌린 없는 사람들의 '새 희망'', 『주간한국』 통권1900호 2001-12-13 pp.22-23

전원배, '의회형 옴부즈맨의 도입 필요성', 국회도서관 입법조사분석실,

1998.

전원배, '옴부즈맨제도의 도입문제', 국회도서관 입법자료분석실, 1993.

정부혁신지방분권위원회 국민고충처리위원회 공편, 『옴부즈맨의 설치 및 운영에 관한 법률안 제정 공청회 자료집』, 2005 http://www.ombudsman.go.kr에서 볼 수 있다.

정정부, '옴부즈맨 제도의 현대적 의의', 『논문집』 15('96.11) pp.167-185, 동래여자전문대학, 1996.

정호재, '청-검 힘겨루기 최후 승자는?: '중수부 폐지설' 이어 '공비처 신설'로 2라운드 … 개혁 공감, 방법은 이견 '해법 오리무중'', 『주간동아』 통권441호 2004-07-01 pp.38-40, 동아일보사 2004.

조병인, 『경찰활동과 시민참여에 관한 연구』, 한국형사정책연구원, 2001.

조은경, 이인영, '구금시설 내 여성수용자 인권실태 조사', 국가인권위원회, 2003

조창현, '옴부즈맨 제도', 『승진강좌』 121('85.5) pp.2-16, 대명고시연구회 고시연구사, 1985.

조창현, '옴부즈맨 제도', 『고시연구』 135('85.6) pp.92-106, 대명고시연구회 고시연구사, 1985.

쥬리스트(2003), 「이영란 교수인터뷰」, 『쥬리스트』 2003. 5.

차봉호(1979), '변호사가 보는 법관, 법관이 보는 변호사' 설문 결과를 보고, 『사법행정』, 한국사법행정학회.

차용준, 『행정관리론』, 전주대학교출판부, 2002.

천진호, '인권보호 시민참관단제도의 효율성 제고 방안', 『법학논고』 제18집 (2002. 12) pp.1-33, 경북대학교법학연구소, 2003.

최우용, "옴부즈맨과 국민(시민)고충처리위원회", 『법과 정책연구』 제5집 제2호 (2005. 12), 동광문화사, 2005. pp.1073-1100.

최원식, '검찰개혁의 방향', 『황해문화』통권39호 (2003 여름) pp.284-293, 새얼문화재단, 2003.

최진구(1997), '변호사책임의 사적 구성에 관한 소고', 『법학논총』(송천 김명규 교수 및 둔촌 장석권 교수 화갑기념호), 단국대학교 법학연구소.

최창규(1994), '변호사의 적정수에 대한 경제학적 이해', 『법과 사회』, 법
　　과사회이론학회. 한겨레 21(2000. 9. 21.) 제326호 재판을 재판한다.

최창행, '옴부즈맨의 한국적 모형개발에 관한 연구', 박사학위논문(단국대
　　대학원, 1997)

표명선, '한국형 옴부즈맨(Ombudsman)제도의 과제와 전망', 『논문집』
　　33('99.8) pp.215-235, 강남대학교, 1999.

하종근, '옴부즈맨 제도에 관한 연구 동향분석을 중심으로', 『논문집』 9,
　　2('87.12) pp.119-133, 창원대학교, 1987.

하태훈, '더 이상 미룰 수 없는 검찰 개혁', JURIST 통권376호 (2002. 1)
　　pp.23-27, 청림인터렉티브, 2002.

한국자치경찰연구소, 『영국 경찰옴부즈맨』, 경찰청 인권보호센터/한국자치
　　경찰연구소, 2006.

한국형사정책연구원, 『교정처우의 현황과 개선방안』, 한국형사정책연구원,
　　1992.

한국행정연구원, 『효율적인 민원행정체계 확립방안』, 한국행정연구원,
　　1993.

한상희, '법무·검찰의 개혁: 그 목표와 방안', 『사법감시』 통권 제18호
　　(2003. 3·4) pp.6-21, 참여연대 사법감시센터 2003.

한인섭, '검찰·법무 개혁 원년을 바라며', JURIST 통권391호 (2003. 4)
　　pp.34-36, 청림인터렉티브, 2003.

허 경, "덴마크의 옴부즈맨 제도에 관하여", 『사회과학논집』 9(78.3),
　　pp.3-13, 연세대학교사회과학연구소, 1978.

허상수, '국가인권위원회 직제구성안 논란: 공무원에 발목 잡힌 국가인
　　권위를 구출하라', 『말』 통권 186호 (2001. 12) pp.78-81, 월간 말,
　　2001.

호문혁(2000), '송무변호사의 윤리와 책임', 서울대학교 법과대학 편, 『법
　　률가의 윤리와 책임』, 박영사.

홍승면(2004), "법조윤리 제고방안", 사법개혁위원회 제25차 회의자료,

2004. 11.

홍완식, "의회형 옴부즈맨 제도의 도입에 관한 검토: 국회에 제출된 옴부즈맨 관련 3개 법률안에 대한 비교·검토", 『의정연구』 제11권 제1호 통권 제19호 (2005. 6), 서울: 한국의회발전연구회, 2005.6.30, pp.129-160.

홍현선, '부패방지법과 부패방지위원회의 역할', 『형사정책연구』 제13권 제2호 통권 제50호 (2002 여름) pp.5-28, 한국형사정책연구원, 2002.

황병기, '스웨덴의 옴부즈맨 제도', 『감사』 9('87.3) pp.115-119, 감사원, 1987.

황운하, '검찰개혁과 경찰개혁', 『수사연구』 제21권 4호 통권234호 (2003. 4) pp.27-29, 수사연구사, 2003.

황일도, "'꿩 잡는 매' 인가 '또 다른 권력기구' 인가: 기로에 선 부패방지위원회', 『신동아』 45권 10호 통권517호 (2002. 10) pp.232-241, 동아일보사, 2002.

MBC프로덕션, MBC 100분토론: 2003년 검찰개혁을 돌아본다[비디오녹화자료], MBC프로덕션, 2003

MBC프로덕션, MBC 100분토론: 검찰개혁과 인사파동[비디오녹화자료], MBC프로덕션, 2003

KBS미디어, 생방송 심야토론: 검찰개혁 어떻게 할것인가[비디오녹화자료, KBS미디어, 2003

외국문헌

American Friends Service Committee, The Police Threat to Political Liberty (Philadelphia: American Friends Service Committee), 1979

Bayley, David H. (1983), "Accountability and Control of Police: Lessons for Britain," in Trevor Bennett(ed.), The Future of Policing, Cropwood Conference Series 15, Cambridge: University of

Cambridge Institute of Criminology, pp.146-62, reprinted in Robert Reiner(ed.), 2 Policing, Aldershot: Dartmouth, pp.439-455(1996)

Bayley, David H. Preface, in Andrew Goldsmith, ed., *Complaints Against the Police*, 1991.

Bobb, Merrick, "Civil Oversight of Police in the US", Saint Louis University Public Law Review, Vol XXII, no.1., 2003.

Born, H., Fluri, P., Johnsson, A. (eds.) *Parliamentary Oversight of the Security Sector: Principles,Mechanisms and Practices*, Handbook for Parliamentarians no. 5. IPU/DCAF: Geneva, 2003, pp.90-93.

Caiden, G., MacDermot, N., and Sandler, A., "The Institution of Ombudsman", G. Caiden (ed.), *International Handbook of the Ombudsman: Evolution and Present Function* (Westport, Conn.: Greenwood Press).

CCRB, The City of New York, *Civilian Complaint Review Board, Semiannual Status Report, January-December 1998* Vol. IV. No.2.

Chevigny, Paul, *Edge of the Knife: Police Violence in the Americas* (1995)

Clayton, R., and Tomlinson, H., *Civl Actions Against the Police* (London: Sweet and Maxwell), 1987

Courts and Legal Services Act 1990(HSMO, UK), http://www.hmso.gov.uk/acts/acts1990/Ukpga__19900041_en__1.htm

Dixon, David, *Law in Policing: Legal Regulation and Police Practices* (1997)

Eck, J., and Spelman, W., *Problem-Solving: Problem-Oriented Policing in Newport News* (Washington, DC: Police Executive Research Forum), 1988.

Federal Ministry of Defense, 'INNERE FÜHRUNG' ZDV 10/1 (Guidance for Leadership and Civic Education), Bonn, 16 Feb, 1993.

Fleckenstein, Bernhard, "Germany: Forerunner of a Postnational Military?"

in Charles C. Moskos, John Allen Williams, and David R. Segal, eds., The Postmodern Military: Armed Forces after the Cold War (New York, NY: Oxford University Press, 2000).

Freckelton, I, "Sensation and Symbiosis" I. Freckelton and H. Selby(eds.), Police in Our Society(Sydney: Butterworths), 1988.

Frich, Pavol and Walt}, Czeslaw, Crossing the Thin Blue Line: An International Annual Review of Anti-Corruption in the Police, Transparency Internationl Cech, Prague, 2001.

German Ministry of Defense, "Innere Führung—The Concept," Berlin, December 30, 2004.

German Ministry of Defense, "Zentrale Dienstvorschrift—Innere Führung (ZDv 10/1)," Bonn, February 16, 1993.

German Ministry of Defense, "Parliamentary Army," Berlin, June 14, 2004. Available at http://www.bmvg.de. For the principles of German Security Policy outlining the emphasis to act within global and regional institutions, see the "Defense Policy Guidelines" (German Ministry of Defense, Berlin, May 21, 2003).

Goldsmith, A. and Lewis, C. (eds), Civilian Oversight of Policing: Governance, Democracy and Human Rights, Portland, Oregon, 2000.

Goldsmith, Andrew J., Complaints Against the Police: The Trend to External Review, Clarendon Press. Oxford, 1991.

_____, Better Policing, More Human Rights: Lessons from Civilian Oversight, Errol P. Mendes, Joaquin Zuckerberg, Susan Lecorre, Anne Gabriel, Jeffrey A. Clark(eds), Democratic Policing and Accountability, Ashgate, Aldershot and Brookfield USA, 1999, pp.33-68.

Goldstein, H., Policing a Free Society (Cambridge, Mass.: Ballinger Publishing Co.), 1977.

_____, "Toward Community-Oriented Policing: Potential, Basic Requirements, and Threshold Questions", *Crime and Delinquency* 33, 1987.

Goode, M. "Administrative Systems for the Resolution of Complaints Against the Police: A Proposed Reform", *Adelaide Law Review* 5: 55-78, 1974

Gleumes, Karl. *The Parliamentary Commissioner for the Armed Forces. His Role in Exercising Parliamentary Control over the Federal Armed Forces and Processing Petitions From Service Personnel.* Berlin, German Bundestag, 2001.

Halperin, M. et al., *The Lawless State: The Crimes of the US Intelligence Agencies* (New York: Penguin Books), 1976.

Hill, L. "Bureaucratic Monitoring Systems", in C. Goodsell (ed.), *The Public Encounter: Where State and Citizen Meet* (Bloomington: Indiana University.

_____. *The Model Ombudsman*(Princeton, NJ: Princeton University Press), 1977, p. 12.y Press), 1981.

Hood, C., "Concepts of Control Over Public Bureaucracies: 'Comptrol' and 'Interpolable Balance'", F. Kaufmann, G. Majone, and V. Ostrom (eds.), *Guidance, Control and Evaluation in the Public Sector* (Berlin: de Gruyter), 1986.

International Association of Chiefs of Police, *History of Police Intelligence Operations, 1880~1975* (Gaithersburg, MD: International Association of Chiefs of Police), 1976

Independent Police Complaints Commission(IPCC), *Making the new police complaints system work better: Statutory Guidance*, 2006.

Independent Police Complaints Commission(IPCC), "Criteria of for Investigation", 2004. 6. 30.

Jones, T, 'The Governance and Accountability of Policing' in Newburn, T(ed) *The Handbook of Policing*, pp.603-27, Cullompton: Willan Publishing, 2003.

Jose Castan Tobenas. "Judicial Power and Judicial Independence." Madrid: Reus, 1951.

Jacob Soderman. "The ombudsman and the judicial system." *Law Review of the Puerto Rican Bar Association 52*, 1991.

Legal Services Ombudsman(2003), *Interim Report 2002/2003*, Legal Services Ombudsman.

Legal Services Ombudsman(2003), *Annual Report 2002/2003*, Legal Services Ombudsman.

Leigh, A., Mundy, G. and Tuffin, R., *Best Value Policing: Making Preparations*, Policing and Reducing Crime Unit Police Research Series Paper 116, London: Home Office, 1999.

Lewis, Clare E., "Police Complaints in Metropolitan Toronto: Perspectives of the Police Complaints Commissioner", Goldsmith, *Ibid.*, pp.153-176., 1991.

Livingston, Debra, "Citizen Review of Police Complaints: Four Critical Dimensions of Value", 8th Annual Conference of NACOLE, Cambridge: Massachusetts, 2002.

Loveday, B., "New Directions in Accountability", in F. Leishman et. al. (eds), Core Issues in Policing, Harlow: Longamn, pp.213-31.

Loveday, B. and Reid, A, *Going Local: Who should run Britain's police?*, London: Policy Exchange, 2003.

Mawby,R.C. and Wright, A., 'The Police Organisation' in Newburn, T, *The Handbook of Policing*, Cullompton: Willan Publishing, pp.169-95

McGregor, Petra(Maj., USAF), "The Role of Innere Führung in German Civil-Military Relations," *Strategic Insights*, Volume V, Issue 4 (April 2006)

Mendes, Errol P., "Raising the Social Capital of Policing and Nations: How Can Professional Policing and Civilian Oversight Weaken the Circle of Violence?", Errol P. Mendes, Joaquin Zuckerberg, Susan Lecorre,

Anne Gabriel, Jeffrey A. Clark(eds), *Ibid.*, Aldershot and Brookfield USA, 1999, pp.11-32.

Moon Sung-Ho(2004), "The Development of Korean Judicial System and its Future"(Asia Human Rights Course at Kwangju), Asia Human Rights Commission, 2004. 5. 15.

Marin, Andre. *The Way Forward - Action Plan for the Office of the Ombudsman.* Report to the Minister of National Defence of Canada. Ottawa, 1999.

National Association for Civilian Oversight of Law Enforcement (NACOLE), "Varieties of Civilian Oversight: Similarities, Differences, and Expectations", revised in 12/2004. www. nacole.org

National Association for Civilian Oversight of . Law Enforcement (NACOLE), "Roster of US Civilian Oversight Agencies", updated in 1/2006. www.nacole.org

National Association for Civilian Oversight of Law Enforcement (NACOLE), "Investigation, Monitoring and Review of Complaints: a Practitioner's Case Study Guidelines." www.nacole.org

Newburn, T. and Jones, T., 'Police Accountability', in Saulsbury, W., Moll J., and Newburn, T.(eds) *Themes in Contemporary Policing* London: PSI, 1996.

Neyroud, R., Policing and ethics, in Newburn, T.(ed), *The Handbook of Policing*, pp.578-602, Cullompton: Willan Publishing, 2003.

Neyroud, R. and Beckley, A., *Policing, Ethics and Human Rights*, Cullompton: Willan Publishing, 2003.

Oliver, I.(2nd ed), *Police, Government and Accountability*, London: Macmillan, 1997.

Patten, C., A New Beginning for Policing in Northern Ireland: The Report of the Independent Commission onf Policing for Northern Ireland, Belfast: HMSO, 1999.

Police Complain Authority(PCA), The 1999/2000~2002/2003 Annual Report of the independent PCA, HMSO, 2000.

Pollard, C., 'Unnecessary intervention', *Policing Today*, vol. 5, no.4, pp.26-28, 1999.

Punch, Maurice, "Police Corruption and Its Prevention", *European Journal of Criminal Policy and Research 8*, Council of Europe (Netherlands), pp.301-324, 2000.

Reiner, R, "The Politicization of the Police in Britain", M. Punch (ed.), *Control in the Police Organization* (Cambridge, Mass.: MIT Press), 1983.

_____, *The Politics of the Police(Third Edition)*, Oxford University Press, 2000

Reiner, R, The Politics of the Police, Oxford University Press, 2000.

Ridley, F, "The Parliamentary Commissioner for Military Affairs in the Federal Republic of Germany", Political Studies 12 (1), 1 - 20., 1964.

Schulze, Dr Christian(Institute for Foreign and Comparative Law, UNISA), "CHAPTER 4. Comparative Perspectives: A Comparative Study of the German and British Defence Legislations", Published in a Compilation of Articles Relating to the Revision of South African Defence Legislation, September 1994.

Scolnick, J. and McCoy, C., "Police Accountability and the Media", *American Bar Foundation Research Journal* 521-57, 1984

Skolnick, Jerome and Fyfe, James J., *Above the Law* (1993)

Stenning, P.(ed.), Accountability for Criminal Justice: Selected Essays, Toronto: University of Toronto Press, 1995.

Shinon Shetreet. "Judicial Independence: New Conceptual Dimensions and Contemporary Challenges." *Judicial independence: The Contemporary Debate*. Boston: Martinus Nijhoff Publishers, 1985.

Trevor Jones, "The Governance and Accountability of Policing", Tim Newburn(ed.) Handbook of Policing, Willan Publishing, 2003, pp.603-27.

Turpin, C., *British Government and the Constitution: Texts, Cases and Materials*, London: Butterworths, 1995.

Tyler, Tom R., *Trust and Law Abidingness: A Proactive Model of Social Regulation*, 81 B.U.L. Rev 361 (2001)

Walker, N, *Policing in a Changing Constitutional Order*, London: Sweet and Maxwell, 2000.

Walker, S., "Controlling the Cops: A Legislative Approach to Police Rulemaking", *University of Detroit Law Review* 63:361, 1986.

Walker, Samuel, *Police Accountability* (2001)

Walker, Samuel, *Achieving Police Accountability*, 3 Research Brief (Center on Crime, Communities, and Culture, New York, New York), Sept. 1998.

Wittmann, Dr Fritz, "Integration of Armed Forces in a Democratic State Under the Rule of Law", *African Defence Review* Issue No 14, 1994. 독일 연방의회 국방위원회 위원장 때 발표문이며, 이 글은 1993년 11월 15일 남아프리카 프레토리아에서 남아프리카 국방정책연구소와 한스자이델재단 공동주최로 열린 '남아프리카군의 미래'라는 회의에서 발표한 것이며, 이 글은 독일 연방군 특유의 '내부지도' 개념의 유래와 운영 등이 잘 설명되어 있다.

Wright, A., *Policing: An Introduction to Concepts and Practice*, Cullompton: Willan Publishing, 2002.

Wright, A., 'An Introducion to human rights and policing' in Police Journal, 73(3): 189-209, 2000.

인터넷 자료

대한변협 홈페이지 www.koreanbar.or.kr

사법개혁위원회 www.scourt.go.kr/kj_p.html

영국 각급 옴부즈만 종합안내센터 www.bioa.org.uk

영국 법조 옴부즈만 홈페이지 www.olso.org

영국 법정변호사협회 홈페이지 www.barcouncil.org.uk

www.police.co.kr

　경찰청 홈페이지

www.ombudsman.go.kr

　국민고충처리위원회

www.ombudsman.vic.gov.au/omb1.html

　호주 빅토리아주 경찰옴부즈맨 홈페이지

www.nswombudsman.nsw.gov.au/index.html

　호주 뉴사우스 웨일즈주 옴부즈맨 홈페이지

www.bioa.org.uk/uk

　영국정부의 각종 옴부즈맨 종합 홈페이지

www.parliament.ombudsman.org.uk/pca/ato.htm

　영국 의회옴부즈맨 홈페이지

www.met.police.uk

　영국 런던경찰청 홈페이지

www.ipcc.gov.uk/index.htm

영국 경찰옴부즈맨(IPCC) 홈페이지

www.policeombudsman.org

영국 북아일랜드 경찰옴부즈맨 홈페이지

www.narcole.org

미국 경찰옴부즈맨 연합회 홈페이지

www.nyc.gov/html/ccrb

미국 뉴욕 시 경찰옴부즈맨

www.cpc-cpp.gc.ca/DefaultSite/Home/index__e.aspx?ArticleID=1

캐나다 연방경찰 옴부즈맨

www.opcc.bc.ca

캐나다 브리티시콜롬비아주 경찰옴부즈맨

www.cnds.fr/index.html

프랑스 경찰옴부즈맨(중앙시큐리티윤리위원회)

www.ipcc.gov.hk/en/aboutus__01.htm

홍콩 경찰옴부즈맨

www.bundestag.de/wehrbeauftragter/index.html

독일 군사옴부즈맨

· 저자 ·

문성호   · 약 력 ·

군산 서수초, 임피중, 익산 남성고 졸업
성균관대 정외과(정치학박사)
서울대 사회과학연구원 선임연구원
런던정치경제대학 법학과 연구교수
국회 경찰정책 보좌관
성대, 인하대, 동국대 강사
전국대학강사노조 사무처장
시민을위한경찰발전연구회(현 한국경찰발전연구학회) 초대회장
사법개혁국민연대 상임대표
현) 한국자치경찰연구소 소장
    영국범죄학회, 한국정치학회,
    한국지방자치학회 정회원,
    한국마약범죄학회 학술이사
    한국공안행정학회 이사
    대한민국 무궁화클럽 고문
    국민고충처리위원회 자문위원

cafe.daum.net/policereform
ilpyungdad@hanmail.net
전화 02) 994-7729

· 주요논저 ·

「루소 정치철학의 재해석」
「플라톤 정치철학에 있어서의 중간자적 인간관」
「전태일사상과 휴머니즘」
「민주주의와 자치경찰」
「경찰활동에 대한 시민참여와 민주적 통제」
「경찰부패와 경찰옴부즈만」
「사법비리와 영국의 '법조 옴부즈만' 제도」
『경찰개혁론』(공저, 법문사, 2006)
『영국경찰옴부즈맨』(경찰청·한국자치경찰연구소, 2006)
『삶과 사람(상·하)』(한국학술정보, 2006)
『민중주의 정치사상』(한국학술정보, 2006)
『경찰대학 무엇이 문제인가?』(한울, 2004)
『경찰도 파업할 수 있다』(한국학술정보, 2004)
『경찰정치학』(좋은세상, 2002)
『현대정당정치론』(대왕사, 1990)
『남북한의 비교연구』(일월서각, 1988)

외 다수

옴부즈맨과 인권 하권
법원, 변호사, 그리고 군대

• 초판 인쇄	2007년 8월 10일
• 초판 발행	2007년 8월 10일
• 지 은 이	문성호
• 펴 낸 이	채종준
• 펴 낸 곳	한국학술정보㈜
	경기도 파주시 교하읍 문발리 526-2
	파주출판문화정보산업단지
	전화 031) 908-3181(대표) · 팩스 031) 908-3189
	홈페이지 http://www.kstudy.com
	e-mail(출판사업부) publish@kstudy.com
• 등 록	제일산-115호(2000. 6. 19)
• 가 격	37,000원

ISBN   978-89-534-7127-6 93340 (Paper Book)
        978-89-534-7128-3 98340 (e-Book)
        978-89-534-7123-8 94340 (Paper Book Set)
        978-89-534-7124-5 98340 (e-Book Set)